KB160962

계약법과 도산법

— 민법의 관점에서 도산법 읽기 —

유민총서

11

계약법과 도산법

– 민법의 관점에서 도산법 읽기 –

| 최준규 지음 |

홍진기법률연구재단

이 책의 목적은 계약당사자 일방에 대하여 도산절차가 개시된 경우 계약상 법률관계를 해명하는 것이다. 이 문제에 관하여 이미 훌륭한 선행연구가 다수 존재한다. 그러나 계약법의 관점에서 도산법을 바라보는 연구는 충분하지 않았다고 사료된다. 이 책에서 필자는 계약법의 관점에서 도산법을 독해하려고 노력하였다.

이 책에는 기존 논의를 비판적으로 검토하거나, 그 동안 충분히 논의되지 않았던 새로운 쟁점을 제시하는 부분이 많다. 필자의 부족한 역량 탓에 잘못된 견해가 많을 것이다. 하지만 이미 확립된 법리나 기존 논의를 요령 있게 잘 정리하여 독자들이 이해하기 쉽게 전달하는 것이 학자의 주된 임무는 아니라는 생각에 만용(蠻勇)을 부려보았다. 아무쪼록 필자의 무지를 깨우쳐주는 후속논의가 이루어지길 바란다.

글을 쓰면서 필자의 머릿속을 계속 맴돌았던 화두(話頭)는 "법이론과 정책 사이의 균형"이다. 다수의 이해당사자들의 이익이 극명하게 대립하고 사회적으로 중요한 파급효과를 갖는 기업회생의 경우 특히 정책적 고려가 중요하다. 역동적이고 융합적 성격을 갖는 도산절차에서 도식적·형식적으로 법리를 적용하는 것은 위험하다. 그러나 법리를 도외시하고 정책적 고려에 기초한 결단, 기능적 사고에 근거한 직관만으로 문제를 해결하는 것도 바람직하지 않다. 필자는 도산법 관련 기존 논의가 '정책' 쪽으로 다소 치우쳐있다고 생각하여, 이 책에는 주로 '법이론'에 관한 내용을 담았다. 그런데 정작 글을 쓰고 보니 이제는 '법이론' 쪽으로 다소 치우친 느낌이 든다. 부족한 부분을 보완하여 균형을 찾는 작업은 앞으로도 계속되어야 할 것 같다.

이 책과 관련하여 필자는 크게 네 가지 도움을 받았다. 첫째, 홍진기법률연구재단에서 발간을 지원해주셨다. 홍석조 이사장님과 재단 관계자 여러분들께 깊은 감사의 말씀을 올린다. 둘째, 필자는 법무부 채무자회생법 개정위원회와 도산법연구회 세미나에 참여하는 과정에서 도산법 고수(高手)들로부터 많은 가르침을 받았다. 이 책의 내용 중 상당수는 풍부한 실무경험과 예리한 직관, 탁월한 법이론으로 무장한 선학(先學)들로부터 얻은 깨달음에 기초하고 있다. 공감과 협동에 기초한 공부가 얼마나 중요한지 상기시켜 주신 모든 분들께 머리 숙여 감사드린다. 셋째, 필자는 이 책의 초고를 2021년 1학기 일반대학원 강의교재로 사용하였다. 강의준비 및 수강생들과의 질의응답 과정에서, 초고의 수많은 오류를 발견하고 수정할 수 있었다. 수업에 열성적으로 참여해준 대학원 학생들에게 감사의 말씀을 전한다. 넷째, 필자의 지도반 학생인 김치송 법무관께서 이 글의 초고를 꼼꼼히 읽고, 비판적이고 유익한 논평을 해주셨다. 또한 필자가 제대로 확인하지 못한 판례들을 알려주셔서 초고의 오류를 바로잡을 수 있었다. 앞으로 재판연구원으로 근무할 예정인 김치송 법무관님의 학문적 대성을 기원한다.

대학으로 직장을 옮겨 연구활동을 시작한지 어느덧 9년 반이 지났다. 그동안 무엇을 하였는지 돌아보면 한없이 부끄러워질 뿐이지만, 그래도 아직 남은 시간이 많다고 스스로 위로해 본다. 하루하루 읽고 쓰고 생각할 수 있음에 그저 감사하다.

2021. 6. 7.

최준규

목 차

제1장
들어가며

이 글의 목적은 계약당사자 일방에 대하여 도산절차[1])가 개시된 경우 계약당사자 간 법률관계를 해명하는 것이다. 거래현실에서는 주로 쌍무계약이 문제된다. 쌍무계약의 당사자 중 어느 일방이 자신의 의무를 모두 이행한 후(일방미이행 쌍무계약) 도산절차가 개시된 경우에는 어려운 법적 쟁점이 많지 않다. 따라서 이 글에서는 '쌍방미이행 쌍무계약'의 도산절차 상 법률관계를 집중적으로 탐구한다.

이 글에서는 쌍방미이행 쌍무계약의 도산절차 상 법률관계를 **'계약법 이론'의 관점**에서 검토한다(총론). 그리고 이러한 원리적(原理的) 탐구를 토대로 각 계약유형별로 문제되는 쟁점을 살펴본다(각론). 쌍방미이행 쌍무계약이 논의의 주된 대상이지만, 법리검토가 필요한 경우에는 편무계약과 일방미이행 쌍무계약의 법률관계도 살펴본다.

도산절차가 계약관계에 어떠한 영향을 미치는지 총론적 관점에서 검토한 선행연구들은 이미 여럿 있다.[2]) 그러나 필자는 다음과 같은 이유에서

---

1) 이 글에서 도산절차는 회생절차와 파산절차를 포괄하는 뜻으로 사용한다.
2) 박병대, "파산절차가 계약관계에 미치는 영향", 재판자료82, (1999); 서경환, "회사정리절차가 계약관계에 미치는 영향", 재판자료86, (2000); 임종헌, "파산절차가 쌍방 미이행계약관계에 미치는 영향", 고려대석사논문, (2001); 임치용, "회사정리절차와 쌍무계약", 파산법연구, (2004); 김성용, "도산절차에서의 쌍무계약의 처리와 관련한 두 가지 의문", 비교사법14-1, (2007); 정영수, "도산절차상 미이행쌍무계약에 관한 연구", 민사소송13-2, (2009); 한민, "미이행쌍무계약에 관한 우리 도산법제의 개선방향", 선진상사법률연구53, (2011); 이은재, "한국과 미국의 회생절차에서의 미이행계

재검토가 필요하다고 생각한다.

첫째, 평시 계약관계와 도산절차 상 계약관계를 **계약법 원리(原理)**의 관점에서 비교·분석하는 노력은 부족하였다.3) 도산법을 평시 실체법(계약법, 담보법)의 연장선 위에 있는 법영역으로 인식하기보다, 외따로 존재하는 자족적(自足的) 법영역으로 보면서 논의를 전개하는 경우가 많았다. 또한 개별 사안의 공평타당한 해결에 주목한 나머지 계약법의 기본법리가 도산절차에서 어떻게 전개되는지 무관심한 경우가 많았다. 가령 "계약당사자 일방에 대하여 도산절차가 개시되면 계약상대방의 동시이행항변권이 소멸하는가?", "동시이행항변권이 존속한다면 어떠한 형태로 존속하는가?", "도산절차 개시로 인해 도산채무자가 더 이상 계약상 채무를 이행할 수 없게 된 경우, 계약상대방은 채무자의 귀책사유 있는 채무불이행을 이유로 채무불이행책임(계약해제, 손해배상)을 물을 수 있는가?"와 같은 기본적 질문에 관하여 아직 충분한 대답이 이루어지지 않았다. 이는 그저 이론적 완결성을 추구하는 차원의 문제가 아니다. 해석론의 차원에서 구체적 문제해결에 도움을 줄 수 있고, 입법론에도 영향을 미칠 수 있는 실용적 문제이다.

둘째, 비교법 검토의 대상이 지나치게 일본과 미국에 치우쳤다. 일본은

약에 대한 비교", 사법35, (2016); 김영주, 도산절차와 미이행 쌍무계약 – 민법·채무자회생법의 해석론 및 입법론 -, (2020).

3) 외국문헌 중 계약법의 관점에서 도산절차 상 법률관계를 분석한 것으로는 우선 Wolfgang Marotzke, Gegenseitige Verträge im neuen Insolvenzrecht, 3.Aufl. (2001); Jan Felix Hoffmann, "Vertragsbindung kraft Insolvenz? – Lösungsklauseln und Vertragsspaltungen im Kontext der §§103ff. InsO -", KTS 2018, 343; 中田裕康, "契約当事者の倒産", 倒産手続と民事実体法, 別冊NBL60, (2000); 中田裕康, "契約法から見た双方未履行双務契約 ― 損害賠償を伴う解除権", 民法の未来, (2014); 赫高規, "破産法上の双務契約の規律についての改正提案および解釈論の提案―規律根拠の再検討を踏まえて―", 続々·提言倒産法改正, (2014); 水元宏典, 倒産法における一般実体法の規制原理, (2002) 참조

위 저자들의 논리전개나 결론 중에는 필자가 동의하지 않는 부분도 많다. 그러나 필자는 위 외국문헌들을 읽으면서, 우리법이 어떠한 점에서 문제인지, 우리법에서 장차 문제될 수 있는 쟁점이 무엇인지에 관해 많은 시사점을 얻었다. 문제의식과 화두(話頭)를 제시하는 점에서 위 외국문헌들은 우리법에도 나름의 가치가 있다.

쌍방미이행 쌍무계약 관련 도산법 규정이 우리나라와 거의 같다는 점에서, 미국은 도산법 법리가 발달한 나라라는 점에서 위 두 나라의 논의를 참조하는 것은 바람직하고 필요하다. 그런데 도산실체법은 결국 민법(계약법, 담보법)과 연결된 문제이므로, 우리 민법에 영향을 미친 대륙법계 국가(독일, 프랑스 등)의 도산실체법도 살펴볼 필요가 있다. 비교법 연구의 전통이 축적된 일본에서도 의외로 도산법 영역에서는 독일, 프랑스 등의 도산실체법에 관한 연구가 충분치 않다. 따라서 일본의 논의를 참조하는 것만으로는 부족하다. 또한 시야를 넓혀 그 밖의 여러 나라들(중국, 영국, 오스트리아, 스위스, 네덜란드, 이탈리아, 스페인, 캐나다 등)에서 쌍방미이행 쌍무계약을 어떻게 규율하고 있는지 탐구하는 것도 의미가 있다.4) 외국의 논의는 우리법 해석론이나 입법론에 직접 참고가 될 수도 있고, 반면교사(反面教師)가 될 수도 있다(三人行 必有師!). 외국의 다양한 논의를 살펴보는 과정에서 법적 상상력을 키울 수 있고, 이는 궁극적으로 우리법 해석론과 입법론에 도움이 된다. 어떤 식으로든 우리에게 도움이 되는 외국의 논의라면 그 나라가 어느 나라인지를 불문하고 귀를 기울일 필요가 있다(**비교도산법의 필요성**).

셋째, 그간 충분히 검토되지 않은 쟁점이 있다. 가령 ① 관리인5)에게 쌍방미이행 쌍무계약의 해제(해지)권을 부여하는 채무자 회생 및 파산에 관한 법률(이하 '회생파산법') 조항(119조 1항, 335조 1항)을 유추하여 일방미이행 쌍무계약이나 편무계약의 경우에도 관리인에게 해제(해지)권을 부여

---

4) 도산법 문제가 '국제성'을 띠게 되면서, 최근 들어 세계 각국이 쌍방미이행 쌍무계약의 도산절차 상 법률관계를 어떻게 규율하고 있는지 일목요연하게 정리한 책들이 발간되고 있다. Jason Chuah/Eugenio Vaccari (ed), Executory Contracts in Insolvency Law : A Global Guide, (2019); Dennis Faber/Niels Vermunt/Jason Kilborn/Kathleen van der Linde (ed), Treatment of Contracts in Insolvency, (2012).

5) 이 글에서는 편의상 파산관재인과 회생절차상 관리인을 포괄하는 뜻으로 '관리인'이라는 용어를 사용한다. 파산관재인이 아니라 회생절차상 관리인만을 지칭하는 경우에는 '회생절차상 관리인'이라고 표현하기로 한다.

할 수 없는가? ② 관리인이 이행선택을 하여 계약상대방의 채권이 재단(공익)채권이 된 경우에도 계약상대방의 동시이행항변권은 존속하는가? ③ 도산절차개시 전에 쌍무계약이 해제되어 쌍방의 원상회복의무가 발생하였는데 아직 원상회복이 이루어지지 않은 채 도산절차가 개시되었다면, 원상회복의 법률관계는 어떻게 전개되는가? ④ 도산절차개시 후 계약상대방에 의해 계약이 적법하게 해제된 경우 원상회복의 법률관계는 어떻게 전개되는가? ⑤ 쌍무계약 고유의 견련성에 따라 인정되는 동시이행항변권과 공평의 관념에 기초해 인정되는 동시이행항변권은 도산절차에서 동일하게 취급되는가? ⑥ 회생파산법이 관리인에게 해제권을 부여하는 것은 입법론의 관점에서 타당한가? 타당하지 않다면 그 이유는 무엇인가? ⑦ 만약 회생파산법이 해제권 구성을 포기하고 이행거절권 구성을 채택할 경우 문제될 수 있는 해석론상 쟁점은 무엇이며 이는 어떻게 해결해야 하는가? 등등. 이 글에서는 이러한 쟁점을 검토하고 필자 나름의 의견을 제시한다(**새로운 쟁점의 검토**).

넷째, 그간 많은 검토가 이루어졌지만 새로운 관점에서 재검토할 필요가 있는 쟁점도 있다. 도산해지조항의 효력이 대표적이다. 도산해지조항의 유효성에 관한 종래 논의를 살펴보면, 계약자유의 원칙을 강조할 것인가, 도산법 고유의 목적을 강조할 것인가라는 대립되는 두 가치관 사이의 선택 내지 결단의 문제로 귀결되는 경향을 관찰할 수 있다.6) 이러한 생각의 틀 — 계약법에 따른 계약상대방의 보호와 책임법의 일종인 도산법에 따른 도산재단의 보호 사이의 조화(調和) — 자체가 잘못된 것은 아니다. 논리로만 문제를 해결하기 어려운 상황에서는 법해석자의 선택과 결단이 필요함은 틀림없다. 그런데 선택과 결단의 순간에도 이론 또는 논리의 체계가 최대한 뒷받침을 해주어야 한다. 그래야 자의적 판단이 아닌 법적 판단이 가능하고, 결론의 예측가능성을 조금이나마 확보할 수 있다. 힘겨루기가 아닌

---

6) 가령 권영준, "도산해지조항의 효력", 민법과 도산법, (2019), 52-53.

합리적 의사소통이 가능해진다. 이 글에서는 도산해지조항의 효력 문제를 '계약법의 관점'에서 탐구하고(가령 ㉠ 민법 제103조, ㉡ 착오취소 법리, ㉢ 일부무효 법리, ㉣ 계속적 계약의 해지 요건과의 관련성 검토), 이를 기초로 입법론 또는 해석론을 제시한다. 또한 계약조항의 유·무효 문제가 아니라 계약조항 효력의 일시 정지라는 관점에서 도산해지조항의 문제를 바라볼 수 있는지 검토한다(**기존 논의의 재조명**).

이 글의 구성 및 순서는 다음과 같다. 이 글은 일반이론을 탐구하는 총론(제2장)과 계약유형별로 쟁점을 검토하는 각론(제3장), 그리고 결론(제4장)으로 구성된다.

총론에서는 매매·도급 등의 전형계약을 염두에 두고 도산절차에서 계약관계가 어떻게 처리되는지 일반적 법리를 탐구한다. 총론은 논의의 배경 또는 전제가 되는 기본법리를 탐구하는 부분(제2장 제1절), 쌍방미이행 쌍무계약의 법률관계를 검토하는 부분(제2장 제2절), 도산해지조항의 효력문제를 탐구하는 부분(제2장 제3절)으로 나뉜다. 기본법리 탐구부분에서는 계약당사자 일방의 도산이 갖는 계약법적 의미를 살펴보고(제2장 제1절 Ⅰ), 관리인이 도산절차개시 당시 계약관계를 승계한다는 말의 뜻을 탐구한다(제2장 제1절 Ⅱ). 쌍방미이행 쌍무계약의 법률관계 검토부분에서는 우선 쌍방미이행 쌍무계약에 관하여 도산법에 별도의 규정을 두는 것이 필요한 이유를 확인하고(제2장 제2절 Ⅰ), 쌍방미이행 쌍무계약 관련 법리를 요건론(제2장 제2절 Ⅱ)과 효과론(제2장 제2절 Ⅲ. Ⅳ. Ⅴ)으로 나누어 검토한다. 효과론에서는 관리인이 이행을 선택한 경우(제2장 제2절 Ⅲ)와 해제(해지)를 선택한 경우(제2장 제2절 Ⅳ), 선택권을 행사하지 않는 동안의 잠정적 법률관계(제2장 제2절 Ⅴ)로 상황을 나누어 현행법 해석론과 입법론을 탐구한다. 특히 ① 계약상대방이나 채무자가 일부 이행한 후 도산절차가 개시된 경우의 법률관계, ② 관리인에게 해제권을 부여하고 해제권 행사에 따른 계약상대방의 원상회복청구권을 환취권 내지 재단(공익)채권으로 구성한 현행법의 태도가 타당한지, 만약 부당하다면 그에 대한 대안으로 어떠한 해석론 또는 입법론을 제시할 수 있는지 중점적으로 검토한다. 총론의 마지막 부분에서는 도산해지조항의 효력에 관한 해석론과 입법론을 검토한다(제2장 제3절).

각론에서는 총론에서 수행한 원리적 분석을 토대로 개별 계약유형별로 문제되는 쟁점을 검토한다. 민법에 규정된 전형계약(증여, 소비대차, 사용대차, 임대차, 고용, 도급, 위임, 임치, 조합), 회생파산법에 별도의 규정이 있는 계약(계속적 공급계약), 그 밖에 거래실무상 중요한 의미를 갖거나 도산법의 관점에서 검토할 필요성이 큰 계약(소유권이전등기청구권 보전의 가등기가 경료된 매매계약, 라이선스계약, 보험계약, 소유권유보부매매계약, 금융리스계약)을 살펴본다. 각 계약유형별로 실무상 문제되었거나 문제될 수 있는 도산법적 쟁점을 해석론을 중심으로 분석한다. 또한 전형계약(소비대차, 사용대차, 임대차, 고용, 도급, 위임, 조합)의 당사자 일방이 파산한 경우의 법률관계를 정하고 있는 민법규정이 입법론의 관점에서 바람직한지 검토한다.

결론에서는 총론과 각론에서 검토한 주요 쟁점에 대한 필자의 결론을 요약·정리한다.

이 글에서는 주로 현행법(회생파산법, 민법) 해석론을 검토하지만, 입법론도 중요한 부분은 함께 살펴본다. 특히 쌍방미이행 쌍무계약의 경우 관리인에게 해제권 행사를 허용하는 현행법이 법리적으로 많은 문제가 있으므로, 관리인에게 해제권이 아니라 이행거절권을 부여하는 방향으로 법개정이 이루어져야 함을 힘주어 주장하고자 한다. 또한 종래 해석론상 논의가 분분하였던 도산해지조항의 효력문제는 입법을 통해 그 입장을 명확히 정리하는 것이 바람직하다. 따라서 이 글에서는 외국의 입법례를 참조하여 도산해지조항의 효력에 관한 필자 나름의 입법안을 제시해 본다. 그리고 계약당사자 일방의 파산을 근거로 계약의 종료를 허용하는 현행 민법 규정 중 일부는 삭제할 필요가 있음을 주장하고자 한다.

우리 회생파산법 및 민법의 해석론과 입법론을 탐구하는 것이 이 글의 목적이다. 이 글에서는 위와 같은 목적달성에 도움이 되는 한도에서 외국의 입법례, 판례, 해석론을 두루두루 그러나 간략히 살펴본다. 본격적이고 상세한 외국도산법 연구(외국법의 상세한 소개, 우리법과의 공통점 및 차이점 비교분석)는 지면과 시간의 제약, 필자의 연구역량 부족으로 인해 수행하지 못하였다. 이는 다음 기회로 미룬다.

제2장
총론

　총론은 논의의 전제 또는 배경이 되는 기본법리를 검토하는 부분(제2장 제1절), 쌍방미이행 쌍무계약 관련 법리를 검토하는 부분(제2장 제2절), 도산해지조항의 효력문제를 검토하는 부분(제2장 제3절)으로 나뉜다.

　전제 또는 배경이 되는 법리검토 부분에서는 계약당사자 일방에 대한 도산절차 개시가 갖는 계약법적 의미를 살펴보고(제2장 제1절 Ⅰ), 관리인이 도산절차개시 당시 계약관계를 승계한다는 말의 뜻을 탐구한다(제2장 제1절 Ⅱ).

　쌍방미이행 쌍무계약 관련 법리 검토부분은 해당 법리가 필요한 이유(제2장 제2절 Ⅰ), 요건론(제2장 제2절 Ⅱ), 효과론(제2장 제2절 Ⅲ. Ⅳ. Ⅴ)으로 구성된다.

　도산해지조항의 효력을 탐구하는 부분은 현재 논의상황을 소개하고 이를 계약법의 관점에서 비판적으로 검토하는 부분(제2장 제3절 Ⅰ)과 구체적 입법론을 제시하는 부분(제2장 제3절 Ⅱ)으로 나뉜다.

제1절 기본법리의 검토

Ⅰ. 계약당사자 일방에 대한 도산절차 개시가 갖는 계약법적 의미

계약당사자 일방에 대하여 도산절차가 개시되면 상대방 계약당사자가 도산채무자에 대하여 갖고 있던 계약법상 각종 권리들은 어떠한 영향을 받는가? 계약상대방은 관리인에 대하여 어떠한 내용의 계약법상 권리를 주장할 수 있는가? 아래에서는 이 문제를 살펴본다.

1. 강제이행청구 불가

계약당사자 일방이 도산하면 계약상대방이 그에 대하여 갖고 있는 계약상 청구권은 어떻게 변하는가? 계약상 청구권은 도산절차개시 전의 원인으로 생긴 재산상 청구권으로서 파산채권(회생파산법 423조) 또는 회생채권(회생파산법 118조 1호)이 됨이 원칙이다. 파산채권과 회생채권(이하 양자를 통칭할 때에는 '도산채권'이라는 단어를 사용)은 채권자가 도산절차 내에서 개별적으로 권리행사를 할 수 없다는 점에서 공통점을 갖는다. 즉 도산채권자의 개별적 강제집행은 허용되지 않고(회생파산법 58조 1항 2호, 424조). 도산절차 개시 전에 진행 중이던 채권자의 소송이나 강제집행은 중단 또는 실효된다(회생파산법 58조 2항 2호, 59조 1항, 민사소송법 239조, 회생파산법 348조 1항). 회생채권자는 회생계획에 따라, 파산채권자는 파산관재인에 의한 환가 및 배당절차에 따라 다른 회생채권자 및 파산채권자들과 함께 변제받는 것이 원칙이다. 이러한 절차를 거치지 않고 관리인이 특정 도산채권자에게 임의변제하는 것은 허용되지 않는다(회생파산법 131조, 424조).[7] 이러한 임의변제는 도산절차 개시 사실에 대한 도산채권자의 선·악의를 불문하고 무효이다.[8] 임의변제를 한 관리인은 선관주의의무 위반에 따라 도산재단에 대하여 손해배상책임을 부담할 수 있다(회생파산법 82조, 361조). 도산채권자들은 채권자평등주의에 따라 평등변제를 받는 것이 원칙이고,[9] 실제 채권가액 중 일정비율만 변제받거나 한 푼도 변제받지 못하는 것이 통상이다. 다만 파산채권은 파산선고 시점을 기준으로 금전화[10]·현재화[11]가 이루어지는 데 반해, 회생채권은 금전화·현재화가 이루어지지 않는다.

평시라면 계약상 채무자가 채무를 이행하지 않는 경우 채무자의 귀책사유 유무를 불문하고 채권자는 강제이행청구권을 갖는다(민법 389조 1항. 다만 채무의 성질이 강제이행을 하지 못할 것인 경우는 제외). 그런데 채무자에 대하여 도산절차가 개시되면 채무불이행이 있더라도 채권자는 **강제이행을 청구할 수 없다.**[12] 도산절차는 총채권자들이 공평한 만족을 얻기

---

7) 다만 회생파산법 제132조에 따라 관리인은 법원의 허가를 받아 회생채권의 전부 또는 일부를 개별적으로 변제할 수 있다.

8) 伊藤眞, 破産法·民事再生法, 4版, (2018), 289.

9) 그러나 회생계획에서는 회생채권 내부에서도 변제비율에 차등을 둘 수 있다(회생파산법 218조). 이와 달리 파산절차의 경우 파산채권자들의 변제비율에 차등을 둘 수 있다는 근거 규정이 존재하지 않는다. 즉 우선권 있는 파산채권(회생파산법 441조), 일반파산채권, 후순위파산채권(회생파산법 446조)의 순서로 배당이 이루어지고, 동일순위의 파산채권 내에서는 평등변제가 원칙이다(회생파산법 440조).

10) 채권의 목적이 금전이 아닌 경우 파산선고시의 평가액을 파산채권으로 한다(회생파산법 426조).

11) 아직 기한이 도래하지 않은 채권도 파선선고시에 변제기에 이른 것으로 본다(회생파산법 425조).

12) 영미법의 경우 평시에도 계약상 채권의 강제이행(specific performance)을 청구할 수 없고 금전손해배상(damage)을 청구하는 것이 원칙이다. 즉 영미법의 경우 평시에도

위한 전체집행 절차이므로, 이러한 결론은 자명(自明)하고 부득이하다. 다
만 계약상대방은 계약상 채권의 강제이행을 청구할 수 없을 뿐이고, 도산절
차 개시로 인해 도산채무자에 대한 계약상 채권이 소멸하는 것은 아니다.[13]

　도산채무자가 계약상대방에 대하여 갖는 계약상 채권에는 도산절차의
개시가 아무런 영향을 미치지 않는 것이 원칙이다. 즉 관리인은 계약상 채
권의 강제이행을 청구할 수 있다. 그러나 계약상대방이 관리인에게 자신의
계약상 채무의 이행을 수령하라고 요구할 수 있는지는 의문이다. 평시라면
계약상대방이 (도산)채무자에게 채무이행의 수령을 청구할 여지가 있다.[14]
그러나 도산채무자의 위와 같은 수취(受取)의무는 도산채무이다. 따라서 계
약상대방이 관리인을 상대로 등기인수청구의 소를 제기할 수는 없고,[15] 관
리인이 등기인수를 하지 않음으로 인해 계약상대방이 입은 손해는 도산채
권으로 보아야 한다. 관리인이 법원의 허가를 받아 계약상 채권을 포기할

계약상 채무자는 계약을 위반할 자유가 있다. 그러나 **우리법에서 계약상 채무자는 평
시에는 원칙적으로 계약을 위반할 자유가 없고, 도산절차가 개시되면 관리인이 계약
을 위반할 자유를 갖게 된다.**

13) 다만 파산절차의 경우 파산선고로 인해 비금전채권이 금전채권으로 '변형'된다. 이
　　경우에도 파산절차가 중간에 폐지되면 비금전채권인 원래의 계약상 채권이 부활한다.
14) 가령 매수인인 도산채무자가 매매대금을 다 지급한 후에도 소유권이전등기를 하지
　　않고 있는 경우, 계약상대방인 매도인은 관리인을 상대로 등기를 인수받아 갈 것을
　　청구할 수 있고, 그 승소판결을 통해 일방적으로 매수인 명의의 소유권이전등기를 경
　　료할 수 있다. 대법원 2001. 2. 9. 선고 2000다60708 판결 참조.
15) 계약상대방이 '금전지급채무자'라면 공탁을 통해 채무를 면할 수 있다. 그러나 계약상
　　대방이 '소유권이전등기채무자'라면 관리인이 수령을 거절함에도 불구하고 계약상대
　　방이 일방적으로 등기를 경료해줄 수 없다. **금전은 범용(汎用)성이 있으므로** 도산재단
　　이 이를 수령하는 것이 항상 이익이지만, 소유권이전등기는 도산재단이 이를 수령하
　　는 것이 항상 이익이라고 볼 수 없다. 만약 관리인이 이해득실을 따져 소유권이전을
　　받지 않는 것이 도산재단에 유리하다고 판단하였다면, 이러한 관리인의 판단은 존중
　　되어야 한다. 이 경우 계약상대방인 매도인은 일방적으로 관리인 측에게 소유권이전
　　등기를 넘겨 줄 수 없고, 오직 관리인의 수령거절에 따른 손해에 관하여 도산채권으
　　로 만족을 얻을 수 있다. 각주 282도 참조.

수 있음은 물론이다(회생파산법 61조 1항 7호, 492조 12호). 이 경우 관리인은 등기인수를 하지 않음으로 인한 손해배상의무를 더 이상 부담하지 않는다.

2. 채무불이행을 이유로 한 손해배상책임의 발생

채무자에게 도산절차가 개시되면 계약상대방은 채무불이행(이행지체, 이행불능 등)을 이유로 한 손해배상책임을 도산채무자에게 물을 수 있는가? ① 계약상대방의 채권이 금전채권인 경우 파산선고 시 아직 채권의 변제기가 도래하지 않았더라도 파산선고 시 변제기에 이른 것으로 보므로(회생파산법 425조), 파산선고 다음날부터 이행지체 상태에 있게 된다(계약상대방이 도산채무자에 대하여 동시이행관계에 있는 반대채무를 부담하고 있지 않기 때문에, 동시이행관계의 존재로 인한 이행지체책임 저지효과는 발생하지 않는다고 가정). 이 경우 계약상대방은 이행지체를 이유로 한 손해배상청구권을 주장할 수 있는가? ② 계약상대방인 매수인의 채권이 소유권이전등기청구권인 경우(계약상대방이 매매대금을 완납하였다고 가정) 파산선고 시를 기준으로 금전화가 이루어진다. 그렇다면 파산선고 후 원 계약상 채무의 이행이 사회통념 또는 거래관념 상 불가능하게 되었는가? 이에 따라 계약상대방은 이행불능을 이유로 한 손해배상청구권을 행사할 수 있는가? 매수인이 시가보다 비싼 가격으로 매매목적물인 부동산을 전매하기로 하였고 도산채무자인 매도인도 이러한 사정을 종전부터 알고 있었다고 가정해 보자. 파산채권(=소유권이전등기청구권) 자체의 현재화(회생파산법 426조)만 인정한다면 매수인은 파산선고 시 부동산 시가상당액을 파산채권으로 행사할 수 있다. 그런데 이행불능을 이유로 한 손해배상채권의 발생까지 인정한다면 매수인은 위 전매차액 상당액도 후순위 파산채권으로 행사할 수 있게 된다.[16] 또한 ③ 회생절차가 개시된 후 계약상대방의 채권이 약정된 변제기가 지나도록 이행되고 있지 않다면, 계약상대방이 이행지체 또는 이행불능을 원인으로 한 손해배상청구권을 주장할 수 있는가?

가. 이행지체로 인한 손해배상책임

우선 '이행지체' 책임부터 본다. 이는 도산절차 개시 후 도산채무자의 계약상 채무가 이행되고 있지 않은 상태를 어떻게 평가할 것인지와 관련된 문제이다. 채무불이행을 이유로 한 손해배상책임의 발생을 부정하는 입장에서는 도산채무자의 이행지체에 위법성 또는 귀책사유가 없다고 주장할 수 있다. 회생파산법이 관리인의 임의변제를 허용하지 않고 있으므로, 즉 **법이 이행지체가 계속되는 것을 허용**하고 있으므로 이행지체에 위법성이 없거나 채무자의 귀책사유가 없다는 것이다.[17)

그러나 이러한 견해는 다음과 같은 이유에서 타당하지 않다.

① 법으로 채무자의 임의변제를 금지하였다고 해서 채무자가 이행지체 책임을 지지 않는다는 결론으로 당연히 연결되지 않는다. 가령 금전채권의 (가)압류 시 제3채무자는 채무자에게 임의이행을 할 수 없지만(민사집행법 227조 1항, 296조 3항) 제3채무자는 여전히 지체책임을 부담한다.[18)] 도산

---

16) 매도인의 소유권이전등기의무 이행불능으로 인한 매수인의 전매차익 상당의 손해는 특별손해이고, 특별손해는 채무자가 그러한 사정을 알았거나 알 수 있었을 때에 한하여 배상책임을 부담한다(민법 393조 2항).

17) 박병대, "파산절차가 계약관계에 미치는 영향", 재판자료82, (1999), 456("파산선고가 있으면 임의변제가 불가능하게 되므로, 파산자의 상대방으로서는 파산선고 이후 도래한 이행기에 당초의 계약내용에 따른 채무이행이 안된다고 하여 계약해제를 할 수는 없다"). 伊藤眞, 破産法・民事再生法, 4版, (2018), 300, 152-153은 도산채무자에게 귀책사유가 없다는 점을 근거로 손해배상책임의 발생을 부정한다. 다만 금전채권의 경우 채무자의 귀책사유가 없더라도 이행지체로 인한 손해배상책임이 발생하는 것이 원칙이므로, 도산절차개시 후의 불이행으로 인한 손해배상책임이 성립될 여지가 있다고 본다.

18) 대법원 1994. 12. 13. 선고 93다951 판결.

절차개시 후의 채무불이행은 전체집행을 위해 부득이하므로, 도산법 질서에 위반된다고 보기 어렵다. 그러나 계약법 질서에는 반할 수 있다.

② 채무자의 귀책사유를 부정하는 입장을 따르더라도 금전채무자는 자신의 무과실을 이유로 이행지체에 따른 손해배상책임을 면할 수 없다(민법 397조 2항).[19] 그렇다고 해서 금전채무의 경우 이행지체에 따른 손해배상책임을 긍정하고, 비금전채무의 경우 손해배상책임을 부정하는 것은 어색하다. 이 문제를 해결하는 근본적인 방법은 금전채무, 비금전채무를 불문하고 채무불이행에 채무자의 귀책사유가 있다고 보는 것이다. 도산절차 개시 후 변제가 이루어지지 못하고 있는 상황 자체에는 채무자의 과실이 없을지 몰라도, 채무초과 또는 지급불능 등의 상태에 빠져 도산절차가 개시되게 한 데에는 채무자의 과실이 없다고 할 수 없다.

③ 회생파산법 118조 3호는 "회생절차개시 후의 불이행으로 인한 손해배상금 및 위약금"을 회생채권으로 규정하고 있고, 회생파산법 446조 1항 2호는 "파산선고 후의 불이행으로 인한 손해배상금 및 위약금"을 후순위파산채권으로 규정하고 있다. 도산절차 개시 후 채무불이행으로 인한 손해배상책임이 발생하지 않는다는 입장에서는 위 조항들이 말하는 "불이행으로 인한 손해배상금"이 무엇을 뜻하는지 설명하기 곤란하다. 판례는 위 조문에서 말하는 도산절차 개시 후의 불이행은 도산절차 개시 전에 그 불이행이 있고 지연손해금 등이 도산절차 개시 후에도 계속 발생하고 있는 상황만을 뜻한다고 본다.[20]

---

19) 다만 입법론의 관점에서 위 조항의 타당성은 의심스럽다. 금전채무의 경우에만 채무자에게 무과실책임을 부과하는 것, 즉 금전은 항상 가지고 있어야 한다(Geld muss haben)고 전제하는 것은 불합리하다. 금전채무 이행지체의 경우에도 채무자가 무과실이라면 채무불이행책임은 부정함이 타당하다. 김대정·최창렬, 채권총론, (2020), 96; 潮見佳男, 新債権総論 I, (2017), 511-513 참조.

20) 서울회생법원 재판실무연구회, 법인파산실무, 5판, (2019), 307은 "파산선고 후의 불이행으로 인한 손해배상액 및 위약금"은 "파산선고 전에 채무자의 불이행이 있고, 지연손해금이나 위약금이 파산선고 후에도 계속 발생하고 있는 경우를 규정한 것"이라

　　"회사정리법 제121조 제1항 제2호에서 "정리절차개시 후의 불이행으로 인한 손해배상과 위약금"을 후순위 정리채권으로 정하고 있으나,21) 여기서 규정한 손해배상금과 위약금은 정리절차개시 전부터 회사에 재산상의 청구권의 불이행이 있기 때문에 상대방에 대하여 손해배상을 지급하거나 또는 위약금을 정기적으로 지급하여야 할 관계에 있을 때 그 계속으로 정리절차개시 후에 발생하고 있는 손해배상 및 위약금 청구권을 의미한다." (대법원 2004. 11. 12. 선고 2002다53865 판결)

　　그러나 판례의 위와 같은 법해석에 찬성할 수 없다. 그 이유는 다음과 같다. ㉠ 판례의 결론은 법률문언과 동떨어져 있다. ㉡ 도산절차 개시 전의 이행지체가 도산절차 개시 후에 지속될 수는 있지만, 도산절차 개시 후 이행지체가 새롭게 시작될 수 없다는 논리는 이를 정당화할 근거를 찾기 어렵다.22) ㉢ 도산절차 개시 후의 법정이자와 도산절차 개시 후의 법정이자에 따른 지연손해금은 동일하게 취급함이 타당하다. 회생절차 개시 후의 이자는 회생채권이고(회생파산법 118조 2항), 파산선고 후의 이자는 후순위파산채권이므로(회생파산법 446조 1항 1호), 회생절차 개시 후의 법정이자에 따른 지연손해금과 파산선고 후의 법정이자에 따른 지연손해금도 모두 발생한다고 보고 전자는 회생채권, 후자는 후순위파산채권으로 취급함이 자연스럽다. ㉣ 회생파산법 상 파산절차는 원칙적으로 '파산선고 시'의 적극재산을 청산하여(따라서 파산선고 후 채무자가 취득한 신득(新得)재산은 파산재단에 포함되지 않는다: 고정주의)23) '파산선고 시'의 채무를 안분변제하는 절차이다. 파산재단으로 파산채권도 제대로 변제하지 못하는

　　고 한다. 이는 일본의 다수설을 답습한 것이다. 伊藤眞, 破産法·民事再生法, 4版, (2018), 300.

21) 현 회생파산법에 따르면 일반회생채권이다.

22) 같은 취지 赫高規, "破産法上の双務契約の規律についての改正提案および解釈論の提案 －規律根拠の再検討を踏まえて－", 続々·提言倒産法改正, (2014), 211.

23) 회생파산법 382조 1항.

상황이라면, 파산채권으로부터 파생하는 **2차적 채권**으로서 **파산선고 후에 발생**한 부분은 후순위로 규정함이 공평하다.[24] 이러한 2차적 채권까지 파산채권에 포함시키면 파산절차가 장기화되는 우연한 사정으로 인해 1차적 채권(=원본 파산채권)의 변제비율이 감소할 수 있는데, 이는 **배보다 배꼽이 더 커지는 상황**이다. "파산선고 후의 불이행으로 인한 손해배상액 및 위약금"은 이러한 2차적 채권 중 파산선고 후 이자를 제외한 나머지[25]를 포괄적으로 규정한 것이라고 봄이 체계정합적이다.[26][27]

나. 이행불능으로 인한 손해배상책임

도산절차 개시 후 도산채무자의 이행지체로 인한 손해배상책임의 발생을 긍정한다면, 도산절차 개시 후 도산채무자의 이행불능으로 인한 손해배

---

24) Ludwig Häsemeyer, Insolvenzrecht, 4Aufl. (2007), Rn.17.02.

25) 가령 파산자가 파산선고 후 경업금지의무를 위반함으로 인해 부담하는 위약금 지급의무도 – 관리인이 경업금지의무 발생의 원인이 된 계약을 이행선택한 경우{이 경우에는 재단(공익)채무가 될 수 있다}가 아닌 한 – 여기에 포함될 수 있다. 보다 정확히 말한다면, 위약금 중 **1차적 채권**(파산선고 시점을 기준으로 한 경업금지청구권 '그 자체의 가치')에 상응하는 부분은 일반 파산채권이고(회생파산법 426조), 위약금 중 **2차적 채권**(경업금지의무위반에 따라 계약상대방이 입은 실제 손해 중 경업금지청구권 그 자체의 가치를 초과하는 부분의 배상청구권)에 상응하는 부분만 후순위 파산채권이다. 다만 경업금지청구권 자체의 가치를 산정하는 것은 쉽지 않으므로, 계약상대방이 실제 입은 손해를 기준으로 1차적 채권의 가치를 산정할 수밖에 없을 것이다.

26) 회생절차의 경우 회생절차 개시 후 채무자가 취득한 재산도 도산재단에 포함되므로, 회생절차 개시 후 발생한 이자채권 등 2차적 채권을 군이 후순위로 취급할 이유는 없다. 다만 이러한 2차적 채권자는 회생계획에 관하여 의결권을 행사할 수 없다(회생파산법 191조 3호).

27) 지원림, 민법강의, 18판, (2021), 920-921은 채무자의 급부의무를 주된 급부의무와 부수의무로 나누고, 주된 급부의무를 1차적 급부의무와 2차적 급부의무로 나눈다. 1차적 급부의무는 매도인의 재산권이전의무와 매수인의 대금지급의무처럼 채권관계 자체를 성립시킬 뿐만 아니라 당해 채권관계의 특징을 나타내는 급부의무이고, 2차적 급부의무는 이행지체에 따른 지연손해금 배상의무처럼 1차적 급부의무의 장애로 발생하는 의무이다. '1차적 급부의무' 및 '2차적 급부의무'는 본문에서 언급한 '1차적 채권' 및 '2차적 채권'과 동일한 개념이다.

상책임의 발생도 긍정할 수 있는가?[28] 이행지체와 달리 이행불능의 경우 원 계약에 따른 **이행청구권(Erfüllungsanspruch)이 소멸**한다. 따라서 좀 더 생각할 부분이 있다.

금전채무의 경우 원칙적으로 이행불능을 관념할 수 없으므로, 아래에서는 계약상 채권이 비금전채권(ex. 도산채무자가 소유하고 있는 물건의 소유권이전 청구권)인 경우를 염두에 두고 살펴본다. 또한 쌍방미이행 쌍무계약의 경우 관리인이 이행을 선택할 수 있는 한 이행불능이 문제되지 않고, 관리인이 해제를 선택하면 원 계약상 채권이 소멸하고 계약상대방은 '회생파산법에 따라' 손해배상채권을 도산채권으로 행사할 수 있다. 따라서 '이행불능으로 인한' 손해배상책임을 별도로 논할 실익이 없다. 아래에서는 일방미이행 쌍무계약으로서 계약상대방이 도산채무자에 대해 비금전채권을 갖고 있는 상황을 염두에 두고 검토를 진행한다.

파산절차의 경우 파산선고로 인해 비금전채권인 파산채권이 금전화된다. 파산채권의 금전화는 파산채권자들에 대한 평등변제를 위해 기술적으로 필요하기 때문에 이루어지는 것이고, 그 자체가 비금전채권인 원계약상 채권의 '소멸'을 뜻하지 않는다. 즉 파산절차개시로 인해 비금전채권은 '책임법적 의미'에서 금전화되지만, 그렇다고 해서 파산절차개시로 인해 비금전채권이 '계약법적 의미'에서 소멸하는 것은 아니다(**비금전채권의 금전화 ≠ 비금전채권의 소멸**). 채권의 이행이 사회통념 또는 거래관념 상 불가능

---

28) 이행불능을 부정하는 견해로는 加毛明, "新しい契約解除法制と倒産手続 - 倒産手続開始後における契約相手方の法定解除権取得の可否", 新しい契約解除法制と倒産・再生手続, (2019), 234. 이 견해는 도산절차개시로 인해 계약상대방의 채권은 도산채권으로 변하고, 도산절차가 계속되는 한 **도산채권에 관해서는 이행불능이 발생하지 않는다**는 점을 근거로 든다. 그러나 계약상대방이 파산절차 내에서 파산채권을 행사하기를 원치 않으면 원 채권은 금전화되지 않은 채 존속한다. 또한 원 채권이 금전화되었다고 해서 원 채권이 소멸하는 것은 아니므로, 원 채권의 이행불능(=원래 약속한 내용이 지켜지지 않았고 지켜지는 것이 사회통념상 불가능한 상황)은 발생할 수 있다.

해진 상황을 채권의 이행불능이라고 말한다. 이행불능이 되면 해당 채권 관련 이행청구권은 소멸한다. 그런데 파산채권자가 자신의 계약상 채권(비금전채권)을 파산채권으로 신고하지 않았다면 파산절차 종료 후 그는 — 해당 채권이 면책되지 않는 한 — 여전히 개인채무자에 대하여 비금전채권을 행사할 수 있다. 따라서 파산선고가 되었다고 해서 해당 채권의 이행이 사회통념상 불가능해졌다고 단정할 수 없다(**파산절차개시 ≠ 비금전채권인 파산채권의 이행불능**).

다만 파산절차에서 파산채권자가 금전화된 자신의 채권에 관하여 금전배당을 받았다면(회생파산법 505조 이하), 또는 금전채권을 자동채권으로 적법하게 상계를 하였다면, 파산채권자의 원 계약상 이행청구권은 소멸한다. 배당 전이더라도 파산채무자가 이전해주기로 한 특정물이 파산선고 후 멸실되었다면 이행불능이 발생한다. 그런데 파산절차에서 이러한 이행불능에 따른 손해배상채권은 **후순위 파산채권이므로**(회생파산법 446조 1항 2호),[29] 위 채권의 발생시기나 액수를 특정할 실익은 거의 없다. 계약상대방은 **파산선고 시를 기준으로** 소유권이전청구권을 금전화하여 해당 급부자체의 가치를 파산채권자로서 변제받는 것 이외에, 추가로 손해배상책임(ex. 계약상대방이 추가로 얻을 수 있었던 전매차익, 계약상대방이 도산채무자로부터 해당 급부를 공급받지 못함으로 인해 공장을 가동하지 못하여 입은 영업이익 상당의 손해)을 묻기 어렵다. 이러한 손해배상채권은 후순위 파산채권으로서 비금전채권인 파산채권의 금전화 과정에서 고려될 수 없기 때문이다.

회생절차의 경우 비금전채권인 회생채권의 금전화가 이루어지지 않는다.

---

[29] 관리인의 과실로 특정물이 멸실되었다고 해서 이행불능으로 인한 손해배상채권을 재단채권으로 볼 수는 없다. 회생파산법 446조 1항 2호의 "파산선고 후의 불이행으로 인한 손해배상액"에 포섭해야 한다.

또한 관리인이 법원의 동의를 얻어 비금전채무를 개별적으로 이행할 가능
성도 있고(회생파산법 132조 참조), 비금전채무를 100% 이행하는 내용의
회생계획안이 마련될 가능성도 전혀 없지는 않다. 따라서 회생절차가 개시
되었다고 해서 일률적으로 회생채권의 이행이 불가능해졌다고 말할 수 없
다. 물론 개별 사안에 따라서는 회생절차 진행 도중 이행불능이 발생할 수
있다(가령, 회생채무자가 자신이 소유하고 있던 특정물을 계약상대방에게
양도하기로 하는 계약을 체결하였는데, 회생절차진행 과정에서 관리인이
해당 특정물을 제3자에게 양도한 경우). 이처럼 회생절차개시 후 회생채권
의 불이행(이행불능)으로 인해 발생한 손해배상채권은 일반회생채권이다
(회생파산법 118조 3호). 따라서 계약상대방은 원 계약상 급부의 가치뿐만
아니라 해당 급부로 누릴 수 있었던 전매차익 상당의 손해배상, 해당 급부
를 공급받지 못해 입은 영업이익 상당의 손해배상까지 회생채권자로서 청
구할 수 있다.[30] 이행불능이 발생하지 않더라도 회생절차에서 회생채권인
비금전채권에 관하여 (다른 회생채권과 마찬가지로 일부만 변제하는) 금전
변제 계획이 담긴 회생계획이 법원의 인가를 받은 경우 회생채권자의 권리
는 회생계획에 따라 변경된다(회생파산법 252조 1항). 이는 실체적 변경으
로서 책임만 면제되는 회생파산법 251조[31]와 다르다. 따라서 계약상대방의

---

[30] 채무자가 회생절차개시 전후를 걸쳐 계속 토지를 불법점유하고 있는 경우를 가정해
보자. 회생절차개시 전에 발생한 채무자의 불법행위 손해배상채무/부당이득반환채무
가 회생채무임은 의문의 여지가 없다. 그렇다면 회생절차개시 이후 발생한 채무자의
불법행위 손해배상채무/부당이득반환채무는 회생파산법 118조 3호가 규정한 "회생절
차개시 후의 불이행으로 인한 손해배상금"에 포함되는가? 위 조항은 문언 상 "채무불
이행을 이유로 한 손해배상채무"를 염두에 두고 있을 뿐, "불법행위로 인한 손해배상
채무"나 "부당이득반환채무"까지 포섭하고 있지 않다. 따라서 회생파산법 118조 3호
에 따른 회생채권에 포함될 수 없다. 회생절차 개시 후 채무자에 대하여 생긴 부당이
득반환청구권(회생파산법 179조 1항 6호) 또는 목적물을 반환하지 않은 관리인의 불
법행위로 인한 손해배상청구권(회생파산법 179조 1항 5호: 채무자가 불법점유하는 목
적물을 소유자에게 반환하는 것은 관리인의 임무 - 도산재단의 유지·확충 - 에 포함
될 여지가 있다. 회생파산법 479조도 참조)으로서 공익채권으로 봄이 타당하다.

원 계약상 이행청구권은 소멸한다. 나중에 도산절차가 폐지되더라도 계약
상대방은 더 이상 원 계약상 이행청구권을 행사할 수 없다.

그런데 도산채무자의 이행불능이 인정되지 않고 이행지체를 원인으로
한 손해배상청구만 허용되더라도, 계약상대방은 이행불능이 인정되는 경우
와 동일한 범위에서 손해전보를 받을 수 있어야 한다. 도산절차에서의 이
행지체는 — 강제이행청구가 가능한 평시와 달리 — **강제이행청구가 불가
능한 채무[32]의 이행지체이므로, 이행불능과 실질적으로 차이가 없기 때문**
이다. 이는 도산채무의 불이행으로 인한 손해배상채권이 — 후순위 도산채
권이 아니라 — 일반도산채권인 회생절차에서 의미가 있다. 회생채무자의
특정물 급부의무에 대해 강제이행을 청구할 수 없게 됨에 따라 계약상대방
이 입은 손해[33]에는 지연배상금뿐만 아니라 — 설령 특정물 급부의무의
이행불능을 인정할 수 없는 경우에도 — ① 그로 인한 전매차익, ② 그로
인한 영업이익 상당 손실이 포함될 수 있다. 이러한 2차적 손해[34]는 **변제
기가 도래한 주된 채권의 강제이행청구를 할 수 없게 된 때**를 기준으로[35]
그 손해를 산정해야 한다. 회생채권자의 이러한 손해배상청구권은 — 아직

---

31) 회생계획이 인가되면 회생계획 및 회생파산법에 의해 인정된 권리를 제외하고 채무자
   는 모든 회생채권에 관하여 그 책임을 면한다.

32) 다만 면책된 채무처럼 강제이행청구가 '확정적'으로 불가능하게 된 것은 아니다.

33) 쌍방미이행 쌍무계약에 관하여 이행거절권 구성을 취할 경우, 관리인의 이행거절 시
   계약상대방에게 인정되는 손해배상채권도 본문과 비슷한 관점 - **계약상 채권을 강제
   이행할 수 없게 되기 때문에 채권자가 입는 손해** - 에서 바라볼 수 있다. 이행거절권
   구성에 관해서는 본문 제2장 제2절 IV. 4. 참조.

34) 운송계약 상 운송인의 의무처럼 '하는 채무'가 도산채무로서 문제된 경우에는, 운송을
   적시에 하지 못함으로 인해 운송의뢰인이 입은 손해가 2차적 손해에 포함될 수 있다.

35) 특별한 사정으로 인한 손해는 채무자가 그 사정을 알았거나 알 수 있었을 때 한하여
   배상의 책임이 있다(민법 393조 2항). 여기서 채무자의 악의나 과실의 판단기준 시점
   은 '그 채무의 이행기'이다(대법원 1985. 9. 10. 선고 84다카1532 판결). 따라서 회생
   절차개시 후 회생채권의 변제기가 도래한 경우에는, 변제기 도래시점을 기준으로 특
   별손해 배상책임 유무를 결정한다.

이행청구권이 소멸하지 않았지만 (원급부에 갈음하는 손해 + 채무불이행에 따른 확대손해)를 청구할 수 있다는 점에서 ─ 이행지체 후의 전보배상(민법 395조)과 유사한 측면이 있다.

다. 소결

도산절차 개시 후 이행지체 또는 이행불능으로 인한 손해배상책임은 발생할 수 있다. 다만 도산절차개시 후 이행불능이 문제되는 경우는 드물며, 이행불능을 인정할 실익도 낮다. 이행기가 도래한 계약상 채권의 강제이행 청구가 불가능해지는 시점에 그 계약상 채권은 소멸하지 않는다. 따라서 위 시점에 계약상 채권의 이행불능이 발생하였다고 말할 수 없다. 하지만 위 시점에 이행불능에 따른 손해배상책임에 준(準)하여 2차적 손해가 발생할 수 있다.

도산절차 개시 후 채무자의 채무불이행으로 인한 손해배상책임을 부정하는 학설의 배후에는 만약 이러한 손해배상책임을 허용하면 계약상대방이 도산채무자의 채무불이행을 이유로 계약을 해제할 수도 있는데, 이러한 결론은 도산절차의 목적 또는 취지에 배치된다는 우려가 존재한다. 필자는 도산절차 개시 후 채무불이행으로 인한 손해배상책임의 발생은 긍정할 수 있지만, 그렇다고 해서 계약상대방의 해제권 행사까지 허용할 수는 없다고 생각한다. 이 문제는 항을 바꾸어 검토한다.

3. 채무불이행을 이유로 한 계약상대방의 법정해제권 취득 불가 : 계약의 채권화

앞서 필자는 도산절차 개시 후의 채무불이행을 이유로 한 손해배상책임이 발생한다고 보았다. 그렇다면 계약상대방은 도산절차 개시 후의 채무불이행(이행지체, 이행불능 등)을 이유로 해제권도 취득할 수 있고, 이를 도산채무자(또는 관리인)에게 행사할 수 있는가?

가. 계약상대방의 도산절차 내 해제권 행사에 따른 원상회복의 법률관계

계약상대방의 해제권 행사 가부를 검토하기에 앞서, 계약상대방의 도산절차 내 해제권 행사가 허용된다고 가정하였을 경우 그 법적 효과를 해명할 필요가 있다. 매도인이 부동산 소유권을 매수인에게 이전하였지만 매수인은 매도인에게 매매대금을 지급하지 않은 상황에서 매수인에 대하여 도산절차가 개시되었고, 그 후 매도인이 매매계약을 적법하게 해제하였다고 가정해 보자.

매매계약이 해제되면 그 계약의 효력은 소급적으로 소멸한다. 따라서 그 계약의 이행으로 변동이 생겼던 물권은 당연히 그 계약이 없었던 원상태로 복귀한다.[36] 계약이 해제된 경우에 각 당사자는 민법 548조에 따라 상대방에 대하여 원상회복의 의무를 지며, 원상회복의무로서 반환할 금전에는 그 받은 날부터 이자를 가산하여 지급하여야 한다. 계약해제의 효과로서 원상회복의무를 규정한 민법 548조는 부당이득에 관한 특별 규정의 성격을 가진 것이므로, 그 이익 반환의 범위는 이익의 현존 여부나 선의, 악의에 불문하고 특단의 사유가 없는 한 받은 이익의 전부이다.[37] 즉 평시라면 매도인은 계약해제권을 행사하여 소급적으로 매매목적물인 부동산의 소유권을 취득하게 된다.

그렇다면 매도인은 도산절차 내에서의 해제권 행사로 매수인에게 소유권을 이전해 준 부동산에 대하여 환취권을 행사할 수 있는가? 학설 중에는 파산자의 상대방이 해제한 경우 환취권 행사를 긍정하는 견해가 있다.[38] 그러나 계약상대방의 원상회복채권은 도산채권으로 취급함이 타당하다.[39]

---

36) 대법원 1982. 11. 23. 선고 81다카1110 판결.
37) 대법원 2013. 12. 12. 선고 2013다14675 판결.
38) 박병대, "파산절차가 계약관계에 미치는 영향", 재판자료82, (1999), 456.

그 이유는 다음과 같다.

① 판례는 **파산관재인의 제3자성**을 인정하고 있다.[40] 또한 판례는 계약해제로 인한 말소등기가 이루어지기 전에 해제사실을 모르고 해당 부동산을 압류한 채권자도 민법 제548조 제1항 단서의 제3자에 해당한다고 본다.[41] 그렇다면 매도인이 매매계약을 해제한 후 말소등기를 하기 전에 매수인에 대하여 파산절차가 개시된 경우 파산관재인은 제3자에 해당하고 매도인은 환취권을 행사할 수 없다고 보아야 한다. 매도인이 매수인 파산 전에 매매계약을 해제한 경우 환취권을 행사할 수 없다면, 매수인 파산 후에 매도인이 매매계약을 해제한 후에도 환취권을 행사할 수 없다고 보아야 한다. 파산관재인의 제3자성을 인정한다면 회생절차상 관리인의 제3자성만 부정할 이유는 없으므로,[42][43] 매수인에 대하여 회생절차가 개시된 경우에

---

39) 같은 취지 이동진, "부당이득반환청구권의 도산절차상 지위", 민법과 도산법, (2019), 142-143.

40) 대법원 2003. 6. 24. 선고 2002다48214 판결(허위표시의 경우); 대법원 2010. 4. 29. 선고 2009다96083 판결(사기의 경우).

41) 대법원 2000. 4. 21. 선고 2000다584 판결(사안 자체는 실권특약부 매매계약이 그 특약에 의하여 소급적으로 실효되는 경우이다).

42) 같은 취지 서울회생법원 재판실무연구회, 회생사건실무(상), 5판, (2019), 392.

43) 참고로 서울고등법원 2012. 5. 11. 선고 2011나80267 판결은 ① 회생절차와 파산절차는 그 목적이 다른 점, ② 파산절차와 달리 회생절차는 채무자의 이익을 도모하는 측면이 크고 따라서 회생절차개시 신청도 대부분 채무자에 의해 이루어지는 점, ③ 포괄적 강제집행절차의 성격을 갖는 파산절차의 특성 및 파산채권자의 공동이익을 위해 그 직무를 수행하는 파산관재인의 특성이 회생절차와 관리인에 그대로 나타나는 것은 아닌 점, ④ 채무자 자신 또는 그 대표자가 관리인이 되는 것이 일반적인 상황에서 관리인의 제3자성을 인정하면 채무자가 이를 악용할 수 있는 점을 근거로 관리인의 제3자성을 부정한다. 또한 설령 관리인의 제3자성을 인정하더라도 위와 같은 회생절차의 특성을 고려할 때 파산절차와 달리 그 선의 여부의 판단은 관리인을 기준으로 해야 한다고 판시하였다.
그러나 이러한 입론이 타당한지는 의문이다. 채무자의 회생이 정당화되는 이유는 그것이 다른 선택지(파산)보다 총채권자에게 이익이 되기 때문이다. 총채권자의 이익을 극대화한다는 점에서 회생절차와 파산절차는 공통점을 갖고 있다. 두 절차는 모두 전

도 매도인은 환취권을 행사할 수 없다고 봄이 균형이 맞다.

② 설령 관리인의 제3자성을 부정하더라도 계약상대방의 원상회복채권은 도산채권으로 취급함이 타당하다. 계약체결시점과 계약이행시점이 다른 경우 즉 계약체결현장에서 바로 거래가 완료되는 현장거래가 아닌 경우, 채권자는 채무자에게 신용을 부여한다(신용거래). 신용거래에서 채무자가 채무를 불이행하는 경우 채권자는 채무자의 무자력 위험을 부담한다. 채권자의 계약상 청구권은 채권적 청구권이다. 다만 채권자가 채무자에 대하여 반대급부의무를 부담하고 있고 이 의무가 채무자의 의무와 동시이행관계에 있는 경우, 채권자는 동시이행항변권을 행사함으로써 채무자의 무자력 위험에서 벗어날 수 있다(동시교환거래). 계약당사자는 계약을 체결함으로써 이러한 위험분담의 구조(신용거래 또는 동시교환거래)를 자율적으로 결정한다. **계약상 급부의 이행에 관하여 계약당사자가 자율적으로 결단한 위험분담의 구조는 계약해제에 따른 원상회복 국면에서도 그대로 관철되어야 한다. 즉 최초 체결된 계약의 모멘텀이 계속 유지되어야 한다.** 따라서 원상회복 청구권은 채권적 청구권으로 보아야 하고(신용거래), 쌍무계약에 기초해 이루어진 각 급부의 원상회복 의무 사이에는 동시이행관계를 인정해야 한다(동시교환거래). 계약이 해제됨으로 인해 계약은 처음부터 없었던 것처럼 취급되지만, 위험분담에 관한 계약당사자들의 자기결단(自己決斷)

체집행 절차의 일종이다.

회생절차에서는 책임재산의 환가보다 채무자의 사업계속을 통해 채무변제의 재원(財源)을 마련하는 경우가 많다. 그러나 회생절차에서도 채무자의 책임재산은 동결(凍結)되어 채권자들의 개별집행으로부터 보호되고(회생파산법 58조 1, 2항), 관리인이 법원의 허가를 받아 책임재산을 환가하여 채무를 변제하는 것도 가능하다(회생파산법 61조 1항 1호). 위 판례에서 언급한 회생절차와 파산절차 사이의 차이는 상대적 차이에 불과하다.

도산채무자가 회생절차상 관리인의 제3자성을 악용하려는 사정이 엿보이는 경우 예외적으로 관리인의 제3자성을 부정할 수는 있다. 그러나 원칙적으로는 파산관재인과 마찬가지로 회생절차상 관리인도 제3자성을 인정해야 한다.

은 여전히 유효하다. 자기결단이 이루어지는 과정에서 그러한 의사표시의 구속력을 부정할만한 흠이 없었기 때문이다. 이 점에서 계약이 해제되는 경우와 계약이 의사표시의 흠(착오, 사기, 강박 등)을 이유로 무효이거나 취소된 경우는 다르다. 필자의 이러한 주장은 계약해제의 효과에 관한 청산관계설과 비슷하지만 똑같지는 않다. 청산관계설에 따르면 계약해제 후 매수인이 악의의 제3자에게 매매목적물의 소유권을 이전한 경우에도 제3자의 소유권 취득을 긍정하는 것이 자연스럽다. 매수인이 소유자이기 때문이다. 그러나 매도인의 원상회복청구권을 채권적 청구권으로 보더라도 악의의 제3자가 종국적으로 소유권을 취득하는 것을 허용해서는 안된다. 공평의 관념에 반하기 때문이다.44)

평시에는 원상회복의무자의 자력(資力)이 충분할 수 있다. 또한 각 원상회복의무가 동시이행관계에 있는 경우 원상회복청구권이 채권적 청구권인지 물권적 청구권인지에 따라 결론에 큰 차이가 생기지 않는다. 따라서 평시에는 물권적·직접효과설을 취하더라도 문제점이 잘 드러나지 않는다. 그러나 도산절차에서 물권적·직접효과설을 취하여 환취권을 긍정하면 그 문제점이 뚜렷이 드러난다. 위 사례에서 계약상대방인 매도인은 매매대금을 지급받지 않은 채 매수인에게 부동산 소유권을 이전해주었다. 매도인은 매수인의 무자력 위험을 부담하는 신용거래를 하였고, 동시교환거래를 하지 않았다. 이 경우 매도인이 매매계약을 해제하고 환취권을 행사할 수 있다고 보면, 매도인이 스스로 신용거래를 선택하였다는 점과 모순된다.45)

---

44) 이 문제는 부동산 이중매매에서 악의의 제2매수인이 종국적으로 소유권을 취득할 수 있는가라는 쟁점과 연결된다. 이 문제는 그 자체로도 검토할 분량이 상당히 많고, 이 글의 주제와 직접 관련이 없으므로 더 이상 살펴보지 않는다.

45) 매매계약이 무효이거나, 취소된 경우라면 이러한 모순은 발생하지 않는다. 신용거래를 선택한 매도인의 자기결단에 흠이 있으므로, 매도인이 이러한 자기결단에 구속되는 것은 부당하다. 따라서 매매계약의 무효, 취소를 원인으로 한 매도인의 환취권 행사를 긍정할 수 있다. 다만 매매계약의 무효, 취소를 매매목적물을 압류한 채권자(매

나. 일방미이행 쌍무계약

일방미이행 쌍무계약의 상황, 즉 계약상대방인 매도인이 부동산 소유권을 매수인에게 이전하였는데 아직 매매대금을 지급받지 못한 상황에서 매수인에 대하여 도산절차가 개시되었다고 가정한다. 이 경우 매도인이 매매대금채권을 도산채권으로서 행사할 수 있을 뿐만 아니라, 매매대금지급의무 이행지체(또는 이행불능)에 따른 손해배상채권도 회생채권 또는 후순위 파산채권으로 행사할 수 있음은 앞서 살펴보았다. 그렇다면 매도인은 매수인에 대한 도산절차 내에서 위와 같은 채무불이행을 이유로 한 해제권을 행사할 수 있는가? 결론부터 말하면 필자는 계약상대방이 채무자의 도산절차에서 '새롭게' 해제권을 취득할 수는 없다고 생각한다. 즉 **자기 뜻대로 계약을 강제이행하지 못하는 계약상대방은 계약을 자기 뜻대로 없던 것으로 되돌릴 수도 없다.** 도산절차에서는 계약법 법리 중 일부의 적용이 제한되고, 계약상대방은 오로지 계약상 채권 또는 계약상 채무의 불이행으로 인한 손해배상채권만 행사할 수 있다. 이처럼 **'일반채권자인 계약상대방이 도산절차에 구속(拘束)'**되는 것을 계약의 채권화라고 부를 수 있다. **도산절차가 개시되면 계약의 채권화가 이루어진다.** 계약의 채권화가 정당화되는 이유는 다음과 같다.

1) 도산절차의 간소화 및 효율적 운영

계약의 채권화를 인정하면 전체집행 절차인 도산절차의 간소화 및 효율적 운영에 도움이 된다. 계약상대방의 해제권 행사를 허용하면 계약상 법률관계는 유동적으로 변한다. 계약상대방의 해제권 행사를 '언제까지' 허용할 것인지 문제되고, 민법 552조에 따라 관리인이 계약상대방에게 해제권 행사여부를 최고할 수 있더라도 최고 후 '상당기간'에서 상당기간을 구체

수인의 채권자)에게 주장할 수 없고 관리인의 제3자성을 인정한다면, 결과적으로 매도인은 환취권을 행사할 수 없다.

적으로 확정하는 문제도 남는다. 쌍방의 원상회복의무가 동시이행관계에 있는 경우[46] 이러한 법률관계를 도산절차 내에서 어떻게 풀어가야 하는지도 간단치 않은 문제이다. 이러한 문제들로 인해 도산절차가 필요 이상으로 번잡해질 수 있다.

2) 원상회복청구권의 법적 성격과 해제권 부여의 실익

계약상대방의 원상회복청구권을 환취권의 기초가 되는 권리라고 볼 수 없다는 점은 앞서 살펴보았다. 계약상대방은 해제를 통해 자신이 도산채무자에게 급부한 원물을 반환받을 수 없다. 그렇다면 계약상대방에게 해제권을 부여할 실익이 크지 않다.

3) 계약상대방의 원상회복청구와 도산재단 보호 사이의 충돌
: 첫 번째 국면

계약상대방이 해제를 하지 않은 채 채무불이행으로 인한 손해배상채권을 도산채권으로 행사하는 것보다, 해제를 한 뒤 가액상당의 원상회복채권을 도산채권으로 행사하는 것이 더 유리한 경우가 있다. 계약상대방이 손해보는 계약을 체결한 경우이다. 부동산 매매계약체결 후 매매목적물의 시가가 계속 상승하고 있다면 계약상대방인 매도인은 계약해제를 원할 것이다. 계약해제 시 매도인은 해제 시점[47]의 부동산 시가 상당액의 가액반환채권을 도산채권으로 행사할 수 있는데, 매매대금보다 해제 시점의 부동산

---

46) 일방미이행 쌍무계약이더라도 그 계약이 해제되어 청산되는 국면에서는 각 원상회복의무 간에 동시이행관계가 발생할 수 있다.

47) 매도인의 원상회복청구권(목적물 반환청구권)은 도산채권이다. 다만 도산절차개시 전에는 채권발생의 법적 원인만 존재하다가 도산절차개시 후 비로소 발생하고 그 변제기가 도래한 정지조건부 채권이다. 이러한 채권의 가액은 정지조건성취시점을 기준으로 산정함이 타당하다. 즉 부동산을 보유하고 있는 매수인은 매도인 해제시점의 부동산 시가 상당액을 원상회복해야 한다. 같은 취지 岡正晶, "倒産手続開始後の相手方契約当事者の契約解除権と相殺権", 伊藤眞先生古稀祝賀論文集, (2015), 783.

시가가 더 크기 때문이다. 그런데 이 경우 도산재단 입장에서는 매매대금
이 아니라 시가가 상승한 부동산의 가액을 도산채무로 부담하는 불이익을
입는다. 도산절차 개시 시점의 책임재산을 **일단 동결**(凍結; freeze)하여 개
별채권자들의 강제집행을 허용하지 않은 채 도산재단에 편입시킨 뒤, 이를
기초로 총채권자들에 대한 채무를 변제하거나(고정주의, 파산절차), 사업을
계속함으로써 도산재단을 유지·증가시켜 총채권자들에 대한 채무를 변제
하는 것(팽창주의, 회생절차)이 도산절차의 특징이다. 이러한 특징을 고려
할 때, 도산재단에 속한 부동산의 시가 상당액의 반환을 강제하는 것은 타
당하지 않다. 계약상대방의 해제는 도산재단이 누리던 계약을 통한 이익을
일방적으로 박탈한다.[48] **도산절차의 목적달성(전체집행, 일반채권자들의
공평한 취급)을 위해 부득이하게** 도산절차 개시 후 채무불이행이 발생하였
다. 그런데 이러한 채무불이행을 이유로 들어 **도산절차의 목적에 반하는
결과**(원상회복채권 행사로 인한 도산재단의 감소, 채권자평등주의 훼손)를
허용한다면 이는 본말전도(本末顚倒)이다.

4) 계약상대방의 원상회복청구와 도산재단 보호 사이의 충돌
    : 두 번째 국면

도산절차 개시에 따라 계약상대방은 도산채권자가 되고, 자신의 계약상
권리에 관하여 더 이상 강제이행을 청구할 수 없다. 도산채권자에 불과한
계약상대방이 관리인의 작위나 부작위를 이유로 계약을 해제하는 것은, 관
리인에게 그 계약을 이행하도록 강제하는 것과 비슷하다.[49] 강제이행청구
권이 동결되면, 강제이행청구권의 실현불능(ex. 이행지체, 이행불능)을 이
유로 한 해제권 발생도 동결된다고 봄이 자연스럽다.[50]

---

48) 계약상대방의 해제권 행사에 따른 원상회복청구권은 도산절차 상 부인권과 정반대의
    결과를 가져온다는 점에서 **음(陰)의 부인권**이라고 할 수 있다.
49) Charles Jordan Tabb, Law of Bankruptcy, 4th ed. (2016), 842.
50) KPB/Tintelnot InsO, §103 Rn.240.

참고로 ⓐ 프랑스 상법은 금전채권인 도산채권의 '도산절차 개시 전' 불
이행을 이유로 소송행위(actions en justice)를 통해 도산절차 개시 후 계약
을 해제(résolution)하는 것을 금지한다{L.622-21(보호절차의 경우), 위 조문
은 L.631-14, L.641-3에 의해 회생절차와 파산절차에도 적용된다}. 위 조문
은 쌍방미이행 쌍무계약 이외의 문제상황에 적용되는데, 이에 따라 매매대
금을 지급받지 못한 채 소유권을 먼저 이전해 준 매도인이 도산채무자인
매수인으로부터 매매목적물을 돌려받는 것이 금지된다.[51] 또한 ⓑ 스위스
채권추심 및 파산에 관한 연방법 212E조는 파산절차 개시 전에 매수인(=파
산채무자)에게 매매목적물을 양도한 매도인은 더 이상 계약을 해제하고 인
도된 물건의 반환을 청구할 수 없다고 규정한다. ⓒ 독일도산법 105조 2문
은 계약상대방은 그의 반대급부청구권이 이행되지 않았다는 이유를 들어
도산절차개시 전에 채무자의 재산으로 이전된 '일부급부'의 반환을 도산재
단에 대하여 요구할 수 없다고 규정한다. 위 조문은 계약상대방이 자신의
급부의무 중 일부만을 선이행한 경우에 관해 규정하고 있다. 그런데 계약상
대방이 도산채무자에게 자신의 급부 전부를 선이행한 경우에도, 반대급부청
구권이 100% 변제되지 못한다는 이유로 기이행급부의 원상회복을 청구하
는 것은 금지된다.[52] 이러한 외국의 입법례들은 – 그 내용과 취지는 조금
씩 다르지만 – 모두 계약상대방이 도산절차개시를 기화(奇貨)로 계약해제
를 통해 원물반환 형태로 원상회복의 이익을 누리는 것을 불허하고 있다.

5) 원물을 돌려주고 싶은 계약상대방을 위해 해제권을 인정할 필요성?
도산절차에서 계약상대방의 원상회복청구권을 보장하는 것은 바람직하

---

51) Philippe Pétel, Procédures Collectives, 9e, (2017), Rn.187{그러나 비금전채무의 불이
행으로 인한 해제, 해제조항(clause résolutoire)에 의한 해제는 가능하다}. 본문에서 언
급한 조문과 논의는 모두 채무자의 '도산 전' 채무불이행을 전제로 하고 있음에 유의
해야 한다.
52) 독일의 통설이다. KPB/Tintelnot InsO, §105 Rn.69.

지 않고, 원상회복을 받고 싶어하는 계약상대방을 위해 그에게 해제권을 부여하는 것은 타당하지 않음은 앞서 살펴보았다. 그렇다면 자신이 받은 원물을 돌려주고 싶은 계약상대방을 위해 해제권을 허용할 필요는 혹시 없을까? 결론부터 말하면 위와 같은 목적에서 계약상대방의 해제권 행사를 허용할 실익은 거의 없다. 다음과 같은 사례를 가정해 보자.

> A는 B로부터 동산 α와 β를 100원에 매수하는 내용의 계약을 체결하였다. A는 B로부터 α의 소유권을 이전받고 B에게 100원을 지급한 후 B에 대하여 도산절차가 개시되었다. 도산절차개시 후 B의 채무불이행(β의 소유권이전의무 불이행)을 이유로 A가 매매계약을 해제하였고,[53) 그에 따라 A는 도산채권으로서 100원의 반환채권을 갖고, B는 α의 반환청구권을 갖는다. 두 원상회복의무는 동시이행관계에 있다. 이 경우 B의 관리인 X가 α를 반환받는 것을 원치 않더라도 A가 α의 반환의무를 이행 또는 이행제공하면서 자신의 원상회복채권을 행사할 수 있는가?

평시라면 A는 B에게 동시이행관계에 있는 α반환의무의 **이행제공**만 하여도 100원의 반환채권을 집행채권으로 하여 B의 책임재산에 대하여 강제집행을 개시할 수 있다(민사집행법 41조 1항). 또한 배당단계에서 A는 배당을 통해 자신의 채권액 100원을 '전부' 변제받을 때까지 동시이행항변권을 행사하여 α의 반환을 거절할 수 있다. 즉 배당단계에서 A가 30밖에 변제받을 수 없을 것으로 예상된다면, A는 이를 이유로 α를 반환하지 않은 채 30을 먼저 배당받을 수 있다.[54) 그렇게 보지 않으면 A가 선이행을 사실상 강요당하기 때문이다. 배당단계에서 A가 100을 배당받을 것으로 예상되

53) 필자는 이러한 해제권 행사가 허용될 수 없다는 입장이다. 그러나 본문에서는 일단 해제권 행사가 가능하다는 전제 아래 해제권 행사 후의 법률관계를 분석한다.
54) 赫高規, "破産法上の双務契約の規律についての改正提案および解釈論の提案－規律根拠の再検討を踏まえて－", 続々・提言倒産法改正, (2014), 213.

는 경우, B가 α의 수령을 거부하더라도 A는 반대채무를 이행제공함으로써 배당을 받을 수 있다. 이 경우 B는 A에 대하여 채권자지체에 따른 책임을 부담한다(민법 401조, 403조). 즉 B가 수령을 거절하더라도 A의 채권만족에 아무 지장이 없고, B에게 채권자지체 책임을 지움으로써 B로 하여금 α를 수령하도록 사실상 강제할 수도 있다.

평시 강제집행절차와 달리 도산절차에서는 A가 자신의 채권이 100% 변제되지 못한다는 이유로 α의 반환을 거절하면서 배당절차에만 참가할 수 없다.[55] 도산절차는 **집단적·종국적** 책임실현 절차로서 도산절차에서의 배당변제가 끝난 후 잔존채권은 면책되어 자연채권이 되는 것이 통상이다. 이러한 상황에서 A가 도산재단에 α를 반환하지 않은 채 도산재단으로부터 변제비율에 따른 만족을 먼저 얻는다면, 도산재단이 부당하게 감소하고 다른 도산채권자들은 그만큼 손실을 입는다. 따라서 A는 α를 실제로 반환해야만 배당비율에 따른 배당변제를 받을 수 있다. 반환의무의 이행을 계속적으로 제공하는 것만으로는 부족하다.[56] 관리인 X가 α의 수령을 거절하면 A는 100원의 원상회복채권을 도산채권으로 행사할 수 없다.

그런데 **A가 관리인 X에게 α를 수령하도록 강제할 수 없다.** α를 반환받는 것이 도산재단에 도움이 되지 않는다고 X가 판단하였다면, 이러한 X의 판단은 존중해야 한다. 위 사안에서 A가 α를 반환하고 싶더라도 X가 α의 수령을 원하지 않는다면, A의 원상회복의무는 금전화된 후[57] 또 다른 금전

---

55) 赫高規, "破産法上の双務契約の規律についての改正提案および解釈論の提案ー規律根拠の再検討を踏まえてー", 続々·提言倒産法改正, (2014), 213; 福永有利, "破産法第五九条の目的と破産管財人の選択権", 倒産法研究, (2004), 72.

56) A입장에서는 α를 반환하고 100원의 반환채권을 도산채권으로서 만족을 얻으니 차라리 α를 반환하지 않고 100원의 반환채권도 행사하지 않는 선택을 할 가능성도 있다. 그러나 본문에서는 A가 자신의 채권은 도산채권으로 만족을 얻더라도 α를 반환하는 것을 원한다고 가정하였다. A입장에서 α가 아무런 가치가 없다면, A는 α를 선(先) 반환하고 100원의 반환채권을 도산채권으로 행사하는 것을 선호할 수 있다.

57) 이러한 금전채권화(化)는 계약상대방의 채권과 도산채무자의 채권이 동시이행관계에 있기 때문에 가능하다는 점에 유의해야 한다. 동시이행관계에 있지 않음에도 불구하

채권인 A의 원상회복채권과 정산됨으로써 계약상 법률관계가 정리되어야
한다. 즉 쌍방원상회복의 법률관계가 형성되었더라도 관리인 X가 그 법률
관계 내용 그대로의 이행을 원치 않는다면, **쌍방원상회복의 법률관계는 단
일한 금전채권으로 전화(轉化)되어야 한다.**[58] 그렇다면 A가 α를 반환하는
것을 허용하기 위해 A에게 해제권을 부여할 실익은 크지 않다.

6) 계약상대방과 관리인 모두 원상회복을 원하는 경우

계약상대방도 원물을 돌려주고 싶고, 관리인도 원물을 반환받아 도산재
단을 위해 활용하기를 원할 수 있다(위 사례에서 A도 α를 반환하기를 원하
고 X도 α를 반환받기를 원하는 경우). 이 경우 관리인이 계약상대방으로부
터 원물을 반환받으려면, − 계약상대방이 자진해서 α반환의무를 선이행하
지 않는 이상 − 도산채무자가 받은 것을 돌려주어야 한다{계약상대방의
원상회복채권의 사실상 재단(공익)채권화}. 관리인이 원상회복의무를 100%
이행하지 않는 한 계약상대방으로서는 동시이행항변권을 행사하여 원물반
환을 거절할 수 있기 때문이다.[59] 계약상대방의 해제권 행사를 허용하면,
<계약상대방의 해제권 행사 → 관리인의 쌍방원상회복 법률관계의 이행선
택>이라는 2단계를 거쳐 위와 같은 법률관계가 전개된다.[60] 그런데 계약상
대방의 해제권 행사를 허용하지 않더라도 당사자들 모두 α의 원상회복을
원한다면, 자율적 협상을 통해 위와 동일한 결론에 이를 수 있다. 물론 전
자의 경우와 비교해 거래비용이 더 들 수 있다. 그러나 군이 위와 같은 선
택지를 보장하기 위해 계약상대방의 해제권 취득 및 행사를 허용할 필요는

고 도산채무자의 비금전채권이 금전채권으로 변하려면 별도의 법적 근거가 필요하다.

58) 쌍무계약이 해제되어 쌍방원상회복의무의 법률관계가 발생한 경우 이러한 법률관계
　가 도산절차에서 어떻게 전개되는지에 대해서는 본문 제2장 제2절 II. 6. 참조.

59) 본문 5)에서 언급한 것처럼, 동시이행항변권을 행사하여 원물을 반환하지 않는 계약
　상대방은 자신의 원상회복채권을 도산채권으로 행사할 수 없다.

60) 쌍방원상회복의무의 법률관계에 대해서도 쌍방미이행쌍무계약 관련 법리가 준용될
　수 있다. 본문 제2장 제2절 II. 6. 참조.

없다.

7) 이행지체를 원인으로 한 법정해제 요건의 구비 여부

다음과 같은 사정으로 인해 계약상대방은 이행지체를 이유로 한 해제권을 취득할 수 없다. 이행지체의 경우 귀책사유 있는 채무불이행이 있더라도 채권자의 최고 후 상당기간이 경과하고 그 기간동안 채무이행이 없는 경우에만 해제권이 발생하는 것이 원칙이다(민법 544조). 채권자의 최고 및 최고 후 상당기간의 경과를 해제권 발생요건으로 규정한 이유는 이행지체를 한 채무자에게 **자진해서 채무를 이행할 기회를 한 번 더 부여**하기 위함이다. 민법 544조는 계약은 지켜져야 한다는 원칙, 계약상 이행청구권은 가급적 실현되어야 한다는 생각이 반영된 조항이다. 그런데 도산절차가 개시되면 도산채무자의 임의이행은 금지되고 도산채무자가 공탁을 할 수도 없다. 채무자의 이행기회 보장이라는 최고(催告)의 취지자체가 달성될 수 없는 것이다.[61] 따라서 도산절차가 개시되면 계약상대방인 채권자는 더 이상 법정해제권 발생요건으로서의 최고를 할 수 없고, 그 전에 적법한 최고가 있었던 경우에도 도산절차개시 후에는 더 이상 최고 후 상당기간이 진행할 수 없다.[62][63][64] 도산절차가 개시되면 도산채권자의 개별적 채권행사는 금

---

61) 加毛明, "新しい契約解除法制と倒産手続 - 倒産手続開始後における契約相手方の法定解除権取得の可否", 新しい契約解除法制と倒産・再生手続, (2019), 230.

62) '계약조항'에서 채권자가 채무자에게 채무불이행 사실을 통지한 후 60일이 지나도 채무이행이 없는 경우 채권자가 계약을 해제할 수 있다고 정하였다고 가정하자. 채권자의 통지 후 3주가 지나서 채무자에 대하여 도산절차가 개시되었다. 그 후 시간이 경과하여 통지시점을 기준으로 60일이 지났다면 계약상대방은 해제권을 취득하는가? 본문과 같은 이유에서 취득할 수 없다고 보아야 한다.

63) 박병대, "파산절차가 계약관계에 미치는 영향", 재판자료82, (1999), 452; KPB/Tintelnot InsO, §103 Rn.16.

64) ① 최고 및 최고 후 상당기간 도과 요건을 생략하고 채무자의 귀책사유 있는 채무불이행이 있으면 바로 채권자가 해제권을 취득한다고 약정한 경우, ② 이행거절의 경우, ③ 이행불능의 경우, 계약상대방은 최고 및 최고 후 상당기간의 경과 없이도 해제권

지되는데 여기서 금지되는 채권행사는 '채권만족을 구하는 모든 법률상, 사실상 행위'를 뜻한다.[65] 이행지체를 이유로 한 해제의 요건인 최고는 도산채무자의 이행을 청구하는 것이다. 따라서 금지되는 도산채권자의 '채권행사'에 포함된다.[66][67]

8) 이행거절을 원인으로 한 법정해제?

채권의 변제기 도래 전이더라도 채무자가 채무이행을 거절하겠다는 의사를 명백하고 종국적으로 표시하였다면, 채권자는 최고 없이도 - 또한 동시이행관계에 있는 자기채무의 이행제공 없이도 - 채무불이행을 이유로 계약을 해제할 수 있다.[68] 그렇다면 계약상대방은 채무자에 대한 도산절차 개시 자체를 이행거절로 취급하여 계약을 해제할 수 있는가? 이러한 해제권 취득은 부정함이 타당하다. 도산절차 개시를 '**채무자에 의한**' 이행

을 취득한다. 이 경우 계약의 채권화는 본문 1) 내지 6)의 근거를 통해 정당화할 수밖에 없다.

65) 伊藤眞, 破産法·民事再生法, 4版, (2018), 289.

66) 加毛明, "新しい契約解除法制と倒産手続 - 倒産手続開始後における契約相手方の法定解除権取得の可否", 新しい契約解除法制と倒産·再生手続, (2019), 229-230.

67) 본문의 설명은 일방미이행 쌍무계약을 전제로 한 것이다. 그렇다면 쌍방미이행 쌍무계약의 경우는 어떠한가? Jan Felix Hoffmann, "Vertragsbindung kraft Insolvenz? - Lösungsklauseln und Vertragsspaltungen im Kontext der §§103ff. InsO -", KTS 2018, 343, 349는 **쌍방미이행 쌍무계약의 경우** 계약상대방이 관리인에게 자기채무의 이행제공 및 (상당기간을 정한) 최고를 하여 해제권을 취득할 수 있다고 한다. **관리인이 이행선택을 할 수 있으므로 도산절차 내**에서도 계약상대방의 최고가 가능하다는 것이다. 그러나 이러한 최고를 허용하면 **관리인에게 이행선택을 사실상 강요**할 수 있다. 이는 도산재단에 도움이 되는 방향으로 계약관계를 전개하도록 관리인에게 선택권을 부여한 도산법의 취지에 반한다. 따라서 위 주장은 타당하지 않다. 쌍방미이행 쌍무계약의 경우 계약상대방이 자기채무 이행제공을 함으로써 도산채무자를 이행지체에 빠트릴 수는 있을지라도, 이를 이유로 계약을 해제할 수는 없다. 쌍방미이행 쌍무계약의 운명은 관리인이 결정해야 한다.

68) 대법원 2006. 11. 9. 선고 2004다22971 판결; 대법원 1993. 6. 25. 선고 93다11821 판결 등.

거절 의사표시와 동일시할 수 없기 때문이다.[69] 또한 위 1) 내지 7)에서 언급한 근거들도 도산절차개시 후 이행거절을 이유로 한 해제권 취득을 부정하는 결론을 뒷받침할 수 있다.[70]

그러나 아래와 같은 상황에서는 계약의 채권화가 이루어지지 않고 계약상대방은 도산절차 진행 중 계약해제권을 취득하여 해제권을 행사한 뒤 원상회복청구를 할 수 있다.

■ 계약의 채권화에 대한 예외1 : 환취권 행사가 가능한 경우

계약상대방이 계약해제에 따른 원물반환청구권과 관련하여 '환취권'을 갖고 있다면 이야기가 달라진다. 환취권은 도산절차에 복종하지 않는 권리이기 때문이다. 매도인이 매수인에게 소유권을 먼저 이전해 준 뒤 매수인이 매매대금을 지급하지 않는 상황에 대비하여 계약해제에 따른 원상회복청구권을 보전하기 위해 위 부동산에 청구권 보전의 가등기를 하였고,[71] 그 후 매수인에 대하여 도산절차가 개시된 경우를 생각해 보자. 이러한 가등기는 매매대금채권을 담보하기 위한 담보가등기로 볼 여지가 많다. 그러나 처분문서와 등기부 기재 등을 통해 드러난 매매계약 당사자의 의사가

---

69) 그러나 영미법상 "**anticipatory breach**"는 도산절차개시만으로도 개별적·구체적 사정을 고려하여 인정될 수 있다. 최근 싱가포르 항소법원 판례로는 The STX Mumbai' and Another Matter [2015] SGCA 35.

70) 채무자에 의한 '도산절차개시 신청'은 구체적 사실관계에 따라 이행거절로 볼 여지도 있다. 그러나 '회생'신청의 경우에는 이행거절을 쉽사리 인정할 수 없다. 상거래 채무는 회생채무이더라도 전액 변제될 수 있기 때문이다.

71) 매매계약이 해제되면 매도인은 소유자로서 물권적 청구권인 말소등기청구권도 갖지만, 채권적 청구권으로서 급부부당이득 반환청구권의 일종인 말소등기청구권도 갖는다(대법원 2012. 5. 17. 선고 2010다28604 전원합의체 판결 중 대법관 양창수의 보충의견). 물권적 청구권은 가등기의 피보전권리가 될 수 없지만, 채권적 청구권은 피보전권리가 될 수 있다(대법원 1982. 11. 23. 선고 81다카1110 판결; 대법원 2007. 6. 28. 선고 2007다25599 판결 참조).

ⓐ 매수인의 매매대금 미지급을 이유로 매도인이 매매계약을 해제할 수 있고, ⓑ 해제 후에는 더 이상 매수인이 매매대금을 지급함으로써 매도인의 원상회복청구권을 소멸시킬 수 없다는 취지이며, ⓒ 가등기말소의무와 매매대금지급의무가 '동시이행관계'에 있다면, 매도인은 가등기를 통해 매매대금채권이 아니라 물건 소유권을 확보할 생각이었다고 보아야 한다. 이 경우 해당 매매계약은 쌍방미이행 쌍무계약에 해당한다.[72] 매도인은 매수인에게 완전한 소유권을 이전해 줄 의무(=가등기 말소의무)를 부담하고 매수인은 매도인에게 매매대금지급의무를 부담하며, 양자는 동시이행관계에 있다. 따라서 매수인 측 관리인에게 선택권이 부여되어야 하고, 관리인의 선택권 행사 전에 매도인이 일방적으로 매수인의 (도산절차 개시 후의) 채무불이행을 이유로 매매계약을 해제할 수 없다. 회생파산법이 부여한 관리인의 선택권을 보호해야 하기 때문이다. 회생파산법에 따라 관리인이 해제권을 행사하거나 관리인이 이행선택을 하였지만 매매대금 지급을 지체하여 계약상대방이 해제권을 행사한 경우, 계약상대방은 매매목적물에 대하여 환취권을 행사할 수 있다.[73] 만약 회생파산법이 관리인에게 해제권이 아니라 이행거절권을 부여하였고 관리인이 이행거절권을 행사하였다면 어떠한가? 이 경우 계약상대방은 손해배상채권을 도산채권으로 행사할 수 있음이 원칙이다. 그러나 매도인이 원상회복청구권을 보전하기 위해 미리 가

---

72) 본문에서 언급한 사례에서의 이익상황은 소유권유보부매매, 금융리스의 이익상황과 비슷하다. 위 두 유형의 계약에서도 유보매도인과 리스회사를 담보권자로 볼 것인지, 소유권자로 볼 것인지 문제된다. 소유권자로 본다면 소유권유보부매매와 금융리스는 쌍방미이행 쌍무계약에 해당한다. 본문 제3장 제14절 참조.

73) 이러한 결론은 쌍방미이행 쌍무계약 관련 현행 규정 및 기존 판례법리를 통해서도 도출된다. ① 관리인 해제 시 계약상대방은 매매목적물이 도산재단에 현존하는 한 환취권을 행사할 수 있고(회생파산법 121조 2항, 337조 2항), ② 관리인이 이행선택을 한 후 채무불이행을 하여 계약상대방이 적법하게 계약해제를 한 경우 평시 법리(해제의 물권적·직접효과설)가 그대로 적용된다고 보면 계약해제에 따라 매도인이 소유권을 소급적으로 회복하기 때문이다.

등기를 해 둔 경우라면 이와 같은 상황에서 매도인은 단지 금전손해배상채권을 도산채권으로 행사하는 데 그치는 것이 아니고, 매매계약을 해제하고 환취권을 행사하여 매매목적물을 반환받을 수 있다. 이 경우 **계약상대방의 원상회복청구권은 도산절차에 복종하지 않는 강력한 지위를 부여받았기 때문에, 계약의 채권화가 이루어지지 않는다.**[74] 도산채무자인 매수인의 귀책사유 있는 채무불이행이 인정되는 이상 매도인은 계약법 원칙으로 돌아가 계약해제를 할 수 있고, 가등기에 기초하여 도산재단으로부터 원물을 환취할 수 있다고 보아야 한다. 이 경우 계약상대방의 원상회복의무와 도산채무자의 원상회복의무는 동시이행관계에 있다.

■ 계약의 채권화에 대한 예외2
: 계약상대방의 해제권 행사가 담보권 행사의 실질을 갖는 경우

계약상대방이 실질적으로 담보권자의 지위에 있고 계약상대방의 해제권 행사가 담보권 행사의 실질을 갖는 경우가 있다. 판례는 소유권유보부매매에서 매수인 도산 시 매도인을 회생담보권자로 본다.[75] 또한 금융리스에서 리스이용자 도산 시 리스회사를 담보권자로 취급하는 것이 실무의 입장이다.[76] 필자는 이러한 판례와 실무에 반대하고, 소유권유보부매매나 금융리스는 쌍방미이행 쌍무계약으로 보아야 한다고 생각한다.[77] 그러나 아래에서는 유보매도인 또는 리스회사가 유보매수인 또는 리스이용자의 도산절차에서 담보권자(별제권자 또는 회생담보권자)가 된다는 전제 하에, 그에 따른 법률관계를 검토한다. 매수인 또는 리스이용자가 피담보채무에 해당하는 대금을 약정 기일에 지급하지 않으면, 매도인 또는 리스회사는 계약

---

74) 반대 KPB/Tintelnot InsO, §105 Rn.79(매도인이 일단 소유권을 이전한 이상, 원상회복청구권을 가등기하였더라도 도산절차 내에서 매도인은 원상회복청구를 할 수 없다는 취지).

75) 대법원 2014. 4. 10. 선고 2013다61190 판결.

76) 서울회생법원 재판실무연구회, 회생사건실무(상), 5판, (2019), 462.

77) 본문 제3장 제14절 참조.

을 해제(해지)하고[78] 목적물을 인도받는 방식으로 자신의 담보권을 실행할 수 있는가? 파산절차에서 별제권자는 독자적으로 환가권을 행사할 수 있다(회생파산법 412조). 평시 담보권자가 피담보채무 미변제를 이유로 담보권을 실행할 수 있는 것처럼, 별제권자도 독자적으로 담보권을 실행할 수 있다. 즉 계약상대방인 매도인 또는 리스회사는 매수인 또는 리스이용자에 대한 파산절차 내에서 계약을 해제하고 담보권을 실행할 수 있다. **별제권은 도산절차에 복종하는 권리가 아니므로 별제권을 행사하기 위한 계약해제는 허용된다.**[79] 그러나 회생절차에서 회생담보권자는 독자적 환가권을 갖지 못한다(회생파산법 58조 1, 2항). 따라서 계약상대방인 매도인 또는 리스회사는 매수인 또는 리스이용자에 대한 회생절차 내에서 채무불이행을 이유로 계약을 해제하고 담보권을 실행할 수 없다. **회생담보권은 도산절차에 복종하는 권리이므로 회생담보권을 행사하기 위한 계약해제는 허용될 수 없다.**[80]

■ 계약의 채권화에 대한 예외3 : 법원에 의한 유연한 규제(?)

계약의 채권화가 도산법의 특성을 고려하여 계약법 법리를 변형하는 것이므로, 도산해지조항에 대한 규제(제2장 제3절 Ⅱ. 4)나 그 밖의 법정해제권 행사에 대한 규제(제2장 제1절 Ⅰ. 4. 라. 및 제2장 제1절 Ⅰ. 5. 라)와

---

78) 계약을 해제(해지)하지 않으면 유보매수인 또는 리스이용자가 계약에 따른 점유권한을 주장하며 물건의 반환을 거절할 수 있다.

79) 별제권의 목적물이 도산재단에 필요한 경우 관리인은 법원의 허가를 받아 별제권의 목적물을 환수(회생파산법 492조 14호)할 수 있다.

80) 리스이용자 도산 전에 리스회사가 리스이용자의 채무불이행을 원인으로 한 법정해지권을 이미 취득한 경우는 어떠한가? 이러한 법정해지권 행사는 인정하는 것이 실무의 입장이다. 서울회생법원 재판실무연구회, 회생사건실무(상), 5판, (2019), 462. '일반법리'의 차원에서는 위 말이 맞다. 그러나 리스회사를 담보권자로 보고 해지권 행사를 담보권행사의 일종으로 본다면, 회생절차 내에서 독자적으로 담보권 행사를 할 수 없는 회생담보권자는 이러한 법정해지권도 행사할 수 없다고 봄이 논리적이다. 본문 제3장 제14절 참조.

마찬가지로 '유연한' 규제를 하는 것이 바람직하다는 생각을 할 수도 있다. 따라서 계약상대방이 법원의 허가를 얻어 법정해제권을 행사할 수 있다는 입법도 생각해볼 여지가 있다(쌍방미이행 쌍무계약의 경우 관리인이 해제권이 아니라 이행거절권을 행사할 수 있도록 법을 개정한다면, 이행거절권 행사 후 계약상대방의 신청에 따라 법원이 계약종료선언을 하는 입법을 고민해 볼 수 있다. 제2장 제2절 Ⅳ. 4. 가. 참조). 다만 계약상대방에게 이러한 법정해제권 행사를 허용하는 것이 바람직한 경우가 많아 보이지는 않는다.

다. 쌍방미이행 쌍무계약

쌍방미이행 쌍무계약의 상황, 가령 임차인에 대하여 도산절차가 개시되었고 관리인이 도산절차 개시 후 차임지급을 연체하고 있는 상황('임대차 상황')을 가정해 보자. 임대인은 차임연체를 이유로 임대차계약을 해지할 수 있는가? 다음과 같은 상황도 생각해 보자. 매수인이 매매대금을 먼저 지급하고 매도인은 그 후 부동산 소유권을 이전해주기로 하였는데 매수인에 대하여 회생절차가 개시되었고, 그 후 매수인의 매매대금 지급 약정기일이 도래하였다('매매 상황'). 매도인은 매수인의 회생절차 내에서의 채무불이행을 이유로 매매계약을 해제할 수 있는가? 이 경우에도 계약상대방은 도산절차 개시 후 도산채무자의 채무불이행을 이유로 새롭게 해제(해지)권을 취득할 수 없다. 그 이유는 다음과 같다.

① 쌍방미이행 쌍무계약의 경우 관리인이 이행 또는 해제(해지)라는 선택권을 갖는다(회생파산법 119조 1항, 335조 1항). 계약상대방의 해제권 행사를 허용하면 관리인에게 위와 같은 선택권을 부여한 법의 취지가 훼손될 수 있다.[81]

---

81) 계속적 계약의 경우 채무불이행이 없더라도 **계약의 존속을 기대하기 어려운 중대한 사유가 발생하였다면, 신의칙에 의한 계약해지가 허용**된다. 그러나 도산절차개시 후

② 계약상대방의 해제권 행사를 허용하지 않더라도 계약상대방은 관리인에게 조속히 선택권을 행사할 것을 최고할 수 있다(회생파산법 119조 2항, 335조 2항).[82] 임대차 상황의 경우 관리인이 이행을 선택하든 해지를 선택하든 도산절차개시 후 임대차계약 존속기간에 상응하는 약정차임은 재단(공익)채권으로 변제해야 한다.[83][84][85] 따라서 계약상대방의 해제(해

계약상대방은 이러한 신의칙 상 해지권을 행사할 수 없다. 관리인에게 선택권을 부여한 법의 취지가 훼손될 수 있기 때문이다.

[82] 최고 후 관리인에게 허용된 숙고기간은 회생절차의 경우 원칙적으로 30일이다. 법원은 관리인 또는 상대방의 신청에 의하거나 직권으로 위 기간을 늘이거나 줄일 수 있다(회생파산법 119조 3항). 파산절차의 경우 계약상대방은 상당한 기간을 정하여 최고할 수 있다.

[83] 관리인이 이행을 선택하였다면 회생파산법 179조 1항 7호, 473조 7호가 재단(공익)채권화의 근거가 된다. 관리인이 해지를 선택하였더라도 회생파산법 473조 8호(파산선고로 인하여 쌍무계약이 해지된 경우 그 때까지 생긴 청구권) 유추 또는 회생파산법 179조 1항 2호(회생절차개시 후의 채무자의 업무 및 재산의 관리와 처분에 관한 비용청구권)를 근거로 재단(공익)채권화를 인정해야 한다. 서경환, "회사정리절차가 계약관계에 미치는 영향", 재판자료86, (2000), 657 참조. 도산절차개시 후 도산재단이 입은 부당이득(회생파산법 179조 1항 6호, 473조 5호)을 근거로 재단(공익)채권성을 인정할 수는 없다. 해지는 소급효가 없으므로 해지 전 계약관계는 유효하고, 따라서 도산재단이 '법률상 원인없는' 이득을 얻은 것이 아니기 때문이다.
도산채무자인 임차인이 차량 30대를 임차하고 있었는데 관리인이 선택권을 행사하지 않고 있는 동안 10대만 사용한 경우, 관리인은 도산재단이 실제로 이득을 얻은 10대의 사용료에 상응하는 금원을 변제하는 것으로 불충분하고, 약정차임인 30대 전부에 대한 사용료를 변제해야 한다. 이에 관한 미국논의로는 Charles Jordan Tabb, Law of Bankruptcy, 4th ed. (2016), 865 참조.

[84] 법원은 필요하다고 인정하는 경우 회생절차에서 관리인이 해제(해지)를 선택하기 전에 법원 허가를 받게 할 수 있다(회생파산법 61조 1항 4호). 이처럼 법원의 허가가 필요한 경우 법원의 허가가 이루어지기까지 해제(해지)의 효력은 발생하지 않는다{회생파산법 61조 3항 본문 참조. 다만 계약상대방이 선의라면 해제(해지)는 즉시 효력이 발생할 수 있다. 회생파산법 61조 3항 단서}. 법원의 허가가 지연되더라도 관리인은 해지의 효력발생 전까지의 약정차임을 재단(공익)채무로서 변제해야 한다. 허가지연으로 약정차임이 늘어나는 것을 원치 않는 관리인으로서는, 허가 전에라도 미리 임대목적물을 임대인에게 반환함으로써 차임지급의무를 면할 수 있다.

[85] 참고로 미국 연방도산법 §365(d)(3)은 비거주목적 부동산 임대차의 경우 임차인 도산시 관리인은 선택권을 행사하기 전까지 채무자의 모든 계약상 의무를 적시에 이행해

지)권 행사를 허용하지 않더라도 계약상대방은 일정 부분 보호된다. 법원은 계약상대방의 이익을 고려하여 관리인이 선택권 행사를 지체하는 것을 제어할 필요가 있다.

③ 매매 상황의 경우 일방미이행 쌍무계약에서 계약의 채권화를 부정하면서 들었던 논거들 일부(1), 7), 8))가 그대로 적용될 수 있다.

④ 매매 상황의 경우 계약상대방의 해제권 행사를 불허하고 관리인의 이행선택을 허용하면, 해당 매매목적물을 다른 매수인에게 더 높은 가격에 팔아 이득을 얻으려는 매도인의 이익은 침해된다. 그러나 관리인은 매도인에게 재단(공익)채권으로서 매매대금 및 그에 대한 지연손해금을 변제해야 한다. 매도인 보호는 이로써 충분하다.

라. 소결

필자의 결론은 평시 민법에 따라 계약상대방이 해제권을 취득할 수 있는 경우라 할지라도, 도산절차개시 후에는 계약상대방이 '새롭게' 해제권을 취득할 수 없다는 것이다. 도산절차 내에서 도산채무자의 귀책사유 있는 채무불이행이 인정되더라도, 계약상대방의 해제권 취득은 허용될 수 없다. 만약 **채무자의 귀책사유 없는 채무불이행의 경우에도 채권자의 계약해제가 허용되는 방향으로 민법이 개정되더라도**,[86] 도산절차개시 후 계약상대방이 '새롭게' 해제권을 취득할 수 없는 것은 마찬가지이다. 계약상대방의 해제 불가는 도산법 고유의 법리에 기초한 것이므로, 계약법 법리가 변동되더라도 해제불가라는 결론에는 변함이 없다. 즉 채무이행이 불가능해져서 계약의 목적달성이 불가능하게 되면 채무자의 귀책사유를 불문하고 채권자가

야 한다고 규정하고 있다. 다만 법원은 도산절차개시 후 60일 이내의 기간 동안 발생하는 의무의 경우 정당한 이유가 있다면, 60일 한도에서 이행기를 연장할 수 있다. 우리법에서도 관리인은 원칙적으로 - 비록 선택권을 행사하기 전이더라도 - 종전 임대차계약에 따른 차임지급의무를 부담한다.

86) 2013년 법무부 민법 개정시안 544조 1항 본문 참조.

해제권을 행사할 수 있더라도, 채무자에 대한 도산절차 개시를 계약의 목
적달성 불능에 준하는 사유로 취급하여 채권자가 도산절차 개시 후 해제권
을 행사할 수 없다.

4. 도산절차 개시 전에 취득한 법정해제권 행사 가능

계약상대방에게 이미 해제권이 발생한 상태에서 도산절차가 개시된 경
우 계약상대방은 도산절차 내에서도 해제권을 행사할 수 있는가? 아니면
계약의 채권화로 인해 이 경우에도 계약상대방은 해제권을 행사할 수 없고
원 계약상 채권 및 채무불이행으로 인한 손해배상채권만 행사할 수 있는
가? 해제권 행사를 인정하면 계약상대방의 일방적 의사에 따라 계약상 이
행청구권이 소멸한다. 계약상 이행청구권에 대한 처분권은 도산재단에 대
한 관리처분권자로서 총채권자들의 이익을 대변하는 관리인에게 전속(專
屬)해야 하는가? 아니면 도산절차개시 후에도 계약상대방에게 처분권이 인
정될 수 있는가? 이는 어려운 문제이다.[87]

---

87) 이 쟁점에 관한 외국의 논의상황을 본다.
　① 일본의 통설은 이미 취득한 해제권 행사를 긍정한다. 伊藤眞, 破産法·民事再生法,
　　4版, (2018), 387; 条解 破産法, 2版, (2016), 411.
　② 독일 구 파산법 입법자들은 이미 발생한 해제권을 계약상대방이 행사할 수 있다는
　　것을 당연한 원칙으로 생각하고 있었다. KPB/Tintelnot InsO, §112 Rn.7. 그러나
　　현재는 학설이 팽팽히 대립하고 있다. 계약상대방의 해제권 행사를 부정하는 견해
　　(대체로 도산절차의 특수성, 도산절차의 취지를 강조한다)로는 KPB/Tintelnot InsO,
　　§103 Rn.17, 240; K. Schmidt/Ringstmeier InsO, 19Aufl. (2016) §103 Rn.58;
　　Uhlenbruck/D. Wegener InsO, 15Aufl. (2019) §103 Rn.107; Münchener Komm-
　　Huber, InsO 4Aufl. (2019) §103 Rn.139. 계약상대방의 해제권 행사를 긍정하는
　　견해로는 Wolfgang Marotzke, Gegenseitige Verträge im neuen Insolvenzrecht, 3Aufl.
　　(2001), Rn.7.12; Jan Felix Hoffmann, "Vertragsbindung kraft Insolvenz? –
　　Lösungsklauseln und Vertragsspaltungen im Kontext der §§ 103 ff. InsO –", KTS
　　2018, 343, 350; Münchener Komm-Ernst, BGB 8Aufl. (2019) §323 Rn.187.
　③ 미국의 경우 해제권 행사가 부정될 가능성이 높아 보이긴 하나 분명하지는 않다.

미국 판례 중에는 연방도산법 §365(쌍방미이행 쌍무계약에 대하여 관리인이 선택권을 행사할 수 있다는 규정)로 인해 임차인 도산 전 임차인의 채무불이행이 있더라도 도산절차 개시 후 임대인의 해지권 행사가 정지되며, 이러한 해지권 행사는 연방도산법 §362에 따른 자동중지의 대상이 된다고 판시한 것이 있다. In re Circle K Corp., 190 B.R. 370, 376-77 (9th Cir. BAP 1996){이 판례에서 문제된 임대차계약은 갱신시점에서 임차인의 채무불이행이 있는 경우 임차인은 임대차계약의 갱신을 청구할 수 없다고 규정하고 있었다. 그런데 도산절차 개시 후 임대차계약 기간이 종료되었고 그 시점에서 임차인의 도산절차개시 전 채무는 여전히 이행되지 않고 있었다. 판례는 그럼에도 불구하고 관리인의 선택권을 보장하기 위해 임대차계약이 종전 채무불이행이 치유되지 않은 채 일단 갱신된다고 보았다. 그리고 갱신된 임대차계약을 기초로 관리인은 이행 또는 이행거절을 선택할 수 있다고 보았다. 私見에 불과하지만 이러한 계약갱신을 인정하는 것이 타당한지는 의심스럽다. 이는 계약내용에 정면으로 반하기 때문이다. 도산절차라고 해서 법원이 당사자들이 체결한 계약내용을 변경할 권한을 갖는 것은 아니다}. 연방도산법 §362(a)(3)은 도산재단에 속한 재산을 지배하기(exercise control) 위한 모든 행위를 자동중지(automatic stay)의 대상에 포함시키고 있다. 계약상대방이 채무자의 도산절차 개시 전 채무불이행을 이유로 도산절차개시 후 해제권을 행사하는 것은 이러한 지배행위에 포섭될 수 있을 것으로 사료된다. 도산절차 개시 전 채무불이행을 이유로 계약상대방이 채무자에 대한 도산절차 내에서 계약을 해소(termination)할 수 없다는 학설로는 David Hahn, "The Internal Logic of Assumption of Executory Contracts", 13 J. Bus. L. 723 (2011).

그런데 Vern Countryman, "Executory Contracts in Bankruptcy: Part II", 58 Minn. L. Rev. 479, 509 (1974) 및 그곳에서 소개하는 In re Shokbeton Industries, Inc. 466 F.2d 171 (5th Cir.1972) 판례는 계약조항에서 채권자가 채무자에게 채무불이행 사실을 통지한 후 일정기간이 지나도 채무이행이 없는 경우 채권자가 계약을 해제할 수 있다고 정하였는데, 채권자 통지 후 위 기간이 지나기 전에 채무자에 대하여 도산절차가 개시되었고 그 후 비로소 위 기간이 경과한 경우 계약상대방인 채권자는 해제권을 취득한다고 보고 있다. 다만 위 Shokbeton 판례의 사실관계에서는 **관리인이 기존 미이행채무를 변제하여 계약을 인수할 자력이 부족**하였기 때문에 판례의 결론이 정당화될 수 있지만, 관리인이 이행선택을 할 수 있는 상황이라면 계약상대방의 일방적 해제권 행사를 허용할 수 없다고 설명하는 견해도 있다. Don Fogel, "Executory Contracts and Unexpired Leases in the Bankruptcy Code", 1980 Ann. Surv. of Bankr.Law 3,

④ 프랑스의 경우 **'금전채무'**의 도산절차개시 전 불이행을 이유로 **소송행위**(actions en justice)를 통해 도산절차 개시 후에 계약을 해제(résolution)하는 것은 금지된다 (상법 L.622-21, L.631-14, L.641-3). 이는 금전채무 불이행을 원인으로 한 '해

가. 법정해제권 행사 부정설

필자가 앞서 계약의 채권화를 정당화하는 근거로 들었던 내용 상당수(① 도산절차의 간소화 및 효율적 운영, ② 해제권을 부여할 실익이 낮음, ③ 도산재단 보호, ④ 원물을 돌려주고 싶은 계약상대방의 의사를 존중하기 위해 해제권을 인정할 필요 없음, ⑤ 쌍방미이행 쌍무계약의 경우 관리인에게 선택권을 부여하는 도산법의 취지를 훼손할 수 있음)는 이미 취득한 해제권 행사를 불허하는 근거로 활용될 수 있다. 계약상대방의 해제권 또는 해제 후 발생하는 계약상대방의 원상회복청구권이 도산절차에 복종하지 않는 권리(가령 별제권, 환취권)에 해당하지 않는 한, 관리인의 전속적 관리처분권을 제약할 수 없다는 생각도 가능하다. 계약상대방이 해제권을 취득하였어도 이를 행사하지 않는 한 계약상 이행청구권은 살아있다. 이행

지'(résiliation)의 경우에도 유추된다. Jocelyne Vallansan, "SAUVEGARDE, RED-RESSEMENT ET LIQUIDATION JUDICIAIRES – Situation des créanciers – Arrêt des poursuites individuelles", JurisClasseur Procédures collectives Fasc. 2355, n°19, (2020). 따라서 임차인 도산 전 차임지급 지체를 이유로 임차인 도산 후 임대차계약의 해지를 구하는 소권(訴權)은 허용될 수 없다. Cass. Com., 15 nov. 2016, n°14-25.767. 그러나 채무자의 '하는 채무'(obligations de faire) 불이행을 이유로 한 해지소권은 허용된다. 따라서 채무자에 대한 도산절차가 개시되었더라도 해지소송이 중단되지 않으며 해지소송을 통해 해지가 이루어지면 관리인은 이행선택을 하여 계약상대방에게 계약이행을 강제할 수 없다. Jocelyne Vallansan, "SAUVEGARDE, REDRESSEMENT ET LIQUIDATION JUDICIAIRES – Continuation des contrats en cours – Généralités", JurisClasseur Procédures collectives Fasc.2335, n°30, (2018) 및 Cass. Com., 28 mai. 1996, n°93-16.125 참조. 또한 프랑스 상법 L.622-13 1항 2문은 **쌍방미이행 쌍무계약**의 경우, 채무자의 도산절차개시 전 불이행이 있더라도 계약상대방은 자신의 의무를 이행해야 하고, 계약상대방은 채무자의 불이행에 관하여 도산채무로 신고를 할 수 있을 뿐이라고 규정하고 있다. 따라서 도산절차 개시 전 채무자의 채무불이행을 이유로 계약상대방이 도산절차 내에서 계약을 해지할 수 없다. Jocelyne Vallansan, "SAU- VEGARDE, REDRESSEMENT ET LIQUIDATION JUDICIAIRES – Con- tinuation des contrats en cours – Généralités", JurisClasseur Procédures collectives Fasc.2335, n°51, (2018) 및 Cass. Com. 28 mai. 1996, n°93-16.125 참조.

청구권이 존속하는 상태에서 도산절차가 개시되면 채권자의 계약상 이행 청구권의 운명은 오로지 관리인의 의사에 따른다고 생각할 수 있다. 계약 법 원리보다 도산법 원리를 더 중시한다면 이미 발생한 법정해제권도 도산 절차에서는 그 행사를 금지함으로써 가급적 도산재단을 보호하는 것이 바람직하다고 생각할 수 있다.

평시에도 이미 발생한 해제권의 행사가 항상 허용되는 것은 아니다. 다음 사례를 생각해 보자. 매수인이 선이행의무인 중도금 지급의무를 이행하지 않았더라도, 계약이 해제되지 않은 상태에서 잔금지급기일이 도래하였고 그때까지 중도금과 잔금이 지급되지 아니하고 잔금과 동시이행관계에 있는 매도인의 소유권이전등기의무가 이행제공된 바 없이 잔금지급기일이 도과하였다면, 매수인의 중도금 및 잔금의 지급과 매도인의 소유권이전등기 소요서류의 제공은 동시이행관계에 있게 되어 그때부터는 매수인은 중도금을 지급하지 아니한 데 대한 이행지체책임을 지지 않는다.[88] 즉 <중도금+중도금에 대한 중도금 지급기일 다음날부터 잔금지급일까지의 지연손해금+잔금> 지급의무는 소유권이전등기의무와 동시이행관계에 있다. 그렇다면 중도금 지급지체로 인해 잔금지급기일 전에 이미 매도인의 해제권이 발생한 경우,[89] 매도인은 잔금지급기일 후에도 해제권을 행사할 수 있는가? 해제권 행사를 불허함이 타당하다고 생각한다. 해제제도는 계약의 구속력을 부정하는 제도로서 계약은 지켜져야 한다는 원칙의 예외이다. 따라서 **채권자를 계약의 구속력으로부터 벗어나게 할 정당한 이유가 있을 때 채권자의 해제권 행사가 허용**되어야 한다. 잔금지급기일 후 계약관계는 새롭게 재편된다. 애초 당사자들이 약정하지 않았던 동시이행관계가 발생하기 때문이다. 그에 따라 종전까지 이행지체책임을 부담하던 채무자는 더

---

88) 대법원 1988. 9. 27. 선고 87다카1029 판결 등.
89) 잔금지급기일 전에 매도인이 최고를 하여 최고 후 상당기간이 경과하였다고 가정한다.

이상 이행지체책임을 부담하지 않는다. 구(舊) 계약관계를 기초로 채권자가 취득한 계약해제권을 새롭게 재편된 계약관계 하에서 행사하도록 허용한다면, 계약관계 재편의 취지와 어긋나고 채무자에게 일방적으로 불리하다. 채권자가 자신의 반대채무 이행제공을 하여 다시 채무자를 이행지체 상태에 빠트린 뒤 해제권을 취득할 수 있도록 함이 계약관계 재편의 취지에 부합한다. 이렇게 본다고 해서 채권자에게 특별히 불리하지 않다. 채권자가 신속히 계약해제권을 행사하지 않은 점을 고려할 때, 채권자를 계약관계의 구속력으로부터 벗어나게 할 정당한 이유(ex. 채권자가 채무자가 아닌 다른 계약상대방을 찾아 신속히 대체거래를 할 이익)는 존재하지 않는다. 채권자의 잔금지급기일 후 해제권 행사는 원칙적으로 불허해야 한다. 불허할 성문법상 근거는 민법 2조 1항의 신의칙, 2조 2항의 권리남용금지원칙에서 찾을 수 있다.

나. 법정해제권 행사 긍정설

그럼에도 불구하고 필자는 법정해제권 행사를 허용하는 견해에 기운다.[90] **도산절차 개시 당시 현존하던 계약상 법률관계는 그대로 존속·유지되는 것이 원칙**이기 때문이다. 도산절차개시 전 도산채무자가 취득한 해제권을 관리인이 행사할 수 있다면, 계약상대방도 도산절차개시 전 취득한 해제권을 도산절차개시 후 행사할 수 있도록 허용함이 공평하다.[91]

우리법에 따르면 이행지체를 이유로 한 법정해제권은 엄격한 형식요건(최고 및 상당기간 경과)을 거쳐야 한다.[92] **엄격한 형식요건을 갖춰 취득한**

---

90) 같은 취지 박병대, "파산절차가 계약관계에 미치는 영향", 재판자료82, (1999), 450-451; 서울회생법원 재판실무연구회, 회생사건실무(상), 5판, (2019), 169; 서울고등법원 2019. 5. 14. 선고 2018누57805 판결.

91) 福永有利, "倒産手続と契約解除権 - 倒産手続開始後における倒産者の相手方による解除権の行使を中心として -", 倒産法研究, (2004), 153-154.

92) 이 점에서 중대한 채무불이행이 있으면 채권자의 최고 및 최고 후 상당기간을 거칠 필요없이 계약해제가 가능한 영미법과 다르다. 영미법상 계약해제의 요건에 관해서는

해제권은 이를 기성(旣成) 법률관계로 보아 도산절차에서도 존중함이 자연스럽다. 최고 및 상당기간 경과라는 요건을 갖추지 않더라도 해제권이 발생하는 경우가 있다.[93] 이 경우에도 이미 발생한 해제권은 기성의 법률관계로 존중함이 타당하다. 이로 인해 쌍방미이행 쌍무계약에 관한 관리인의 선택권[94]을 침해하더라도, 이는 기성의 법률관계를 인수한 관리인이 수인해야 한다. 이 경우에는 도산절차의 목적달성(도산재단 보호, 채권자평등주의 관철)을 위해 계약법 원리가 변형되지 않는 것을 원칙으로 삼아야 한다. 쌍방미이행 쌍무계약의 경우에는 관리인의 선택권을 보장하기 위해 계약상대방의 해제권 행사를 불허하고, 그 밖의 경우에는 계약상대방의 해제권 행사를 허용하자는 주장은 타당하지 않다. 어느 경우든 계약상대방의 정당한 법적 기대는 보호되어야 한다.

관리인이 이행선택을 하였더라도 아직 기존 채무와 그에 대한 지연손해금 등을 변제하지 않는 한 − 기존채무에는 도산채무가 포함될 수 있다 −

우선 손명지, "법정해제를 위한 '중대한' 채무불이행에 관한 고찰", 민사법학89, (2019), 101-104.

93) ① 이행불능, ② 이행거절, ③ 계약의 성질 또는 당사자의 의사표시에 의하여 일정한 시일 또는 일정한 기간 내에 이행하지 아니하면 계약의 목적을 달성할 수 없을 경우에 당사자의 일방이 그 시기에 이행하지 아니한 때, ④ 지체 후의 이행 또는 추완이 채권자에게 이익이 없거나 불합리한 부담을 주는 때가 그 예이다. 2013년 법무부 민법 개정시안 544조 2항 참조.

94) 계약상대방의 해제권을 허용하면 관리인은 '이행선택권'을 행사할 여지가 없다. 따라서 계약상대방의 해제권 허용으로 인해 주로 침해되는 관리인의 권한은 '이행선택권'이다. 관리인이 해제(해지)를 원하고 계약상대방도 해제(해지)를 원한다면, 계약상대방의 해제권 행사를 허용한다고 해서 관리인의 선택권을 침해하거나 도산절차의 목적과 충돌된다고 볼 수 없다. 오히려 관리인이 해제권을 행사하면 계약상대방의 원상회복청구권은 환취권 또는 재단(공익)채권이 되므로, 계약상대방이 해제권을 행사한 경우와 비교해 도산재단에 불리할 수 있다. 다만 계약상대방의 해제권 행사를 허용하면 − 관리인이 숙고하여 해제권을 행사하는 경우에 비해 − '일찍' 계약관계가 종료하므로, 도산재단 입장에서 '원치 않는 시기'에 계약관계에서 벗어나는 불이익을 입을 수 있다.

계약상대방의 해제권은 소멸하지 않는다. 관리인은 유동적 법률상태를 확정시키기 위해 계약상대방에게 최고를 할 수 있다. 즉 관리인은 상당한 기간을 정하여 계약상대방에게 해제권 행사여부의 확답을 최고할 수 있고(민법 552조 1항), 위 기간 내에 계약상대방으로부터 해제의 통지를 받지 못한 때에는 계약상대방의 해제권은 소멸한다(민법 552조 2항).

다. 임차인 도산 시 법률관계

이미 발생한 해제권 행사 가부(可否)라는 쟁점을 구체적 사안유형(임차인이 도산한 경우)을 염두에 두고 검토해 본다. 임차인이 차임을 연체하다가 ─ 차임연체로 인해 임대인이 이미 해지권을 취득하였으나 아직 해지권을 행사하지 않고 있던 도중 ─ 임차인에 대하여 도산절차가 개시된 경우를 생각해 보자. 이 경우 임차인의 관리인이 이행을 선택하면 도산절차 개시 전 미지급 차임채권은 재단(공익)채권이 되는가, 아니면 도산채권에 불과한가? 논란이 없지 않지만 도산절차 개시 후 차임채권과 달리 도산채권으로 보아야 한다.[95] 임대차계약은 계속적 계약이자 가분(可分)계약으로서

---

[95] 같은 취지 서울회생법원 재판실무연구회, 회생사건실무(상), 5판, (2019), 176; 서경환, "회사정리절차가 계약관계에 미치는 영향", 재판자료86, (2000), 657. 독일도산법 108조 3항은 이를 명시하고 있다. 프랑스에서도 도산절차개시 전 연체차임채권은 도산채권으로 본다. Jocelyne Vallansan, "SAUVEGARDE, REDRESSEMENT ET LIQUIDATION JUDICIAIRES ─ Continuation des contrats en cours ─ Bail d'exploitation", JurisClasseur Procédures collectives Fasc.2336, n°16, (2020). 일본의 통설도 임차인 도산 시 관리인이 이행선택을 한 경우 도산절차개시 전 연체차임채권은 도산채권으로 본다. 그러나 伊藤眞교수는 종전 연체차임채권 일체가 재단(공익)채권이라는 입장이다. 伊藤眞, 破産法・民事再生法, 4版, (2018), 394-395. 임치용, "파산절차의 개시와 임대차계약", 파산법연구2, (2006), 141-142도 같은 입장이다. 미국 연방도산법은 명문으로 이를 규정하고 있다. 미국 연방도산법 하에서 관리인은 이행선택을 하려면 기존 미이행 채무를 이행하거나 이행을 위한 담보를 제공해야 한다{§365(b)(1)(A)}. 나아가 미국 연방도산법은 채무자의 종전 채무불이행이 있는 경우 관리인이 '장래 이행'에 대한 담보를 제공해야만 이행선택을 할 수 있다고 규정한다{§365(b)(1)(C)}. 미국법은 우리 회생파산법에 비해 계약상 급부 수령에 대한 계약상대방의 기대를 두텁게 보호한다.

거래현실에서 빈번히 등장하는 전형계약이다. 이러한 계약에 대해서는 '일률적으로' 계약의 분할을 인정함으로써 법률관계를 명확히 정리하는 것이 바람직하고, 그렇게 보더라도 임대인에게 원치 않는 계약을 강요할 위험은 크지 않다.[96] 도산절차 개시 전 연체차임에 관해서는 임대인이 — 보증금 등을 통해 차임채권을 담보하는 조치를 취하지 않는 한 — 임차인의 신용위험을 부담하는 것이 공평하다.

그런데 도산절차개시 전 임대인이 취득한 해지권을 임차인에 대한 도산절차개시 후 행사할 수 있다는 원칙을 항상 관철하면 **임차인의 회생에 지장이 생길 수 있다.** 관리인이 임대인의 해지권을 소멸시키기 위해 도산절차개시 전 미지급차임까지 공익채권에 준하여 — 법원의 허가를 받아 — 변제하려고 해도 임대인이 그러한 변제 전에 해지권을 행사하면 관리인은 임차목적물을 반환해야 한다. 이러한 상황은 임대차계약뿐만 아니라 다른 유형의 쌍방미이행 쌍무계약(ex. 계속적 공급계약)에서도 발생할 수 있다. 원칙적으로 관리인은 임대인의 해지권 행사를 수인해야 한다. 그러나 ① 관리인이 **기존 미지급차임을 모두 변제**하려 하고[97] 향후 차임지급도 제대로 이루어질 것으로 예상되며, ② **뒤늦은 해지권 행사로 임대인이 누리는 이익이 임대인이 기존 약정에 따라 차임을 모두 지급받는 것에 비해 크지 않고,** ③ 임차목적물의 사용·수익이 임차인의 회생에 필요한 경우라면, 임

---

96) 구체적 내용은 본문 제2장 제2절 III. 5. 참조.

97) 프랑스처럼 임대인에게 <도산절차개시 전 차임관련 손실부담 + 계약관계 존속>을 모두 강요하는 것은(상법 L.622-13 1항 2문) — 채무자 회생에는 도움이 되겠지만 — 계약 상대방인 임대인에게 가혹하다. 다만 금융리스의 경우에는 — **금융리스계약 당사자들이 놓인 전형적인 이익상황**(리스회사는 실질적으로 리스이용자에게 리스물 구입대금을 빌려준 것이고, 리스물의 범용성이 떨어지기 때문에 리스회사가 리스계약을 중도 해지하여 리스물을 반환받더라도 리스회사 입장에서 해당 리스물은 효용이 없다)을 고려할 때 — 도산채권인 도산절차개시 전 미지급 리스료를 전부 변제하지 않더라도 리스회사의 법정해지권 행사를 제한할 수 있다. 본문 제3장 제14절 참조.

대인의 뒤늦은 해지권 행사를 민법 2조의 신의칙/권리남용금지 원칙을 근거로 불허함이 타당하다.[98)]

이러한 예외적 경우를 제외하면 관리인은 임대인의 해지권 행사를 막기 위해 임대인과 협상을 하거나, 임대인이 해지권을 행사하기 전에 재빨리 기존 연체차임을 전부 변제함으로써 임대인의 해지권을 소멸시켜야 한다.

참고로 독일도산법 112조 1호는 임차인에 대한 도산신청 전 차임 등의 지급지체를 이유로 임대인이 도산신청 후 임대차계약을 해지할 수 없다고 규정하고 있다.[99)] 이는 임차인 회생을 돕기 위해 마련된 조항이다.[100)] 이 조항에 따르면 임대인의 해지권 발생의 기초가 되는 임차인의 차임미지급은 도산신청 이후부터 고려되고, 종전 차임미지급은 고려되지 않는다.[101)] 평시라면 임대인이 즉시 계약을 해지하고 임대목적물을 돌려받을 수 있는 상황이더라도, 임차인에 대한 도산신청이 있으면 임대인은 계약을 해지할 수 없고 계약관계를 유지해야 한다. 그런데 도산절차개시 전 차임채권은 ― 나중에 관리인이 이행선택을 하더라도 ― 도산채권이므로(독일도산법 108조 3항), 결국 임대인은 도산신청 후 도산절차개시 전까지의 차임미지급 관련 손실을 강요받게 된다.[102)] 이는 임대인의 조기(早期) 계약해지를

---

98) 도산절차개시 전 임대인의 해지권 행사도 위와 같은 요건이 충족된다면 민법 2조의 신의칙/권리남용금지 원칙에 따라 그 효력이 부정될 여지가 있다.

99) 이 조항은 동산소유권유보부매매의 매수인 도산 시에도 유추된다. KPB/Tintelnot InsO, §112 Rn.56.

100) KPB/Tintelnot InsO, §112 Rn.1.

101) 보다 정확히 표현하면 도산신청 후 임대목적물 사용·수익에 대한 대가의 미지급은 고려되고, 도산신청 전 사용·수익에 대한 대가의 미지급은 고려되지 않는다. KPB/Tintelnot InsO, §112 Rn.37.

102) 다만 실무상 법원이 약한 임시도산관리인을 선임하고, 임시도산관리인에 의해 도산신청 후의 차임지급이 이루어지는 경우가 많다고 한다. Jan Felix Hoffmann, "Vertragsbindung kraft Insolvenz? ‐ Lösungsklauseln und Vertragsspaltungen im Kontext der §§ 103 ff. InsO ‐", KTS 2018, 343, 352. 도산신청 후 도산절차개시 전까지의 차임지급이

막음으로 인해 임대인이 입게 되는 손해이다.

그러나 임차인의 회생이 중요하더라도 **임대인이 추가로 손실을 강요당하면서까지** 계약관계에 구속되는 것은 정당화되기 어렵다. 도산채무자의 회생에 필수적인 계약유형 중 유독 임대차에 한정하여 계약상대방인 임대인에게 손실을 감내하라고 요구하는 것도 이상하다. 다른 유형의 계약에 위 규정을 유추할 수 있는지, 유추한다면 어떠한 유형의 계약에 유추할 수 있는지에 대하여 명확한 답이 제시되었다고 보기도 어렵다.[103) 임대인의 법정해지권 행사는 평시와 마찬가지로 허용하되, 앞서 본 것과 같은 예외적 요건(① 내지 ③)이 갖추어진 경우에 한해, **종전 채무불이행 부분을 모두 변제하는 조건**으로 법정해지권 행사를 저지함이 도산채무자와 계약상대방의 이익을 균형있게 고려한 방안이다. 우리 회생파산법에 독일도산법 112조 1항과 같은 내용의 규정을 신설할 필요는 없다.

라. 계약상대방의 법정해제권 행사를 일정기간 제한하는 입법의 필요성

해석론을 통해 계약상대방의 법정해제권 행사를 제한하는 방법 이외에 도산채무자 회생을 돕기 위한 입법론도 고민해 볼 필요가 있다. 신의칙이나 권리남용금지원칙을 근거로 계약상대방의 법정해지권 행사를 제한할 경우, 법률관계의 예측가능성이 떨어지기 때문이다. 가령 계약상대방이 도산채무자의 채무불이행을 이유로 이미 법정해제(해지)권을 취득한 경우에도 도산절차개시 후 해제(해지)권 행사로 인해 도산채무자의 회생 또는 사업계속에 악(惡)영향을 줄 수 있는 경우라면, 해제(해지)권 행사를 '**일정기간 금지**'함으로써 도산채무자에게 숨 쉴 공간을 마련해 주고, 해당 기간 동안 도산채무자가 미지급채무를 변제하거나 계약상대방과 협상을 함으로써 계약상대방이 해제(해지)권 행사를 더 이상 하지 못하게 하는 방법을 생각

보장된다면, 임대인은 조기(早期) 계약해지를 못하더라도 별다른 손실을 입지 않는다.
103) KPB/Tintelnot InsO, §112 Rn.55.

해 볼 수 있다. 참고로 오스트리아 도산법은 다음과 같은 규정을 두고 있다.

제25a조

(1) 계약의 해소가 사업의 계속을 위협할 수 있는 경우에는, 채무자의 계약상대 방은 채무자와 체결한 계약을 도산절차개시 후 6개월까지 중대한 사유가 있 는 경우에만 해소할 수 있다. 다음 사유는 중대한 사유가 아니다.

   1. 채무자의 경제상황의 악화

   2. 도산절차개시 전 변제기가 도래한 채권의 이행지체

(2) 아래의 경우 제1항의 제한은 적용되지 않는다.

   1. 계약의 해소가 계약상대방의 중대한 인적 또는 경제적 불이익을 피하기 위해 불가피한 경우

   2. 금전소비대차계약에 따른 대출금지급 청구권의 경우

   3. 근로계약의 경우

제25b조

(1) 계약당사자들은 채무자와 채권자 사이의 관계에서 제21조 내지 제25a조의 적용을 사전에 배제하거나 제한하는 약정을 원용할 수 없다.

(2) 제20조 제4항의 경우를 제외하고는 도산절차개시가 개시되면 해지권 또는 계약해소를 약정하는 것은 허용되지 않는다.

오스트리아 도산법 25a조는 도산채무자 회생을 돕기 위해 계약상대방의 해제권 행사를 ─ 약정해제권인지 법정해제권인지를 불문하고 ─ 도산절 차개시 후 6개월 간 금지한다. 다만 계약이 해제되지 않음으로 인해 계약 상대방이 중대한 인적 또는 경제적 불이익을 입는 경우에는 위 기간 내에 도 계약을 해제할 수 있다. 위 규정은 강행규정이다(25b조 1항). 또한 오스 트리아 도산법 25b조 2항은 '도산절차개시'를 이유로 한 도산해지조항을 무효로 보고 있다. 이 중 주목되는 부분은 **'법정해제(지)권' 행사를 일정기**

간 **제한**하는 점이다. 우리도 − 도산해지조항의 효력을 부정하는 입법(제2
장 제3절 참조)과 함께 − 이러한 입법을 고민해 볼 필요가 있다. 권리행사
가 제한되는 기간은 법에 상한(上限)만 규정하고 법원이 구체적 사정을 고
려하여 탄력적으로 금지여부 및 금지기간을 정할 수도 있다.104)

마. 기한의 이익 상실조항에 기초한 법정해제권
　　　: 약정해제권 규제와의 균형

　계약상대방이 이미 취득한 해제권을 채무자에 대한 도산절차개시 후에
도 행사할 수 있다는 필자의 주장은 채무자의 채무불이행을 이유로 한 법
정해제권을 염두에 둔 것이다. 법정해제권 발생 및 행사요건은 당사자들이
합의를 통해 바꿀 수 있다. 가령 최고, 최고 후 상당기간 경과, 해제의 의사
표시 요건을 생략하고 채무자의 귀책사유 있는 채무불이행이 있으면 자동
으로 계약이 해제된다고 약정할 수 있고(자동해제 특약), 최고, 최고 후 상
당기간 경과 요건을 생략하고 채무자의 귀책사유 있는 채무불이행이 있으
면 채권자의 해제의사표시로써 바로 계약이 해제된다고 약정할 수도 있다.
이러한 약정에 따라 이미 법정해제권이 발생한 경우에도 채권자는 도산절
차 내에서 법정해제권을 행사할 수 있다.

　그런데 이미 발생한 법정해제권이라고 해서 항상 도산절차개시 후에도

---

104) 참고로 금융리스의 경우 리스이용자인 회생채무자가 리스물건이 필요한지 판단할
　　기회, 필요하다고 판단한 경우 리스물건에 관한 담보권(금융리스회사를 담보권자로
　　보는 입장에 기초한 견해임)을 어떻게 처리할 것인지에 관하여 결정할 기회를 검토하
　　는데 필요한 통상의 기간 (도산절차개시 후 2개월 정도) 내에서는 채무불이행을 이유
　　로 한 리스회사의 해제를 무효로 보자는 견해가 있다. 岡正晶, "いわゆるフルペイアウ
　　ト方式によるファイナンス・リース契約中の、ユーザーについて民事再生手続開始の申
　　立てがあったことを契約の解除事由とする旨の特約の効力", 金融法務事情1876, (2009),
　　47. 금융리스를 담보권으로 보는지 여부와 상관없이 리스회사의 법정해지권 행사를
　　일정기간 불허할 수 있는 근거규정을 회생파산법에 마련하는 것은 의미가 있다.

행사할 수 있다고 단정할 수 없다. 뒤에서 자세히 살펴보겠지만 도산해지
조항에 기초한 약정해제권 행사의 효력을 민법 103조, 민법 2조를 근거로
부정할 수 있다.105) 그리고 이처럼 **약정해제권 행사의 효력을 부정하는 취
지를 고려**해, 계약상대방이 이미 취득한 법정해제권을 행사하는 것도 민법
2조를 근거로 불허(不許)할 수 있다(법정해제권의 남용!). 채무자에 대한 **도
산신청을 이유로 한 기한이익 상실특약**으로 인해 변제기가 앞당겨져서 채
무자가 이행지체책임을 지게 되고, 그에 따라 계약상대방이 채무자에 대한
도산절차개시 전에 법정해제권을 취득하였다고 가정해 보자. 도산신청을
이유로 한 기한이익 상실특약의 효력은 원칙적으로 긍정함이 타당하다.106)
앞당겨진 변제기를 기준으로 채무자가 이행지체로 인한 손해배상책임을
부담하는 것도 원칙적으로 긍정할 수 있다. 그러나 변제기가 앞당겨짐으로
인해 계약상대방이 해제권을 조기(早期)에 취득하는 것까지 무제한 허용할
수는 없다. 도산신청 자체를 이유로 한 계약상대방의 '약정해제권' 취득 또
는 그 행사를 불허(不許)해야 하는 상황이라면, 도산신청 자체를 이유로 채
무자의 채무불이행을 '**일부러 그리고 억지로**' 발생시켜 계약상대방이 법정
해제권을 취득하고 이를 행사하는 것도 불허할 수 있어야 한다.107) 후자의
경우 채무자는 채무불이행이라는 '잘못'을 하였으므로 전자의 경우와 달리
채권자의 해제권 행사가 정당화된다고 말하는 것은 지나친 형식논리이다.
후자의 경우 비록 채무자가 앞당겨진 변제기에 따라 채무이행을 할 수는
없더라도 기존 변제기에 따라 (분할)변제를 할 자력(資力)은 충분한 상황이
라면, 채권자의 법정해제권의 행사는 도산절차개시 전이든 후이든 불문하
고 불허할 수 있다. 이를 허용한다면 도산해지조항에 근거한 채권자의 약
정해제권 행사를 금지하는 취지가 손쉽게 잠탈되기 때문이다.108)

---

105) 본문 제2장 제3절 I. 참조.
106) 본문 제2장 제3절 II. 참조.
107) 같은 취지 박병대, "파산절차가 계약관계에 미치는 영향", 재판자료82, (1999), 453-454.
108) 또한 채무자는 변제금지보전처분 제도를 활용하여 계약상대방의 법정해제권 행사를

지급불능, 지급정지 등 도산절차개시의 원인사실을 이유로 한 기한이익 상실특약도 마찬가지이다. 지급불능을 이유로 변제기가 앞당겨짐에 따라 채무자는 이행지체로 인한 손해배상책임을 부담할 수 있지만, 채권자가 이를 근거로 조기(早期)에 취득한 법정해제권을 행사하는 것이 항상 정당화되는 것은 아니다. 지급불능, 지급정지 등을 이유로 한 도산해지조항을 근거로 채권자가 약정해제권을 행사하는 것이 금지되는 상황이라면, 지급불능, 지급정지 등을 이유로 기한의 이익을 상실시켜 채무자의 채무불이행을 억지로 발생시킴으로써 채권자가 법정해제권을 행사하는 것도 불허되어야 한다.

바. 해제권 행사에 따라 발생하는 원상회복청구권의 법적 성격

계약상대방이 도산절차개시 전에 취득한 해제권을 도산절차개시 후에 행사하였더라도 해제권 행사의 법적 원인은 도산절차개시 전에 구비되었으므로, 계약상대방의 원상회복청구권은 도산채권이다. 이 경우 계약상대방의 환취권은 인정될 수 없다.[109] ① 도산절차개시 전에 도산채무자가 취득한 해제권을 관리인이 행사하는 경우, ② 계약상대방의 채무불이행을 이유로 도산절차개시 후 관리인이 새롭게 취득한 해제권을 행사하는 경우에도 계약상대방의 원상회복청구권은 도산채권으로 봄이 타당하다.[110] ②의 경우 비록 해제권 취득은 도산절차개시 후 이루어졌지만, 계약의 해제에 따른 원상회복은 **도산절차개시 전에 존재하였던 계약관계를 청산**하는 것이므로, 이 경우에도 원상회복청구권의 법적 원인은 도산절차개시 전에 존재하였다고 보아야 한다.

계약해제에 따른 원상회복의무가 동시이행관계에 있는 경우 도산절차에

저지할 수 있다. 본문 제2장 제1절 I. 5. 참조.

109) 계약상대방의 계약해제 후 채무자에 대하여 도산절차가 개시된 경우도 마찬가지이다.

110) 같은 취지 福永有利, "倒産手続と契約解除権 － 倒産手続開始後における倒産者の相手方による解除権の行使を中心として－", 倒産法研究, (2004), 174.

서 어떻게 취급되는지에 관해서는, 공평의 관념에 기한 동시이행관계의 도산절차 상 취급부분(제2장 제2절 Ⅱ. 6)에서 살펴본다.

5. 변제금지보전처분이 이루어진 경우

가. 쟁점의 정리

채무자에 대한 회생절차개시 신청이 있는 때에는 법원은 이해관계인의 신청에 의하거나 직권으로 회생절차개시 신청에 대한 결정이 있을 때까지 채무자의 업무 및 재산에 관하여 보전처분을 명할 수 있다(회생파산법 43조 1항). 회생파산법은 회생절차 개시신청일로부터 7일 이내에 보전처분 여부를 결정하도록 규정하고 있지만(회생파산법 43조 2항), 빠르면 회생절차개시 신청 당일에도 보전처분이 발령된다.[111] 채무자의 업무와 재산에 관한 보전처분으로서 실무상 발령되는 것으로는 변제금지·처분금지·차재금지·임직원채용금지 보전처분이 있다.[112] 변제금지 보전처분이 내려진 후 채무자가 그 보전처분에 따라 변제를 하지 않은 경우, 계약상대방인 채권자가 채무불이행을 이유로 채권발생의 원인이 되는 계약을 해제할 수 있는지 문제된다.

나. 판례

판례는 계약상대방이 채무자의 이행지체를 이유로 계약을 해제할 수 있다고 한다.[113] 판례가 명시적으로 언급하지는 않았지만 계약상대방은 이행

---

111) 서울회생법원은 제출된 소명자료만을 검토하여 특별한 사정이 없는 한 대표자 심문을 거치지 않고 늦어도 2-3일 내에 보전처분 결정을 하는 것을 원칙으로 하고 있다. 서울회생법원 재판실무연구회, 회생사건실무(상), 5판, (2019), 97.
112) 서울회생법원 재판실무연구회, 회생사건실무(상), 5판, (2019), 98.
113) 대법원 2007. 5. 10. 선고 2007다9856 판결. 하급심 판례로는 서울중앙지방법원 2010. 7. 9. 선고 2010가합16927 판결.

지체를 이유로 한 손해배상책임도 도산채권으로서 청구할 수 있을 것이다.

참고로 부산고등법원(창원) 2018. 5. 31. 선고 2017나23441 판결은 "포괄적 금지명령은 회생채권자와 회생담보권자에 대하여 강제집행과 가압류·가처분 및 담보권실행을 위한 경매를 금지하는 효력을 가질 뿐이고 이로써 채무의 이행이 유예되는 효과가 발생하는 것은 아니므로 포괄적 금지명령에도 불구하고 여전히 이행지체의 효과는 발생하고 그에 따라 계약의 해제권도 발생한다"고 판시하였다. 포괄적 금지명령은 '채권자의 권리행사'를 금지하는 것이지 변제금지보전처분처럼 '채무자의 임의변제'를 금지하는 것이 아니다. 포괄적 금지명령에 따라 금지되는 채권자의 권리행사에 해제권 행사까지 포함된다고 보기는 법문언상 무리이므로(회생파산법 44조, 45조 참조) 위 판례는 당연한 법리를 설시한 것이다.

다. 학설

이행지체로 인한 손해배상책임 발생을 인정할 수 있는지에 대해서는 논란이 있다. 그러나 채권자의 법정해제권 행사는 허용될 수 없다는 점에 관해서는 다수의 학설이 공감을 표시하고 있다.[114] 그 근거로는 변제금지 보전처분으로 인하여 채무자가 채무를 이행하는 것이 법적으로 불가능하므로, 이행지체에 관하여 법률상 정당화 사유가 있고 채무자에게 귀책사유가 없다는 점이 언급된다.[115] 또한 해제권 행사를 허용하지 않아야 채무자의 회생에 도움이 된다는 점도 강조된다. 다만 해석론으로는 판례에 찬성하면서도 입법론으로는 계약상대방의 해제권을 제한해야 한다는 견해도 있다.[116]

---

114) 학설의 현황은 서울회생법원 재판실무연구회, 회생사건실무(상), 5판, (2019), 100-101 참조. 이는 일본의 통설과 판례이기도 하다. 伊藤眞, 破産法·民事再生法, 4版, (2018), 152-153; 日最判 1982(昭和 57) 3. 30(民集 36.3.484).

115) 박병대, "파산절차가 계약관계에 미치는 영향", 재판자료82, (1999), 452; 서경환, "회사정리절차가 계약관계에 미치는 영향", 재판자료86, (2000), 672; 한민, "미이행 쌍무계약에 관한 우리 도산법제의 개선방향", 선진상사법률연구53, (2011), 76-77.

116) 김영주, 도산절차와 미이행 쌍무계약 - 민법·채무자회생법의 해석론 및 입법론 -,

라. 검토

1) 법정해제권 행사를 금지할 필요성

판례와 같은 입장을 취하면 변제금지보전처분이라는 제도는 있어서 나쁠 것은 없지만, 없다고 해서 특별히 문제될 것도 없는 유명무실(有名無實)한 제도가 된다. 변제금지보전처분이 없어도 채무자의 편파변제는 부인권 행사의 대상이 되기 때문이다. 변제금지보전처분은 해서는 안 되는 행위를 채무자에게[117] 미리 알려주는 경고기능을 할 뿐이다. 그러나 필자는 기왕에 존재하는 변제금지보전처분 제도에 이와 같이 소극적 의미를 부여하기보다, **도산개시 후의 법률효과 선취(先取)라는 적극적 의미를 부여**하는 해석론이 타당하다고 생각한다. 아래에서는 이러한 맥락에서 필자의 견해를 개진해 본다.

회생절차 개시 후에도 이행지체로 인한 손해배상책임은 발생하는 것이 원칙인데(회생파산법 118조 3호, 446조 1항 2호), 변제금지보전처분으로 인해 회생절차 개시 전까지 이행지체로 인한 손해배상책임이 발생하지 않는다고 보는 것은 부당하다.

그러나 채무자의 이행지체를 이유로 한 계약상대방의 법정해제권 행사까지 허용하는 것은 도산절차의 목적(도산재단의 보호, 도산채무자의 회생)과 배치된다. 도산절차 개시 후 이행지체로 인한 손해배상책임은 발생하지만 그로 인한 법정해제권은 발생하지 않는다. 도산신청 후 도산절차개시 전의 법률관계도 이와 비슷하게 구성할 필요가 있다. 즉 회생절차개시 신청 후 변제금지보전처분과 회생파산법 44조, 45조에 따른 회생채권자 및

(2020), 133-134.

117) 변제금지보전처분은 채무자에 대한 보전처분이지 채권자에게 대한 보전처분이 아니다. 따라서 채권자에게 송달되지 않고 채권자들을 위해 공시되지도 않는다.

회생담보권자에 대한 중지/포괄적 금지명령이 발령되었다면, 그 때부터 회생절차 개시시점까지의 법률관계는 **회생절차개시 후의 법률관계를 선취(先取)**한 것으로 봄이 타당하다. 따라서 위 중간기간 동안의 법률관계에 대해서도 제2장 제1절 Ⅰ. 1. 내지 4.에서 검토한 내용이 적용될 수 있다. 즉 ⓐ 계약상대방인 회생채권자는 더 이상 강제이행을 청구할 수 없고(보다 정확히 표현하면 채무자의 재산에 관한 소송절차를 진행하거나 채무자 재산에 대한 강제집행에 나아갈 수 없고),118) ⓑ 채무불이행으로 인한 손해배상책임은 발생하지만 채무불이행으로 인한 법정해제권을 새로이 취득할 수 없으며,119) ⓒ 종전에 취득한 법정해제권은 원칙적으로 위 기간 동안 행사할 수 있다. 종전에 취득한 법정해제권 행사를 막으려면 채무자는 계약상대방의 해제권 행사 전에 법원의 허가를 받아 종전 미지급 채무를 변제함으로써 계약상대방의 해제권을 소멸시켜야 한다. 변제금지보전처분에 반하여 채무자가 일방적으로 변제한 경우 채권자가 악의인 한 그 변제는 무효이기 때문이다.120) 다만 계약상대방이 먼저 법정해제권을 행사한 경우에도 채무자가 종전 미지급 채무를 변제할 의사와 능력이 있고, 계약관계를 유지하는 것이 계약상대방에게 불리하지 않으며 채무자회생에 필요한 경우에는, 신의칙 및 권리남용금지원칙을 근거로 계약상대방의 법정해제권 행사를 불허할 수 있다.

---

118) 이러한 효과가 발생하려면 회생채권자와 회생담보권자에 대하여 중지/포괄적 금지명령이 내려져야 한다. 변제금지보전처분으로는 이러한 효과가 발생하지 않는다.

119) 변제금지보전처분만으로 이러한 효과가 발생하는가? 아니면 변제금지보전처분과 회생채권자에 대한 중지/포괄적 금지명령이 함께 내려져야 하는가? 논란의 여지가 있지만, 변제금지보전처분만으로도 이러한 효과가 발생할 수 있다고 사료된다. 입법론으로는 **포괄적 금지명령의 내용 중 하나**로 계약상대방의 법정해제(해지)권 행사를 금지하는 것도 생각해 볼 수 있다.

120) 서울회생법원 재판실무연구회, 회생사건실무(상), 5판, (2019), 100. 일본 파산법(28조 6항), 민사재생법(30조 6항), 회사갱생법(28조 6항)은 명문으로 이를 규정하고 있다.

2) 계약상대방의 보호방법

그런데 위 중간기간(변제금지보전처분 발령 후 회생절차개시 전) 동안 계약상대방이 새롭게 법정해제권을 취득할 수 없다고 보면, 중간기간 동안 발생한 채권에 관하여 **계약상대방은 손실을 강요당하는 측면**이 있다. 위 채권은 도산채권이므로 계약상대방은 도산절차 내에서 그 중 일부만 변제 받을 가능성이 크기 때문이다. 계약상대방이 채무불이행을 이유로 계약을 해지할 수 있었다면 계약상대방은 이른 시기에 계약을 해지함으로써 손해 발생을 최소화 할 수 있었다. 하지만 계약상대방은 계약을 해지하지 못하기 때문에 손해가 누적하여 발생하는 것[121]을 감수해야 한다. 가령 임차인이 변제금지보전처분을 발령받으면 회생절차개시 전까지의 차임은 지급하지 않아도 무방하고, 임대인은 이러한 차임연체를 이유로 임대차계약을 해지할 수 없으며 회생채권으로 연체차임채권의 만족을 얻는데 그친다. 보전처분 발령 후 회생개시 시가지의 기간이 길어질수록 임대인이 강요받는 손실은 커진다. 이러한 결론은 계약상대방인 임대인에게 가혹하다. 임대인은 임차목적물을 조기(早期)에 반환받아 다른 목적으로 활용할 가능성을 박탈당하면서도 그에 대한 합당한 대가를 지급받지 못하기 때문이다.[122] 변제금지보전처분이 회생절차개시 후의 법률관계를 선취하는 효과가 있다면, ─ 회생절차개시 후 차임채권이 공익채권인 것처럼 ─ 위 중간기간 동안의 차임채권도 공익채권으로 취급할 수 있어야 한다. 임차목적물이 회생채

---

121) 회생신청 후 회생절차가 개시되기까지 오랜 기간이 걸릴 수도 있다. 회생파산법 49조 1항은 채무자가 신청한 경우 신청일부터 1월 이내에 회생절차개시 여부를 결정해야 한다고 규정하고 있지만, 이는 훈시규정이다.

122) 그러나 금융리스처럼 리스회사가 리스이용자에게 실질적으로 리스물 매매대금을 빌려 준 경우에는, **리스회사가 리스이용자와 신용거래를 한 것이므로** 리스료채권을 회생채권으로 보고 리스회사가 법정해지권을 행사할 수 없다고 보아도 리스회사에 불리하지 않다. 금융리스의 목적물은 범용(汎用)성이 없는 경우가 많으므로 리스회사가 리스계약을 조기 해지하여 리스물을 돌려받더라도, 제3자에게 이를 재리스하여 수익을 창출하기 어렵다.

무자인 임차인의 사업계속에 필요하기 때문에 계약상대방인 임대인의 계약해지를 불허하는 상황이라면, 위 중간기간 동안의 연체차임 채권에 대하여 법원의 허가를 받아 공익채권으로 취급할 수 있어야 한다(입법론). 현행법 하에서도 회생채권의 변제가 채무자의 회생을 위해 필요하다고 인정되면, 관리인은 법원의 허가를 받아 그 전부 또는 일부를 변제할 수 있다(회생파산법 132조 2항). 나아가 중간기간(보전처분 발령 후 회생절차개시 전)이 장기화됨으로 인해 미변제 채권이 누적되고, 회생채무자가 이를 공익채권으로 변제할 자력이 있는지 의심스러우며, 계약관계에 구속됨으로써 계약상대방이 입는 불이익이 큰 경우, 법원은 변제금지보전처분의 효력은 유지되는 상태에서 계약상대방의 해제권(해지권) 행사를 허용할 수 있어야 한다(입법론). 계약관계의 존속이 계약상대방에게 중대한 인적, 경제적 손해를 가져오거나 가져올 것으로 예상되는 경우도 마찬가지이다.[123]

3) 회생신청 전 취득한 법정해제권 행사 관련

계약상대방은 도산절차개시 전에 취득한 법정해제권을 도산절차개시 후에 행사할 수 있는 것이 원칙이지만, 채무자 회생을 위해 필요하다면 계약상대방이 중대한 인적·경제적 손해를 입지 않는다는 전제 하에, 계약상대방의 법정해제권 행사를 도산절차개시 후 일정기간 동안 금지하는 입법을 둘 필요가 있다고 앞서 지적하였다. 이러한 법정해제권 행사의 일시적 제한 필요성은 회생신청 후 회생절차개시 전까지의 기간에도 존재한다. 회생신청 전에 계약상대방이 이미 법정해제권을 취득한 경우에도 계약관계의 유지가 채무자 회생을 위해 꼭 필요하고 계약관계 유지로 인해 계약상대방이 중대한 인적·경제적 손해를 입지 않는 경우라면, 계약상대방이 이미 취득한 법정해제권을 위 중간기간 동안 행사하지 못하게 하는 규정을 도입하

---

123) 이러한 요소는 도산해지조항을 무효로 볼 것인지 판단할 때에도 마찬가지로 고려된다. 본문 제2장 제3절 II. 3. 참조.

는 것도 ― 계약상대방 보호장치도 함께 마련한다는 전제 하에 ― 고려해봄직하다. 결과적으로 계약상대방은 회생신청 후부터 회생절차개시 후 일정기간이 경과할 때까지 법정해제권을 행사하지 못하게 된다. 그러나 위기간 동안 도산채무자가 계약상대방과의 협상에 성공하지 못하면 그 후 계약상대방은 ― 법정해제권 행사가 신의칙이나 권리남용금지원칙에 위배되는 예외적 상황이 아닌 한 ― 법정해제권을 자유롭게 행사할 수 있다. 또한 법정해제권 행사가 금지되는 기간 동안 발생하는 채권에 관하여 계약상대방은 공익채권(또는 관리인이 법원의 허가를 받아 임의변제할 수 있는 회생채권)으로 만족을 얻을 수 있다. 따라서 계약상대방의 권리가 제한되는 정도는 크지 않다. 다만 계약상대방 보호필요성을 고려할 때 이러한 숨쉴 공간을 '장기간' 부여하기는 어려울 것이다. 또한 회생신청 후 협상 진행경과 등에 비추어 계약상대방 보호 필요성이 인정된다면, 법원은 일시적 금지명령(계약상대방의 법정해제권 행사 금지명령)을 취소할 수 있어야 한다.

6. 소결

지금까지 논의의 결론을 요약하면 다음과 같다. 계약당사자 일방에 대하여 도산절차가 개시되면 계약상대방의 계약법상 권리는 아래와 같은 영향을 받는다.

① 계약상대방인 채권자는 더 이상 강제이행청구를 할 수 없다.

② 채무자에 대한 도산절차개시 후에도 계약상 채무의 불이행으로 인한 손해배상책임은 발생할 수 있다.

③ 그러나 도산절차개시 후 발생한 채무불이행을 이유로 계약상대방이 새롭게 법정해제권을 취득할 수는 없다(계약의 채권화). 다만 계약상대방이 도산절차에 복종하지 않는 권리(환취권, 별제권)를 갖고 있는 경우에는, 그

러한 권리의 실현을 위해 계약상대방이 해제권을 행사할 수 있다. 나아가 법원이 계약상대방의 이익을 고려해 예외적·개별적으로 계약상대방의 법정해제권 행사를 허가하는 입법을 고려해볼 여지는 있다(유연한 규제).

④ 계약상대방은 도산절차개시 전에 취득한 법정해제권을 도산절차개시 후에도 행사할 수 있는 것이 원칙이다. 이 경우 관리인은 계약상대방이 해제권을 행사하기 전에 기존 미지급 채무를 전부 변제함으로써 계약상대방의 해제권을 소멸시킬 수 있다. 관리인의 전부변제 전에 계약상대방이 해제권을 행사한 경우에도, 관리인이 기존 미지급 채무 전부변제를 조건으로 한 쌍방미이행 쌍무계약의 이행선택을 원하고 있고, 계약관계의 유지가 채무자 회생에 필요하며 계약상대방에게 불리하지 않다면, 예외적으로 계약상대방의 법정해제권 행사가 신의칙과 권리남용금지원칙을 근거로 불허될 수 있다. 또한 도산해지조항에 기초한 약정해지권 행사를 불허하는 취지를 고려하여, 계약상대방이 기한의 이익 상실조항을 기초로 취득한 법정해제권을 행사하는 것도 불허할 수 있다. 입법론으로는 채무자 회생을 위해 필요한 경우, 계약상대방이 도산절차개시 전에 취득한 법정해제권을 행사하는 것을 도산절차개시 후 일정기간 동안 불허하는 규정을 도입하는 것도 고려할 필요가 있다.

⑤ 도산절차개시 신청 후 도산절차개시 전에 변제금지보전처분과 회생채권자에 대한 중지명령/포괄적 금지명령이 발령된 경우, 해당기간 동안의 법률관계에 대해서도 위 ① 내지 ④의 법리가 적용될 수 있다. 이러한 보전처분은 도산절차개시 후의 법률효과를 선취(先取)하는 효력을 가진다. 보전처분 등의 발령 후 회생절차개시 전까지 위 ① 내지 ④의 법리가 적용될 수 있다면, 그 기간 동안 발생하는 계약상대방의 채권도 공익채권으로 취급할 수 있어야 한다(입법론). 현행법 하에서도 관리인은 법원의 허가를 받아 해당 회생채권을 임의변제할 수 있다. 또한 위 ④와 마찬가지로 회생신청 전에 발생한 계약상대방의 법정해제권 행사를 잠정 금지하는 규정의 도

입도 고려해야 한다.

Ⅱ. 관리인이 도산절차개시 당시 계약관계를 '승계'한다는 말의 뜻 : 채권, 물권, 그리고 물권관계

관리인은 도산절차개시 당시 채무자 재산에 대하여 전속적 관리처분권을 갖는다. 도산절차개시 당시 현존하던 채무자와 제3자 사이의 계약관계를 관리인이 '승계'한다고 말하는 경우도 있다.[124] 관리인을 포괄승계인과 동일하게 볼 수 있는지에 대해서는 관리인의 법적 지위와 관련하여 논란이 있다. 엄밀히 말하면 관리인은 직무상 당사자에 불과하므로,[125] 도산절차가 개시되었다고 해서 계약당사자의 지위가 도산채무자로부터 관리인에게로 '이전'되는 것은 아니다.[126] 다만 관리인이 포괄승계인과 '비슷한' 측면이 있음은 부정할 수 없다. 아래에서는 관리인이 도산절차개시 당시 계약관계를 '승계' 또는 '인수'한다는 말의 정확한 뜻을 탐구한다.

1. 도산절차에 복종하는 권리인지 여부 : 채권 vs. 물권

관리인이 계약관계를 승계하더라도 계약상대방의 채권은 원칙적으로 도

---

124) 대법원 2003. 6. 24. 선고 2002다48214 판결은 다음과 같이 판시하고 있다.
"파산자가 파산선고시에 가진 모든 재산은 파산재단을 구성하고, 그 파산재단을 관리 및 처분할 권리는 파산관재인에게 속하므로, 파산관재인은 파산자의 포괄승계인과 같은 지위를 가지게 되지만... (이하 생략)"
미국에서도 파산관재인은 채무자의 지위를 그대로 상속한다는 '승계이론'(파산관재인은 파산자의 신발 위에 선다: The trustee stands in the shoes of the bankrupt)이 정통적이고 원칙적인 이론이었다고 한다. 권영준, "통정허위표시로 인한 법률관계에 있어서 파산관재인의 제3자성", 법조608, (2007), 67 참조.

125) 전원열, 민사소송법 강의, (2020), 207-208.

126) 같은 취지 中田裕康, "契約当事者の倒産", 倒産手続と民事実体法, 別冊NBL60, (2000), 8.

산채권에 불과하다. 따라서 승계된 계약상 법률관계는 도산절차에 복종하는 것이 원칙이다. 제2장 제1절 Ⅰ.에서 살펴본 내용이 적용되는 것이다. **관리인이 계약관계를 승계한다고 말하더라도, 이는 관리인이 도산재단으로 그 계약상 의무를 부담한다는 − 즉 재단(공익)채무를 부담한다는 − 뜻이 전혀 아니다.**127)

계약상대방의 계약상 청구권이 도산절차에 복종하는 권리가 아니라면, 가령 계약상대방이 환취권자 또는 별제권자라면 계약상대방은 도산절차 내에서도 자신의 권리를 자유롭게 행사할 수 있다. ⓐ 계약상대방이 채권인 소유권이전등기청구권을 보전하기 위해 가등기를 마친 경우, 채무자에 대한 도산절차개시 후에도 가등기에 기한 본등기를 한 뒤 해당 목적물을 환취할 수 있다. ⓑ 동산 양도담보권자가 채무자가 점유한 담보물에 관하여 유효한 유질(流質)계약을 체결하고 채무자의 채무불이행 시 담보권 실행의 방법으로 채무자가 양도담보권자에게 담보물을 인도해 주기로 약정한 경우, 채무자에 대한 파산절차개시 후에도 담보권자는 위 약정에 따른 목적물인도청구권을 자유롭게 행사할 수 있다.

계약상대방이 채권자인 경우 그의 권리는 대체로128) 도산절차에 복종할 것이고, 계약상대방이 물권자이거나 이에 준하는 권리자(청구권보전의 가등기를 경료한 자)인 경우 그의 권리는 대체로129) 도산절차에 복종하지 않

---

127) 따라서 사용대차 계약에서 대주가 도산한 경우 관리인은 포괄승계인으로서 사용대차계약의 당사자 지위를 승계하고 해당 목적물의 무상 사용수익을 수인해야 한다고 말할 수 없다. **사용차주의 채권은 도산채권으로서 도산절차에 복종하는 권리이기 때**문이다. 사용대차 계약이 쌍방미이행 쌍무계약이 아니어서 관리인이 해지권을 행사할 수 없더라도, 관리인은 도산채무자의 소유권에 기초하여 사용대차 목적물 반환청구권을 행사할 수 있고 그에 따른 사용차주의 손해에 대해서는 도산채무로서 손해배상책임을 부담한다.

128) 채권이라고 해서 항상 채무자에 대한 도산절차에 복종하는 권리는 아니다. 가령 부동산 전대인의 전차인에 대한 전대차 종료에 따른 전대차목적물 반환청구권은 채권이지만 전차인 도산 시 환취권의 기초가 될 수 있다.

129) 물권이라고 해서 항상 의무자에 대한 도산절차에 복종하지 않는 것은 아니다. 가령

을 것이다.

2. 경계사안의 검토 : 채권관계 vs. 물권관계, 도산절차개시 전 취득한 채권 vs. 도산절차개시 후 취득한 채권

가. 사례① : 담보약정에 따라 부담하는 채무자의 부수적 의무

물권인 담보권의 핵심내용은 우선변제권 및 이를 실현하기 위한 환가권이다. 그런데 담보권설정계약 시 그 권리의 핵심내용뿐만 아니라 그 밖의 여러 부수적 권리·의무가 합의된다. 만약 담보권이 도산절차에 복종하지 않는 권리라고 한다면(파산절차에서 별제권), 담보권의 핵심내용뿐만 아니라 그에 부수하는 담보권자의 각종 계약상 권리도 도산절차에 복종하지 않는 권리인가? 다음 사례를 생각해 보자. 채무자는 채권자에 대한 채무를 담보하기 위해 자기 소유 창고에 보관 중인 재고물품에 집합동산양도담보권을 설정해 주었다. 양도담보계약서에 따르면 채권자는 담보권 실행 시 담보물을 처분하기 위해 채무자 소유의 위 창고를 무상으로 사용할 수 있다. 채무자가 파산한 경우 양도담보권자는 관리인에 대하여 위 계약에 따른 창고의 무상사용을 청구할 수 있는가?[130] 즉 파산채무자는 담보계약에 따라 담보권자가 창고를 무상사용하는 것을 수인해야 하므로, 관리인도 파산채무자의 포괄승계인으로서 이러한 파산채무자의 의무를 이행해야 하는 것인가?

이는 매우 어려운 문제이다. 결론부터 말하면 필자는 이러한 계약상대방

회생담보권자는 회생절차에서 임의로 환가권을 행사할 수 없고, 회생계획 상 권리변경의 대상이 될 수 있다. 이러한 측면에서 회생담보권은 도산절차에 복종하는 권리이다. 다만 회생담보권자가 갖는 우선변제권의 가치는 회생계획에서도 원칙적으로 존중되어야 한다.

130) 藤田浩司/植村京子/柴田義人/小塚莊一郎/佐々木英人/岡伸浩, "[第2部] パネルデイスカッション 現代型契約と倒産法", NBL1055, (2015), 52에서 언급한 사례를 인용하였다.

의 채권은 원칙적으로 도산절차에 복종하는 도산채권에 불과하다고 생각
한다. 즉 계약상대방은 위 채권의 강제이행을 청구할 수 없고, 관리인이 위
의무(무상사용 수인의무라는 부작위 의무)를 이행하지 않으면 그에 따른
손해배상채권을 도산채권131)으로 행사할 수 있을 뿐이다.132) 그 이유는 다
음과 같다.

① 창고 무상사용권은 담보권의 핵심내용인 **우선변제권 및 환가권과 직
접 관련이 없다.** 담보권자는 목적물이 보관된 창고가 아닌 다른 곳에서 담

---

131) 엄밀히 말하면 파산절차에서는 무상사용 청구권이 금전화되어 일반 파산채권으로
 행사할 수 있고, 이를 초과하는 손해의 배상은 후순위 파산채권으로 청구할 수 있을
 뿐이다. 그러나 회생절차에서는 무상사용 청구권 그 자체의 가치와 이를 초과하는
 손해의 배상청구권을 굳이 구별할 필요가 없다. 양자 모두 일반 회생채권으로 행사
 할 수 있기 때문이다.

132) 참고로 미국판례 중에는 가맹계약에서 가맹사업자에게 경업금지의무가 부과되었는
 데 가맹사업자 도산 시 가맹사업자 측 관리인이 위 계약의 이행을 거절한 경우, 가맹
 본부가 가맹사업자에게 경업금지의무의 강제이행(specific performance)을 청구할 수
 있는지 문제된 것이 있다. In re Rovine Corp., 5 Bankr. 402 (Bankr. W.D. Tenn.);
 In re Rovine Corp., 6 Bankr. 661 (Bankr. W.D. Tenn. 1980). 이 판례에 대한 분석으
 로는 Jay Lawrence Westbrook, "A Functional Analysis of Executory Contracts", 74
 Minn. L. Rev. 227, 295-305 (1989).
 우리법에서는 관리인이 위 계약의 이행을 선택하여 가맹계약 상 모든 의무를 재단
 (공익)채무로 부담하는 경우를 제외하고는, 이러한 **경업금지의무는 도산채무로 볼
 수밖에 없다.** 가맹사업자가 도산절차에 복종하지 않는 권리인 물권 또는 물권 유사
 권리를 갖고 있지 않기 때문이다. 우리법에서 비교적 쉽게 답이 나오는 문제에 대하
 여 미국법에서 논란이 된 이유는, 평시 실체법인 계약법에 관하여 미국법과 우리법
 사이에 차이가 있기 때문이다. 우리법에서 계약상대방의 권리가 도산절차에 복종하
 는지를 결정하는 1차적 기준은 그 권리가 물권인지 채권인지 여부이다. 그런데 미국
 법에서는 물권/채권 개념이 준별되지 않고, 계약상대방은 채무자의 채무불이행 시
 원칙적으로 금전손해배상채권만 가질 뿐, 강제이행청구를 할 수 없다. 계약상대방은
 예외적인 경우에 한해 강제이행청구권을 갖는다. 이처럼 평시에 예외적으로 계약상
 대방이 강제이행청구권을 갖는다면(가령 위 사안에서 평시에 가맹본부가 경업금지
 의무의 강제이행을 청구할 수 있다면), 도산절차에서도 이러한 계약상대방의 권리를
 두텁게 보호해야 한다는 생각에 이를 수 있다. 그러나 우리 계약법에서 강제이행청
 구가 가능한 채권은 그렇지 못한 채권과 구별되는 특별한 권리가 아니다.

보물을 자유롭게 환가할 수 있고, 그 경우에도 담보권자의 우선변제권은 유지된다. 따라서 담보권이 도산절차에 복종하지 않는다고 해서 담보권자의 무상사용권까지 도산절차에 복종하지 않는다고 말할 수 없다.

② 창고가 아닌 다른 곳에서 담보물을 환가할 경우 담보권자 입장에서 환가비용이 더 들 수 있다. 그런데 환가비용은 환가대금으로부터 가장 먼저 충당된다. 또한 환가비용이 늘어나 담보물로부터 담보권자가 누리는 우선변제권이 축소되더라도, 늘어난 환가비용이 통상적 범위를 벗어난 것이 아니라면 그로 인해 담보권자의 우선변제권이 침해된다고 볼 수 없다. 다른 각도에서 말하면 채무자가 무상사용 수인의무를 위반하였다고 해서, 채무자가 담보설정자로서 부담하는 **담보가치 유지의무**[133])를 위반한 것은 아니다. 다만 담보물의 특수성으로 인해 다른 곳에서 환가할 경우 담보물의 가치가 현저히 감소하거나 환가비용이 현저히 증가하는 등의 특수한 사정이 있다면, 창고 무상사용권은 도산절차에서 복종하지 않는 권리로 보아야 한다. 이 경우 창고 무상사용권은 담보권자가 도산절차에서도 변함없이 누려야 하는 우선변제권과 직접 관련이 있기 때문이다.[134]) 달리 말하면 이 경우 무상사용을 수인하지 않은 채무자는 담보가치 유지의무를 위반한 것이다.

③ 관리인 입장에서 무상사용을 수인하는 것이 도산재단 입장에서 불리하지 않거나, 오히려 도산재단에 유리하다면(담보물이 보관된 기존 창고에

---

133) 담보가치 유지의무는 담보권의 핵심내용인 우선변제권의 가치와 관련된 의무이다. 관리인은 담보권의 부담을 그대로 승계하는 것처럼, 채무자가 부담하는 담보가치 유지의무도 그대로 승계하여 도산재단의 부담 하에 위 의무를 이행해야 한다. 관리인이 이러한 의무를 위반하면 재단(공익)채무로서 의무위반에 대한 책임을 부담한다(회생파산법 179조 1항 5호, 473조 4호). 日最判 2006(平成 18) 12. 21(民集 60.10.3964) 참조.

134) 이러한 특수한 상황이라면 별제권자뿐만 아니라 회생담보권자도 관리인에게 도산재단의 부담으로 창고를 무상사용하게 해달라고 요구할 수 있다. 평시 담보권자가 누리던 우선변제권은 회생절차에서도 존중되어야 하기 때문이다.

서 환가해야만 환가가치가 보장되거나, 담보권자와 원만한 관계를 유지하는 것이 궁극적으로 채무자에 도움이 되는 경우 등) 법원의 허가를 받아 무상사용을 수인할 수도 있다(회생파산법 132조 2항 및 492조 12호[135]) 유추).

나. 사례② : 물권화된 임차권 설정 계약상 임대인이 부담하는 의무

임대인에 대하여 도산절차가 개시되었는데 임차인이 그 전에 주택임대차보호법 또는 상가건물임대차보호법에 따른 대항요건을 갖춘 경우 관리인은 계약이행 또는 해지라는 선택권을 갖지 못한다(회생파산법 124조 4항, 340조 4항). 임대차계약은 존속하고 관리인은 임대차계약에 따른 권리·의무를 임대인과 마찬가지로 부담한다. **이 말은 임차인의 임차권은 채권임에도 불구하고 임대인 도산절차에 복종하지 않는 권리가 된다**는 뜻이다. 관리인은 — 임대차계약에서 달리 정하지 않는 한 — 임차목적물을 임차인이 사용·수익할 수 있는 상태로 유지·관리할 의무를 재단(공익)채무로서 부담한다. 따라서 임대인 도산 후에 발생한 임차목적물의 하자뿐만 아니라 **임대인 도산 전에 발생한** 임차목적물의 하자에 대해서도 관리인은 재단(공익)채무로서 하자보수의무를 부담한다.[136][137]

---

135) 관리인이 파산재단에 관한 권리를 포기하는 경우 법원의 허가를 받아야 한다는 규정이다.

136) 같은 취지 BGH ZIP 2003, 854.

137) 공익채권과 재단채권은 회생절차나 파산절차에 의하지 아니하고 수시로 변제할 수 있고(회생파산법 180조 1항, 475조), 회생채권이나 파산채권보다 먼저 변제한다(회생파산법 180조 2항, 476조).

공익채권자는 법원에의 채권신고·확정절차를 거치지 않고 언제든지 직접 관리인 등에 대하여 이행을 청구하고 그 존부나 액수에 관하여 다툼이 있으면 관리인 등을 상대로 소를 제기하여 해결할 수 있다. 회생절차 내에서 공익채권에 의한 강제집행, 가압류는 원칙적으로 허용된다(회생파산법 180조 3항). 이에 반해 재단채권의 경우 파산절차 내에서 파산재단에 대한 개별적 강제집행은 허용되지 않고(대법원 2007. 7. 12.자 2006마1277 결정), 임금채권 등 재단채권에 기하여 파산선고 전에 강제집행이 이루어진 경우 그 강제집행은 파산선고로 인하여 효력을 잃는다(대법원 2008. 6. 27.자 2006마260 결정).

관리인이 재단(공익)채무의 부담이 과중하여 도산재단에 부담이 된다는 이유로 **임차목적물의 소유권을 포기**하였다면,[138][139] 임대인 지위도 도산채무자에게 복귀한다. **관리인은 소유권 포기와 달리 임대차계약 상 임대인 지위를 일방적으로 포기할 수 없는 것이 원칙**[140]이지만, 대항력을 갖춘 임대차의 경우 임대목적물 소유자 변동 시 '법에 따라' 임대인 지위가 강제로 이전된다.[141] 따라서 임대차계약 상 법률관계는 도산재단과 무관하게 전개되고, 임대인의 자유재산만이 그의 임차인에 대한 책임재산이 된다. 임차인은 임대인의 채무불이행을 이유로 한 손해배상청구권을 근거로 임대인에 대한 차임지급의무를 면하는 것을 넘어, 이를 초과하는 하자보수비용 청구, 필요비 청구 등을 임대인에게 할 수 있다. 다만 임대인은 무자력이고, 임대목적물 이외에 별다른 책임재산은 없을 가능성이 크다. 결과적으로 관리인이 임대목적물의 소유권을 포기한 경우 임차권의 물권화에 따라 임차인에게 보장되는 권리는 ⓐ 임대목적물의 사용·수익권, ⓑ 임대목적물이 사용·수익에 적합한 상태가 아닐 경우 그에 상응하는 차임지급을 거절할 권리에 한정되는 경우가 많을 것이다.[142] 임차인이 이를 초과하는 채권 만족을 얻으려면 임대목적물에 대하여 강제집행에 나아가야 한다.

---

138) 관리인이 도산재단에 속한 권리를 포기하려면 법원의 허가가 필요할 수 있거나(회생절차의 경우; 회생파산법 61조 1항 7호), 법원의 허가가 필요하다(파산절차의 경우; 회생파산법 492조 12호).

139) 관리인이 소유권을 포기하면 해당 물건에 대한 관리처분권은 도산채무자에게 복귀한다. 즉 엄밀히 말하면 관리인은 '소유권을 포기'하는 것이 아니고, 자신의 '관리처분권을 포기'하는 것이다. 도산채무자에 복귀한 물건은 그의 자유재산이 된다. 도산절차 진행 중 도산채권자들이 채무자의 자유재산에 강제집행하는 것은 허용되지 않는다. Ludwig Häsemeyer, Insolvenzrecht, 4Aufl. (2007), Rn.13.18; 伊藤眞, 破産法·民事再生法, 4版, (2018), 291(파산절차에서 자유재산에 관한 설명이다).

140) 소유권 포기와 달리 계약관계의 포기는 불가능하다. 계약관계에는 권리뿐만 아니라 의무도 포함되는데 의무자가 의무를 일방적으로 포기할 수 없기 때문이다.

141) 주택임대차보호법 3조 4항. 상가건물임대차보호법 3조 2항.

142) 또한 임차인은 임대인의 채무불이행을 이유로 계약을 해지할 수 있을 것이다.

수선의무 외에 임대차계약에 따라 임대인이 부담하는 의무에 대해서도 임차인은 재단(공익)채권으로서 청구할 수 있는가? 가령 상가임대차계약에 따라 상가임대인이 상가임차인에 대하여 경업금지의무, 해당 임대목적물 내의 다른 점포에 동종 임차인을 들이지 않을 의무를 부담한다고 가정하자. 임차인이 대항력을 갖춘 상태에서 임대인에 대하여 도산절차가 개시되었다면, 관리인은 위와 같은 의무도 재단(공익)채무로서 부담하는가? 즉 도산재단에 부담이 됨에도 불구하고 관리인은 경업금지의무, 상가임차인 업종제한 의무를 이행해야 하고 의무위반 시 재단(공익)채무로서 손해배상책임을 부담하는가? 아니면 이러한 채무들은 도산채무에 불과하므로 임차인이 강제이행을 청구할 수 없고 관리인이 위 의무를 위반한 경우 임차인은 도산채권으로서 손해배상채권을 행사할 수 있을 뿐인가? 이 문제도 매우 어려운 문제이다.143)144) 조심스럽지만 필자는 도산채권설145)에 기운다.146)

---

143) 라이선스 계약에서 라이선서 도산 시 관리인이 라이선스 계약의 해지를 선택하면, 라이선시는 사업을 접어야 하는 상황에 놓일 수 있다. 이 경우 라이선시 보호를 위해 – 임대차 계약과 비슷하게 – 대항력을 갖춘 라이선스 계약의 경우 라이선서의 관리인은 선택권을 행사할 수 없고 라이선스 계약은 존속한다는 입법론을 강구해 볼 수 있다(일본이 기본적으로 이러한 입법방향을 채택하였다). 이처럼 **라이선스 계약이 도산절차 내에서 존속**한다면, 본문과 동일한 쟁점이 문제될 수 있다. 라인선스 계약에 따라 라이선서가 부담하는 다종다기(多種多岐)한 의무 중, 라이선시가 도산채무자인 라이선서 측에 '공익(재단)채무'로서 요구할 수 있는 의무가 어디까지인지 문제되는 것이다.

144) 민법에 의해 임차인에게 인정되는 각종 권리 가령, 차임증감청구권, 부속물매수청구권, 지상물매수청구권에 대해서도 비슷한 문제가 제기될 수 있다. **법에 의해 인정된 임차인의 '핵심권리'**이므로 재단(공익)채권으로 봄이 타당하다고 사료된다.

145) 다만 파산절차의 경우에는 경업금지청구권과 업종제한 청구권 그 자체의 금전가치(파산선고 시 기준 1차적 채권의 가치)는 일반파산채권으로 보고, 이를 초과하여 발생하는 손해의 배상청구권만 후순위 파산채권으로 보아야 한다.

146) 다만 도산채권설에 따르더라도, 임차인은 평시와 마찬가지로 임대인의 채무불이행을 이유로 임대차계약을 해지할 수 있다고 생각한다. 즉 이 경우 계약의 채권화는 발생하지 않는다. 도산채권설에 만족하지 못하는 임차인은 해당 손해배상채권을 담보하기 위해 미리 담보권을 취득해야 한다.

그 이유는 다음과 같다.

① 임대인의 경업금지의무, 상가임차인 업종제한의무는 임차인 입장에서 임차권의 가치를 좌우하는 중요한 의무일 수 있다. 그러나 임차권의 핵심내용(임차목적물을 용법에 맞게 사용·수익할 권리)과 구분되는 권리이기도 하다. 임대차계약 상 임차인의 권리일체를 도산절차에 복종하지 않는 권리로 보면 임차인을 충실히 보호할 수 있지만, 채권자들 간의 공평한 위험분담과 타협을 통해 채무자의 빚을 청산하고 채무자의 새출발을 돕고자하는 도산절차의 목적은 흔들리게 된다. 따라서 도산절차 내에서 임차권의 물권화는 임차권의 핵심내용(임차인의 사용·수익권 보장, 임차보증금 확보)에 한정되어야 한다. **임차권이 물권화된다고 해서 임대차계약관계 일체를 물권관계로 격상시켜 도산절차 내에서 존중하는 것은 지나치다.**

② 회생파산법은 임차인이 대항력을 갖춘 경우 임대인 측 관리인에게 선택권에 관한 규정이 적용되지 않는다고 규정하고 있을 뿐이고(회생파산법 124조 4항, 340조 4항), **관리인이 이행선택을 한 것으로 본다고 규정하고 있지 않다.** 임대차계약관계 일체를 물권관계로 격상시킨다면 이는 관리인이 스스로 이행선택을 한 경우와 비슷하게 법률관계를 구성하는 것이다. 이러한 결론은 법문언과 어울리지 않는다.

③ 임차인의 위와 같은 채권을 도산채권으로 보더라도, 관리인의 차임채권과 임차인의 손해배상채권 사이의 상계를 허용하면 임차인은 일정 부분 보호된다. 도산채권과 도산절차 개시 후 도산채권자가 부담한 채무 사이의 상계는 원칙적으로 허용될 수 없다(회생파산법 145조 1호. 422조 1호). 그러나 자동채권과 수동채권 사이에 견련성이 있는 경우에는 예외적으로 상계가 허용될 수 있다.147) 위 사안에서도 두 채무 사이의 견련성이 인정될

---

147) 최준규, "장래채권을 둘러싼 도산법상 쟁점에 관한 고찰 - 상계와 부인권 문제를 중심으로", 사법40, (2017), 239.

수 있다.

④ 이 쟁점에 관해서는 미국 연방도산법 규정이 참고가 된다. 미국 연방
도산법에 따르면 부동산 임대차의 경우 임대인 도산 시 관리인이 이행거절
을 하더라도, 임차인은 자신의 선택에 따라 임차목적물을 반환하지 않고
잔여기간 동안 임차목적물에 관한 임대차계약 상 권리를 계속 보유할 수
있다{§365(h)(1)(B)}. 이는 임차인 보호를 위한 특칙이다. 다만 그렇다고 해
서 임차인이 관리인에게 계약상 청구권을 행사하는 것까지 허용하지는 않
는다. 관리인은 어디까지나 임대차계약에 따른 임차인의 사용·수익을 용인
해야 할 뿐이다. 그러나 관리인이 임대차계약 상 의무를 불이행하여 임차
인이 손해를 입은 경우 임차인은 이행거절 이후 미지급 차임과 해당 손해
배상채무를 상계할 수 있다{§365(h)(1)(B)}.[148] 이 경우 임차인은 차임지급
의무뿐만 아니라 그 밖의 다른 임대차계약 상 의무에 대해서도 종전과 마
찬가지로 구속된다{§365(h)(1)(C)}. 즉 임대인 도산 시 임차인의 사용·수익
권은 보장되고 임대인 측 관리인의 임대차계약 상 의무위반 시 임차인이
동액상당의 차임지급을 거절할 수 있다. 필자는 ㉠ 임대인 측 관리인의 수
선의무 위반 시에는 ‒ 수선의무가 임대차계약 상 핵심의무인 점을 고려해
‒ 임차인을 재단(공익)채권자로 볼 수 있지만,[149] ㉡ 임대인 측 관리인이
그 밖의 계약 상 의무를 위반한 경우에는 ‒ 위 의무가 임대차계약 상 핵
심의무가 아닌 점을 고려해 ‒ 위 미국 연방도산법 규정과 같이 법률관계
를 정리함이 합리적이라고 생각한다.

다. 사례③ : 관리인이 법률규정을 근거로 계약과 관련된 의무를 부담하는 경우

채무자가 **법률규정을 근거로** 계약상대방에게 의무를 부담한다고 가정해

---

148) Charles Jordan Tabb, Law of Bankruptcy, 4th ed. (2016), 826.
149) 따라서 하자보수청구권의 가액이 차임채권의 액수를 초과하더라도, 임차인은 해당
초과분을 재단(공익)채권으로 행사할 수 있다.

보자. 이후 채무자에 대하여 도산절차가 개시되면 관리인은 계약관계를 승계하면서 **채무자의 위 법률상 의무도 함께 승계**하는가? 아니면 법률규정에 따라 채무자를 대신하여 관리인이 '**새롭게**' 계약상대방에 대하여 의무를 부담하는가? 전자와 같이 보면 계약상대방의 채권은 도산채권으로 볼 여지가 많고, 후자와 같이 보면 계약상대방의 채권은 재단(공익)채권으로 볼 여지가 많다.150) 이는 해당 법률의 문언과 입법취지를 고려해서 결정할 문제이므로, 추상적이고 일률적으로 말하는 것은 부적절하다. 필자는 ⓐ 법률에 특별한 정함이 있는 경우, ⓑ 관리인이 새롭게 의무를 부담한다고 보는 것이 법률문언이나 체계에 부합하는 경우, ⓒ 해당 법률이 부과하는 의무가 사회정책적으로 중요한 의무이기 때문에 설령 도산법 취지가 훼손되더라도 — 즉 다른 도산채권자들의 이익을 침해하더라도 — 위 의무 이행이 꼭 필요한 경우를 제외하고는 전자와 같이 봄이 합리적이라고 생각한다.151) 즉 출발점(default rule) 내지 원칙은 도산채권설이라고 생각한다. 그

---

150) 이러한 문제는 법이 행정규제의 차원에서 환경오염이나 위험의 제거의무를 채무자에게 부과하는 경우(ex. 오염된 토지의 소유자에게 오염의 제거를 명하는 경우)에도 문제된다. 전자와 같이 보면 국가의 권리는 도산채권에 해당하고, 후자와 같이 보면 관리인이 재단(공익)채무로서 공법상 의무를 이행해야 한다. 이 문제에 관해서는 이연갑, "환경책임과 도산절차", 강원법학54, (2018), 368이하 참조.

151) 이연갑, "환경책임과 도산절차", 강원법학54, (2018), 378-383은 도산관재인이 오염물질 배출행위를 하지 않았다면 오염으로 인한 손해배상채권, 공법상의 채권은 모두 도산채권이고, 실체법상 이러한 채권에 우선권이 부여된 경우가 아닌 한, 해석을 통해 위 채권을 공익(재단)채권으로 격상시킬 수 없다고 한다. 또한 **관리인은 채무자의 포괄승계인과 유사한 지위에 있으므로** 토양환경보전법 10조의4 1항 3호의 정화책임자("합병·상속이나 그 밖의 사유로 제1호 및 제2호에 해당되는 자의 권리·의무를 포괄적으로 승계한 자")에 해당하고 정화책임자로서의 의무를 재단(공익)채무로 이행해야 한다는 입장이다. 필자도 기본적으로 위 견해에 공감한다.
관리인이 포괄승계인과 비슷하다고 해서 토양환경보전법 상 정화책임을 '재단(공익)채무로' 이행해야 한다는 결론이 자동적으로 도출되지는 않음에 유의할 필요가 있다. 이러한 결론은 ① 법률문언 및 체계를 고려할 때 포괄승계인이 부담하는 정화책임이 그가 '**새롭게**' **부담하는** 의무인 경우, 또는 ② 정화책임의 이행이 사회정책적으로 매우 중요한 경우에 비로소 정당화될 수 있다.

러나 추상론은 더 이상 언급하지 않기로 한다. 아래에서는 판례[152]에서 문제된 사안을 중심으로 필자의 생각을 구체화해 본다.

판례의 사실관계를 필요한 범위 내에서 요약·정리하면 다음과 같다.

2003. 5. 28. A회사는 이 사건 아파트를 완공하고 그 무렵부터 임대주택법상 임대사업자로서 위 아파트를 관리하고 있었다. 그런데 A회사는 2006. 1. 1.부터 구 임대주택법 소정의 특별수선충당금을 적립하지 않았다.[153]

2008. 4. 25. A회사는 파산선고를 받았다. A회사의 파산관재인(피고)은 2008. 4. 30. 이 사건 아파트 임차인대표회의에 공문을 발송하여 월 차임을 파산재단의 신규 은행 계좌로 입금해달라고 요구하였고, 그에 따라 일부 임차인들로부터 월 임대료를 지급받았다.

2008. 7. 4. 임차인대표회의는 울산광역시 북구청장으로부터 이 사건 아파트에 대한 분양전환을 승인받았다. 2012. 1. 1. 이 사건 아파트 입주자대표회의(원고)가 구성되었고, 2012. 7. 5. 원고는 피고로부터 이 사건 아파트의 관리권을 넘겨받았다. 그 과정에서 원고는 파산선고 전에 A회사가 실제로 적립한 특별수선충당금 346,535,381원만 인계받고 임대주택법령에서 정한 기준에 따라 산정된 특별수선충당금 중 나머지 부분은 인계받지 못하였다.

원고는 피고에게 구 임대주택법 규정에 따라 임대의무기간 동안 적립해야 했던 특별수선충당금 및 이에 대한 지연손해금의 지급을 청구하였다.

대법원은 다음과 같은 근거를 들어 파산관재인의 특별수선충당금 인계의무를 재단채무로 보았다.

---

152) 대법원 2015. 6. 24. 선고 2014다29704 판결.
153) 구 임대주택법 관련 조문의 내용은 다음과 같다.

　　채무자 회생 및 파산에 관한 법률(이하 '채무자회생법'이라 한다) 제473조 제4호에서 '파산재단에 관하여 파산관재인이 한 행위로 인하여 생긴 청구권'을 재단채권으로 규정하고 있는 취지는 파산관재인이 파산재단의 관리처분권에 기초하여 직무를 행하면서 생긴 상대방의 청구권을 수시로 변제하도록 하여 이해관계인을 보호함으로써 공정하고 원활하게 파산절차를 진행하기 위한 것이다(대법원 2014. 11. 20. 선고 2013다64908 전원합의체 판결 참조).

　　그런데 임대주택의 임대사업자가 임대주택법에 의하여 적립할 의무를 부담하는 특별수선충당금은 주요 시설의 적기교체 및 보수에 필요한 비용의 성질을 가지는 것으로서, 그 임대사업자는 사업주체로서 실제로 특별수선충당금을 적립하였는지 여부와 상관없이 임대주택법령에서 정한 기준에 따라 산정된 금액을 분양 전환 후 주택법 제43조에 따라 최초로 구성되는 입주자대표회의에 인계하여야 한다(대법원 2013. 3. 28. 선고 2012다1573 판결, 대법원 2014. 9. 4. 선고 2013다216150 판결 등 참조). 그리고 파산채무자가 파산선고 당시에 가진 모든 재산은 파산재단에 속하고 파산재단을 관리 및 처분하는 권한은 파산관재인에게 속한다(채무자회생법 382조 1항, 384조). 따라서 위와 같이 특별수선충당금 적립 및 인계 의무를 부담하는 임대사업자의 파산선고로 임대사업자의 파산관재인이 파산선고 후에 파산재단에 속하게 된 임대주택을 관리하다가 임대주택의 임차인 등에게 파산재단의 환가방법으로 위 임대주택을 분양 전환하게 된 것이라면, 특별한 사정이 없는 한 임대사업자의 파산관재인은 분양 전환 후 주택법에 따라 최초로 구성되는 입주자대표회의에 파산선고 전후로 특별수선충당금이 실제로 적립되었는지 여부와 상관없이 파산재단의 관리·환가에 관한 업무의 일환으로 임대주택법령에서 정한 기준에 따라 산정된 특별수선충당금을 인계할 의무를 부담한다.

　　그렇다면 입주자대표회의의 위 특별수선충당금 지급 청구권은 파산관재인이 한 파산재단인 임대아파트의 관리·환가에 관한 업무의 수행으로 인하여 생긴 것으로서 채무자회생법 473조 4호에서 정한 '파산재단에 관하여 파산관재인이 한 행위로 인하여 생긴 청구권'에 해당하여 재단채권이라고 할 것이다.

　　파산관재인은 '파산선고 후' 특별수선충당금 적립의무를 법률규정에 따라 자기 자신의 의무로서 부담한다. 파산관재인이 이러한 의무를 위반하여 적립을 하지 않아 결과적으로 원고에 인계를 하지 못한 부분에 대해 회생 파산법 473조 4호를 근거로 재단채무로서 의무를 부담한다는 점에는 이론이 없다. 문제는 '파산선고 전' 파산채무자인 임대사업자가 적립하지 않은 부분이다. 만약 위 사안에서 파산선고 전에 분양전환이 이루어졌다면, 원고는 임대사업자에 대하여 특별수선충당금 중 지급받지 못한 부족분에 대하여 지급청구를 할 수 있고,154) 그 후 임대사업자가 파산하면 위 지급청구권은 파산채권이 된다. 그런데 판례의 논리에 따르면 파산선고 후에 분양전환이 이루어졌다는 사정으로 인해 파산관재인은 파산선고 전 미적립부분에 대해 재단채무로서 의무를 부담하게 된다. 이러한 결론의 차이는 어떻게 정당화될 수 있는가?

판례는 **파산선고 후 비로소** 파산관재인이 특별수선충당금 인계의무를 **새롭게** 부담한 것이므로, 인계해야 할 충당금 전체에 관하여 재단채무가 성립한다는 취지이다. 그러나 이는 법률관계를 구성하기 나름이므로 결정적 논거가 될 수 없다. 특별수선충당금 인계의무는 장래에 1회적으로 발생하는 의무이지만, 그 의무발생의 기초가 되는 특별수선충당금 적립의무는 과거부터 현재까지 매기(每期) 계속적으로 발생해 온 의무이다. 따라서 파산관재인은 자신이 적립할 의무가 있는 부분에 한하여 인계의무를 새롭게

> **구 임대주택법 17조의4 (특별수선충당금의 적립 등)**
> ① 제17조 제1항의 규정에 의한 임대주택의 임대사업자는 주요시설의 교체 및 보수에 필요한 특별수선충당금을 적립하여야 한다.
> ② 임대사업자는 임대의무기간이 경과한 후 건설임대주택을 분양전환하는 경우에는 제1항의 규정에 의하여 적립한 특별수선충당금을 주택법 제42조의 규정에 의하여 최초로 구성되는 입주자대표회의에 인계하여야 한다.
> ③ 특별수선충당금의 요율, 사용절차, 사후관리와 적립방법 등에 관하여 필요한 사항은 대통령령으로 정한다.

154) 논의의 편의상 적립된 충당금은 100% 입주자대표회의에 인계된다고 가정한다.

부담하는 것이고, 자신이 적립할 의무가 없는 부분에 대해서까지 재단채무로서 인계의무를 부담하는 것은 아니라는 해석도 충분히 가능하다. 오히려 이러한 해석이 재단채무의 개념에 더 부합한다. 파산관재인이 적립할 의무도 없고(따라서 파산재단 관련 업무가 아니다), 파산채무자로부터 전달받지도 못한 부분(따라서 파산재단이 이득을 얻지도 못하였다)까지 재단채무로 보는 것은 재단채무의 본래 개념과는 다소 거리가 있다.

혹시 **파산선고 전 미적립 부분에 대해서도** – 파산선고 후 부분과 마찬가지로 – 파산관재인이 **재단채무로서 적립의무**를 부담할 여지는 없는가? 파산선고 전 분양전환이 이루어진 경우 미적립부분을 인계할 파산관재인의 의무가 파산채무인 점을 고려할 때, 적립의무를 재단채무로 구성하는 것은 다소 부자연스럽다. 파산채무자의 대표이사 등에 대한 손해배상청구를 통해 위 미적립 부분을 받아 내거나, 다른 재원(財源; 파산선고 후 임차인으로부터 받는 차임 등)으로 미적립 부분을 충당할 의무를 파산관재인에게 부과할 수도 있다. 그런데 이렇게 보면 파산관재인이 선관주의의무(회생파산법 361조 1항) 위반을 이유로 불법행위 손해배상책임을 지는 경우에 한해, 해당 '손해배상채권'이 '재단채권'이 된다(회생파산법 473조 4호). 이러한 손해배상채권이 인정되려면 파산관재인의 의무위반이 인정되어야 하고, 손해액의 확정(과실상계 포함)도 필요하다.

파산관재인이 임대차계약의 이행을 선택하였다고 보아 임대차계약과 관련하여 파산관재인이 부담하는 의무 중 하나인 특별수선충당금 인계의무 일체를 재단채무라고 볼 여지는 없는가? 일단 위 사안에서 파산관재인이 실제로 이행선택을 하였는지 판결문 기재내용만으로는 알 수 없다.[155] 또한 임대주택법에 따라 효력이 발생한 임대차계약에 대하여 파산관재인이 이행선택을 하거나 해제권을 행사하는 것이 가능한지도 논란의 여지가 있다. 설령 이행선택을 하였더라도 파산관재인의 특별수선충당금 인계의무는

---

155) 파산절차에서 이행선택을 하려면 법원의 허가를 받아야 한다(회생파산법 492조 9호).

법률 규정에 따라 부담하는 의무이다. 이러한 의무는 계약상 의무가 아니라는 점에서 또한 쌍무계약 상 동시이행관계에 놓인 의무가 아니라는 점에서 임대인의 임대차계약 상 의무(=임차인이 목적물을 사용, 수익하게 할 의무)와 다르다. 임대차계약 상 임차인의 핵심적 권리 이외에 부수적 권리까지 임대인 도산 절차에 복종하지 않는 권리로 보는 것(물권관계의 지나친 확대)이 바람직하지 않음은 앞서 지적하였다.

필자는 판례의 결론을 법리적 측면에서 정당화하기는 쉽지 않다고 생각한다. 다만 정책적 측면에서 정당화할 여지는 있다. 특별수선충당금을 확보하는 것은 임대주택을 분양전환받은 매수인 입장에서 매우 중요한 문제이고, 파산관재인 입장에서는 임대주택을 관리하는 기간 동안 받은 월 차임으로 파산선고 이전 결손분을 메울 수도 있기 때문이다. 그러나 이러한 정책판단으로 인해 결과적으로 진정한 의미의 재단채권자(도산재단에 실제로 이익을 가져다 준 재단채권자. 다만 이러한 재단채권자는 파산재단으로 재단채무도 모두 변제하기 부족한 경우에만 손실을 입는다), 파산채권자의 이익은 침해될 수 있다.

3. 소결

지금까지 검토결과를 요약·정리하면 다음과 같다.

① 관리인이 도산절차개시 당시 계약관계를 그대로 승계·인수한다고 해서 관리인이 해당 계약상 의무를 재단(공익)채무로 부담하는 것은 전혀 아니다. 오히려 그 반대이다. 즉 계약상대방의 청구권이 도산절차에 복종하는 권리(ex. 일반채권)인 한, 그리고 관리인이 해당 계약의 이행을 선택한 경우가 아닌 한, 관리인은 도산채무를 부담할 뿐이다. 따라서 도산절차개시

후 관리인이나 도산채무자가 위와 같은 계약상 의무를 위반한 경우 관리인은 그에 따른 손해배상책임을 도산채무로서 부담한다.[156] 즉 해당 계약이 쌍방미이행 쌍무계약인지와 상관없이 관리인은 관리처분권의 이전에 따라 원칙적으로 해당 계약관계를 승계하지만, **관리인은 해당 계약상 의무를 이행하지 않고 그 대신 도산채무로서 금전손해배상채무를 부담할 자유**[157]를 갖는다.

② 다만 계약상대방의 청구권이 도산절차에 복종하는 권리가 아닌 경우, 가령 환취권의 기초가 되는 권리이거나 별제권의 실행을 위해 그 행사가 필요한 권리이거나, 물권에 준하는 권리(ex. 가등기권리자, 대항력을 갖춘 임차권)[158]라면 계약상대방은 그 권리를 도산절차 내에서 자유롭게 행사할

---

156) 계약상 의무가 부작위의무(가령 경업금지의무)인 경우도 마찬가지이다. 다만 계약책임과 무관하게 관리인의 이러한 위반행위가 그 자체로 불법행위책임을 구성하는 경우라면 관리인 고유의 불법행위 책임을 근거로 피해자가 재단(공익)채권을 행사할 여지는 있다(회생파산법 179조 1항 5호, 473조 4호). 회생파산법 179조 1항 5호의 "채무자의 업무 및 재산에 관하여 관리인이 회생절차개시 후에 한 행위로 인하여 생긴 청구권"에는 관리인의 불법행위로 발생한 손해의 배상청구권도 포함된다. 대법원 2005. 11. 10. 선고 2003다66066 판결.

157) 다만 관리인이 도산채무인 계약상 채무를 불이행함으로 인해 계약상대방에게 금전으로 회복하기 어려운 손해가 발생할 수 있다면{즉 계약상대방의 채권이 금전화(金錢化)에 친하지 않은 권리라면(ex. 비밀유지의무)}, 다르게 볼 여지도 있다. 이 경우 관리인의 계약상 의무위반은 관리인 자신의 독자적 불법행위책임을 구성한다고 볼 여지가 많고, 관리인은 그에 따른 손해배상채무를 재단(공익)채권으로 부담할 수 있다.

158) 현행법 해석론으로는 어렵지만, 입법정책적 관점에서는 (부)동산 점유자에게 물권유사 지위를 보장해 주는 방법도 생각해 볼 수 있다. 가령 판례는 점유를 이전받은 부동산 매수인의 매도인에 대한 소유권이전등기청구권은 – 채권적 청구권임에도 불구하고 – 소멸시효에 걸리지 않는다고 보는데(대법원 1976. 11. 6. 선고 76다148 전원합의체 판결), 여기서 한 발 더 나아가 이러한 이전등기청구권을 – 설령 매수인이 매매대금을 먼저 지급하였더라도 – 매도인 도산 시 도산절차에 복종하지 않는 권리로 구성할 수 있다.
매수인이 선(先)인도를 받은 상태에서 매매계약이 무효, 취소, 해제된 경우 매도인의 소유권에 기한 인도청구에 대해 매수인은 기(旣)지급한 매매대금 반환과의 동시이행항변권을 주장할 수 있다. 이러한 동시이행항변권(공평의 관념에 기초한 동시이행항

수 있고 관리인은 도산재단의 부담으로 그 의무를 이행해야 한다. 관리인이 이러한 의무를 불이행한 경우 재단(공익)채무를 부담한다(ex. 물권화된 임차권의 경우 임대인 측 관리인의 수선의무).

③ 그러나 계약상대방의 청구권이 도산절차에 복종하지 않는다고 해서 계약상대방의 계약상 권리 일체를 도산절차에 복종하지 않는 권리로 보는 것은 지나치다. 가령 별제권자의 경우 담보권의 핵심내용(우선변제권, 환가권)과 직접 관련이 없는 도산채무자의 계약상 의무까지 관리인이 재단(공익)채무로 부담해야 한다고 볼 수 없다. 물권화된 임차권의 경우 임차권의 핵심내용(임차목적물의 사용, 수익권, 임차보증금의 우선변제권)과 직접 관련이 없는 임대인의 계약상 의무까지 임대인 측 관리인이 재단(공익)채무로서 부담해야 한다고 볼 수 없다.

④ 관리인이 승계하는 계약과 관련하여 법률규정을 근거로 계약상대방에게 의무를 부담하는 경우 이를 도산채무로서 부담하는지 재단(공익)채무로서 부담하는지 여부는, 해당 법률의 해석을 통해 개별적으로 결정할 문제이므로 일률적으로 말할 수 없다. 이 문제의 해결을 위해서는 형식적 법률구성(관리인이 채무자가 부담하는 기존 법률상 의무를 '승계'하는지, 아니면 법률이 관리인에게 '새롭게' 의무를 부과한 것인지)뿐만 아니라 실질적 이익형량(해당 의무가 완전히 이행될 사회정책적 필요성과 그로 인해 침해되는 도산채권자들 및 다른 재단채권자들의 이익을 형량하는 것)도 필요하다. 해당법률의 취지와 도산법의 취지 중 어느 것을 더 강조할 것인지가 해당법률의 문언, 체계, 입법목적 등에 비추어 모호한 경우라면 도산법의 취지를 강조함이 타당하다. 도산절차 내에서는 어디까지나 도산법 법리가 원칙이기 때문이다. 도산법이 '명시'하고 있는 도산절차 내의 기본법리(채권자평등주의, 도산재단의 보호, 채무자의 회생 지원)를 '모호'한 개별법

변권)을 매도인 도산절차 내에서도 주장할 수 있는지에 관해서는 본문 제2장 제2절 II. 6. 참조.

률 규정을 근거로 변형하는 것은 법률관계의 명확성, 예측가능성 확보라는 관점에서도 바람직하지 않다. 충돌하는 두 가지 중 무엇이 사회정책적으로 더 중요한 가치인지는 개별 사안의 공평타당한 해결을 추구하는 사법부가 아니라 다수 국민의 선호를 반영하여 미리 일반규범을 만드는 입법부가 정하는 것이 적절하다.

제2절 쌍방미이행 쌍무계약의 법률관계

회생파산법은 쌍방미이행 쌍무계약의 도산절차 상 처리와 관련하여 다음과 같은 일반 규정을 두고 있다. 아래에서는 이러한 일반 규정이 왜 필요한지 법이론의 관점에서 분석하고(I), 현행법 규정의 해석론을 요건론(II)과 효과론(III, IV, V)으로 나누어 검토한다.

제119조(쌍방미이행 쌍무계약에 관한 선택)

① 쌍무계약에 관하여 채무자와 그 상대방이 모두 회생절차개시 당시에 아직 그 이행을 완료하지 아니한 때에는 관리인은 계약을 해제 또는 해지하거나 채무자의 채무를 이행하고 상대방의 채무이행을 청구 할 수 있다. 다만, 관리인은 회생계획안 심리를 위한 관계인집회가 끝난 후 또는 제240조의 규정에 의한 서면결의에 부치는 결정이 있은 후에는 계약을 해제 또는 해지할 수 없다.

② 제1항의 경우 상대방은 관리인에 대하여 계약의 해제나 해지 또는 그 이행의 여부를 확답할 것을 최고할 수 있다. 이 경우 관리인이 그 최고를 받은 후 30일 이내에 확답을 하지 아니하는 때에는 관리인은 제1항의 규정에 의한 해제권 또는 해지권을 포기한 것으로 본다.

③ 법원은 관리인 또는 상대방의 신청에 의하거나 직권으로 제2항의 규정에 의한 기간을 늘이거나 줄일 수 있다.

④ 제1항 내지 제3항의 규정은 단체협약에 관하여는 적용하지 아니한다.

⑤ 제1항에 따라 관리인이 국가를 상대방으로 하는 「방위사업법」 제3조에 따른 방위력개선사업 관련 계약을 해제 또는 해지하고자 하는 경우 방위사업청장과 협의하여야 한다.

제121조(쌍방미이행 쌍무계약의 해제 또는 해지)

① 제119조의 규정에 의하여 계약이 해제 또는 해지된 때에는 상대방은 손해배상에 관하여 회생채권자로서 그 권리를 행사할 수 있다.

② 제1항의 규정에 의한 해제 또는 해지의 경우 채무자가 받은 반대급부가 채무자의 재산 중에 현존하는 때에는 상대방은 그 반환을 청구할 수 있으며, 현존하지 아니하는 때에는 상대방은 그 가액의 상환에 관하여 공익채권자로서 그 권리를 행사할 수 있다.

제179조(공익채권이 되는 청구권)

① 다음 각호의 어느 하나에 해당하는 청구권은 공익채권으로 한다.

  7. 제119조 제1항의 규정에 의하여 관리인이 채무의 이행을 하는 때에 상대방이 갖는 청구권

제61조(법원의 허가를 받아야 하는 행위)

① 법원은 필요하다고 인정하는 때에는 관리인이 다음 각호의 어느 하나에 해당하는 행위를 하고자 하는 때에 법원의 허가를 받도록 할 수 있다.

  4. 제119조의 규정에 의한 계약의 해제 또는 해지

제335조(쌍방미이행 쌍무계약에 관한 선택)

① 쌍무계약에 관하여 채무자 및 그 상대방이 모두 파산선고 당시 아직 이행을 완료하지 아니한 때에는 파산관재인은 계약을 해제 또는 해지하거나 채무자의 채무를 이행하고 상대방의 채무이행을 청구할 수 있다.

② 제1항의 경우 상대방은 파산관재인에 대하여 상당한 기간을 정하여 그 기간 안에 계약의 해제 또는 해지나 이행 여부를 확답할 것을 최고할 수 있다. 이 경우 파산관재인이 그 기간 안에 확답을 하지 아니한 때에는 계약을 해제 또는 해지한 것으로 본다.

③ 제1항에 따라 파산관재인이 국가를 상대방으로 하는 「방위사업법」 제3조에 따른 방위력개선사업 관련 계약을 해제 또는 해지하고자 하는 경우 방위사

업청장과 협의하여야 한다.

제337조(파산관재인의 해제 또는 해지와 상대방의 권리)
① 제335조의 규정에 의한 계약의 해제 또는 해지가 있는 때에는 상대방은 손해배상에 관하여 파산채권자로서 권리를 행사할 수 있다.
② 제1항의 규정에 의한 계약의 해제 또는 해지의 경우 채무자가 받은 반대급부가 파산재단 중에 현존하는 때에는 상대방은 그 반환을 청구하고, 현존하지 아니하는 때에는 그 가액에 관하여 재단채권자로서 권리를 행사할 수 있다.

제437조(재단채권의 범위)
다음 각호의 어느 하나에 해당하는 청구권은 재단채권으로 한다.
7. 제335조 제1항의 규정에 의하여 파산관재인이 채무를 이행하는 경우에 상대방이 가지는 청구권

제492조(법원의 허가를 받아야 하는 행위)
파산관재인이 다음 각호에 해당하는 행위를 하고자 하는 경우에는 법원의 허가를 받아야 하며, 감사위원이 설치되어 있는 때에는 감사위원의 동의를 얻어야 한다. 다만, 제7호 내지 제15호에 해당하는 경우 중 그 가액이 1천만 원 미만으로서 법원이 정하는 금액 미만인 때에는 그러하지 아니하다.
9. 제335조 제1항의 규정에 의한 이행의 청구

Ⅰ. 쌍방미이행 쌍무계약에 대한 도산법상 규율 필요성

1. 쌍방미이행 쌍무계약 관련 도산법 규정의 취지와 기능

회생파산법은 쌍방미이행 쌍무계약의 경우 관리인이 이행 또는 해제(해지)를 선택할 수 있고, 이행을 선택한 경우 계약상대방의 채권은 재단(공

익)채권이 되고, 해제를 선택한 경우 계약상대방의 손해배상채권은 파산(회생)채권, 원상회복청구권은 환취권 또는 재단(공익)채권이 된다고 규정하고 있다. 이처럼 쌍방미이행 쌍무계약에 관하여 도산법에 특별규정을 마련한 이유는 무엇인가? 이는 쌍방미이행 쌍무계약의 도산절차 상 법률관계를 이해함에 있어, 나아가 계약법과 도산법의 관계를 이해함에 있어 핵심적인 문제이다. 이 질문에 답하기 위해서는 위와 같은 도산법 규정이 없었다면 쌍방미이행 쌍무계약의 법률관계가 — 평시 실체법 및 절차법(민법 및 민사집행법)에 의해 — 어떻게 전개되는지 확인할 필요가 있다.

가. 교착상태의 발생

A는 B에게 A소유 X부동산을 100에 매도하는 계약을 체결하였다. A, B 모두 매매계약상 의무를 이행하지 않은 상황에서 B에 대하여 도산절차가 개시되었다. A의 소유권이전등기의무와 B의 매매대금지급의무는 동시이행관계에 있다. ① 도산절차 개시 당시 기성(旣成)의 법률관계는 도산절차 내에서도 존중하는 것이 원칙이고, ② 고유한 견련성이 있는 두 급부는 서로에 대하여 담보로서 기능하기 때문에[159] 위와 같은 **동시이행관계는 도산절차 개시 후에도 관철된다.**[160]

이 경우 다음과 같은 네 가지 상황이 발생할 수 있다.

---

159) 그러나 공평의 관념에 기초하여 동시이행항변권이 인정되는 경우에는 도산절차 내에서 해당 동시이행항변권이 **평시와 같은 강도로** 관철된다고 단정할 수 없다. 오히려 ① 동시이행관계에 있는 계약상대방의 채권이 도산채권인 점, ② 동시이행항변권은 – 유치권과 달리 – 계약당사자 사이에서만 주장할 수 있는 권리에 불과한 점을 고려할 때, 도산절차 내에서 동시이행항변권의 담보적 기능은 관철되지 않는 것이 원칙이라고 보아야 한다. 본문 제2장 제2절 II. 6. 참조.

160) 일본에서는 이 문제에 관해 학설대립이 팽팽하다. 과거 통설은 동시이행항변권 소멸·정지설이었으나 최근에는 동시이행항변권 유지설이 유력하다. 中田裕康, "契約当事者の倒産", 倒産手続と民事実体法, 別冊NBL60, (2000), 11-16.

> **상황①** : 도산채무자(B)는 계약내용대로의 이행을 원하고 계약상대방(A)은 원
> 　　　　하지 않는 상황 (∵ 부동산의 시가가 120으로 상승)
> **상황②** : 계약상대방(A)은 계약내용대로의 이행을 원하고 도산채무자(B)는 원
> 　　　　하지 않는 상황 (∵ 부동산의 시가가 80으로 하락)
> **상황③** : 도산채무자와 계약상대방 모두 계약내용대로의 이행을 원하는 상황
> **상황④** : 도산채무자와 계약상대방 모두 계약내용대로의 이행을 원하지 않는 상황

상황①에서 계약상대방은 자진해서 소유권을 이전해 줄 의사가 없다. 따라서 관리인은 강제집행을 해야 한다. 도산절차가 개시되더라도 도산채무자의 계약상 청구권에는 아무런 영향이 없다. 따라서 관리인은 계약상 청구권을 강제이행하는데 원칙적으로 어떠한 제약도 받지 않는다. 관리인이 집행권원을 취득하기 위해 소를 제기하면, 계약상대방은 동시이행항변권을 행사할 가능성이 높다(물론 계약상대방이 동시이행항변권을 포기할 수도 있다). 계약상대방이 동시이행항변권을 행사하여 상환이행 판결이 확정되면, 관리인은 이 확정판결을 기초로 강제집행을 할 수 있다. 그런데 확정판결에 따라 집행문을 부여받으려면 관리인은 동시이행관계에 있는 반대채무인 매매대금 100의 지급의무를 이행해야 한다(민사집행법 263조 2항, 30조). 그런데 매매대금 채권은 도산채권이므로 도산절차 내에서 안분변제가 이루어져야 하고, 관리인이 전액을 임의변제할 수 없다. 따라서 관리인은 집행문을 부여받아 확정판결에 따라 - 계약상대방의 도움없이 단독으로 - X부동산에 대하여 도산채무자 명의의 소유권이전등기를 경료할 수 없다.

상황②에서 관리인은 자진해서 매매대금을 지급할 의사가 없다. 따라서 계약상대방은 매매대금을 확보하기 위해 강제집행을 해야 한다. 평시라면 계약상대방은 다음과 같이 강제집행을 하였을 것이다. 집행권원을 얻기 위해 도산채무자를 상대로 소를 제기하고 도산채무자는 동시이행항변을 한

다. 도산채무자가 동시이행항변권을 행사하여 상환이행 판결이 확정되면, 계약상대방은 이 확정판결을 기초로 강제집행을 할 수 있다. 계약상대방이 강제집행을 개시하려면 반대채무인 소유권이전등기의무를 이행 또는 이행 제공해야 한다(민사집행법 41조 1항). 계약상대방이 도산채무자 소유의 Y 부동산을 경매하여 자신의 매매대금 채권 전액(100원)을 배당받을 수 없고 70만 배당받을 수 있다면, 계약상대방은 자신의 반대의무 이행을 거절한 채로 ─ 즉 동시이행항변권을 행사하면서 ─ 70을 먼저 배당받을 수 있다. 동시이행항변권은 B가 A로부터 **100을 받을 때까지** 자신의 의무이행을 거절할 수 있는 권리이기 때문이다.[161] B가 집행권원을 기초로 A의 책임재산으로부터 100의 만족을 얻는 시점에 비로소 B는 자신의 반대의무를 A에게 실제로 이행할 것이다(물론 계약상대방이 그 전에 자신의 동시이행항변권을 포기하는 것은 그의 자유이다). 그러나 도산절차에서는 이러한 권리실현이 불가능하다. 도산절차가 개시되면 도산채권자에 불과한 계약상대방은 더 이상 강제이행을 청구할 수 없기 때문이다. 이 경우 계약상대방이 도산채무자(관리인)에게 소유권이전등기를 인수해가라고 청구할 수도 없다. 도산채무자의 등기인수의무는 도산채무에 불과하므로 계약상대방이 관리인에게 등기인수청구의 소를 제기할 수 없는 것이다. 결과적으로 관리인이 부동산을 이전받기를 원하지 않음에도 불구하고 계약상대방이 이를 강제할 수는 없다.[162]

상황③의 경우 평시라면 계약당사자들 사이에 자발적 이행이 이루어졌

---

161) 본문 제2장 제1절 Ⅰ. 3. 나. 5) 참조.
162) 계약상대방이 비율적 만족만 얻음에도 불구하고 자신의 급부의무를 이행하려고 한다면, ─ 이는 도산재단에 유리한 경우가 많으므로 ─ 관리인은 계약상대방의 급부를 수령할 가능성이 높다. 그러나 상황②에서 A가 매매대금 100을 도산채권자로서 만족을 얻을 뿐임에도 불구하고, 자진해서 B에게 소유권이전등기를 마쳐줄 가능성은 희박하다.

을 것이다. 그러나 도산절차에서는 자발적 이행이 불가능하다. 매매대금 채권은 도산채권이고 도산절차 내에서 배당변제가 이루어져야 하기 때문이다. 관리인이 이러한 도산채권 전액을 임의로 계약상대방에게 변제할 수 없다. 다만 관리인이 회생절차에서 변제허가를 얻은 경우라면(회생파산법 132조) 도산절차 내에서 자발적 이행이 가능할 것이다.

상황④의 경우 평시라면 계약당사자들이 합의해제를 하였을 것이다. 도산절차에서도 계약상대방과 관리인이 합의해제를 하는 데 특별히 문제는 없다. 관리인은 도산재단에 대한 관리처분권을 갖기 때문이다. 다만 이 경우 관리인은 법원의 허가를 받아야 할 수 있다(회생파산법 61조 1항 1, 7호 유추).

결국 평시와 달리 상황①, ②, ③의 경우 **계약관계는 실현될 수 없고 교착상태에 빠진다.** 도산법에 별도의 규정을 마련하지 않으면 위 교착상태는 해소될 수 없다.

나. 교착상태의 해소
그렇다면 상황①, ②, ③에서 발생하는 교착상태는 도산절차 내에서 어떻게 해소되어야 하는가?

1) 상황② : 계약의 금전채권으로의 청산
도산절차가 개시되면 계약상대방의 채권은 더 이상 강제이행을 할 수 없다. 즉 **상황②에서 계약상대방의 의사에 따른 계약실현은 도산절차 내에서 불가능하다는 것이 출발점(default rule)**이다. 계약내용대로의 실현이 불가능하다면 교착상태의 해소는 **손익청산의 방법**으로 이루어질 수밖에 없다. 손익청산은 3단계(**계약상대방의 채권의 강제이행불능에 따른 금전화 → 그와 견련관계에 있는 도산채무자의 채권의 금전화 → 두 금전채권 사이의**

공제)를 거쳐 이루어진다. 1단계에서는 계약상대방의 채권이 금전화된다. 금전화되는 계약상대방의 채권은 도산채권으로서 채권자평등주의가 적용되고 더 이상 강제이행청구를 할 수 없는 채권이다. 2단계에서는 **계약상대방의 채권과 견련관계에 있는** 도산채무자의 채권도 함께 금전화된다.[163] 계약상대방의 이행청구권이 강제이행될 수 없다면 그와 견련관계에 있는 도산채무자의 이행청구권도 강제이행될 수 없다고 봄이 공평하다. 3단계로 금전화된 두 채권은 서로 '공제'되어 단일한 금전채권으로 청산된다. 이러한 공제는 상계와 구별되는 것으로서 이 경우 도산법 상 상계제한 법리가 적용되지 않는다. 금전화되기 전의 두 급부의무가 견련관계에 있었기 때문이다. 3단계에서는 채무불이행으로 인한 손해배상청구권도 함께 고려하여 계약의 금전채권화가 이루어진다(회생절차의 경우). 다만 이러한 계약의 금전채권화는 **'책임법적 의미에서의 금전채권화'**일 뿐이고, 원 계약상 채권이 **'실체법적으로 소멸'**한다는 뜻은 아니라는 점에 유의해야 한다.[164][165] 책임법은 책임법의 목적 달성에 필요한 한도 내에서만 계약법 법리를 변경하면 족하다.

---

163) 비교법적으로 보면 독일은 쌍무계약의 대립하는 이행의무를 **'분해'**해서 검토하는 반면, 미국은 쌍방미이행 쌍무계약 **'일체'**를 도산재단에 속한 재산으로 취급한다. 田頭章一, "倒産法における契約の処理", ジュリスト1111, (1997), 110. 우리법은 기본적으로 전자와 같은 사고방식에 친숙하다. 그런데 전자처럼 '분해'해서 검토하더라도 두 이행의무의 견련성으로 인해 두 의무 모두 '금전채권'화 된다면, 결과적으로 쌍방미이행 쌍무계약 '전체'를 하나의 재산(적극재산 또는 소극재산)으로 취급하는 것이 가능해진다.

164) 이러한 계약의 금전채권화는 파산절차에서 파산배당을 위해 비금전채권인 파산채권의 금전화가 이루어지는 것과 비슷하다. 파산선고 시를 기준으로 비금전채권이 금전화된다고 해서 그 즉시 비금전채권이 실체법상 소멸하는 것은 아니다.

165) 도산절차 진행 중 손익청산에 따른 금전배당이 이루어지기 전에 도산절차가 폐지되었다면, 원래 계약상 이행청구권은 여전히 존속하는가? 아니면 계약상 이행청구권은 이미 소멸하였고 손익청산의 결과로 발생한 금전채권만 존속하는가? '해제권' 구성이 아니라 '이행거절권' 구성을 취한다면 이러한 쟁점이 문제될 수 있다. 본문 제2장 제2절 IV. 4. 참조.

계약관계가 단일한 금전채권으로 청산되면 계약상대방은 더 이상 기존 계약상 급부를 이행할 '권리'가 없다. 즉 계약상대방이 부동산소유권을 이전해 주고 매매대금은 도산채무로 지급받기를 원하더라도, ― 관리인이 이에 동의한 경우를 제외하고는 ― 관리인의 의사가 우선한다. 부동산소유권을 이전받지 않고 계약관계를 단일한 금전채권으로 청산하는 것이 도산재단에 더 유리하다고 관리인이 판단하였다면{ex. 해당 부동산이 도산채무자에게만 특별히 유해(有害)한 경우}, 그러한 관리인의 의사는 존중되어야 한다.166)

상황②의 경우 이러한 손익청산 결과 계약상대방은 20의 손해배상채권을 취득한다. 이는 상황②에서 계약이 이행될 경우 계약상대방이 누리게 될 이익(=이행이익)과 동일하다. 계약상대방의 계약상 청구권이 채권인 이상, 즉 계약의 이행여부와 관련하여 계약상대방이 도산채무자에게 신용을 부여한 이상, 위와 같은 손해배상청구권도 일반채권이라고 보아야 한다. 즉 손해배상청구권과 관련한 도산채무자의 무자력 위험은 계약상대방이 부담한다. 따라서 계약상대방의 위 손해배상채권은 도산채권이다.

평시에도 계약상대방은 매수인의 무자력위험을 부담할 수 있다. 그런데 **평시 계약상대방은** 손익청산을 통해 발생한 손해배상채권이 아니라 **원 계약상 채권을 가지고 배당절차에 참가**한다. 가령 채무자 B의 유일한 책임재산이 Y부동산(시가 100)이고 B에 대한 채권자로 A, C가 있다면(채권액은 모두 100. C는 대여금채권자이다. 즉 C는 쌍방미이행 쌍무계약 상 채권자가 아니다), A는 매매목적물인 X부동산 소유권을 계속 자신이 보유한 채 100의 채권을 가지고 Y부동산에 대한 경매절차에 참가할 수 있고 그에 따라 50의 만족을 얻게 된다. 평시에는 B의 책임재산이 Y부동산 경매 후에도

---

166) 반대 Wolfgang Marotzke, Gegenseitige Verträge im neuen Insolvenzrecht, 3.Aufl. (2001), Rn.5.50 이하(관리인이 이행거절을 한 경우에도, 계약상대방이 비율적 만족만 얻고 그에 대한 대가로 자기급부 전부를 이행하는 것이 허용되어야 한다).

발생할 수 있고(책임재산의 유동성·휘발성), A와 C는 Y부동산 경매 후 잔존채권의 만족을 얻기 위해 새로운 책임재산에 대하여 다시 강제집행을 할 수 있다. 따라서 A가 원 계약상 채권(100)을 가지고 Y부동산의 경매절차에 참가하는 것이 타당하다. 그러나 도산절차는 기존 도산채권의 청산 및 잔존 도산채권의 면책, (개인)채무자의 새로운 출발을 목표로 한다. 따라서 도산절차 종료 후 B의 책임재산이 새로 발생하더라도 이는 채권자 A와 C가 공취(攻取)할 수 있는 책임재산이 되어서는 안 된다. 도산절차 내에서의 배당변제 이후 A와 C의 잔존 채권은 도산채무자 B의 새로운 출발을 위해 면책되어야 한다. 이러한 도산절차에서 A가 원 계약상 채권 100을 가지고 배당절차에 참가한다면, 이는 A와 C 사이의 공평한 청산이라고 할 수 없다.[167] A는 자신이 받아야 할 정당한 몫보다 더 많이 받은 것이다. B에 대하여 도산절차가 개시되었다면 A는 20(손익청산결과 A가 취득한 채권), C는 100의 채권으로 배당절차에 참가해야 하고 이에 따라 A는 16.7(≒ 100×20/120)의 만족을 얻는 것이 공평하다.

2) 상황①, ③ : 계약내용대로의 실현

상황①, ③은 상황②와 다른 점이 있다. 도산채무자의 계약상 채권은 － 계약상대방의 계약상 채권과 달리 － 도산절차 내에서도 강제이행청구가 가능하다. 따라서 상황②의 경우 계약상대방의 의사에 따른 계약실현은 도산절차 내에서 불가능하다는 것이 출발점(default rule)이지만, **상황①, ③의 경우 도산채무자의 의사에 따른 계약실현은 도산절차 내에서도 가능하다는 것이 출발점(default rule)**이다. 그럼에도 불구하고 계약실현이 불가능한 이유는 도산채무자의 채권이 동시이행항변권 부 채권이기 때문이다. 관리인이 동시이행항변권 부 채권을 행사하기 위해서는 동시이행항변권을 소멸시켜야 하는데, 계약상대방이 동시항변권으로 주장하는 반대채권이 재

---

167) 본문 제2장 제1절 Ⅰ. 3. 나. 5) 참조.

단(공익)채권이 아니라 도산채권에 불과하기 때문에 관리인이 위 반대채권을 임의변제로 소멸시킬 수 없고, 따라서 도산채무자의 계약상 채권의 강제이행이 불가능하게 된 것이다. **상황③의 경우라면** - 다소 돌아가는 방법이긴 하나 - 관리인과 계약상대방이 기존 계약을 합의해제하고 **기존 계약과 동일한 내용의 새로운 계약을 체결**함으로써 이러한 난관을 극복할 수 있다.[168] 그러나 상황①의 경우에는 그것도 불가능하다. 계약상대방이 기존 계약과 동일한 내용의 새로운 계약체결에 동의하지 않을 것이기 때문이다.

그런데 좀 더 생각해 보면, 관리인이 개별적으로 도산채권을 100% 변제하는 것이 도산절차 내에서 항상 불가능한 것은 아니다. ① 상황①에서 계약상대방의 동시이행항변권은 그 자체가 담보권은 아니지만 관리인으로 하여금 도산채무자의 무자력에도 불구하고 계약상 의무를 이행하도록 사실상 강제한다는 점에서 계약상대방의 채권을 사실상 담보하는 기능, 즉 **'담보적 기능'**을 한다. 파산절차에서 관리인은 - 법원의 허가를 받아 - 별제권의 대상인 목적물을 그 피담보채권[169]을 변제하고 별제권자로부터 도산재단으로 환수할 수 있다(회생파산법 492조 14호). 그렇다면 관리인은 **별제권 환수에 준하여** 자신의 계약상 채권에서 항변권을 제거하여 그 계약상 채권의 가치를 온전히 도산재단에 귀속시키기 위해 동시이행관계에 있는 반대채무를 변제할 수 있다고 보아야 한다.[170] ② 도산재단을 유지·확

---

168) 관리인의 이행선택을 인정하는 규정을 둠으로써 관리인은 이처럼 계약상대방과 종전과 동일한 내용의 새로운 계약을 체결하는 부담을 덜게 된다. Münchener Komm-Huber, InsO 4Aufl. (2019) §103 Rn.13a는 이러한 **부담경감기능**이 관리인의 선택권을 인정하는 주된 근거라고 설명한다. 그런데 이러한 설명은 상황③의 경우에만 타당하다. 상황①의 경우 - 관리인과 계약당사자의 이해관계가 충돌하여 - 종전과 동일한 내용의 새로운 계약을 체결하는 것이 불가능하므로, 관리인 입장에서 경감될만한 부담자체가 애초부터 존재하지 않는다.

169) 별제권의 피담보채권은 파산채권이다. 그러나 별제권자는 그 별제권의 행사에 의해 변제를 받을 수 없는 채권액에 관하여만 파산채권자로서 그 권리를 행사할 수 있다(회생파산법 413조 본문). 또한 별제권을 포기한 채권액에 관하여 파산채권자로서 그 권리를 행사하는 것도 가능하다(회생파산법 413조 단서).

충하는 것은 관리인의 주된 임무이다. 비록 **도산채무라 할지라도 이를 100% 변제함으로써 '교착상태와 비교할 때' 도산재단에 더 많은 이익을 가져온다면,** 그러한 변제는 허용되어야 한다. 관리인은 그러한 변제를 할 의무를 부담한다. 쌍방미이행 쌍무계약의 도산절차 상 법률관계를 교착상태로 내버려두는 것과 비교할 때, 관리인이 도산채무를 100% 변제함으로써 도산재단이 얻는 이익이 더 크다면(상황①의 사례에서 교착상태로 두면 도산재단은 0의 이익을 얻는다. 그러나 도산채무를 100% 변제함으로써 계약상대방의 동시이행항변권을 제거하면 도산재단이 20의 이익을 얻는다), 이러한 관리인의 임의변제는 허용해야 한다. 허용되는 정도가 아니라 관리인은 임의변제를 함으로써 도산재단을 증식시킬 의무를 부담한다고 보아야 한다.

계약상대방의 채권은 도산채권이기 때문에 재단(공익)채권이 되는 것은 특혜이고 채권자평등원칙에 반한다는 주장은 단견(短見)이다. 채권자평등원칙은 도산재단의 확충을 위해 존재하는 '수단'일 뿐, 그 자체가 목적 또는 절대적 공리(公理)는 아니다. 위와 같은 교착상황에서는 계약상대방의 채권을 도산채권으로 두는 것보다 재단(공익)채권으로 보는 것이 도산재단에 더 이익이 되므로 재단(공익)채권성을 인정해야 한다. 관리인의 이행선택은 도산채권의 법적 성격을 재단(공익)채권으로 변경시키는 것이므로 일종의 형성권이라 할 수 있다.[171]

---

170) 赫高規, "破産法上の双務契約の規律についての改正提案および解釈論の提案－規律根拠の再検討を踏まえて－", 続々・提言倒産法改正, (2014), 248도 비슷한 취지이다.

171) Münchener Komm-Huber, InsO 4Aufl. (2019) §103 Rn.148. 이에 반대하는 견해로는 伊藤眞, 破産法・民事再生法, 4版, (2018) 383. 伊藤眞교수는 파산관재인에게 예정되어 있는 것은 파산자의 채무이행과 상대방 채무의 이행청구이고 이를 실체법상 형성권의 근거로 보기는 어려우며, 이행/해제의 선택권은 어디까지나 파산관재인의 관리처분권에 기초한 '절차상 권리'에 불과하고, 해제권만이 실체법상 형성권으로 본다. 그러나 이행선택을 통해 도산채권이 재단(공익)채권화되는 것을 법리적으로 설명하려면 형성권으로 보는 것이 가장 자연스럽다.

다. 현행법 규정의 내용 및 그 평가

도산절차가 개시되면 쌍방미이행 쌍무계약은 교착상태에 빠진다. 평시 실체법 및 절차법(민법, 민사집행법) 규정만으로 이러한 교착상태를 풀 수 없다. 교착상태는 어떻게 해결해야 하는가? 문제해결의 실마리는 문제를 야기한 원인에서 찾아야 한다. 도산절차 개시로 인해 계약관계에 도산법 법리가 적용되어 — 그 내용은 제2장 제1절 Ⅰ.에서 살펴보았다. — 교착상태가 발생하였으므로, 도산법 법리를 통해 이러한 교착상태를 풀어야 한다. 도산법의 기본원리(="**책임법적 의미**172)**에서의 포괄청산**173)")174)에 충실하게 생각을 전개하다 보면, 문제해결방안은 어렵지 않게 도출된다. 상황 ②에서는 계약관계가 1개의 금전채권(도산채권이다)으로 청산되어야 하고, 상황①, ③에서는 계약상대방의 채권이 재단(공익)채권화 됨으로써 계약내용대로의 권리실현이 이루어져야 한다. **채권자평등주의(도산법 법리)와 쌍무계약 상 견련성(계약법 법리)이 상호작용**을 하여 도산법 특유의 법리가 만들어진 것이다.

지금까지의 결론을 토대로 현행법 규정을 평가해 보자. 현행법 규정에 따르면 쌍방미이행 쌍무계약에 관하여 관리인은 이행선택권과 해제권(해지권)을 갖는다(회생파산법 119조 1항, 335조 1항).

관리인이 이행선택을 하면 계약상대방의 채권은 재단(공익)채권이 된다

---

172) 채무자의 책임재산을 어떠한 방식으로 확정하는지, 확정된 책임재산을 통해 채권자의 채권을 어떠한 방식으로 실현하는지 해명하는 것이 책임법의 임무이다. 책임법의 임무를 수행하는데 필요한 범위에서 계약법상 법률관계는 수정될 수 있다. 그러나 필요한 범위를 넘어서면서까지 계약법상 법률관계를 변형·왜곡시키는 것은 타당하지 않다.

173) 다른 도산채권자들과 함께 포괄청산이 이루어져야 하므로, 쌍방미이행 쌍무계약의 문제는 더 이상 계약당사자 사이의 문제가 아니다. 계약상대방과 그 밖의 다른 일반 채권자들 사이의 이해관계 조정도 고려해야 한다.

174) Ludwig Häsemeyer, Insolvenzrecht, 4Aufl. (2007), Rdnr.20.02.

(회생파산법 179조 1항 7호, 473조 7호). 계약상대방의 채권이 도산채권임에도 불구하고 관리인의 이행선택에 따라 재단(공익)채권이 되는 이유는 ① 동시이행항변권의 담보적 기능을 고려한 것이고, ② 재단(공익)채권이 됨으로써 궁극적으로 도산재단에 이익이 되기 때문이다.[175]

관리인이 해제(해지)를 선택하면 계약상대방은 도산채권으로 손해배상채권을 행사할 수 있다(회생파산법 121조 1항, 337조 1항). 또한 계약상대방은 기이행급부의 원상회복을 환취권(반대급부가 도산재단에 현존하는 경우) 또는 재단(공익)채권(반대급부가 도산재단에 현존하지 않는 경우 가액반환청구권)의 형태로 청구할 수 있다(회생파산법 121조 2항, 337조 2항). 여기서 계약상대방의 손해배상청구권은 계약관계의 청산에 따라 발생한 금전채권이다. 이를 통해 계약상대방과 다른 도산채권자들 사이의 공평한 청산이 가능하게 된다. 이는 **도산절차 개시에 따라 계약상대방의 청구권이 강제이행이 불가능한 도산채권이 됨으로써 발생하는 자연스럽고 자명(自明)한 결론**이다. 달리 표현하면, 계약관계의 단일한 금전채권으로의 청산은

---

175) 도산재단에 유리한 계약을 계약내용대로 실현하는 방법으로는 ① 이행선택 후 상대방에 대한 채무를 재단(공익)채무로 변제하는 방법뿐만 아니라, ② 이행선택 후 "계약상 지위"를 제3자에게 대가를 받고 매각하는 방법도 있다. 다만 계약이전의 경우 원칙적으로 상대방 계약당사자의 동의가 필요하다. 참고로 미국 연방도산법에 따르면 법률이나 계약에 따라 상대방의 동의가 필요한 경우에도 도산절차 내에서는 **상대방의 동의 없이** 관리인이 계약이전을 할 수 있다{§365(f)}. 관리인은 계약이전을 하기 전에 해당 계약을 인수(assumption; 우리법 상 이행선택과 유사한 개념이다)해야 하는데, 미국 연방도산법에 따르면 이행거절뿐만 아니라 인수의 경우에도 법원의 허가가 필요하다{§365(a)}. 우리법 상으로는 상대방 계약당사자가 계약이전에 동의하지 않으면 이를 강제할 방법이 마땅치 않다. 입법론으로는 - 주식양도제한 시 주주가 회사에게 주식매수를 청구하거나 매수인 지정을 청구할 수 있는 제도(상법 335조의2 4항)를 참고하여 - 관리인이 **계약상대방에게 해당 계약상 지위의 매수를 청구하거나 매수인 지정을 청구할 수 있도록 하자**는 제안도 주목된다. 服部明人, 佐藤潤, 勝亦康文, 牧恭弘, "フランチャイズ契約と倒産", 現代型契約と倒産法, (2015), 256(가맹계약에서 가맹점사업자가 도산하였고, 관리인이 가맹계약 상 당사자 지위를 양도하려는 상황을 전제로 한 설명이다). 계약상대방의 의사와 상관없이 계약이전을 허용하려면 법원의 사전 심사도 필요할 것이다.

도산절차개시 당시의 법률관계를 '확인'하는 것이다.[176] 그런데 우리법은 계약관계의 청산에서 한 걸음 더 나아가 관리인에게 해제권을 부여한다. 이로 인해 ① 원 계약상 이행청구권의 실체법 상 소멸과 ② 기이행급부의 원상회복이 일어난다. **교착상태를 해소하기 위해 '원 계약상 이행청구권의 실체법 상 소멸' 및 '기이행급부의 원상회복'이 반드시 필요한 것은 아니다.**[177] 즉 해제권 부여 및 계약상대방의 원상회복청구권 인정은 도산법의 기본원리로부터 자연스럽고 자명하게 도출되는 결론은 아니다. 이로 인해 해석론 상 여러 난제들이 발생하고 있다. 이러한 난제로는 무엇이 있는지, 해제권 구성이 왜 부당한지에 대해서는 제2장 제2절 Ⅳ.에서 살펴본다.

2. 한정승인, 민법 및 상법상 청산절차, 기업구조조정 촉진법 절차에서도 쌍방미이행 쌍무계약 관련 규정을 둘 필요가 있는지 여부

도산절차는 아니지만 채권의 집단적 청산 또는 조정이 이루어진다는 점에서 도산절차와 비슷한 다른 절차들{민법상 한정승인 절차, 민법 및 상법상 청산절차, 기업구조조정 촉진법(이하 '기촉법')에 따른 절차}이 있다. 위 절차들은 쌍방미이행 쌍무계약 관련 별도의 규정을 두고 있지 않다. 그렇다면 위 절차들에서 쌍방미이행 쌍무계약 관련 도산법 법리를 준용할 필요는 없는가?

---

176) Münchener Komm-Huber, InsO 4Aufl. (2019) §103 Rn.20.

177) 赫高規, "破産法上の双務契約の規律についての改正提案および解釈論の提案－規律根拠の再検討を踏まえて－", 続々・提言倒産法改正, (2014), 241은 해제권 구성의 장점으로 다음과 같은 점을 들고 있다.
"관리인에게 해제권을 부여하지 않으면, 관리인은 이행선택을 하지 않고 계약상대방은 계약해제를 하지 않는 경우 동시이행항변권의 존재로 인한 교착상태가 계속된다. 이를 타개하기 위해서는 관리인에게 해제권을 부여함이 타당하다."
그러나 **교착상태의 타개(打開)는 계약을 단일한 금전채권으로 청산하는 것으로 충분**하다.

결론부터 말하면 준용할 필요가 없는 경우가 대부분이다. 한정승인 후 상속인은 상속재산으로 상속채권자 및 유증을 받은 자에 대한 채무를 완제할 수 없는 것을 발견한 때에는 지체없이 파산신청을 하여야 한다(회생파산법 299조 2항). 법인의 청산 중 법인의 재산이 그 채무를 완제하기에 부족한 것이 분명하게 된 때에는 청산인은 지체없이 파산선고를 신청하고 이를 공고해야 한다(민법 93조 1항). 상법상 회사의 청산의 경우에도 청산인은 마찬가지로 파산신청의무를 부담한다(상법 254조 4항, 269조, 287조의 45, 542조 1항, 613조 1항). 따라서 적극재산으로 소극재산을 다 변제하지 못하는 상황이 발생하면 파산절차가 개시되어 쌍방미이행 쌍무계약 관련 규정이 적용되는 것이 정도(正道)이다. 또한 위 절차들에서는 - 도산절차와 달리 - 계약상대방의 강제이행청구/개별집행이 여전히 가능하다. 무자력인 채무자가 계약관계 이행을 원치 않는다고 해서 일방적으로 계약관계가 하나의 금전채권으로 청산될 수 없다. 강제이행청구권을 갖고 있는 계약상대방의 이익을 침해하기 때문이다.

기촉법 절차는 금융채권에만 적용되고 금융채권의 발생원인이 되는 계약이 기촉법 절차 개시 시점에서 쌍방미이행 쌍무계약에 해당하는 경우는 많지 않을 것으로 보인다. 쌍방미이행 쌍무계약에 해당하는 경우,[178] 해당 금융채권자의 권리, 의무의 내용은 금융채권자협의회 의결 및 기업개선계획의 이행을 위한 약정에 따라 결정된다. 채무자와 이자부 금전소비대차계약을 이미 체결하였으나 아직 대출을 실행하지 않은 대주의 권리는, - 기촉법 절차 개시를 이유로 해당 소비대차계약이 해지된 경우가 아닌 한 -

---

178) 가령 채무자에 대한 기촉법 절차 개시 당시 채무자를 차주(借主)로 하는 이자(利子)부 금전소비대차 계약이 체결되었으나 아직 대여가 실행되지 않은 경우, 해당 소비대차계약은 쌍방미이행 쌍무계약이다. 도산절차 개시 당시 금전소비대차 계약이 체결되었으나 아직 대여가 실행되지 않은 경우 법률관계는 각론에서 살펴본다. 금융리스회사의 리스료 채권은 금융채권으로 분류된다(기촉법 2조 8호 다.목). 현재 실무의 입장에 따르면 리스이용자 도산시 금융리스계약은 쌍방미이행 쌍무계약이 아니다.

신규 신용공여채권자(기촉법 18조 2항)에 준하여 보호하는 것이 공평하다고 사료된다. 또한 금융리스 회사의 리스료채권은 리스물이 채무자기업의 사업계속을 위해 사용되는 한, 기존 약정에 따른 변제기에 기존 약정대로 변제함이 바람직하다.179)

한정승인이 있더라도 상속인이 상속재산파산 신청을 하는 경우는 실무상 드물기 때문에, 한정승인 절차는 유사(類似)파산절차처럼 운용될 가능성이 크다. 이 경우 도산법 특유의 쌍방미이행 쌍무계약 관련 법리가 적용되지 않는다면, 쌍방미이행 쌍무계약은 한정승인 절차 내에서 어떻게 실현되는가?

피상속인이 부동산 매수인이고 상속개시 당시 쌍방의 의무가 모두 이행되지 않은 상태였다고 가정한다. ㉠ 상속인 입장에서 이행선택을 하는 것이 유리하다면(매매가격 100, 부동산 시가 120), 상속인이 상속재산으로부터 100을 지급하고 매도인으로부터 부동산 소유권을 이전받을 수 있는가? 한정승인 후 상속인이 상속재산 중 100을 상속채무 변제를 위해 임의로 처분하더라도 그 변제의 효력을 부정할 수 없다.180) 민법 1026조 1호는 상속인의 상속재산 처분을 법정단순승인 사유로 규정하고 있지만 이는 상속인이 한정승인을 하기 전에 상속재산을 처분한 경우에만 적용되고, 한정승인 후에 상속인이 상속재산을 처분한 경우에는 그것이 3호에 정한 상속재산 부정소비에 해당되는 경우에만 법정단순승인이 인정된다.181) 상속인이 상속재산으로부터 100을 지급하여 매도인으로부터 소유권을 이전받는 행위를 상속재산의 은닉이나 부정소비라고 볼 수 없다. 따라서 상속인은 한정

---

179) 이는 리스이용자 도산시 금융리스 계약의 쌍방미이행 쌍무계약성을 긍정하는 필자의 견해(본문 제3장 제14절)에 기초한 결론이다.

180) 특정 상속채권자에 대한 부당변제로 다른 상속채권자들에 대해 손해배상책임을 부담할 뿐이다(민법 1038조).

181) 대법원 2004. 3. 12. 선고 2003다63586 판결.

승인의 효력을 유지한 채 상속재산으로부터 100을 지급하고 소유권이전을 받을 수 있다. ⓛ 또한 한정승인자인 상속인은 상속재산 일부를 민사집행법에 따라 매각하고 해당 매각대금으로 상속채권자들에게 변제할 수 있다. 따라서 상속인은 피상속인의 항변권 부 채권(부동산소유권 이전등기청구권)을 민사집행법 상 양도명령이나 매각명령[182]을 통해 20에 매각함으로써 이행선택과 동일한 효과를 누릴 수 있다.[183][184] 위 항변권 부 채권을 살 사람이 없다면 상속인 자신이 고유재산으로 매수할 수도 있다.[185] 항변권 부 채권자인 채권양수인은 부동산 매도인에게 매매대금 100을 지급한 뒤(부동산 매수인의 채무를 대위변제한 뒤), 자신의 등기청구권을 실현할 수 있다.[186]

---

182) 제241조(특별한 현금화방법)
　　① 압류된 채권이 조건 또는 기한이 있거나, 반대의무의 이행과 관련되어 있거나 그 밖의 이유로 추심하기 곤란할 때에는 법원은 채권자의 신청에 따라 다음 각 호의 명령을 할 수 있다.
　　　1. 채권을 법원이 정한 값으로 지급함에 갈음하여 압류채권자에게 양도하는 양도명령
　　　2. 추심에 갈음하여 법원이 정한 방법으로 그 채권을 매각하도록 집행관에게 명하는 매각명령
　　　3. 관리인을 선임하여 그 채권의 관리를 명하는 관리명령
　　　4. 그 밖에 적당한 방법으로 현금화하도록 하는 명령
183) 福永有利, "限定承認と双務契約", 倒産法研究, (2004), 140-142.
184) 판례는 매매로 인한 소유권이전등기청구권 양도는 특별한 사정이 없는 이상 양도가 제한되고 양도에 채무자(매도인)의 동의나 승낙을 얻어야 한다는 입장이다. 대법원 2018. 7. 12. 선고 2015다36167 판결. 필자는 위 판례의 타당성에 의문을 갖고 있다. 설령 위 판례가 타당하더라도 경매를 통해 등기청구권을 매각하는 경우에도 위 법리가 적용되어야 하는지 의문이다.
185) 상속인은 상속을 통해 위 항변권 부 채권을 취득하였지만, 한정승인으로 인해 위 상속재산은 상속채권자들을 위한 책임재산이 되었다(책임재산의 분리). 상속인은 이러한 책임재산을 상속인의 고유채권자들을 위한 책임재산으로 만들기 위해, 경매를 통해 항변권 부 채권을 매수할 수 있다. 경매를 통한 취득 전후(前後)를 걸쳐 항변권 부 채권의 채권자는 동일하지만, **책임법적 의미에서** 위 채권의 귀속주체는 변경된다.
186) 매도인이 상속채권자로서 상속인에게 매매대금 지급을 청구하면 어떻게 되는가? 매매계약상 매수인 지위는 상속인이 포괄승계하므로 상속인은 이에 따라 매매대금 지급의무를 부담한다. 이 경우 상속인은 소유권이전등기청구권 양수인이 매도인으로

이행을 하지 않는 것이 유리하다면(매매가격 100, 부동산 시가 80), 상속인은 해당 계약관계를 그대로 두면 된다. 매도인은 동시이행항변권을 행사하여 소유권 이전등기를 넘겨주지 않은 상태에서 한정승인 절차 내에서 안분변제를 받고 만족하든지, 매매계약을 해제하든지 할 것이다.[187] 그런데 이러한 안분변제는 - 상속재산 파산상황과 비교하면 - 다른 상속채권자들의 이익을 침해한다. 한정승인 절차에서 매도인은 자신의 매매대금 채권(100)을 가지고 안분변제에 참여한다. 100을 전부 변제받지 않는 이상 매도인은 부동산 소유권을 이전하지 않을 것이다. 그런데 매도인은 원 채권(100)이 아니라 위 매매계약이 금전채권으로 청산된 뒤 갖는 가치(20)만을 가지고 배당절차에 참가하는 것이 공평하다. 상속재산 파산절차가 진행되었다면 매도인은 20으로 파산배당절차에 참가하였을 것이다. 즉 상속재산 파산절차가 아니라 **한정승인 절차가 진행됨으로 인해 매도인은 다른 일반 채권자보다 더 많은 안분변제를 받는다.** 그렇다고 해서 매도인으로 하여금 20을 기준으로 배당변제를 받으라고 강요할 수 없다. 한정승인절차의 경우 - 도산절차와 달리 - 계약상대방(매도인)은 상속재산에 대한 강제이행 또는 개별집행이 가능하기 때문이다.[188] 한정승인절차에서는 - 도산절차와 달리 - 계약관계가 단일한 금전채권으로 청산될 수 없다. 이로 인해 손실을 보는 다른 상속채권자들로서는 상속재산의 파산을 신청할 수 있다

부터 소유권이전을 받지 않는 한 매매대금을 지급할 수 없다고 동시이행항변을 할 수 없다. 이러한 동시이행항변을 허용하면 항변권 부 채권양수인 입장에서 자신이 양도받은 채권의 실현이 사실상 불가능할 수 있기 때문이다. 이 점에 관해서는 이동진, "채권양도, 부당이득, 동시이행", 비교사법22-1, (2015), 311-312도 참조. 그러나 채권양수인이 제3자가 아니라 상속인 본인이라면 채권양도 전후(前後)를 불문하고 매매계약 계약의 당사자가 동일하므로, 상속인은 여전히 동시이행항변권을 행사할 수 있다고 보아야 한다. 이 점을 예리하게 지적하는 문헌으로는 福永有利, "限定承認と双務契約", 倒産法研究, (2004), 140-141.

187) 같은 취지 福永有利, "限定承認と双務契約", 倒産法研究, (2004), 139-140.

188) 한정승인자는 민법 1033조에 따라 상속채권의 변제를 거절할 수 있지만, 거절을 하지 않는 한 상속채권자는 자유롭게 개별집행을 할 수 있다.

(회생파산법 299조 1항). 또한 파산신청 의무가 있음에도 불구하고 파산신청을 하지 않은 상속인은 위와 같이 손실을 입은 다른 상속채권자들에 대하여 손해배상책임을 부담할 수 있다.

Ⅱ. 쌍방미이행 쌍무계약의 요건론

회생파산법 119조 1항, 335조 1항은 쌍무계약에 관하여 채무자와 그 상대방이 모두 도산절차개시 당시 아직 그 이행을 완료하지 아니한 때에는 관리인이 계약을 해제(해지)하거나, 채무자의 채무를 이행하고 상대방의 채무이행을 선택할 수 있다고 규정하고 있다. 즉 ① 쌍무계약이어야 하고, ② 그 쌍무계약은 도산절차 개시 당시 유효하게 성립, 존속해야 하며, ③ 쌍방이 계약상 채무 전부 또는 일부를 미이행해야 한다. 또한 ④ 계약상 채권·채무가 인적(人的) 특성이 강한 경우에는 위 법률의 적용이 제한될 수 있다. 그러나 도산채무자의 계약상 채권이 도산절차개시 전에 양도되어 더 이상 관리인이 해당 채권을 행사할 수 없더라도 회생파산법 119조 1항, 335조 1항을 적용하는데 지장이 없다.[189]

아래에서는 위 ① 내지 ④요건을 상세히 살펴본다(제2장 제2절 Ⅱ. 1.~4.). 이어서 ① 내지 ③요건이 불필요하다는 주장의 타당성을 분석해 보고(제2장 제2절 Ⅱ. 5), 공평의 관념에 기초한 동시이행항변권을 도산절차에서 어떻게 취급할 것인지 검토한다(제2장 제2절 Ⅱ. 6). 끝으로 위와 같은 요건 충족 후 관리인이 선택권을 행사하는 국면에서 문제되는 세부 쟁점을 살펴본다(제2장 제2절 Ⅱ. 7).

---

189) Münchener Komm-Huber, InsO 4Aufl. (2019) §103 Rn.205. 다만 이 경우 이행선택으로 도산재단에 별 이익은 되지 않고 제3자인 계약상 채권의 양수인만 이득을 얻을 수 있으므로, 관리인은 이행선택 여부를 신중히 결정해야 한다.

1. 쌍무계약

가. 두 미이행 채무 사이의 견련(牽聯)성

회생파산법 상 쌍무계약의 개념은 민법상 쌍무계약의 개념[190]과 같다. 즉 회생파산법에서 말하는 쌍무계약은 쌍방 당사자가 상호 대등한 대가관계에 있는 채무를 부담하는 계약으로서, **본래적으로** 쌍방의 채무 사이에 성립·이행·존속상 법률적·경제적으로 견련성을 갖고 있어서 **서로 담보로서 기능**하는 것을 가리킨다. 매매계약 상 매도인의 소유권이전의무와 매수인의 매매대금 지급의무(민법 563조), 도급계약 상 수급인의 완성된 목적물 인도의무와 도급인의 도급대금 지급의무(민법 665조) 사이에는 이러한 본래적 의미의 견련성이 있다. 문제된 계약이 매매계약인지, 도급계약인지는 계약당사자들이 합의한 내용을 기준으로 실질적으로 판단한다. 해석자는 당사자들이 그 계약에 어떠한 이름을 붙였는지에 구애되어서는 안된다.

합작투자계약과 같은 **조합계약**은 쌍무계약이 아니다. 조합계약의 당사자는 개별 조합원들이고 개별 조합원들은 조합의 목적달성을 위해 '서로'의

---

190) "쌍무계약에서 당사자 쌍방이 부담하는 채무가 대가적 의미를 갖는다는 것은, 그 채무의 내용인 급부가 객관적·경제적으로 꼭 같은 의미를 가져야 한다는 것은 아니며, 서로 급부를 하여야 한다는 것이 의존관계를 갖고 있어서, 갑이 채무를 부담하는 것은 을이 채무를 부담하기 때문이고, 을이 채무를 부담하는 것은 갑이 채무를 부담하기 때문이라는 것과 같이, 채무의 부담이 교환적 원인관계에 서는 것을 가리킨다." 곽윤직, 채권각론, (1997), 48-49.

"쌍무계약에서 각 당사자가 부담하는 채무는 "공여받기 위하여 공여한다"(do ut des) 라는 관계에 있다", "두 채무는 계약목적상 서로 구속하는 관계에 있어야 한다." 양창수·김재형, 민법 I 계약법, 3판, (2020), 290, 292.

이러한 쌍무계약을 - 민법 596, 597조에 규정된 전형계약으로서의 (협의의) 교환계약과 구별되는 의미에서 - (광의의) '교환계약'(Austauschvertrag)이라고 표현하기도 한다. Ludwig Häsemeyer, Insolvenzrecht, 4Aufl. (2007), Rdnr.20.09; Münchener Kommentar zur Insolvenzordnung 4. Auflage 2019/Huber §103 Rn.55.

무를 부담하기는 하지만, 이러한 의무가 급부와 반대급부 관계(견련관계)에 있는 것은 아니기 때문이다.[191] 따라서 ① 상호출자에 의해 설립된 회사에 관한 의결권의 행사 또는 이사회의 구성을 위해 조합원들이 서로 협조해야 할 의무 사이,[192] ② 조합원의 분담금 상환의무와 대표조합원이 공사대금을 먼저 지출할 의무 사이에는 대가적 견련관계가 존재하지 않는다.[193]

사용대차계약 상 대주의 인도의무와 차주의 반환의무 사이에는 대가관계가 없다. 사용대차계약은 무상계약으로서 대주는 사용수익 수인의무를 부담하지만, 차주는 그에 대한 대가지급의무를 부담하지 않는다. 따라서 사용대차계약은 회생파산법 119조, 335조가 적용되는 쌍무계약이 아니다.[194] 무이자부 소비대차,[195] 무상임치도 마찬가지이다.[196] 무상위임도 쌍무계약이 아니다. 그러나 **이자부 소비대차**의 경우 − 임대차계약에서 임차인이 임대목적물을 사용·수익하게 할 임대인의 의무와 임차인의 차임지급의무가 대가관계에 있는 것처럼 − 차주가 금전을 사용·수익하게 할 대주의 의무와 차주의 이자지급의무는 대가관계에 있다. 따라서 대주가 아직 돈을

---

191) '조합원'의 출자의무와 '조합'이 그 조합원의 조합원 지위를 승인할 의무 사이에는 고유한 의미의 견련성, 즉 대가관계가 존재할 수 있다. KPB/Tintelnot InsO, §103 Rn.132 참조. 그러나 우리법에서 조합은 법인격이 없고, 조합계약의 당사자도 아니다.

192) 대법원 2007. 9. 6. 선고 2005다38263 판결.

193) 대법원 2000. 4. 11. 선고 99다60559 판결.

194) 그러나 사용대차계약 상 사용대주 도산 시 대주의 관리인은 차주에 대하여 소유권에 기한 반환청구를 할 수 있고, 이 경우 사용대차 조기종료에 따른 차주의 손해배상의무는 도산채무로 부담한다. 즉 사용대차계약의 존속은 보장되지 않는다.

195) 소비대차계약 상 대주의 대여의무와 차주의 반환의무도 대가관계에 있지 않다. 무이자부 소비대차에서 대주 도산 시 대주의 관리인은, 소비대차계약을 해지하고 대출금의 조기상환을 청구할 수 있다. 다만 대출금 조기상환으로 차주가 손해를 입는 경우 이를 배상해야 하며, 차주는 반환할 대출금에서 위 손해를 공제할 수 있다. 본문 제3장 제4절 참조. 이행거절권 구성을 취하는 독일에서도 무이자부 소비대차에서 대주 도산 시 대출금의 조기상환 청구를 허용한다. KPB/Tintelnot InsO, §103 Rn.89.

196) 같은 취지 Münchener Komm-Huber, InsO 4Aufl. (2019) §103 Rn.92(이러한 계약들을 '불완전 쌍무계약'이라고 부른다).

빌려주기 전이라면 쌍방미이행 쌍무계약이다.[197] 그러므로 대주에 대한 회생절차가 개시되면[198] 대주의 관리인은 소비대차계약의 이행 또는 해제를 선택할 수 있고, 차주에 대한 회생절차가 개시되면 차주의 관리인은 이행 또는 해제를 선택할 수 있다. 차주의 관리인이 이행을 선택하여 대주가 대출을 실행한 경우, 차용금 반환채무는 공익채무이다.

금융리스계약의 경우 쌍무계약성을 부정하는 것이 실무의 입장이다.[199] 그러나 이에 대해서는 의문이 있다. 다소 특이한 대가관계이긴 하나 본래적 의미의 대가관계 범주를 벗어났다고 보기 어렵기 때문이다. 리스계약은 금융리스이건 운용리스이건 관계없이 모두 쌍무계약성을 인정해야 하고, 비슷한 맥락에서 동산 소유권유보부매매도 쌍무계약으로 보아야 한다. 구체적 내용은 제3장 각론에서 살펴본다.

---

197) 대주가 돈을 빌려준 후에는 대주는 자신의 의무를 모두 이행하였으므로 일방미이행 쌍무계약이다. 따라서 회생파산법 119조, 335조는 적용되지 않는다. 이는 임대인이 임차목적물을 임차인에게 인도한 후에도 여전히 수선의무를 부담하기 때문에 임대차계약이 쌍방미이행 쌍무계약인 것과 다른 점이다. 같은 취지 Münchener Komm-Huber, InsO 4Aufl. (2019) §105 Rn.15의 각주 31. 반대 김영주, 도산절차와 미이행 쌍무계약 - 민법·채무자회생법의 해석론 및 입법론 -, (2020), 324.
    따라서 대주가 돈을 빌려 준 후 대주 도산 시 대주의 관리인은 소비대차계약의 해제를 선택할 수 없고, 기존 소비대차계약은 도산절차 내에서 계속 유효하다. 대주는 이러한 상황에 대비하여 계약에 특별규정(ex. 기한의 이익상실조항 등)을 마련할 수 있다. 소비대차계약의 법률관계에 관한 구체적 분석은 본문 제3장 제4절 참조.
198) 대주가 목적물을 차주에게 인도하기 전에 당사자 일방이 파산선고를 받으면 소비대차는 실효되므로(민법 599조). 당사자 일방에 대하여 회생절차가 개시된 경우에만 쌍방미이행 쌍무계약 관련 규정이 적용된다.
199) 서울회생법원 재판실무연구회, 회생사건실무(상), 5판, (2019), 462; 서울고등법원 2000. 6. 27. 선고 2000나14622 판결. 리스이용자가 지급하는 리스료는 리스물건의 사용대가가 아니라, 리스회사가 빌려준 돈 - 리스물 구입을 위해 필요한 돈 - 을 갚는 것이라고 보기 때문이다. 일본최고재판소 판례도 같은 취지이다{日最判 1995 (平7). 4. 14. 民集49.4.1063}. 위 일본판례는 금융리스, 그 중에서도 전부상각리스(리스제공자가 리스물건의 취득원가 등 투하자본 전액을 리스기간 중 리스료 지급에 의하여 회수하는 조건의 리스)가 문제된 사안이다.

부담부 증여의 경우 비록 쌍무계약에 관한 규정이 적용되지만(민법 561조), 두 급부 사이에 본래적 의미의 대가관계에 있는 것은 아니다. 따라서 회생파산법 119조, 335조가 적용되는 쌍무계약이 아니다.[200]

법률적·경제적 견련관계가 없는데도 당사자 사이의 특약으로 쌍방의 채무를 상환이행하기로 한 경우 회생파산법에서 말하는 쌍무계약이 아니다.[201] 달리 표현하면 계약체결 시 당사자들 모두 상대방이 의무를 부담하지 않는다면 자신도 의무를 부담하지 않을 것이라고 생각하였더라도, 이 점만으로 쌍무계약성을 인정하기 부족하다. 참고로 수동채권에 대한 압류 후 취득한 자동채권이 수동채권과 동시이행관계에 있는 경우에는 민법 498조의 제한[202]을 넘어 상계가 허용될 수 있는데,[203] 여기서도 자동채권과 수동채권 사이의 견련성은 '객관적'으로 판단한다. 즉 양 채권 사이에 쌍무계약 고유의 대가관계가 없거나 공평의 원칙상 동시이행관계를 인정하기 어려움에도 불구하고, 당사자들이 계약을 통해 양 채권 사이에 동시이행관

---

200) 같은 취지 Münchener Komm-Huber, InsO 4Aufl. (2019) §103 Rn.91.

201) 대법원 2007. 3. 29. 선고 2005다35851 판결("이 사건 대리점계약에 따른 피고의 물품공급의무와 원고의 물품대금 지급의무, 그리고 이 사건 공사하도급계약에 따른 원고의 새시공사의무와 피고의 공사대금 지급의무는 각각 서로 대등한 대가관계에 있어 본래적으로 법률적·경제적 견련성을 갖고 있다 할 것이나, 원고의 시공비 등 대위변제에 따른 피고의 구상금 지급의무와 이 사건 대리점계약에 기한 원고의 물품대금 지급의무는 성질상 서로 대가적이거나 본래적으로 상환으로 이행되어야 할 성질의 채무라고 할 수 없고, 따라서 원·피고가 이 사건 약정에 의하여 구상금채권과 물품대금채권을 상계처리하기로 합의하였다고 하더라도 그러한 약정은 구 회사정리법 제103조 제1항 소정의 쌍무계약이라고 보기 어렵다."); 대법원 2007. 9. 7. 선고 2005다28884 판결(수탁자 겸 도급인의 수급인에 대한 공사대금 지급채무와 수급인이 보증채무자로서 부담하는 위탁자의 수탁자에 대한 신탁비용 및 차입금상환 채무는 본래적 의미의 견련성이 없으므로 동시이행관계를 약정하였더라도 쌍방미이행 쌍무계약 관련 법리가 적용되지 않는다).

202) 지급금지명령을 발령받은 제3채무자는 그 후에 취득한 채권에 의한 상계로 그 명령을 신청한 채권자에게 대항하지 못한다.

203) 대법원 1993. 9. 28. 선고 92다55974 판결 등.

계를 설정하였다는 이유만으로 민법 498조의 제한을 뛰어넘을 수 없다.[204]

나. 동시이행관계의 확장과 견련성 인정여부

일본판례 중에는 론-제휴판매의 경우[205] 견련성을 부정한 것이 있다.[206] B가 X에 대한 대출금 지급의무를 이행하지 않아 연대보증인 A가 보증채무를 이행한 뒤 B가 파산선고를 받은 경우, A의 구상권과 B의 소유권이전청구권 사이에 견련성이 존재하지 않는다는 것이다. 우리 학설 중에도 위 결론에 동의하는 견해가 있다.[207] 이 견해에 따르면 A와 B 사이의 자동차매매계약상 채무 중 B의 대금지급채무는 **A가 대출금을 수령한 때 이미 이행이 완료**되었고, A의 소유권이전의무만이 일방적으로 남아있게 된다. A의 구상금채권은 파산채권일 뿐이고, 관리인이 A에게 자동차소유권 이전청구를 한다고 해서 A의 구상금채권이 재단채권으로 되지 않는다. A는 파산채권자로서 구상금 중 극히 일부만 변제받더라도, 자동차소유권을 B에게 이전해야 한다.

그러나 이러한 결론은 타당하지 않다. 논점을 명확히 하기 위해 우선 자동차 매매계약에 동산 소유권유보부매매의 법리가 적용되는지 검토한다. 등기나 등록에 의해 소유권이 이전되는 부동산이나 자동차의 경우, 매매대금 완납을 정지조건으로 소유권이 이전된다는 소유권유보부매매의 법리가 적용될 수 없다.[208] 그러나 인도에 의해 소유권이 이전되는 동산의 경우

---

204) 최준규, "상계계약의 대외적 효력에 관한 고찰 - 2자간 상계계약을 중심으로 -", 법조690, (2014), 108.

205) 자동차판매회사 A가 B에게 자동차를 판매하면서 판매대금은 A와 제휴한 X은행이 B에게 대출한 대출금으로 지급받되 그 대출에 대해서는 A가 연대보증을 하고, 자동차소유권은 A에게 유보하였다가 B가 X에 대한 대출금 또는 A에 대한 구상채무를 완제한 때에 그 소유권을 이전해주기로 한 경우.

206) 東京高判 1981(昭56). 5. 14(判例時報1011,57).

207) 박병대, "파산절차가 계약관계에 미치는 영향", 재판자료82, (1999), 441; 임치용, "회사정리절차와 쌍무계약", 파산법연구, (2004), 304.

208) 대법원 2010. 2. 25. 선고 2009도5064 판결; 서울고등법원 2017. 1. 10. 선고 2015나

소유권유보부매매의 법리가 적용된다. 만약 위 사안에서 자동차가 물권행위와 점유의 이전만으로 소유권이 이전되는 동산이라면 – 견련성이 부정되더라도 – A는 소유권유보부매매의 매도인으로서 자동차에 대하여 회생담보권을 주장할 수 있다는 것이 판례의 입장이다209)(필자는 이러한 판례에 반대하지만 이 문제는 각론에서 검토하고 여기서는 더 이상 살펴보지 않는다). 이에 반해 등기나 등록에 의해 소유권이 이전되는 부동산이나 자동차의 경우, 매도인은 소유자이기 때문에 회생담보권을 주장할 여지가 없다.210) 견련성을 부정하는 위 학설에 따르면 결국 매도인은 부동산이나 자동차의 소유권을 파산자에게 이전해주어야 하고, 자신의 구상금 채권은 파산채권자로서 만족을 얻을 수밖에 없게 된다.211)

　　그러나 이 경우 **본래적 의미의 동시이행관계의 확장**이 인정되어야 한다. 매수인의 매도인에 대한 **구상금채무는 매매대금채무의 변형물**로 볼 수 있

　　2029365(본소), 2015나2029372(반소) 판결 참조.

209) 대법원 2014. 4. 10. 선고 2013다61190 판결("동산의 소유권유보부매매는 동산을 매매하여 인도하면서 대금 완납 시까지 동산의 소유권을 매도인에게 유보하기로 특약한 것을 말하며, 이러한 내용의 계약은 동산의 매도인이 매매대금을 다 수령할 때까지 대금채권에 대한 담보의 효과를 취득·유지하려는 의도에서 비롯된 것이다. 따라서 동산의 소유권유보부매매의 경우에, 매도인이 유보한 소유권은 담보권의 실질을 가지고 있으므로 담보 목적의 양도와 마찬가지로 매수인에 대한 회생절차에서 회생담보권으로 취급함이 타당하고, 매도인은 매매목적물인 동산에 대하여 환취권을 행사할 수 없다.")

210) 물권변동에서 대항요건주의를 취하고 있는 일본에서는, 등기나 등록으로 대외적 권리이전이 공시되는 부동산과 동산에 대해서도 소유권유보부매매의 법리가 적용되고, 유보매수인 도산 시 유보매도인은 담보권자로 취급된다. 松岡久和, 担保物権法, (2017), 378, 386-387. 따라서 일본에서는 – 우리나라와 달리 – 견련성을 부정하더라도 매도인 보호가 가능하다. 이러한 차이를 고려하지 않은 채 일본 판례의 결론(=론제휴판매에서 견련성 부정)만을 우리법에 적용하는 것은 부당하다.

211) 임종헌, "파산절차가 쌍방 미이행계약관계에 미치는 영향", 고려대석사논문, (2001), 37-38은 견련성을 부정하면서도 매도인이 유보된 소유권에 기한 환취권을 행사할 수 있다고 한다. 그러나 견련성을 부정한다면 해당 매매계약은 일방미이행 쌍무계약이 되고, 매도인은 매매계약 상 소유권이전의무를 이행해야 한다.

기 때문이다. 따라서 관리인이 이행선택을 하였다면 계약상대방인 매도인의 구상금채권은 – 매매대금채권과 마찬가지로 – 재단채권(공익채권)이된다. 매도인이 비록 형식적으로는 매매대금을 지급받았지만 실질적으로는매매대금을 지급받지 못하였다. 매수인이 대출금을 변제하지 못하는 경우매수인의 대출금을 연대보증인으로서 변제해야 하므로, 매도인은 여전히매수인의 신용위험을 부담하고 있다. 매도인은 이러한 매수인의 신용위험을 고려하여 매매목적물의 소유권을 자신에게 유보하였다. 매수인의 신용위험이 가장 극적으로 드러나는 매수인 도산의 국면에서 이러한 거래구조가 전혀 기능하지 못하는 것은 계약당사자들의 합리적 기대에 반한다.

참고로 판례에서 동시이행관계의 확장이 인정된 사례들은 다음과 같다.

---

① 부동산 매수인이 매매목적물에 관한 근저당권의 피담보채무, 가압류 채무를인수하는 한편 그 채무액을 매매대금에서 공제하기로 약정한 경우, 판례는이를 이행인수 약정으로 구성하는 경우가 많고, 매매대금 지급의무와 이행인수 약정에 따른 의무는 원칙적으로 별개의 채무로 취급하고 있다.212) 따라서매수인은 매매대금에서 그 채무액을 공제한 나머지를 지급함으로써 잔급지급의무를 다한 것이다. 매수인이 매매대금지급의무를 다한 이상 매도인은 매수인의 이전등기청구에 대하여 잔존 매매대금 지급과 동시이행항변을 할 수없고, 매수인이 이행인수 의무를 불이행한다고 해서 매도인이 매매계약을 해제할 수도 없다. 매수인이 매매계약상 채무를 불이행한 것은 아니기 때문이다. 그러나 판례는 채무인수인이 인수채무의 일부인 근저당권의 피담보채무의 변제를 게을리 함으로써 매매목적물에 관하여 근저당권의 실행으로 임의경매절차가 개시되고 매도인이 경매절차의 진행을 막기 위하여 피담보채무를 변제하였다면 매도인은 채무인수인에 대하여 손해배상채권을 취득하고,매도인의 소유권이전등기의무와 매수인의 잔금지급의무 및 손해배상금(구상금) 지급의무는 동시이행관계에 있다고 보고 있다.213) 매도인은 매수인의 잔

금지급의무 이행지체를 이유로 매매계약을 해제할 수 있는 것처럼, 매수인의 손해배상금(구상금) 채무의 이행지체를 이유로 매매계약을 해제할 수도 있다.

② 매매계약 체결 당시 매수인이 매도인의 매매목적물을 담보로 한 대출금 채무를 인수하기로 하면서 매매대금 중 동액 상당의 금원을 위 채무인수로 갈음하고 위 대출금에 대한 이 사건 매매계약 상의 약정 잔금지급일까지의 이자는 매도인이 납부하기로 한 사안에서, 판례는 약정 잔금지급일 후에 발생한 기존 대출금에 대한 이자는 매수인이 부담해야 하는데, 매도인이 이를 매수인 대신 변제하였다면 그로 인한 매수인의 매도인에 대한 그 이자 상당액의 구상채무는 매수인이 인수키로 한 기존 대출금 채무의 내용에 속하는 이자채무의 변형으로서 결국 매매대금 지급채무에 갈음한 것의 변형에 속하는 것이므로, 이러한 매수인의 이자 상당액의 구상채무와 매도인의 수분양자명의 변경절차이행의무는 대가적 의미가 있어 이행상의 견련관계에 있다고 보았다.214)

③ 부동산 매수인의 매매잔대금 지급의무와 매도인의 가압류등기 말소의무가 동시이행관계에 있었는데 위 가압류에 기한 강제경매절차가 진행되자 매수인이 강제경매의 집행채권액과 집행비용을 변제공탁한 경우 매도인은 매수인에 대해 대위변제로 인한 구상채무를 부담하게 되고, 그 구상채무는 가압류등기 말소의무의 변형으로서 매수인의 매매잔대금 지급의무와 여전히 대가적인 의미가 있어 서로 동시이행관계에 있으므로, 매수인은 매도인의 매매잔대금채권에 대해 가압류로부터 본압류로 전이하는 압류 및 추심명령을 받은 채권자에게 가압류 이후에 발생한 위 구상금채권에 의한 상계로 대항할 수 있다.215) 이 경우 구상채무(상계의 자동채권)가 압류의 효력발생시점 후에 발생한 것이더라도 상계가 가능하다는 점에 주목해야 한다.

④ 공사도급계약의 도급인이 자신 소유의 토지에 근저당권을 설정하여 수급인으로 하여금 공사에 필요한 자금을 대출받도록 한 사안에서, 판례는 수급인의 근저당권 말소의무와 도급인의 공사대금채무는 공사도급계약 상 고유한 대가관계가 있는 의무는 아니지만, 담보제공의 경위와 목적, 대출금의 사용용도 및 그에 따른 공사대금의 실질적 선급과 같은 자금지원 효과와 이로 인

> 하여 도급인이 처하게 될 이중지급의 위험 등 구체적인 계약관계에 비추어
> 볼 때, 이행상의 견련관계가 인정되므로 양자는 서로 동시이행관계에 있다
> 고 보았다. 나아가 수급인이 근저당권 말소의무를 이행하지 아니한 결과 도
> 급인이 위 대출금 및 연체이자를 대위변제함으로써 수급인이 지게 된 구상
> 금채무도 근저당권 말소의무의 변형물로서 그 대등액의 범위 내에서 도급인
> 의 공사대금채무와 동시이행의 관계에 있다고 보았다.[216)]

위 ① 내지 ④의 사례들에서는 당사자들이 명시적으로 동시이행 약정을
하지 않았음에도 불구하고, 판례는 신의칙 또는 공평의 원칙을 근거로 동
시이행관계를 인정하였다. 론-제휴판매 사안에서 구상금채무가 매매대금
채무와 '동일'하지 않으므로, 구상금지급의무와 소유권이전의무 사이에 쌍
무계약 고유의 견련성은 존재하지 않는다고 말할 수 있다. 그러나 구상금
지급의무는 매매대금채무의 '변형물'로서 양자 사이에 **유사성의 정도가 높
다**. 따라서 구상금지급의무와 소유권이전의무 사이의 법률관계는 쌍무계약
고유의 견련성이 인정되는 경우의 법률관계와 동일하게 구성해야 한다. 공
평의 원칙에 의해 견련성이 인정되는 경우의 법률관계를 쌍무계약 고유의
견련성이 인정되는 경우의 법률관계와 언제나 같게 취급해야 하는 것은 아
니다(제2장 제2절 Ⅱ. 6. 참조). 그러나 적어도 위에서 살펴 본 사례들(동시
이행관계의 확장이 인정된 사례)에서는 동일하게 취급함이 타당하다.

다. 선이행 약정이 있는 경우

견련관계에 있는 두 급부 중 어느 일방을 선이행하기로 약정한 경우에도

---

212) 대법원 1993. 2. 12. 선고 92다23193 판결.
213) 대법원 1993. 2. 12. 선고 92다23193 판결.
214) 대법원 2007. 6. 14. 선고 2007다3285 판결.
215) 대법원 2001. 3. 27. 선고 2000다43819 판결.
216) 대법원 2010. 3. 25. 선고 2007다35152 판결.

회생파산법 제119조, 제335조가 적용되는가? 결론부터 말하면 적용될 수 있다.

　매매계약에 따른 대금지급의무가 선이행인 경우를 가정해 본다. 계약상 대방(매수인)이 선이행의무를 부담하는 상황에서 매도인에 대하여 도산절 차가 개시되면, 계약상대방은 불안의 항변권을 주장할 수 있다(민법 536조 2항).[217] 계약상대방에게 불안의 항변권이 인정되면 동시이행항변이 인정 되는 경우와 마찬가지로 도산절차 내에서 '교착상태'[218]가 발생한다. 따라 서 매도인의 관리인에게 선택권이 인정되어야 한다. 매도인의 관리인이 이 행선택을 하였다면 계약상대방의 선(先)이행에 상응하는 매도인 측 급부의 무의 후(後)이행이 재단(공익)채권으로서 보장되는 한 － 도산재단 부족으 로 재단(공익)채권도 다 변제하지 못할 위험이 있는 경우가 아닌 한 － 계 약상대방은 더 이상 불안의 항변권을 행사할 수 없다.[219]

　매수인이 선이행 의무를 부담하는 상황에서 매수인에 대한 도산절차가 개시된 경우, 계약상대방(매도인)은 관리인의 이행청구에 대하여 매수인 측 이 먼저 이행하라고 항변할 수 있다. 따라서 이 경우에도 동시이행항변이 인정되는 경우와 마찬가지로 도산절차 내에서 교착상태가 발생한다. 매수 인의 관리인이 부동산을 취득하는 것이 도산재단에 유리하다고 판단하여 이행선택을 하면, 관리인은 매매대금채무를 재단(공익)채무로서 선(先)이행

---

217) 본문의 사례와 달리 **본래적 의미의 대가관계가 없는** 두 급부의무 사이에도 불안의 항변권은 인정될 수 있다. 가령 계속적 거래관계에 있는 A와 B사이에 A가 x물품을 공급한 후 그 대금을 지급받지 못한 상태에서 y물품을 공급할 변제기가 도래한 경우 A는 불안의 항변권(x물품대금 미수령)을 행사하여 선이행의무인 y물품공급의무의 이행을 거절할 수 있다. 그러나 **B에 대하여 도산절차가 개시된 경우**에는 원칙적으로 A에게 위와 같은 불안의 항변권을 인정할 수 없다. 이 문제는 본문 제2장 제2절 II. 6. 다.에서 살펴본다.

218) 본문 제2장 제2절 I. 1. 가. 참조.

219) Münchener Komm-Huber, InsO 4Aufl. (2019) §103 Rn.63.

해야 한다. 매수인의 관리인이 이행선택을 하면, 도산절차 개시 전에 변제기가 도래한 계약상대방의 중도금채권(매수인이 선이행해야 할 채무)이라 하더라도 재단(공익)채권이 된다.

위 두 사례에서 회생파산법 119조, 335조가 적용되지만, 관리인이 이행선택을 하면 **애초 약정 내용대로** 이행이 이루어짐에 유의해야 한다.[220] 즉 계약상대방의 의무가 선이행의무라면 그 의무가 먼저 이행되어야 하고, 도산채무자의 의무가 선이행 의무라면 그 의무가 재단(공익)채무로서 먼저 이행되어야 한다.

라. 견련성이 인정되지 않는 경우 도산절차 상 법률관계

계약을 통해 발생한 두 미이행 채무 사이에 견련성이 인정되지 않는다면,[221] 다음 세 가지 상황이 일어날 수 있다. 상황①. ②. ③ 모두에서 계약상 채권, 채무는 **개별적으로 분리되어 행사되고 이행된다**는 점에 주목할

---

220) Münchener Komm-Huber, InsO 4Aufl. (2019) §103 Rn.166.

221) 가령 은행이 기업을 위해 보증서를 발급해 주면서 보증료는 분할변제를 받기로 하였는데 분할변제 도중 기업이 회생절차에 들어간 경우, 은행(보증인)의 보증금지급의무와 기업(주채무자)의 보증료지급의무 사이에는 고유한 견련성이 존재하지 않는다. 기업이 보증료를 납부하지 않았다고 해서 은행이 채권자에 대한 보증금지급을 거절할 수 없기 때문이다.

강인원, "기업회생절차에서 보증료 채권의 법적 취급에 대한 고찰", 법률신문(2019. 8. 16)은 보증서를 발급한 은행에게 지급할 보증수수료 지급채무는 채무자 기업의 계속기업 유지 및 영업기간 존속을 위해 필수불가결한 것이므로, 보증수수료 채권을 ① 회생절차개시 후의 채무자의 업무 및 재산의 관리와 처분에 관한 비용청구권(회생파산법 179조 1항 2호), ② 사무관리 또는 부당이득으로 인하여 회생절차개시 이후 채무자에 대하여 생긴 청구권(회생파산법 179조 1항 6호), ③ 그 밖에 채무자의 사업을 계속하는데에 불가결한 행위로 인하여 생긴 청구권(회생파산법 179조 1항 12호 후단)으로 보아 공익채권성을 인정해야 한다고 주장한다. 그러나 위 ①, ②청구권은 회생절차개시 후 발생한 청구권이고, ③청구권은 회생절차신청 후 개시 전에 '법원의 허가'를 받아 발생한 청구권이다. 은행의 보증료채권은 위 ① 내지 ③청구권에 해당하지 않는다.

필요가 있다.

상황① : 계약상대방의 도산채무자에 대한 채권은 도산채권으로서 도산
재단으로부터 안분변제를 받는 것이 원칙이다. 그러나 회생절차의 경우 ㉠
채무자의 거래상대방인 중소기업자가 그가 가지는 소액채권을 변제받지
아니하면 사업의 계속에 지장을 초래할 우려가 있는 때, 또는 ㉡ 회생채권
의 변제가 채무자의 회생에 필요하다고 인정되는 때222)에는 관리인은 법원
의 허가를 받아 계약상대방에 대한 채무의 전부 또는 일부를 이행할 수 있
다(회생파산법 132조 1, 2항). 공사계약에서 공동수급체는 민법상 조합의
성질을 가지므로 구성원 일방이 공동수급체의 대표자로 업무집행자의 지
위에 있으면 그 구성원들 사이에는 민법상 조합에 있어 업무집행자와 조합
원의 관계에 있다.223) 공동수급업체 사이에 대표사가 먼저 공사자금을 조
달하여 지급한 후 회원사가 분담금을 상환하는 내용의 공동도급현장 경리
약정과 관련하여, 대표사가 공사대금을 먼저 지출할 의무와 회원사가 분담

---

222) 계약상대방의 계약상 채권(비금전채권)의 가치보다 도산채무자의 채무불이행으로
인한 계약상대방의 손해배상채권의 가치가 현저히 커서, 도산재단 입장에서 회생채
무인 손해배상채무(회생파산법 118조 3호)를 이행하는 것보다 원래 계약상 채무를
그대로 이행하는 것이 더 유리한 경우라면, 관리인은 법원의 허가를 받아 계약상대
방에 대한 채무(비금전채무)를 이행할 수 있어야 한다. Jay Lawrence Westbrook, "A
Functional Analysis of Executory Contracts", 74 Minn. L. Rev. 227, 293 (1989). 이
러한 예외적 상황은 채무불이행으로 인해 채무자가 배상해야 할 '특별손해'(민법
393조 2항)가 원래 계약상 급부의 가치보다 현저히 큰 경우 발생할 수 있다. 가령
채무자가 A라는 목적물을 계약상대방에게 공급하지 않음으로 인해 계약상대방의 사
업자체가 중단될 위험에 처했고, 채무자가 채무 이행기(대법원 1985. 9. 10. 선고 84
다카1532 판결)에 그러한 사정을 알았거나 알 수 있었던 경우를 생각해 보자. 도산
채무자는 막대한 손해배상채무를 도산채무로 이행하는 것보다 차라리 A라는 목적물
을 상대방에게 공급하는 것이 더 이익일 수 있다. 이러한 상황까지 포섭하려면 회생
파산법 132조 2항은 "**계약상 의무를 이행하는 것이 도산재단에 도움이 되는 경우**"
관리인은 법원의 허가를 받아 계약상대방에 대한 채무를 이행할 수 있다는 식으로
개정하는 것이 바람직하다.

223) 대법원 2000. 12. 12. 선고 99다49620 판결.

금을 상환할 의무는 서로 대가적 의미를 갖는 채무라고 보기 어려우므로, 구 회사정리법 103조 1항의 쌍무계약에 해당하지 않으므로 그에 따른 분담금 상환의무가 공익채권에 해당한다고 볼 수 없다는 것이 판례의 입장[224]이다. 그러나 공동수급체 회원사에 대하여 회생절차가 개시된 경우, 실무상 잔여공사를 계속 수행하는 것이 회원사의 회생에 도움이 되기 때문에 공동수급체에 남아 있기 위해 회생파산법 132조에 따라 회생채권에 대한 변제 허가를 얻어 회생채권이 **사실상 공익채권화**되는 경우가 실무상 있다.

관리인은 이와 별도로 계약상대방에 대한 채권을 행사할 수 있다.

상황② : 계약상대방은 자신이 갖고 있는 계약상 채권을 파산채권이나 회생채권으로 행사할 수 있다.[225] 또한 계약상대방은 채무불이행으로 인한 손해배상채권을 회생채권으로 행사할 수 있다(회생절차개시 후의 불이행의 경우 회생파산법 118조 3호).[226] 관리인은 이와 별도로 계약상대방에 대한 채권을 행사할 수 있다. 두 채무 사이에 동시이행관계는 없지만 회생파산법에 따른 상계는 요건(동종성 등 적극적 사유의 존재, 상계금지 사유의 부존재)이 충족되면 가능하다.

상황③ : 관리인이 계약상대방으로부터 계약상 급부를 수령하는 것이 도산재단에 도움이 되지 않는다고 판단한 경우, 관리인은 계약상대방에 대하여 이행청구를 하지 않을 것이다. 이 경우에도 계약상대방은 위 ②와 마찬가지로 계약상 채권을 파산채권이나 회생채권으로, 채무불이행으로 인한

---

224) 대법원 2000. 4. 11. 선고 99다60559 판결.
225) 계약상 채권이 기한 미도래 채권이거나 비금전채권인 경우 파산절차에서 위 파산채권은 현재화(회생파산법 425조), 금전화된다(회생파산법 426조). 그러나 회생절차에서는 회생채권의 현재화, 금전화가 일어나지 않는다.
226) 계약상 채권에 대한 채무불이행이 파산절차 개시 후 일어난 경우 그 손해배상채권은 후순위 파산채권이다(회생파산법 446조 1항 2호).

손해배상채권을 회생채권으로 각각 행사할 수 있다. 계약상대방이 자신의 계약상 의무를 이행하지 않더라도 원 계약상 채권이나 채무불이행으로 인한 손해배상채권을 행사하는 것은 가능하다. 두 미이행 채무 사이에 견련성이 없기 때문이다. 또한 계약상대방이 자신의 계약상 의무를 이행하지 않아 — 이행한 경우에 비해 — 결과적으로 이득을 얻었더라도, 이를 계약상대방이 갖고 있는 채무불이행으로 인한 손해배상채권의 가치를 산정할 때, 즉 계약상대방이 채무자의 채무불이행으로 입은 손해를 산정할 때 고려할 수 없다. 즉 **계약관계의 단일한 금전채권으로의 청산은 이루어지지 않는다.**[227] 관리인이 채권을 행사하지 않은 것은 관리인 측 사정에 불과하고 해당 채권과 계약상대방의 채권은 서로 무관하기 때문이다. 두 채무 사이에 동시이행관계는 없지만 회생파산법에 따른 상계는 요건이 충족되면 가능하다는 점은 상황②와 같다.

상황①은 두 채무 사이에 견련성이 인정되어 관리인이 이행선택을 한 경우와 큰 차이가 없다. 그러나 상황②와 상황③은 기존 계약의 효력이 유지되고 기이행 급부의 원상회복은 문제되지 않으며 계약상대방의 원 채권은 도산채권이라는 점에서, 견련성이 인정되는 경우와 큰 차이가 있다. 견련성이 인정되는 경우 관리인이 이행선택을 하였다면 계약상대방의 원 채권은 공익(재단)채권이 되고, 관리인이 해제를 선택하였다면 기존 계약의 효력이 소급적으로 소멸하고 기이행 급부의 원상회복의무가 발생하며 계약이 단일한 금전채권으로 청산된다. **②, ③상황에서 계약의 단일한 금전채권으로의 청산은 상계요건이 충족되는 경우에만 발생한다.**

---

227) 이는 쌍방미이행 쌍무계약에서 관리인이 이행선택을 하지 않는 한, – 관리인이 이행선택을 하지 않은 이유는 그 계약이 도산재단에 불리하다고 판단하였기 때문이다 – 계약관계가 하나의 금전채권으로 청산되는 것과 현저히 대비되는 부분이다.

2. 도산절차개시 당시 유효하게 성립, 존속하는 쌍무계약

회생파산법 119조, 335조가 적용되려면 도산절차개시 당시 계약이 유효하게 성립, 존속하고 있어야 한다. 계약상대방이 청약을 하고 도산채무자가 아직 승낙을 하지 않은 상태에서 도산절차가 개시되면 관리인은 승낙여부를 결정하면 되고 관리인이 승낙을 한 경우 도산절차개시 '후' 체결된 계약이므로 쌍방미이행 쌍무계약의 법리가 관철되지 않는다. 도산채무자의 청약이 효력을 발생한 후 상대방이 아직 승낙을 하지 않은 상태에서 도산절차가 개시된 경우, 청약은 철회하지 못하는 것이 원칙이므로[228](민법 527조: 입법론의 관점에서는 청약의 구속력을 원칙으로 삼는 것은 부당하고, 청약의 철회가능성을 원칙으로 삼는 것이 타당하다[229]) 관리인은 청약을 자유로이 철회할 수 없다. 청약자에 대하여 도산절차가 개시되었다고 해서 이러한 청약의 승낙적격이 소멸하지는 않으므로, 승낙자가 승낙을 하면 계약이 성립한다. 이 경우 형식적으로는 도산절차 개시 후에 성립된 계약이지만, 쌍방미이행 쌍무계약 관련 규정을 유추함이 타당하다.[230] 계약성립이 도산재단에 도움이 되는지 여부에 대한 **관리인의 판단을 거치지 않은 채** 계약이 성립하였으므로, 관리인에게 선택권을 부여함이 쌍방미이행 쌍무계약과 관련하여 도산법에 특칙을 둔 취지에 부합한다.[231][232] 예외적으

---

228) 박병대, "파산절차가 계약관계에 미치는 영향", 재판자료82, (1999), 442는 승낙이 있기 전까지 청약을 자유로이 철회할 수 있는 것이 원칙이라고 하나 민법 527조에 반한다.

229) 김대정, 계약법, (2020), 45; 2013년 법무부 민법개정시안 529조 참조.

230) 박병대, "파산절차가 계약관계에 미치는 영향", 재판자료82, (1999), 442; KPB/Tintelnot InsO, §103 Rn.140. '편무계약'의 경우에도 쌍방미이행 쌍무계약 관련 규정을 유추하여 관리인이 도산재단에 불리한 계약의 구속력으로부터 벗어날 수 있는지에 관해서도 깊은 검토가 필요하다.

231) 도산절차개시 전에는 예약만 체결된 상태였는데 도산절차개시 후 계약상대방의 예약완결권 행사에 의해 본계약이 성립한 경우에도 쌍방미이행 쌍무계약 관련 규정을 유추함이 타당하다. 대법원 2007. 9. 6. 선고 2005다38263 판결 참조. 도산절차개시

로 청약자의 철회가 가능한 경우라면[233] 관리인은 승낙이 이루어지기 전에 청약을 철회함으로써 계약성립을 저지할 수 있다.

관리인이 체결한 계약은 원칙적으로 쌍방미이행 쌍무계약 관련 규정이 적용되지 않는다. 그러나 도산재단 부족으로 재단(공익)채무도 제대로 이행하지 못하게 된 상황이라면 쌍방미이행 쌍무계약 관련 도산법 규정을 유추하여 도산재단의 확충과 재단(공익)채무들 간의 공평한 분배를 도모함이 타당하다. **도산절차 내에서 또 다른 도산절차**(재단채무자들 또는 공익채무자들을 대상으로 한 도산절차)**가 개시**된 상황이기 때문이다. 관리인이 이행을 선택하여 재단(공익)채무를 부담하게 되었는데 도산재단이 부족하여 재단채무나 공익채무를 전부 변제하기 어렵게 된 경우도 마찬가지이다(이 경우 결과적으로 관리인은 선택권을 두 번 행사하게 된다. 독일도산법 209조 2항 1호 참조).[234] 이 경우 관리인이 이행을 선택하면 관리인은 계약상대방에 대한 채무를 다른 재단(공익)채무보다 우선하여 이행해야 한다. 즉 계약상대방의 채권은 사실상 최우선 순위 재단(공익)채권이 된다. 관리인이

후 계약상대방의 승낙이 가능한데, 도산절차개시 후 계약상대방의 예약완결권 행사가 불가능하다고 볼 이유는 없다. 계약상대방이 도산절차개시 전에 갖고 있던 형성권을 도산절차 내에서 자유롭게 행사할 수 있는지, 아니면 이러한 형성권도 도산절차에 복종하는 도산채권에 불과한지는 논란이 있는 문제이다. 오수근, "도산절차에서 형성권의 취급", 법학연구28-4, (2017), 219이하. 그러나 적어도 형성권 행사결과 쌍방미이행 쌍무계약이 성립하는 경우라면, 이미 존재하던 형성권을 도산절차 내에서 행사하는 것을 막을 이유가 없다. 해당 계약이 도산재단에 불리하다고 판단되면 관리인은 이를 해제하고 도산채무로서 손해배상채무를 부담하면 된다. 예약완결권 행사를 막으면, 관리인이 해당 계약이 도산재단에 유리하다고 판단하여 이행하는 선택지가 사라진다. 이는 도산재단 입장에서 바람직한 결과가 아니다.

232) 반대 김영주, 도산절차와 미이행 쌍무계약 – 민법·채무자회생법의 해석론 및 입법론 –, (2020), 84(도산절차개시 후에 성립된 계약으로 보자는 취지). 그러나 이렇게 보면 도산재단에 지나치게 불리하다.

233) 가령 민법이나 특별법에서 명시적으로 청약의 철회를 인정하는 경우, 민법의 해석상 또는 판례법리에 의해 청약의 철회가 인정되는 경우. 김대정, 계약법, (2020), 45-54.

234) KPB/Tintelnot InsO, §103 Rn.141.

이행을 선택하지 않으면 계약관계는 단일한 금전채권으로 청산되며, 계약
상대방의 손해배상채권은 통상의 재단(공익)채권과 동순위로서 안분변제의
대상이 된다. 입법론으로 이에 관한 규정을 명시하는 것도 고려해봄직하다.

3. 쌍방미이행

가. 미이행의 의미

회생파산법 119조, 335조의 쌍방미이행이란 채무자와 상대방 양쪽 모두
에게 채무의 전부 또는 일부가 남아있는 것을 말한다. 미이행 사유는 묻지
않고,[235] 미이행에 관하여 채무자 측에 귀책사유가 있을 필요도 없다. 채권
자의 수령지체로 인해 이행이 완료되지 않은 경우도 미이행에 포함된
다.[236] 이행행위가 이루어졌는지 여부(사실적 관점)가 중요한 것이 아니고,
이행효과가 발생하였는지 여부(법률적 관점)가 중요하다.[237] 동산소유권유
보부매매의 경우 매도인으로서는 점유를 이전해줌으로써 자신이 해야 할
이행행위를 다 한 것이지만, 매수인이 대금을 완납하지 않아 아직 소유권
을 취득하지 못한 이상 매도인의 소유권이전의무는 '미이행'되었다고 봄이
타당하다.[238] 판례[239]는 마치 매도인의 이행이 완료된 것처럼 보지만 이는
타당하지 않다(제3장 제14절 참조). 또한 매도인/수급인이 하자 있는 물건
을 소유권 이전(또는 인도)한 경우 이행효과가 발생하지 않았으므로 매도
인/수급인의 의무는 미이행 상태이다.[240]

---

235) 대법원 1998. 6. 26. 선고 98다3603 판결.
236) Münchener Komm-Huber, InsO 4Aufl. (2019) §103 Rn.121.
237) Münchener Komm-Huber, InsO 4Aufl. (2019) §103 Rn.122.
238) 매도인이 행위의무를 부담하는지 여부가 중요한 것이 아니라, 매도인의 이행으로 인
     한 효과의 발생 즉 해당 동산의 책임법적 귀속이 완료되었는지 여부(=해당 동산이
     매수인의 책임재산이 되었는지 여부)가 중요하다. Ludwig Häsemeyer, Insolvenzrecht,
     4Aufl. (2007), Rn.20.29.
239) 대법원 2014. 4. 10. 선고 2013다61190 판결.
240) Münchener Komm-Huber, InsO 4Aufl. (2019) §103 Rn.134.

계약상 채무가 '이행불능'인 경우 미이행 상태이긴 하나 강제이행청구권
이 이미 소멸하였으므로, 관리인이 이행선택을 하는 것은 불가능하다.[241]
이행불능이 된 급부에 대한 반대급부가 금전청구권이라면 해당 계약은 금
전으로 청산될 수밖에 없고, 금전청구권이 아니더라도 **1차적으로 상대방
계약당사자가 계약관계의 운명을 결정**하는 것이 타당하기 때문이다. 이 경
우 계약상대방은 평시와 마찬가지로 도산절차에서도 ㉠ 이행불능을 원인
으로 한 손해배상청구, ㉡ 계약해제[242] + 이행불능을 원인으로 한 손해배
상청구, ㉢ 대상청구를 할 수 있다.[243] 이행불능을 원인으로 한 손해배상청
구권은 도산채권이다. 대상청구가 가능한 경우, 계약상대방의 금전채권 형
태의 대상청구권과 도산채무자의 금전채권 형태의 반대급부청구권은 상계
가 가능하다. 상계 후 계약상대방의 금전채권이 남은 경우 이는 도산채권
이다. 다만 관리인은 법원의 허가를 받아 해당 회생채권을 변제할 수 있다
(회생파산법 132조). 이는 관리인이 두 금전급부가 상호 대립하는 쌍무계약
의 이행을 선택하여 계약상대방의 잔존 금전채권을 공익채무로 변제하는

---

241) ① 인도(또는 소유권 이전된) 도급 또는 매매목적물에 권리의 하자가 존재하는데 그
하자를 제거하는 것이 불가능한 경우, 관리인이 해당 계약의 이행을 선택하는 것은
불가능하다. ② 인도(또는 소유권 이전된) 도급 또는 매매목적물에 물건의 하자가
존재하는데 계약상대방의 추완이행청구권이 시효기간 도과로 소멸한 경우, 관리인
이 해당 계약의 이행을 선택하는 것은 가능하지만 도산재단에 유해(有害)하다. 다만
이 경우 관리인이 회생채무자의 장래의 평판을 고려하여 (법원의 허가를 받아) 해당
채무를 공익채무로 이행할 여지는 있다.
242) 도산절차개시 전에 계약상대방이 해제권을 취득하였음을 전제로 한다.
243) 계약상대방이 대상청구권을 행사하였다면, 관리인은 (이행 또는 해제의) 선택권을
행사할 여지가 있다. 가령 A소유 X부동산과 B소유 Y부동산을 교환하기로 하였는데
Y부동산이 수용되었고 이후 B가 도산하였다면 A는 대상청구권을 행사하여 X부동
산과 수용보상금 사이의 교환을 주장할 수 있다. B의 관리인은 이에 응할 수도 있지
만, 교환을 거절하고 계약관계를 단일한 금전채권으로 청산할 수도 있다. X부동산이
수용된 경우에는 B의 관리인이 대상청구권 행사여부를 결정한다. B에 대한 도산절
차개시 전에 이미 B가 대상청구권을 행사하였다면, B의 관리인은 그에 따라 이행을
할 것인지 해제를 할 것인지 선택할 수 있다.

것과 실질적으로 동일하다.

나. 미이행부분의 중대성? : 부수적 채무가 불이행된 경우

1) 주된 채무와 견련성이 없는 경우

미이행 여부 판단 시 미이행의 질(質)이 고려되는가? 판례 중에는 부수적 채무의 불이행이 있는 경우 미이행이 아니라고 본 것이 있다.244) 이 판례에서 문제된 부수적 채무는 정리회사가 계약상대방에 대하여 부담하는 협력의무(공유수면매립공사에 적극 협력하기로 하는 채무)로서 의무의 구체적 내용이 특정되지 않아 채무불이행 시 채권자가 채무자에게 소구(訴求)하기 어려운 채무였다. 학설은 부수적 채무의 개념을 정의하면서, 상대방의 주된 급부의무와 견련성이 없음을 그 징표로 든다.245) 이러한 개념 정의에 따르면 주된 채무는 이행이 완료되었고 부수적 채무만 불이행한 경우, 미이행채무 사이의 견련성 요건이 이미 탈락된다. 가령 매수인(도급인)이 매매(도급)대금을 완납하였는데 매매(도급)목적물의 수취의무를 불이행한 경우, ― 약정의 해석상 이러한 의무가 인정되지 않을 수도 있지만 일단 인정된다고 가정한다 ― 쌍방미이행이 아니라 일방(매도인, 수급인)미이행 상태이다. 매수인(도급인)의 수취의무는 매도인(수급인)의 소유권이전의무(완성물인도의무)와 대가관계에 있지 않으므로 미이행여부 판단 시 고

---

244) 대법원 1994. 1. 11. 선고 92다56865 판결.
245) 학설은 채무자의 급부의무를 "주된 급부의무"와 "부수의무"로 구분하고, 부수의무는 원칙적으로 상대방의 의무와 견련관계에 서지 않고, 그 위반이 계약해제권을 발생시키지 않는다고 한다. 지원림, 민법강의, 18판, (2021), 920. 판례는 "채무불이행을 이유로 매매계약을 해제하려면, 당해 채무가 매매계약의 목적 달성에 있어 필요불가결하고 이를 이행하지 아니하면 매매계약의 목적이 달성되지 아니하여 매도인이 매매계약을 체결하지 아니하였을 것이라고 여겨질 정도의 주된 채무이어야 하고 그렇지 아니한 부수적 채무를 불이행한 데에 지나지 아니한 경우에는 매매계약 전부를 해제할 수 없다."고 한다(대법원 1997. 4. 7.자 97마575 결정).

려하면 안된다.246)

미이행 기준의 중대성에 관한 논의가 이루어진 이유는, 미국법 상 "executory contract(미이행 계약)"의 정의(定義)에 관한 논의가 우리법 해석론에 영향을 미쳤기 때문이다. 미국판례에서 "executory contract"에 해당하는지 여부를 판단하는 기준으로 널리 받아들여지고 있는 것은 Countryman 교수의 "중대한 위반(material breach)" 기준이다.247) 이 기준에 따르면 미이행 계약은 "계약당사자와 도산채무자의 두 계약상 의무가 이행되지 않았고 이러한 **의무위반이 상대방 당사자의 이행을 면제할 정도로 중대한 위반**을 구성하는 계약"을 뜻한다.248) 그런데 위 강조표시 부분은 결국 두 급부의무 사이에 고유한 의미의 견련관계가 있다는 뜻이다. 중대한 위반이라는 기준은 견련성이 인정되면 당연히 인정된다. 따라서 우리법에서 **고유한 의미의 견련성 요건 이외에 의무위반의 중대성 요건을 추가할 필요가 없다.**

2) 주된 채무와 견련성은 있지만 그 의무위반을 이유로 계약을 해제할 수 없는 경우

미국법상 계약해제는 의무의 '중대한 위반'이 있을 때 가능하다. 따라서 미국법상 미이행 계약에 해당하면 그 미이행으로 인해 계약해제가 가능한 경우가 많을 것이다(해제권 행사의 다른 요건이 갖추어졌다는 전제 하에). 우리법에서도 상대방의 주된 급부의무와 견련성이 없는 부수적 주의의무 위반만으로는 계약해제를 할 수 없는 것이 원칙이다.249) 그런데 상대방의

---

246) KPB/Tintelnot InsO, §103 Rn.173-174.
247) Vern Countryman, "Executory Contracts in Bankruptcy: Part Ⅰ", 57 Minn. L. Rev. 439, 460 (1973).
248) "a contract under which the obligation of both the bankrupt and the other party to the contract are so far unperformed that the failure of either to complete performance would constitute a material breach excusing the performance of the other"
249) 부수적 채무불이행의 경우 원칙적으로 계약해제가 허용될 수 없다. 다만 부수적 채무의 불이행으로 인해 계약목적의 달성에 중대한 영향을 미치는 경우라면, 주된 채

주된 급부의무와 견련성은 있지만 그 의무위반만을 이유로 계약을 해제할 수 없는 경우도 있다. 이러한 의무도 '부수적 채무'라고 부를 수 있다.

이러한 의무불이행이 있는 경우에도 '미이행'이라고 평가할 수 있는가? 즉 채무불이행 사실이 존재하고 평시에 이를 이유로 계약을 해제할 수는 없지만, 해당 채무의 강제이행을 청구하는 데 아무런 문제가 없고 상대방의 미이행 채무와 견련성도 존재하는 경우, 이를 미이행으로 평가할 수 있는가? 가령 매매목적물의 소유권이 매수인에게 이전되었고 매수인이 아직 매매대금을 지급하지 않은 상태에서 매수인에 대하여 도산절차가 개시되었는데, 매매목적물의 흠이 중대하지 않아 평시라면 매수인이 이를 이유로 매매계약을 해제할 수 없고 손해배상 등을 청구할 수 있을 뿐이라면(민법 580조 1항 본문 참조), 위 매매계약은 '쌍방미이행 쌍무계약'인가?

학설의 입장은 — 명확하지는 않지만 — 쌍방미이행으로 보는 것 같다.250) 필자도 이에 동의한다. 견련성 요건이 충족되면 미이행 부분의 중대

무불이행과 마찬가지로 취급하여 계약해제를 할 수 있다. 다음 판례들 참조.

① 대법원 2005. 11. 25. 선고 2005다53705, 53712 판결 "민법 제544조에 의하여 채무불이행을 이유로 계약을 해제하려면, 당해 채무가 계약의 목적 달성에 있어 필요불가결하고 이를 이행하지 아니하면 계약의 목적이 달성되지 아니하여 채권자가 그 계약을 체결하지 아니하였을 것이라고 여겨질 정도의 주된 채무이어야 하고 그렇지 아니한 부수적 채무를 불이행한 데에 지나지 아니한 경우에는 계약을 해제할 수 없다."

② 대법원 2012. 3. 29. 선고 2011다102301 판결 "계약으로부터 발생하는 부수적 채무의 불이행을 원인으로 하여 계약을 해제할 수 있는 것은 그 불이행으로 인하여 채권자가 계약의 목적을 달성할 수 없는 경우 또는 특별한 약정이 있는 경우에 한정된다고 볼 것이다(대법원 1968. 11. 5. 선고 68다1808 판결, 대법원 2005. 11. 25. 선고 2005다53705 판결 등 참조). 또한 계약으로부터 발생하는 의무 가운데 주된 채무와 부수적 채무를 구별함에 있어서는 급부의 독립된 가치와는 관계없이 계약을 체결할 때 표명되었거나 그 당시 상황으로 보아 분명하게 객관적으로 나타난 당사자의 합리적 의사에 의하여 결정하되, 계약의 내용·목적·불이행의 결과 등의 여러 사정을 고려하여야 할 것이다(대법원 2005. 7. 14. 선고 2004다67011 판결 등 참조)."

250) 노영보, 도산법 강의, (2018), 215는 종된 급부만 미이행된 경우도 미이행이라고 한

성 요건(또는 사소하지 않은 미이행이라는 요건)을 추가로 따질 필요가 없다.[251] 미이행을 이유로 계약을 해제할 수 없다는 점은 문제되지 않는다.[252] 쌍방미이행 쌍무계약에 해당하므로 위 사례에서 법률관계는 다음과 같이 전개된다. 관리인이 이행선택 시 계약상대방의 매매대금채권은 재단(공익)채권이 되고{매매대금채권 중 채무자의 손해배상채권과 동액(同額)인 부분만 재단(공익)채권이 되는 것이 아니다![253]}, 매매대금채권과 도산

다. 김영주, 도산절차와 미이행 쌍무계약 – 민법·채무자회생법의 해석론 및 입법론 –, (2020), 104-107은 평시 채권자의 해제권 발생을 정당화하는 정도의 채무불이행이 있어야 '미이행'이라는 취지로 읽힌다. 그런데 92-95에서는 본문에서 언급한 사례의 경우 쌍방미이행으로 봄이 타당하다고 한다.

251) 다만 미이행 부분이 극히 미미한 경우로서 **평시에도 동시이행항변권 행사가 권리남용으로 허용될 수 없는 상황**이라면, 일방미이행 쌍무계약으로 취급함이 타당하다. 이 경우 관리인의 해제권 행사는 신의칙이나 권리남용금지 원칙을 근거로 금지될 수 있다. 전병서, 도산법, 3판, (2016), 122-124는 양쪽의 미이행 부분이 균형을 잃은 경우 관리인의 해제권 행사가 권리남용이 될 수 있다고 한다. ① **계약상대방의 미이행 채무**가 극히 미미한 경우라면 계약상대방은 이를 무조건 이행해야 하고 그와 무관하게 자신의 채권 전체를 도산채권으로 행사할 수 있을 뿐이다. 대법원 2013. 9. 26. 선고 2013다16305 판결 참조. ② **도산채무자의 미이행 채무**가 극히 미미한 경우에는 관리인은 도산채무로서 이를 무조건 이행해야 하고 그와 별도로 계약상대방에 대하여 채권을 행사할 수 있다. 위 두 상황에서 계약상대방의 도산채권과 도산채무자의 채권 사이에 굳이 동시이행관계를 인정할 필요는 없다. 평시에도 동시이행항변권 행사가 허용될 수 없기 때문이다.

252) 대법원 2001. 10. 9. 선고 2001다24174, 24181 판결은 수급인에 대한 파산선고 당시 수급인의 하자보수의무가 미이행인 경우 "건축공사의 도급계약에 있어서는 이미 그 공사가 완성되었다면 특별한 사정이 있는 경우를 제외하고는 이제 더 이상 공사도급계약을 해제할 수는 없다고 할 것인바, 수급인이 파산선고를 받기 전에 이미 건물을 완공하여 인도함으로써 건축공사 도급계약을 해제할 수 없게 되었다면 도급인에 대한 도급계약상의 채무를 전부 이행한 것으로 보아야 하고, 그 도급계약은 파산선고 당시에 쌍방 미이행의 쌍무계약이라고 할 수 없"다고 보았다. 이러한 논리는 타당하지 않다. **도급계약을 해제할 수 없더라도, 하자보수의무와 대금지급의무 사이에는 견련성이 존재**하므로 쌍방미이행 쌍무계약이라고 보아야 한다. 관리인은 '해제'를 할 수 없을 뿐 '해지'는 할 수 있다. 본문 제3장 제9절 참조.

253) 두 채권이 모두 가분채권이라면 다른 특별한 사정이 없는 한 서로 상응하는 부분에 한하여 동시이행관계를 인정함이 타당하다. 대법원 1996. 5. 10. 선고 96다6554 판

채무자의 하자보수에 갈음하는 손해배상채권은 공제될 수 있다. 관리인이 해제를 선택하면 관리인은 매매목적물을 반환해야 하고, 계약상대방은 매매계약이 이행되지 못함으로 인해 입은 손해의 배상을 도산채권으로 청구할 수 있다(회생파산법 제121조 제1항, 제337조 제1항). 이 경우 계약상대방의 이행이익을 산정하는 과정에서, 계약이 유지되었다면 계약상대방이 지출하였을 손해배상액이 차감된다.

그런데 위 상황에서 관리인에게 — 평시 매수인에게 허용되지 않았던 — 해제권을 허용하는 것이 타당한가? 법률이나 판례가 채무자의 채무불이행이 있음에도 불구하고 채권자가 계약해제를 할 수 없게 하는 이유는, 채무자의 '사소한' 채무불이행을 '핑계삼아' 채권자가 자기책임 하에 스스로의 결단에 따라 체결한 계약(그런데 채권자에게 불리한 것으로 나중에 밝혀진 계약)의 구속력으로부터 벗어나는 기회주의적 행동을 하는 것을 막기 위함이다. 이러한 **계약법의 기본법리가 도산절차가 개시되었다고 해서 돌연 변경되는 것은 바람직하지 않다.** 위 문제점은 근본적으로 해제권 구성이 아니라 이행거절권 구성을 취하는 방식으로, 즉 입법론으로 해결해야 한다. 그러나 해석론으로도 관리인의 해제권 행사를 불허하는 방법(가령 신의칙을 이유로 한 해제권 행사 불허)을 적극 고민할 필요가 있다.

다. 개별 사례의 검토

계약상 채무의 이행이 완료되었는지 아직 완료되지 않았는지 판단이 쉽지 않은 경우가 있다. 아래에서 구체적 사안별로 검토한다.

① 부동산 매매계약에서 매도인의 소유권이전의무와 인도의무는 모두

결; 대법원 2004. 8. 20. 선고 2004다3512, 3529 판결 참조. 그러나 **매매계약은 1개의 계약이고 계약의 분할이 인정될 수 없으므로, 매매대금 채권 전체가 재단(공익)채권이 된다.**

매수인의 대금지급의무와 동시이행관계에 있다.254) 그렇다면 매도인이 소유권은 이전해주었으나 아직 점유는 이전해주지 않았고255) 매매대금도 지급받지 못한 상황에서 매매계약 당사자 중 일방에 대하여 도산절차가 개시되었다면, 이는 쌍방미이행 상태인가? 일응 쌍방미이행 쌍무계약성을 부정할 이유가 없어 보인다.256)257) 목적물 인도의무와 매매대금 지급의무는 동시이행관계에 있기 때문이다. 따라서 매수인 도산 시 매수인의 관리인이 매도인에게 점유이전을 청구하면 매도인은 매매대금 채권을 재단(공익)채권으로 행사할 수 있다. 매도인 도산 시 매도인의 관리인은 계약의 해제를 선택할 수 있다. 그런데 매수인이 이미 소유권을 취득하였음에도 불구하고 아직 인도가 이루어지지 않았다는 이유로 매도인 측 관리인의 일방적 의사에 따라 매도인이 다시 소유권을 회복하는 것은 불공평하다. 또한 **가등기만 마친 계약상대방**258)**보다 이미 소유권을 이전받은 계약상대방이 불리한 취급을 받는 것은 평가 모순이다. 이는 우리법이 관리인에게 이행거절권이 아니라 해제권을 부여하고 있기 때문에 발생하는 문제이기도 하다.**259) 이

---

254) 양창수·김재형, 민법 I 계약법, 3판, (2020), 293.

255) 매도인과 매수인의 (묵시적) 합의를 기초로 점유매개관계가 설정되었다고 볼 수 있는 경우에는 매수인의 간접점유 취득으로 매수인에 대한 인도가 이루어진 것이다. 본문의 논의는 이러한 상황이 아님을 전제로 한다.

256) 독일 학설도 같은 취지이다. KPB/Tintelnot InsO, §103 Rn.180; Münchener Komm-Huber, InsO 4Aufl. (2019) §103 Rn.130.

257) 지상권처럼 토지를 점유, 사용할 수 있는 물권의 경우에도 지상권설정뿐만 아니라 해당 토지의 인도까지 이루어져야 그 이행이 완료된 것이다. Münchener Komm-Huber, InsO 4Aufl. (2019) §103 Rn.133.

258) 대법원 1982. 10. 26. 선고 81다108 판결("정리절차 개시당시 아직 매매계약이 이행완료되지 않았으나 이 사건에서와 같이 정리회사 소유인 매매목적 부동산에 관하여 순위보전의 가등기가 경료되어 있는 경우에는 관리인은 회사정리법 제103조 제1항에 의하여 그 매매를 해제할 수 없다").

259) 관리인에게 이행거절권만 부여하는 경우에는 매도인의 관리인이 이행을 거절하더라도 매수인이 일방적으로 매매대금을 지급함으로써 매도인의 동시이행항변권을 상실시킬 수 있고, 그 후 매수인이 소유권에 기한 인도청구를 하면 매도인의 관리인은 이에 응해야 한다. KPB/Tintelnot InsO, §103 Rn.180. 따라서 매도인 도산 시 매도인

경우 쌍방미이행 쌍무계약 해당성을 인정하면서도 계약상대방인 매수인이 매매대금 지급을 통해 매도인 측 관리인의 해제권 행사를 저지시킬 수 있다고 보면,[260] 위와 같은 문제는 완화된다(해결책1). 다만 해결책1이 의미가 있으려면 계약상대방인 매수인이 매도인 도산을 모르고 매도인에게 변제를 하였거나(회생파산법 67조 1항, 332조 1항), 그러한 변제로 인해 도산재단이 이익을 얻어야 한다(회생파산법 67조 2항, 332조 2항). 이러한 경우에만 변제의 효과가 발생하기 때문이다.

해석론의 관점에서 생각할 수 있는 또 다른 차선책은 일방미이행으로 보는 것이다(해결책2).[261] 매매계약 상 매도인의 핵심의무는 매매목적물의 소유권을 매수인에게 이전해주는 것이고(민법 563조 참조), 매도인이 매매대금을 지급받지 않은 상황에서 목적물의 소유권을 먼저 이전해주었다면 매도인으로서는 매수인의 신용위험을 부담하는 것이 공평하다. 도산절차 상 동시이행항변권은 두 급부의무 사이에 **고유한 견련성**이 있는 경우에만 관철되는데, 매도인의 점유이전의무와 매수인의 매매대금지급의무 사이에는 그와 같은 정도의 견련성은 없으므로, 평시에 인정되었던 두 의무 사이의 동시이행관계를 도산절차 내에서 **평시와 같은 강도(强度)로 관철할 수 없다.** 일방미이행으로 보면 매수인 도산 시 매도인은 매매대금채권을 도산채권으로 행사할 수밖에 없고, 매수인의 관리인이 매도인에 대하여 소유권에 기한 인도청구권을 행사하면 매도인은 이에 응해야 한다.[262] 매도인 도

의 관리인 입장에서 굳이 이행거절을 할 실익은 크지 않다.

260) 福永有利, "破産法第五九条による契約解除と相手方の保護", 倒産法研究, (2004), 109-114.
261) Ludwig Häsemeyer, Insolvenzrecht, 4Aufl. (2007), Rn.20.15는 매도인이 소유권을 이전하면 아직 점유를 이전하지 않았어도 전부 이행하였다고 본다.
262) 이 경우 매도인의 목적물 인도의무와 매수인의 '배당비율에 따른' 매매대금 지급의무 사이에 여전히 동시이행관계가 인정되는가? 이 문제는 실익은 크지 않지만, 이론적 측면에서 검토의 필요성은 있다. 긍정설과 부정설 모두 가능하다. ① **담보적 기능은 동시이행항변권의 '여러 기능 중 하나'일 뿐 동시이행항변권 그 자체는 아닌 점**, ② 평시 실체법은 도산절차에서도 존중함이 원칙인 점을 고려하면 긍정설이 타당하다. KPB/Tintelnot InsO, §103 Rn.43. 그러나 파산절차에서는 책임재산 '일체'를 환

산 시 매수인은 환취권을 행사하여 매매목적물의 반환을 청구할 수 있고, 매도인의 관리인은 매수인에 대하여 매매대금 지급을 청구할 수 있다. 매수인의 환취권 행사에 대하여 매도인의 관리인은, 매매대금 지급과의 동시이행항변을 주장할 수 있다.

해결책1, 2 모두 장단점이 있으나 해결책2가 쌍무계약의 개념, 고유한 견련성 개념에 부합한다. 해결책2에 찬성한다.[263]

② 부동산 매매계약의 당사자 일방이 도산하기 전에 매도인과 매수인이 공동으로 소유권이전등기신청을 하였으나 아직 소유권이전등기가 이루어지지 않은 상황에서 도산절차가 개시되었다면 (매매대금은 지급되지 않았다), 쌍방미이행 쌍무계약인가? 아니면 일방미이행 쌍무계약인가? 등기신청 시점과 실제 등기경료 시점 사이에 시차가 큰 경우 위 쟁점이 현실화될 것이다. 미이행 여부는 이행행위가 아니라 이행효과가 발생하였는지를 기준으로 판단해야 하고, 판단의 기준시점은 도산절차 개시 시점이다. 이러한 원칙에 따르면 위 사안에서 매도인의 소유권이전의무는 도산절차개시 당시 아직 이행되지 않았으므로 쌍방미이행이라고 보아야 한다. 그러나 위 문제상황에서는 소유권이전등기의무의 이행이 이미 이루어진 것처럼, 즉 일방미이행 쌍무계약처럼 취급함이 타당하다. 다른 각도에서 말하면 이 경우 등기소는 당사자의 신청에 따라 소유권이전등기를 경료해야 하고, 이러

가하여 개별 도산채권자에게 변제해야 하므로, **목적물을 '먼저' 도산재단에 반환한 후** 도산채권자들에게 평등변제가 이루어져야 한다고 볼 수도 있다. 본문 제2장 제1절 Ⅰ. 3. 나. 5) 참조.

두 견해 모두 일리가 있다. 긍정설을 원칙으로 하되, ⓐ 목적물이 먼저 반환되지 않으면 도산재단 부족으로 계약상대방에게 도산채무를 이행할 수 없거나 ⓑ 다른 도산채권자들과의 형평이 문제되는 경우 부정설을 취할 수 있다고 사료된다.

263) 쌍무계약 해소에 따른 원상회복의 법률관계에서도 유사한 문제가 발생한다. 본문 제2장 제2절 Ⅱ. 6. 참조.

한 등기가 회생파산법 66조 1항, 331조 1항에 반하여 무효라고 볼 수 없다. 등기소에서 언제 이전등기를 마치는지는 **매매계약 당사자들(등기권리자와 등기의무자)이 관여할 수 없는 우연한 사정**이고, 이러한 우연한 사정에 따라 계약당사자들의 권리관계가 변동되는 것은 바람직하지 않기 때문이다. 등기관이 등기를 마친 경우 그 등기는 '접수한 때부터' 효력이 발생하는 점 (부동산등기법 6조 2항)도 참고할 필요가 있다. 물론 이러한 소유권이전에 대하여 매도인의 관리인이 부인권을 행사하는 것은 별개의 문제이다.

③ 매도인이 매매목적물인 동산(종류물)을 운송인에게 송부하여 운송 중 매수인이 도산한 경우(매매대금은 지급되지 않았다), 매도인의 소유권이전 의무가 이행되지 않았으므로 쌍방미이행으로 보아야 하는가? 아니면 매도인의 소유권이전의무가 이행된 것처럼 취급하여 일방미이행으로 보아야 하는가? 매수인이 아직 매매목적물인 동산의 점유를 취득하지 못하였다면 매도인의 소유권이전의무는 이행되지 않았다고 봄이 원칙이다. 그런데 매수인이 아직 동산의 점유를 취득하지 못하였지만 매매목적물 관련 대가위험이 매수인에게 이전된 경우에는,[264] 마치 매도인의 소유권이전의무가 이행된 것처럼 취급하여 일방미이행 쌍무계약으로 볼 수 없는지 문제된다. 대가위험이 매수인에게 이전되면, 운송과정에서 계약당사자 쌍방의 귀책사유없는 사유로 매매목적물이 멸실된 경우에도 매도인은 매수인에게 매매대금지급을 청구할 수 있다. 즉 본래적 의미의 쌍무계약에서라면 적용되었을 민법 537조의 채무자위험부담주의(쌍무계약상 두 채무의 소멸상 견련성)가 관철되지 않는다. 그러나 **매매목적물이 존재하는 한** 매도인이 해당 동산의 소유자이고 이행상 견련성(동시이행항변권)은 여전히 관철된다. 매

---

264) 지참(持參)채무를 원칙으로 하는 우리 민법에서는(민법 467조 2항) 매도인의 운송인에 대한 송부만으로는 매수인에게 매매목적물 관련 대가위험이 이전되지 않는 것이 원칙이다. 따라서 매수인에게 위험을 이전시키는 특약 등이 있는 경우에만 본문과 같은 상황이 발생할 수 있다.

수인의 관리인이 이행을 선택하면 매도인 소유의 목적물을 매수인이 취득함으로써 도산재단이 확충된다. 이에 대한 대가를 단지 도산채권으로 지급해도 무방하다는 견해는 매도인과 매수인 사이의 이익균형을 충분히 고려하지 않은 것이다. 매도인이 운송인에게 송부한 후 도산한 경우에도 - 설령 매수인에게 위험이 이전되었더라도 - 매도인이 아직 동산 소유권자라면 매도인의 관리인이 매매계약을 해제하고 해당 목적물을 도산재단을 위해 다른 방법으로 활용할 수 있어야 한다. 결론적으로 위험의 이전여부와 상관없이 아직 동산소유권이 이전되지 않았다면 쌍방미이행이다.[265]

④ 부동산 매수인에게 가등기만 경료해 준 상황에서 매도인이 도산한 경우, 청구권보전 가등기권자는 해당 부동산에 대하여 이미 소유권을 취득한 것과 비슷한 지위에 있으므로(= 해당 부동산은 더 이상 매도인의 일반채권자들이 공취할 수 있는 책임재산이 아니고, 매수인의 일반채권자들이 공취할 수 있는 책임재산이다), 비록 도산절차개시 당시 아직 소유권이전등기가 경료되지 않았더라도 일방미이행으로 보아야 한다. 즉 매수인은 매도인의 관리인에 대하여 가등기에 기초한 본등기 청구를 할 수 있고, 이에 따라 해당 부동산을 환취할 수 있다. 매수인의 본등기 청구권은 도산절차에 복종하지 않는 권리이다. 매도인의 관리인은 위 매매계약을 해제할 수 없다.[266] 구체적 내용은 각론(제3장 제3절)에서 살펴본다.

⑤ 임대차계약에서 임대인이 임대목적물을 유지·보존할 의무(및 임차목적물의 사용수익 수인의무)와 임차인의 차임지급의무는 동시이행관계에 있다. 그렇다면 임차인이 차임 전부를 선급(先給)한 경우 임차인의 의무는 이

---

265) 같은 취지 Münchener Komm-Huber, InsO 4Aufl. (2019) §103 Rn.131.
266) 같은 취지 대법원 1982. 10. 26. 선고 81다108 판결. 반대 박병대, "파산절차가 계약관계에 미치는 영향", 재판자료82, (1999), 487-489; 김영주, 도산절차와 미이행 쌍무계약 - 민법·채무자회생법의 해석론 및 입법론 -, (2020), 101-102.

행이 완료되었으므로 일방미이행이라고 볼 것인가? 임차인은 임차목적물을 용도에 맞게 사용·수익할 의무도 부담하고 이러한 의무도 임대인의 임대목적물 유지·보존의무(및 사용수익 수인의무)와 대가관계에 있으므로, 여전히 쌍방미이행이라는 견해267)도 있다. 그러나 두 의무는 임대차 계약관계의 원만한 실현을 위해 계약당사들이 각각 부담하는 의무일 뿐이고, 양자 사이에 '고유의 견련성'은 없다. **임차인의 위 의무는 임대인의 위 의무 중 일부와 모순관계**에 있을 뿐이고,268) 양자 사이에 '대가관계'가 있는 것은 아니다. 따라서 일방미이행 쌍무계약으로 보아야 한다. 다만 임차인이 차임 전부를 미리 지급한 후 임대인이 도산하면 ─ 회생파산법 124조 4항, 340조 4항이 적용되는 경우가 아닌 한 ─ 임대인의 관리인은 임대차기간 만료 전에도 임차인에게 소유권에 기한 반환청구를 할 수 있고, 임대차계약 조기종료로 임차인이 입은 손해는 도산채무로 배상해야 한다. 임차인의 임대인에 대한 계약상 청구권은 도산절차에 복종하는 도산채권에 불과하므로, 임대인 도산에도 불구하고 임차인이 임대인 소유 목적물을 계속 사용·수익할 권한은 없다. 따라서 이 경우 쌍방미이행 쌍무계약에서 관리인의 해지권 규정을 유추하여 관리인의 해지권을 인정해야 한다.269) 관리인이 소유권에 기한 반환청구를 하면서 임대차계약을 해지한 경우, 임차인이 초과지급한 차임의 반환청구권은 회생파산법 121조 2항, 337조 2항의 유추에 따라 재단(공익)채권이 된다고 볼 수도 있다. 그러나 이는 도산채권으로 보아야 한다. 차임을 선지급한 임차인은 임대인의 신용위험을 부담하는 것

---

267) KPB/Tintelnot InsO, §103 Rn.190.

268) 임차인이 의무를 위반하여 임차목적물을 함부로 사용함으로 인해 임차목적물이 훼손된 경우, 해당 부분에 관해서는 임대인이 수선의무를 부담하지 않는다. 다만 그렇다고 해서 임대인이 위와 같은 임차인의 의무위반을 이유로 항상 임대차계약을 해지할 수 있다고 단정하기는 어렵다. 즉 임대인은 임차인의 의무위반에도 불구하고, 여전히 임차목적물의 사용수익 수인의무를 부담할 수 있다.

269) 같은 취지 栗田隆, "破産法と双務契約・片務契約の終了 ─ 破産手続開始前に解除された双務契約及び使用貸借契約を中心にして ─", 関西大学法学論集65-1, (2015), 50-51.

이 타당하기 때문이다.

⑥ 수급인이 완성된 목적물의 인도의무를 별도로 부담하지 않는 도급계약, 즉 수급인의 목적물완성의무가 도급인의 도급대금지급의무보다 선이행의무인 도급계약으로서 도급인이 도급대금 지급에 관하여 충분한 (물적 또는 인적) 담보를 제공하였기 때문에 수급인이 도급인에 대한 도산절차 내에서도 불안의 항변권을 행사할 수 없는 계약을 생각해보자. 수급인이 일을 50% 마친 상태에서 도급인에 대하여 도산절차가 개시되었다면 위 계약은 쌍방미이행 쌍무계약인가? 도급계약은 쌍무계약이고, 도급인의 도급대금지급의무와 수급인의 목적물완성의무 모두 완료되지 않았으므로 쌍방미이행 쌍무계약에 해당한다. 담보권을 통해 장차 도급대금이 지급될 것이 확실히 보장되더라도, 도산절차개시 당시 현실적으로 도급대금지급이 이루어지지 않은 이상 '미이행'이라고 봄이 타당하다.

이 경우 도급인의 관리인이 이행을 선택하면 도산절차개시 전 완성된 공사에 대한 대금채권은 도산채권이 되고, 잔존 공사에 대한 대금채권은 재단(공익)채권이 된다.270) 수급인은 위 두 채권 모두를 피담보채권으로 하여 (물적 또는 인적) 담보권을 행사할 수 있다. 도급인의 관리인이 해제권을 행사하였다면 어떠한가? 해제권은 아직 일이 완성되지 않은 부분에 대해서만 그 효력을 발생하므로,271) 수급인의 원상회복의무는 문제되지 않는다. 수급인의 손해배상채권은 도산채권이지만 – **담보권 설정계약의 합리적 해석**을 통해 – 수급인이 설정받은 담보권의 피담보채권에는 수급인의 도급대금채권뿐만 아니라 채무불이행으로 인한 손해배상채권도 포함된다고 봄이 타당하다.

---

270) 본문 제2장 제2절 III. 5. 참조.
271) 민법 674조 1항 및 대법원 2017. 6. 29. 선고 2016다221887 판결 참조.

⑦ 매매(도급)계약상 목적물에 존재하는 권리의 하자 및 물건의 하자

(a) 매수인(도급인)에게 이전된 목적물에 권리의 하자가 존재하고 매매(도급)대금이 지급되지 않은 상태에서 매도인/수급인이 도산한 경우

매도인/수급인이 권리의 하자를 제거할 수 있는 경우에는 쌍방미이행 쌍무계약에 해당한다. 관리인이 이행을 선택하면 관리인은 도산재단을 투입하여 해당 권리의 하자를 제거해야 하고, 그 반대급부로서 계약상대방에게 대금지급을 청구할 수 있다. 관리인이 해제를 선택하면 하자있는 기이행급부는 원상회복되어야 하고, 도산채무자의 손해배상의무가 발생한다. 도급계약의 경우 해제의 소급효가 제한되고 '해지'만 가능할 수 있다(민법 668조 단서).

매도인/수급인이 권리의 하자를 제거할 수 없는 경우에는 **계약상대방의 (강제)이행청구권은 도산절차개시 전에 이미 소멸**하였다. 따라서 관리인은 이행선택을 할 수 없다. 이 경우 관리인의 선택권 행사 자체가 불가능하므로 회생파산법 119조, 335조를 적용하기 어렵다. 계약상대방인 매수인(도급인)은 ― 평시와 마찬가지로 ― ⓐ 이행불능을 원인으로 한 손해배상청구, 또는 ⓑ 계약해제[272] + 이행불능을 원인으로 한 손해배상청구를 할 수 있다. 이행불능을 원인으로 한 손해배상채권은 도산채권이다. 다만 관리인은 법원의 허가를 받아 해당 회생채권을 변제할 수 있다(회생파산법 132조). 이는 관리인이 두 금전급부가 상호 대립하는 쌍무계약의 이행을 선택하여 계약상대방의 잔존 금전채권을 공익채무로 변제하는 것과 실질적으로 동일하다.

(b) 매수인(도급인)에게 이전된 목적물에 물건의 하자가 존재하고 매매

---

272) 도산절차개시 전에 해제권을 취득하였음을 전제로 한다.

(도급)대금이 지급되지 않은 상태에서 매도인/수급인이 도산한 경우

매수인(도급인)은 도산절차개시 후에도 ― 평시와 마찬가지로 ― 하자의 제거·보수 청구, 하자의 제거·보수에 갈음하는 손해배상 청구, 완전물급부 청구(종류물 매매의 경우; 민법 581조 2항) 등을 할 수 있다. 매수인(도급인)이 어떠한 청구를 할 수 있는지는 전적으로 계약내용 및 평시 실체법(민법) 법리에 의해 결정된다.[273] 매수인(도급인)의 청구내용이 확정된 후 비로소 해당 매매(도급)계약이 쌍방미이행 쌍무계약인지, 도산채무자가 부담하는 의무의 내용이 무엇인지 결정된다. **매수인(도급인)의 위와 같은 권리행사 후 비로소** 매도인(수급인) 측 관리인은 선택권을 행사할 수 있다.[274] 아래에서는 상정가능한 4개의 상황을 살펴본다.

매수인(도급인)이 하자의 제거·보수를 청구한 경우 또는 완전물급부를 청구한 경우(상황1) 이는 전형적인 쌍방미이행 쌍무계약이다. 관리인이 이행을 선택하면 관리인은 도산재단을 투입하여 해당 물건의 하자를 제거·보수하거나 완전물을 급부해야 하고, 그 반대급부로서 계약상대방에게 대금을 청구할 수 있다. 관리인이 해제를 선택하면 하자있는 기이행급부는 원상회복되어야 하고, 도산채무자의 손해배상의무가 발생한다. 기이행급부를 보유하고 싶어서 하자보수를 청구한 매수인 입장에서는 **원치않는 원상회복을 강요당하게 된다.** 이러한 결론이 바람직한지는 의문이다. 관리인이 하자보수를 원하지 않는다면 손해배상 또는 대금감액으로 매매계약의 법률관계가

---

273) 가령 매매목적물의 하자가 경미하여 수선 등의 방법으로도 계약의 목적을 달성하는 데 별다른 지장이 없는 반면 매도인에게 하자 없는 물건의 급부의무를 지우면 다른 구제방법에 비하여 지나치게 큰 불이익이 매도인에게 발생되는 경우와 같이 하자담보의무의 이행이 오히려 공평의 원칙에 반하는 경우에는, 매수인의 완전물급부청구권 행사는 허용되지 않는다. 대법원 2014. 5. 16. 선고 2012다72582 판결.

274) 같은 취지 Münchener Komm-Huber, InsO 4Aufl. (2019) §103 Rn.141.

정리되는 것이 바람직하다. 관리인의 해제권 행사 금지를 해석론으로 적극 고민할 필요가 있다. 도급계약의 경우 해지만 가능할 수 있다. 해지의 경우 계약상대방이 원치않는 원상회복을 강요당하는 문제는 발생하지 않는다.

매수인(도급인)이 하자보수에 갈음하는 손해배상을 청구하거나 매매(도급)대금의 감액을 청구한 경우(상황2) **매수인(도급인)의 원 계약상 이행청구권 자체가 소멸하였다고 볼 수는 없으므로,** 여전히 쌍방미이행 쌍무계약에 해당한다. 따라서 관리인은 이행을 선택하여 해당 물건의 하자를 제거·보수하고 그 반대급부로서 계약상대방에게 대금을 청구할 수 있다. 그러나 이 경우 관리인에게 해제권까지 부여하여 기이행 급부의 원상회복을 허용하는 것은 계약상대방인 매수인의 이익을 지나치게 침해하는 것이다. **관리인이 하자보수를 원하지 않는다면 손해배상 또는 대금감액을 청구한 매수인의 의사에 따라야** 한다. 즉 이 경우에는 매수인의 대금지급의무만 미이행된 일방미이행 쌍무계약처럼 보는 것이 타당하다. 만약 관리인에게 해제권이 아니라 해지권을 인정한다면, 일방미이행으로 보는 견해와 동일한 결론에 이를 것이다.

매수인(도급인)의 하자보수청구권 또는 완전물급부청구권이 소멸시효 완성/제척기간 경과/이행불능으로 소멸한 경우(상황3), 회생파산법 119조, 335조를 적용하기 어렵다.[275]

매수인(도급인)의 하자보수청구권 또는 완전물급부청구권의 강제이행이 가능하기는 하나, **그 내용대로 이행하는 것이 신의성실 원칙상 채무자에게 가혹하여 매도인/수급인의 의무가 금전채무로 변환되는 경우**[276][277]**(상황4)**

---

275) 소멸시효 완성이나 제척기간 경과의 경우 관리인 측에서 하자보수나 완전물급부를 하는 것이 불가능하지 않다. 그러나 이 경우 관리인의 이행선택은 도산재단에 유해하므로 관리인은 이행선택을 하면 안된다. 관리인의 해제 및 원상회복청구를 허용하는 것도 계약상대방 입장에서 부당하다. 관리인은 매수인(도급인)으로부터 매매대금(도급대금)을 지급받고 법률관계를 종결지어야 한다. 다만 관리인이 회생채무자의 장래의 평판을 고려하여 (법원의 허가를 받아) 해당 채무를 공익채무로 이행할 여지는 있다.

에도 회생파산법 119조, 335조를 적용하기 어렵다.

상황3, 4의 경우 계약상대방인 매수인(도급인)은 － 평시와 마찬가지로 － ⓐ 이행불능(또는 전보배상)을 원인으로 한 손해배상청구, 또는 ⓑ 계약해제 + 이행불능(또는 전보배상)을 원인으로 한 손해배상청구를 할 수 있다. 이행불능(또는 전보배상)을 원인으로 한 손해배상채권은 도산채권이다. 다만 관리인은 법원의 허가를 받아 해당 회생채권을 변제할 수 있다(회생파산법 132조). 이는 관리인이 두 금전급부가 상호 대립하는 쌍무계약의 이행을 선택하여 계약상대방의 잔존 금전채권을 공익채무로 변제하는 것과 실질적으로 동일하다.

---

276) 가령 도급계약 상 목적물의 하자가 중요하지 않고 그 보수에 과다한 비용을 요할 때에는 수급인은 하자보수 또는 하자보수에 갈음하는 손해배상을 청구할 수 없고, 하자로 인하여 입은 손해의 배상만을 청구할 수 있다. 이 경우 하자로 인하여 입은 통상의 손해는 특별한 사정이 없는 한 도급인이 하자 없이 시공하였을 경우의 목적물의 교환가치와 하자가 있는 현재의 상태대로의 교환가치와의 차액이다. 민법 667조 1항 단서 및 대법원 1998. 3. 13. 선고 97다54376 판결 등 참조.

277) 인적(人的) 성격이 강한 급부가 아니더라도 강제이행 청구가 불가능하고 금전손해배상청구만 가능한 예외적 상황이 존재할 수 있다. 다음과 같은 외국민법 조문도 참조

> **독일민법 275조 2항**
> (2) 채무자는 급부이행에 비용이 들고, **채무관계의 내용과 신의성실 원칙을 고려할 때 급부이행비용과 채권자의 급부이익 사이에 현저한 불균형이 있는 경우** 급부이행을 거절할 수 있다. 채무자가 수인해야 할 노력의 정도를 결정할 때에는, 채무자가 급부장애에 책임이 있는지 여부도 고려해야 한다.

> **프랑스민법 1221조**
> 채권자는 채무자가 지체에 빠진 후 그 이행이 불가능하거나 또는 **채무자의 비용과 채권자를 위한 이익 사이에 명백한 불균형이 있는 경우**를 제외하고는 채무의 현실이행을 청구할 수 있다.

라. 도산절차개시 후 계약상대방이 이행하여 일방미이행으로 만들어 버린 경우

도산절차개시 당시에는 쌍방미이행 상태였으나 그 후 계약상대방이 자신의 의무를 이행함으로써 일방미이행 상태가 된 경우 회생파산법 119조, 335조를 적용할 수 있는가? 이는 관리인이 해제권을 선택하였을 사안, 즉 해당 계약을 해제하는 것이 도산재단에 유리한 상황[278]에서 문제된다. 관리인이 이행을 선택하는 것이 도산재단에 유리한 상황이라면, 계약상대방의 임의이행은 관리인 입장에서 고마운 일이므로[279] 그 효과를 부정할 필요가 없다.

판례는 ― 그 취지가 반드시 분명한 것은 아니지만 ― 계약상대방의 일방적 이행을 허용하면 관리인의 선택권(보다 정확히 표현하면 해제권)을 침해하므로, 위와 같은 경우에도 쌍방미이행으로 보아야 한다는 입장에 가깝다.[280]

이 경우에는 도산채무자 측의 일방미이행으로 보아 법률관계를 해명함이 공평하다.[281] 채무자에 대한 도산절차가 개시되었다고 해서 계약상대방의

---

278) 계약상대방 입장에서는 그와 반대로 해당 계약이 해제되지 않는 것이 유리한 상황.

279) 관리인이 이행선택을 선택하면 관리인은 도산재단을 투입하여 자기채무를 이행해야만 계약상대방으로부터 반대급부를 받을 수 있다. 그런데 계약상대방이 그 전에 자진해서 이행을 하였다면 관리인은 자기채무를 도산채무로서 이행하면 족하다

280) "회사정리법 제103조 제1, 2항의 규정에 의하면 매수인이 매도인인 정리회사에 대한 회사정리절차의 개시결정 당시 매매계약상의 대금지급의무를 완전히 이행하지 아니한 경우 정리회사의 관리인에게 이 매매계약에 관하여 그 계약의 해제나 그 이행의 청구를 선택할 권리가 있다 할 것이므로 위 매매계약의 운명은 관리인의 선택권 행사에 관한 재량에 따르게 되어 있고, 그 상대방은 관리인이 계약의 이행을 선택하거나 계약의 해제권이 포기된 것으로 간주되기까지는 **임의로 변제를 하는 등 계약을 이행하거나 관리인에게 계약의 이행을 청구할 수 없다.**" (대법원 1992. 2. 28. 선고 91다30149 판결)

281) 같은 취지 福永有利, "破産法第五九条による契約解除と相手方の保護", 倒産法硏究, (2004), 113(다만 도산절차개시 후 계약상대방의 이행이 도산재단 입장에서 전적으로 무가치한 경우 계약상대방은 그 이행에 대한 대가로서 반대채권을 행사하지 못하는 불이익을 감수해야 한다는 입장이다. 그러나 계약내용대로 이행하였는데 계약에 따른 반대채권을 행사하지 못하는 것은 이상하다); 赫高規, "破産法上の双務契約の規

도산채무자에 대한 채무이행이 금지되지 않는다. 다만 그에 따른 변제의 효력이 다른 도산채권자들에 대한 관계에서, 즉 관리인에 대한 관계에서 발생하지 않을 수 있을 뿐이다(회생파산법 67조, 332조). **회생파산법에 따라 변제효가 발생하였다면** 더 이상 해당 계약은 쌍방미이행 상태가 아니다.[282]

채무불이행으로 인해 해제권이 발생한 경우에도 채무자가 뒤늦게나마 채무를 완제(完濟; 이행지체로 인한 지연손해금 포함)하면 채권자의 해제권은 소멸한다. 도산법에 의해 인정되는 관리인의 해제권은 계약상대방에게 채무불이행이 없음에도 불구하고 인정되는 것이다.[283] 이러한 경우에는 더더욱 계약상대방이 자기 채무를 완제하였다면 관리인의 해제권은 소멸한다고 보아야 한다.[284] 관리인의 선택권은 도산절차의 목적달성을 위한 강

律についての改正提案および解釈論の提案ー規律根拠の再検討を踏まえてー", 続々・提言倒産法改正, (2014), 241.

282) 계약상대방이 '관리인'에게 잔존 채무 이행을 제공하였으나 관리인이 그 수령을 거절한 경우는 어떠한가? 이 경우 아직 '변제효'가 발생하지 않았으므로 여전히 쌍방미이행 상태이다. 따라서 쌍방미이행 쌍무계약 관련 법리가 적용된다.
계약상대방이 비금전급부를 이행해야 하는 경우에는, 해당 급부를 수령하고 대금을 지급하는 대신 계약관계를 단일한 금전채권으로 청산하는 것이 도산재단에 더 유리할 수 있으므로, 관리인의 수령거절을 부당하다고 단정할 수 없다.
그러나 계약상대방이 금전급부를 이행해야 하는 경우에는, ー 관리인의 해제권 행사라는 선택지가 없는 이행거절권 구성 하에서는 ー 해당 금전급부를 수령하는 것이 금전의 범용(汎用)성을 고려할 때 도산재단에 항상 유리하다. 따라서 관리인의 수령거절은 도산법의 목적에 반하는 위법한 행위로 볼 여지가 많다. 이에 반해 해제권 구성 하에서는 관리인이 해제권을 행사하기 위해 ー 해제권을 행사하여 원상회복을 받는 것이 도산재단에 유리하기 때문에 ー 계약상대방의 금전급부수령을 거절할 수 있다. 관리인의 이러한 수령거절은 도산재단의 유지, 확충이라는 관리인의 의무를 충실히 이행한 것이다.
283) 따라서 이러한 해제권은 계약법의 관점에서는 쉽사리 정당화하기 어려운 이물(異物; alluid)이다. 도산법의 관점에서도 교착상태 해소를 위해 굳이 이러한 해제권까지 인정할 필연적 이유가 없다. 본문 제2장 제2절 I. 1. 참조.
284) 福永有利, "破産法第五九条による契約解除と相手方の保護", 倒産法研究, (2004), 110은 여기서 한발 더 나아가 관리인이 해제의 의사표시를 한 이후 상당한 기간 내에 계약상대방이 이행한 경우에도 해제의 효력을 부인할 수 있다고 한다. 그러나 이는

행규정이라는 점을 강조하여 이 경우에도 관리인의 해제권을 허용하는 견해[285]는, **계약법 법리와 도산법 법리의 조화 및 절충을 꾀하지 않고 도산법 법리만 일방적으로 강조**하는 주장으로서 동의하기 어렵다.[286]

만약 우리법이 관리인에게 해제권을 부여하지 않고 이행거절권을 부여하는 구성을 취한다면, 계약상대방의 일방적 이행의 효과는 ― 회생파산법 67조, 332조에 따라 관리인에 대하여 변제효가 인정됨을 전제로 ― 인정함이 자연스럽다.[287] 계약상대방의 일방적 이행은 관리인의 이행거절권을 침해하지 않기 때문이다. 관리인의 이행거절권은 '도산채무자'의 채무이행을 거절할 권리이지 '계약상대방'의 채무이행 수령을 거절할 권리가 아니다.

지나치다.

285) 伊藤眞, 破産法·民事再生法, 4版, (2018), 384는 관리인이 도산재단에 불리한 계약을 해제할 수 없게 되는 점을 우려하고 있다. 그러나 **해당 계약이 부인권의 대상이 아닌 이상 관리인은 도산재단에 불리한 계약도 이행하는 것이 원칙이다.**

286) 中田裕康, "契約当事者の倒産", 倒産手続と民事実体法, 別冊NBL60, (2000), 20은 관리인의 해제권 행사를 긍정하되 해제권 행사를 권리남용이나 신의칙을 이유로 제한하자는 취지이다. 해석론으로 충분히 생각해 볼 수 있는 견해이다. 그러나 어느 경우에 권리남용을 인정할 것인지 모호하다는 문제가 남는다. 만약 '항상' 권리남용을 인정하자는 취지라면, 굳이 권리남용이나 신의칙이라는 모호한 기준을 들기보다 본문처럼 접근하는 것이 정공법이다.

287) 그런데 이행거절권 구성을 취하는 독일의 경우 도산절차 개시시점을 기준으로 쌍방미이행 쌍무계약 여부를 판단하므로, 본문에서 언급한 사례도 여전히 쌍방미이행이라는 견해가 있다. Münchener Komm-Huber, InsO 4Aufl. (2019) §103, Rn.128; Wolfgang Marotzke, Gegenseitige Verträge im neuen Insolvenzrecht, 3.Aufl. (2001), Rn.7.92.에서 소개된 Henckel의 견해{관리인은 (계약상대방이 도산절차개시 후 이행한) 기이행급부를 보유하기 위해 '재단채권'으로 그 대가를 변제해야 하고, 관리인이 이행거절을 선택하였다면 계약상대방은 환취권자 또는 재단채권자로서 자신의 기이행급부를 원상회복받을 수 있다} 참조. 그러나 동시이행항변권을 포기하고 스스로 이행한 계약상대방을 굳이 보호할 필요는 없다. 계약상대방의 변제효를 인정하는 이상, 도산절차개시 당시 일방미이행인 경우와 달리 취급할 이유가 없다. Henckel의 주장에 대한 정당한 비판으로는 Wolfgang Marotzke, Gegenseitige Verträge im neuen Insolvenzrecht, 3.Aufl. (2001), Rn.7.93-7.109.

계약상대방이 아니라 제3자가 이행함으로써 일방미이행이 될 수도 있다. 가령 할부매매에서 제3자(신용제공자)가 매도인에게 매매대금을 완납하는 대신, 제3자는 매수인으로부터 매매대금 상당액을 분할지급받기로 약정한 상황을 생각해 보자. 제3자가 매도인에게 매매대금을 완납하기 전에 매도인이 도산절차에 들어갔다면, 해당 매매계약은 쌍방미이행 쌍무계약이다. 그러나 제3자가 이후 매매대금을 완납하여 도산재단에 대한 변제효가 발생하였다면, 일방미이행 쌍무계약이 된다.[288]

4. 계약상 채무의 인적(人的) 특성이 강한 경우

쌍방미이행 쌍무계약에 해당하더라도 그 **계약상 채무(도산채무자의 채무와 계약상대방의 채무를 모두 포함한다)가 도산채무자 입장에서 인적(人的) 성격이 강한 경우**라면 회생파산법 119조, 335조를 적용하는 것이 부적절할 수 있다.

계약상대방의 채무가 오직 도산채무자 개인에게만 이행할 수 있는 것이라면(ex. 공연계약에 따라 도산채무자의 생일날 댄스그룹이 축하공연을 할 의무)[289]에는 관리인이 해당 계약의 이행/해제를 선택하는 것은 부적절하

---

288) 高井章光, "割賦購入・斡旋契約を巡る問題", 現代型契約と倒産法, (2015), 114는 여기서 한 걸음 더 나아가, **아직 제3자가 매매대금을 완납하지 않았더라도** 매수인이 제3자의 매매대금 대납(代納)을 막을 법률상 또는 계약상 권리가 없는 경우에도, 일방미이행으로 볼 수 있다고 한다. 제3자의 자력(資力)이 충분하여 **제3자의 대납이 확실히 예상**된다면 위와 같이 볼 수 있을 것이다. 일방미이행으로 인정되면, 매수인은 할부금은 제3자에게 지급하면서 매도인에 대한 채권은 도산채권으로 만족을 얻을 수밖에 없는 상황에 놓인다. 그러나 할부거래에 관한 법률 16조 2항에 의해 소비자의 항변권이 인정되는 상황이라면, 매수인은 할부금의 지급을 거절할 수 있다. 매수인이 할부금 지급을 거절할 수 있다면, 결과적으로 **매도인의 무자력 위험은 – 이미 지급된 할부금을 제외하고는 – 매매대금을 대납한 제3자가 부담**한다. 나아가 매도인 회생절차에서 관리인은 법원의 허가를 받아 매수인에 대한 채무를 전부 이행할 수도 있다(회생파산법 132조 2항).

289) Münchener Komm-Huber, InsO 4Aufl. (2019) §103, Rn.87, 88.

다. 관리인은 도산채무자 개인의 의견을 최대한 참작해서 선택권을 행사해야 하고, 만약 도산채무자 개인의 의견을 존중하여 이행을 선택한다면, 도산채무자의 자유재산으로부터 미리 출연(出捐)을 받아 계약상대방에게 대가를 지급함으로써 도산재단에 손해가 없도록 해야 한다. 관리인이 해제를 선택함으로써 부담하는 손해배상채무는 도산채무로서 도산재단이 부담한다.

도산채무자의 채무가 오직 도산채무자만 이행할 수 있는 성격을 갖는 경우(ex. 예술가 또는 작가로서 작품을 제작하여 공급할 의무)에도 그 이행여부를 도산채무자가 아닌 제3자 관리인(파산관재인, 회생절차상 제3자 관리인)의 선택에 맡기는 것은 부적절하다. 또한 근로자 파산 시 파산관재인이 근로계약의 이행을 선택하여 근로자에게 근로를 강제할 수 없다. 이러한 계약의 이행여부는 도산채무자 개인의 의사에 전적으로 맡겨야 한다.[290] 파산절차의 경우 파산채무자 본인이 이행을 선택하여 작품을 제작·공급하였거나 노무를 제공하였다면, 그 대가는 신득재산(新得財産)으로서 파산채무자의 자유재산에 편입되고 파산재단에 편입되지 않는다.[291] 그러나 회생절차의 경우 회생절차개시 후 채무자가 취득한 재산도 회생재단에 포함되므로, 위 대가는 ― 압류금지재산이나 채무자의 생존에 필요한 부분을 제외하고는 ― 회생재단에 편입된다. 계약의 이행여부는 도산채무자 개인이 자유롭게 결정하지만, 이행에 따른 대가의 귀속주체까지 자유롭게 결정할 수는 없다. 파산이든 회생이든 도산채무자 개인이 채무를 이행할 의사가 없다면, 그에 따른 손해배상채무는 도산채무로서 도산재단이 부담한다.

도산채무자 개인이 주거목적으로 거주하고 있는 주택에 대한 임대차·사

---

290) "파산법 제50조는 수급인이 파산선고를 받은 경우에도 당해 **도급계약의 목적인 일이 파산자 이외의 사람이 완성할 수 없는 성질의 것**이기 때문에 파산관재인이 파산자의 채무이행을 선택할 여지가 없는 때가 아닌 한 도급계약에도 적용된다." (대법원 2001. 10. 9. 선고 2001다24174, 24181 판결)

291) 파산선고 전에 파산채무자가 의무를 이행하여 대가를 받은 경우 그 대가는 파산재단에 포함된다.

용대차 계약, 도산채무자 개인의 휴대전화이용 계약에 관한 이행/해제 여부를 제3자 관리인이 결정하는 것은 적절하지 않을 수 있다. 이 경우 계약상 채권·채무 자체가 일신전속적 성격을 갖는 것은 아니지만, 계약을 통해 도산채무자가 누리는 '이익'은 일신전속적 성격을 가질 수 있다. 이러한 계약들은 도산채무자 개인이 인간다운 생활을 영위하기 위한 최소한의 기반에 속하므로, 총채권자의 이익극대화를 1차적 임무로 하는 제3자 관리인이 해당 계약의 운명을 결정하는 것은 부적절할 수 있다. 도산절차개시 전과 마찬가지로 도산절차개시 후에도 도산채무자의 자유로운 관리처분권이 인정되는 개인회생절차에서는, 관리인의 선택권 행사자체가 문제되지 않으므로, 자연스럽게 위와 같은 사정이 고려된다. 이에 반해 개인파산실무에서는 임차인 파산 시 파산관재인은 원칙적으로 ― 재단채무 부담을 최소화하기 위해 ― 조기에 임대차계약을 해지하는 것이 권장되고 있다.[292] 만약 관리인이 아니라 파산채무자 개인에게 위 계약의 관리처분권이 인정된다면, 파산채무자 개인이 위 계약을 유지함으로써 발생하는 차임이나 휴대전화 이용료는, 파산재단으로부터 재단채무로서 변제하면 안되고, 파산채무자의 자유재산으로부터 변제해야 한다.[293] 다만 임대차계약이 유지되더라도 파산채무자는 해당 임대차의 보증금 상당액 ― 면제재산에 해당하는 부분(회생파산법 383조 2항 1호)을 제외하고 ― 을 자유재산으로부터 마련하여 파산재단에 편입시키는 것이 타당할 수 있다. 파산채무자의 거주이익을 보호할 필요가 있다고 해서 임대차보증금반환채권 상당액을 파산재단에서 제외하는 것까지 정당화되는 것은 아니기 때문이다. 또한 자유재산으로부터

---

292) 서울회생법원 재판실무연구회, 개인파산·회생실무, 5판, (2019), 141.

293) 한편 **임대차계약이 파산재단에 포함됨을 전제**로 파산채무자인 임차인이 파산재단에 차임상당액을 지급하면 - 파산관재인은 이를 재원(財源)으로 하여 다시 임대인에게 재단채무로서 파산선고 이후 차임을 변제하게 된다 - 해당 임대차목적물에서 계속 거주할 수 있고, 파산관재인은 임대차계약을 파산재단으로부터 포기하여 임차인의 자유재산으로 이전시킬 수도 있다(이 경우 보증금상당액은 파산재단에 편입시켜야 한다)는 견해로는 松下淳一, "契約關係の處理", 倒産実体法, 別冊NBL69, (2002), 57.

차임이 지급되지 않아 임대인이 임대차계약을 해지한 경우 차임채권, 손해배상채권은 파산채권으로 행사할 수 있다고 봄이 공평하다.294)

5. "쌍방미이행 쌍무계약" 요건 불필요설 검토
: 이행거절권 구성을 취할 경우

지금까지의 검토는 회생파산법 규정을 전제로 한 해석론이었다. 그런데 우리법이 관리인에게 해제권이 아니라 이행거절권을 부여한다면, 즉 '이행거절권 구성'을 취한다면 쌍방미이행 쌍무계약이라는 요건이 불필요진다는 주장이 있다.295) "쌍방미이행 쌍무계약"이 아닌 경우에도 회생파산법 119조, 335조를 적용할 수 있다는 것이다. 입법론의 관점에서 그리고 비교법의 관점에서 이 쟁점은 검토할 가치가 있다. 요건 불필요설은 미국 Westbrook 교수의 견해296)를 참조하여 논거를 제시하고 있다. 그 논거를 필자 나름대로 선해(善解)하여 정리하면 다음과 같다.

---

294) 참고로 독일도산법 109조 1항에 따르면 임차인 도산 시 관리인이 임대차계약을 해지할 수 있지만, **임대차 목적물이 도산채무자가 주거하는 곳인 경우에는 – 임대인으로부터 임차인인 채무자에게 목적물이 인도된 경우에 한한다 – 관리인은 해당 임대차계약을 해지할 수 없다**(독일도산법 109조 1항 2문, 2항). 그 대신 관리인은 자신이 의사를 표시한 달의 말일부터 3개월이 지난 후부터는 임대인이 더 이상 차임채권 등을 재단채권으로 주장할 수 없다는 의사를 표시할 수 있다(독일도산법 109조 1항 2문). 이는 재단채무의 부담이 과중해지는 것을 막기 위한 규정이다. 이 경우 임대인은 **위 기간 이후의 차임채권을 임차인의 자유재산으로부터 변제**받아야 한다. 임차인의 자유재산이 부족하여 차임을 지급받지 못하면 채무불이행을 이유로 임대차계약을 해지할 수 있다. 임대인은 차임을 제대로 지급받지 못하여 입은 손해에 관하여 도산재단에 대해 **도산채권으로서 손해배상을 청구**할 수 있다(독일도산법 109조 1항 3문).

295) 이은재, "한국과 미국의 회생절차에서의 미이행계약에 대한 비교", 사법35, (2016), 285.

296) Jay Lawrence Westbrook, "A Functional Analysis of Executory Contracts", 74 Minn. L. Rev. 227 (1989).

> ① 관리인이 이행 또는 이행거절을 선택하는 것은 도산재단의 입장에서 자산가
> 치가 있는 계약을 도산재단에 편입시키거나 자산가치가 없는 계약을 도산재
> 단에서 배제하는 것에 불과하다. 이는 도산법에 특별한 근거가 있어야만 할
> 수 있는 것이 아니고, 관리인이 자신의 권한(도산재단에 대한 관리·처분권)
> 으로 당연히 할 수 있는 것이다.[297] 따라서 쌍방미이행 쌍무계약에 국한하여
> 관리인에게 위와 같은 선택권을 부여할 합리적 근거가 없다(이하 '법리논거'
> 라 한다).
> ② 미이행계약의 이행이나 거절은 법원 감독 하에 이루어지는 것이 타당하고
> 이러한 법원의 감독으로 관리인이 적절한 업무수행을 하는지 통제할 수 있
> 다. 따라서 군이 쌍방미이행 쌍무계약이라는 제한된 상황에 국한하여 관리
> 인의 업무수행을 통제하는 것은 불필요하다(이하 '정책논거'라 한다).

　필자는 정책논거에는 공감하지만 법리논거에는 동의하지 않는다. 그 이
유는 다음과 같다.

　첫째, 두 미이행 채무 사이에 견련성이 없는 경우 관리인은 자신의 채무
에 대해서는 계약상대방에게 회생(파산)채권으로 행사하라고 말하면서 계
약상대방에 대한 채권의 강제이행을 청구할 수 있다. 두 채무 사이에 교환
적 원인관계가 없기 때문에 이러한 결론은 계약상대방 입장에서 부당하지
않다. 그런데 견련성이 없는 경우에도 관리인이 이행 또는 이행거절을 선
택할 수 있을 뿐이라고 하면, 관리인의 위와 같은 선택지[298]는 사라진다.

---

297) Westbrook의 주장에 공감하는 최근 문헌으로는 John A.E. Pottow, "A New Approach
to Executory Contracts", Tex. L. Rev. 96, no. 7 (2018)이 있다. Pottow는 쌍방미이행
쌍무계약이 아닌 계약의 경우에도 관리인은 그 계약이 도산재단에 불리하면 관리인의
도산재단 포기에 관한 규정(미국 연방도산법 554조)을 근거로 이를 포기할 수 있고,
계약상대방은 관리인의 채무불이행에 대하여 손해배상책임을 물을 수 있는데, 이는 관
리인이 이행거절을 선택하고 그에 따라 손해배상책임을 지는 것과 다를 바 없다고 주
장한다. 이러한 주장은 쌍방미이행 쌍무계약이 아닌 다른 계약의 경우에도, 일방 당사
자에 대해 도산절차가 개시되면 '계약의 금전채권화'가 가능하다는 전제를 깔고 있다.

굳이 관리인의 선택지를 줄일 이유가 없다.

둘째, 관리인이 계약상 채권을 행사하지 않으면서 계약상대방에 대한 의무이행도 거절하는 상황은 관리인이 이행거절권을 행사하는 상황과 비슷해 보인다. 그런데 이행거절권 행사의 경우 계약상대방은 (계약관계의 청산을 통해 발생한 단일한 금전채권인) 손해배상채권을 회생채권으로 행사해야 하고 미이행된 계약상 채권 자체를 회생채권으로 행사할 수 없지만, 두 미이행 채무 사이에 견련성이 없는 상황에서 계약상대방은 **미이행된 계약상 채권 자체**를 회생채권으로 행사할 수 있다.[299]

셋째, 쌍방미이행 쌍무계약에서 이행거절의 경우 계약상대방의 손해배상채권액을 산정하는 국면에서 관리인 측의 잔존채권[300]도 고려해야 한다. 이행거절 후 관리인은 계약상대방에게 더 이상 계약상 채권의 이행을 청구할 수 없다. 이로 인해 계약상대방이 누리는 이익은, 계약상대방 자신의 잔존채권이 이행되지 않아 계약상대방이 입는 손해를 산정할 때 당연히 참작되어야 한다. 그러나 견련성이 없는 계약에서 관리인이 채무의 이행을 거절한다고 해서, 그로 인한 **계약상대방의 손해를 산정할 때 관리인 측의 잔존채권을 고려할 이유가 없다**. 관리인의 잔존채권은 여전히 존재하고, 관리인이 이를 행사하는데 어떠한 법적 제약도 없기 때문이다.

달리 표현하면 두 미이행 채무 사이에 견련성이 있는 경우에는 관리인의 이행거절 시 해당 계약이 갖는 종국적 재산가치를 하나의 금전채권(채무)[301]로 청산하는 것('**계약의 금전채권화**')이 가능하다. 계약의 금전채권

---

298) 본문 제2장 제2절 II. 1. 라.의 상황② 참조.

299) 본문 제2장 제2절 II. 1. 라.의 상황③ 참조.

300) 관리인의 잔존채권뿐만 아니라, 도산채무자가 도산절차 개시 전에 일부 이행하여 계약상대방이 수령한 계약상 급부의 가치도 계약상대방이 입은 손해산정 시 고려하는 것이 공평하다. 이는 계약상대방이 관리인에 대하여 이미 수령한 일부급부의 원상회복의무를 부담하는 것과 비슷한 측면이 있다.

301) 도산재단에 유리한 계약이면 관리인 입장에서 하나의 금전채권이 될 것이고, 불리한 계약이면 하나의 금전채무가 될 것이다.

화가 가능한 이유는 관리인의 이행거절로 관리인의 잔존채권도 금전채권화되기 때문이다. 관리인의 이행거절로 계약상대방이 더 이상 자신의 계약상 채권의 100% 만족을 얻을 수 없고 강제이행도 불가능하다면, **그와 견련관계에 있는(!)** 관리인의 채권도 마찬가지로 금전화하는 것이 공평하다. 그러나 견련성이 없는 경우 계약의 금전채권화를 정당화할 근거가 없다. 관리인이 채무이행을 하지 않겠다는 의사를 밝혔다고 해서 관리인 자신이 계약상대방에 대하여 갖고 있는 채권의 강제이행이 불가능하다고 볼 수 없고, 이를 금전채권으로 변화시킬 이유도 없기 때문이다.[302)]

결론적으로 쌍무계약 이외의 계약에서 관리인의 선택지를 편입/배제로 단순화시킬 수 없다.[303)] 우리법이 이행거절 구성을 취할 경우에도 쌍방미이행 쌍무계약의 개념정의는 필요하고, 그 내용은 두 미이행 채무 사이의 견련성이다. 미국법은 별론으로 하고, 우리법 하에서는 쌍방미이행 계약, 즉 자산과 부채가 결합된 계약(an asset coupled with a liability)이라고 해서 무조건 동일한 법률관계(편입/배제 중 양자택일)가 전개되지 않는다. 쌍무계약과 그렇지 않은 계약 사이에는 엄연한 차이가 존재한다. 미국에서는 미이행 계약(executory contract)의 개념 및 그러한 개념의 필요성 여부를 둘러싸고 치열한 논의가 전개되고 있다.[304)] 그러나 이러한 논의들이 우리법

---

302) 미국 문헌을 보면 도산채무자 측에서 계약상 채무를 불이행하여 채권자가 금전손해배상을 청구하는 경우, 그 채권자가 부담하는 **반대채무도 당연히 '금전화'되는 것을 전제로** 논의를 전개하는 경우가 많다. 채무불이행에 대한 원칙적 구제수단이 손해배상이고 강제이행은 예외적으로 허용되는 영미법에서는, 반대채무도 함께 금전화되어 손해 산정국면에서 고려되는 것이 자연스러울지 모른다. 그러나 강제이행을 원칙적 구제수단으로 보는 우리법에서는 **계약상 채권(=이행청구권)이 금전손해배상채권으로 바뀌는 것은** - 합리적 이유가 없는 한 - 쉽사리 허용될 수 없다. 우리법과 마찬가지로 계약불이행에 대한 채권자의 1차적 구제수단으로 강제이행청구권을 인정하는 독일법의 경우 "쌍방미이행 쌍무계약"에 한해 관리인의 선택권(이행 또는 이행거절)을 허용하고 있다.

303) 본문 제2장 제2절 II. 1. 라. 참조.

에 주는 비교법적 시사점은 크지 않다. 우리법의 경우 **쌍무계약+고유한 견련성** 개념 및 그와 관련된 법리가 확립되어 있고, **계약상 채무의 강제이행이 원칙적으로 허용**되므로, 미국과는 사정이 다르다.

6. 공평에 기초한 동시이행항변권의 도산절차상 취급

도산채무자와 계약상대방의 각 급부의무 사이에 고유한 의미의 견련성은 존재하지 않지만, 공평의 관념에 기초하여 동시이행항변권이 인정되는 경우가 있다. 이러한 동시이행관계가 발생한 이후 계약당사자 일방에 대하여 도산절차가 개시된 경우 동시이행항변권은 도산절차 내에서 여전히 관철되는가? 만약 동시이행항변권이 관철된다면 회생파산법 119조, 335조가 유추적용될 수 있는가?

도산절차에서도 평시 계약관계를 존중하는 것이 원칙이라는 점을 고려하면 계약상대방의 동시이행항변권은 그것이 고유한 견련관계에 근거한 것이든, 공평의 관념에 기초하여 인정된 것이든 항상 관철되어야 한다고 생각할 수 있다. 도산절차 개시 전 상계적상이 도산절차 개시 후에도 보호받는 것처럼, 도산절차 개시 전 동시이행항변권은 도산절차개시 후에도 당연히 보호받아야 한다고 생각할 수도 있다. 그러나 문제는 간단하지 않다. 계약상대방의 채권은 도산채권에 불과하고, 동시이행항변권은 ─ 유치권과 달리 ─ 계약당사자에 대해서만 행사할 수 있는 권리이기 때문이다. 총 채권자의 이익을 대변할 임무를 갖는 관리인에 대한 관계에서도 당연히 계약상대방은 동시이행항변권을 행사할 수 있고, 자신의 도산채권이 재단(공익)

---

304) Jay Lawrence Westbrook, "A Functional Analysis of Executory Contracts", 74 Minn. L. Rev. 227 (1989); Michael T. Andrew, Executory Contracts in Bankruptcy: Understanding "Rejection," 59 U. Colo. L. Rev. 845 (1988); Michael T. Andrew, Executory Contracts Revisited: A Reply to Professor Westbrook, 62 U. Colo. L. Rev. 1 (1991); Carl N. Pickerill, "Executory Contracts Re-Revisited", 83 Am. Bankr. L.J. 63 (2009); Jay Lawrence Westbrook/Kelsi Stayart White, "The Demystification of Contracts in Bankruptcy", 91 Am. Bankr. L.J. 481 (2017) 참조.

채권으로 격상될 기회를 부여받는다고 단정하기는 이르다. 오히려 관리인
의 제3자성을 강조하여 - 도산법에 규정이 있는 쌍무계약 상 고유의 견련
관계를 제외하고는 - 동시이행항변권을 행사할 수 없는 것이 원칙이라고
볼 여지도 있다.

이는 매우 어려운 문제이고, 일률적으로 답하기 곤란한 문제이다. 아래
에서는 개별 사안유형 별로 검토한다.

가. 쌍무계약이 무효, 취소, 해제된 경우[305)]

쌍무계약이 무효, 취소, 해제된 경우 계약에 따라 이루어진 급부들은 원
상회복되어야 한다. 이러한 원상회복의무는 동시이행관계에 있다. 계약에
따라 이루어진 급부뿐만 아니라 그로부터 발생한 부수적 이익들도 모두
원상회복되어야 하고 이 또한 동시이행관계에 포함된다. 채무불이행으로
인한 계약해제의 경우 채무자의 손해배상의무도 위 동시이행관계에 포함
된다.

---

305) 참고문헌으로는 ① Patrick Mossler, Bereicherung aus Leistung und Gegenleistung,
(2006)(쌍무계약이 무효인 경우; **쌍방미이행 쌍무계약 법리 준용 긍정설**); ② Olaf
Muthorst, "§348 BGB in der Insolvenz - zum Anwendungsbereich von §103 InsO",
KTS 2009, 467(쌍무계약이 해제된 경우; **쌍방미이행 쌍무계약 법리 준용 부정설**);
③ 栗田隆, "破産法と双務契約・片務契約の終了 - 破産手続開始前に解除された双務契
約及び使用貸借契約を中心にして -", 関西大学法学論集65巻1号, (2015), 1-54(쌍무계
약이 해제된 경우; **동시이행관계의 도산절차 내 관철을 긍정하면서도 관리인이 이행
거절을 선택한 경우 쌍방원상회복의무의 법률관계가 단일한 금전채권로 청산되는 것
을 인정하지 않는 입장**); ④ 赫高規, "破産法上の双務契約の規律についての改正提案お
よび解釈論の提案−規律根拠の再検討を踏まえて−", 続々・提言倒産法改正, (2014)(쌍
무계약이 해제된 경우; **쌍방미이행 쌍무계약 법리 준용 긍정설**).
필자 개인적으로는 ①, ④문헌이 많은 도움이 되었고 ①, ④문헌의 주장에 공감하는
편이다. 이 쟁점을 간략히 검토한 우리 문헌으로는 이동진, "부당이득반환청구권의
도산절차상 지위", 민법과 도산법, (2019), 122-125.

1) 유형① : 대가관계·교환관계가 있는 급부 사이의 원상회복

사례1 (매도인 도산 사례)[306]

매도인 A는 매수인 B에게 X기계를 100원에 매도하는 내용의 매매계약을 체결하였다. X기계는 X1, X2부분으로 구성되어 있고 각 부분들 독자적으로는 경제적 가치가 낮고 결합되어 사용되어야만 경제적 가치가 있다. A는 X1를 20을 받고 먼저 인도해준 뒤, X2를 80을 받고 인도해주기로 하였다. 이후 약정에 따라 A는 B로부터 매매대금 20을 지급받고 B에게 X1을 인도해주었다. 이후 A가 X2를 인도해주지 않자 B는 위 매매계약을 적법하게 해제하였다. 이후 A에 대하여 도산절차가 개시되었다.[307]

사례2 (매도인 도산 사례)

매도인 A는 매수인 B에게 X기계를 100원에 매도하는 내용의 매매계약을 체결하였다. X기계는 X1, X2부분으로 구성되어 있고 각 부분들 독자적으로는 경제적 가치가 낮고 결합되어 사용되어야만 경제적 가치가 있다. A는 X1를 20을 받고 먼저 인도해준 뒤, X2를 80을 받고 인도해주기로 하였다. 이후 약정에 따라 A는 B로부터 매매대금 20을 지급받고 B에게 X1을 인도해주었다. 그런데 B의 법정대리인은 B가 제한능력자임을 이유로 위 매매계약을 적법하게 취소하였다. 이후 A에 대하여 도산절차가 개시되었다.

사례3 (매수인 도산사례)

매도인 A는 매수인 B에게 X기계를 100원에 매도하는 내용의 매매계약을 체결하였다. X기계는 X1, X2부분으로 구성되어 있고 각 부분들 독자적으로는 경제적 가치가 낮고 결합되어 사용되어야만 경제적 가치가 있다. A는 X1를 20을 받고 먼저 인도해준 뒤, X2를 80을 받고 인도해주기로 하였다. 이후 약정에 따라 A는 B로부터 매매대금 20을 지급받고 B에게 X1을 인도해주었다. 이후 A가 X2를 인도하려 하는데도 B가 80의 대금을 지급하지 않자 A는 위 매매계약을 적법하게 해제하였다. 이후 B에 대하여 도산절차가 개시되었다.[308]

사례4 (매수인 도산사례)

　매도인 A는 매수인 B에게 X기계를 100원에 매도하는 내용의 매매계약을 체결하였다. X기계는 X1, X2부분으로 구성되어 있고 각 부분들 독자적으로는 경제적 가치가 낮고 결합되어 사용되어야만 경제적 가치가 있다. A는 X1를 20을 받고 먼저 인도해준 뒤, X2를 80을 받고 인도해주기로 하였다. 이후 약정에 따라 A는 B로부터 매매대금 20을 지급받고 B에게 X1을 인도해주었다. 그런데 이 계약은 강행법규에 위반되어 무효이다. 이후 B에 대하여 도산절차가 개시되었다.

　위 사례들에서 매매계약의 **해제**에 따라 원상회복되는 각 급부 사이에는 **고유한 견련성과 유사한 견련성이 존재한다.** 물건을 돌려 줄 의무와 물건대금을 돌려 줄 의무 사이에는, 매매계약에 따라 물건 소유권을 이전할 의무와 물건대금을 지급할 의무 사이와 유사한 정도의 견련성이 있다.[309][310] 거울에 비친 자신의 모습처럼 좌우만 바뀌었을 뿐이다. 매매계약이 **무효, 취소가 된 경우에도** ― 무효·취소가 된 원인을 고려해야 하므로 일률적으

---

306) 林高規, "破産法上の双務契約の規律についての改正提案および解釈論の提案－規律根拠の再検討を踏まえて－", 続々·提言倒産法改正, (2014), 209의 사례 참조.
307) 논의의 편의상 B의 손해배상청구권(A의 채무불이행으로 인한 손해배상청구권)은 고려하지 않는다.
308) 논의의 편의상 A의 손해배상청구권(B의 채무불이행으로 인한 손해배상청구권)은 고려하지 않는다.
309) 해제의 효과에서 청산관계설을 취한다면 이러한 유사성은 뚜렷해진다. 그러나 해제의 효과에서 물권적·직접효과설을 취하더라도 마찬가지로 보아야 한다.
310) 해제에 따른 원상회복 목적물이 쌍방 귀책사유 없이 멸실된 경우 원상회복의 법률관계에 관한 다음 설명도 참조가 된다.
　"해제에 따른 원상회복에서도 기본적으로 해제된 계약에 따른 이익조정이 이루어져야 한다. 쌍무계약의 경우 인도에 의하여 위험이 이미 이전된 상태에서 물건이 멸실, 훼손됨으로 인한 불이익을 반환청구자에게 지울 수 없고, 반환의무자로서도 반환청구자로부터 원상회복을 받을 수 있어서 가액반환을 하더라도 원칙적으로 불이익을 입지 않는다. 따라서 멸실, 훼손에 대한 귀책사유 유무와 상관없이 가액반환을 해야 한다." 지원림, 민법강의, 18판, (2021), 1426-1427.

로 말하긴 어려운 측면이 있지만 — 원칙적으로 고유한 견련성과 유사한 견련성이 존재한다.[311] 아래에서는 이러한 전제 하에 사례1 내지 4의 법률관계를 해명한다.

사례1 : B의 X1반환의무와 A의 20반환의무 사이의 동시이행관계는 A에 대한 도산절차에서도 관철되어야 한다. 비록 A는 B에 대하여 소유권에 기한 반환청구권을 갖고 있고 B의 반환채권은 도산채권에 불과하지만, 두 반환의무 사이에는 고유한 견련성과 유사한 견련성이 존재한다. B가 10만 지급한 상태에서 A에 대한 도산절차가 개시되었다면, B의 X1반환의무와 A의 10반환의무 사이의 동시이행관계가 도산절차에서도 관철된다. 그러나 B가 30을 지급한 상태에서 A에 대한 도산절차가 개시되었다면, B의 X1반환의무와 A의 20반환의무 사이에서만 동시이행관계가 관철된다. B는 **초과**

---

311) 쌍무계약의 무효, 취소에 따른 원상회복의무의 경우, 목적물이 쌍방귀책사유 없이 멸실되었어도 상대방으로부터 원상회복을 받으려면 가액반환을 해야 한다. 즉 **원상회복관계의 견련성**에 비추어 자신의 반환의무를 면하면서 상대방에 대하여 반환청구를 하는 것은 원칙적으로 허용되지 않는다. 최수정, 급부장애와 위험부담, (2003), 335. 또한 쌍무계약 상 의무 중 한쪽만 이행되고 나서 계약이 해소(무효, 취소, 해제)된 경우, 이행된 급부가 쌍방귀책사유 없이 멸실되었어도 급부수령자는 원칙적으로 가액반환의무를 부담한다. '법률상 원인없는 급부수령'과 '수령한 급부의 멸실' 사이에 인과관계 내지 객관적 귀속이 인정되는 경우에 한해, 급부수령자가 민법 748조 1항에 따른 현존이익 항변을 할 수 있다. 최준규, 영국부당이득법상 change of position에 관한 연구, 서울대법학석사논문, (2007), 156; Patrick Mossler, Bereicherung aus Leistung und Gegenleistung, (2006), 174-177.
그러나 ① 물건 자체에 내재(內在)된 하자로 인해 물건이 멸실된 경우, ② 물건 소지인이 미성년자인 경우와 같이 현존이익항변(민법 748조 1항)을 불허하면 계약해소의 근거(미성년자 보호)와 배치되는 결과를 야기하는 경우에는, 가액반환을 하지 않더라도 상대방에 대하여 원상회복을 청구할 수 있다(민법 141조 단서 참조). 또한 쌍방귀책사유 없이 멸실된 물건의 매수인이 소비자인 경우, 소비자보호라는 정책적 관점에서, 매수인이 가액반환을 하지 않더라도 상대방에 대하여 원상회복을 청구할 수 있다고 법리구성을 할 여지도 있다. 최준규, "영국부당이득법상 change of position에 관한 연구", 서울대법학석사논문, (2007), 150-158.

지급한 **10의 반환채권을 도산채권**으로 행사해야 한다. 이 부분은 B가 선이
행한 것이므로 B는 그에 따른 위험을 부담함이 공평하다.

　도산절차에서 동시이행관계가 관철되면 제2장 제2절 Ⅰ.에서 살펴본 것
처럼 교착상태가 발생한다. 이러한 **교착상태 해소를 위해 쌍방미이행 쌍무
계약 관련 법리가 유추될 필요**가 있다. A의 관리인 입장에서 X1을 반환받
는 것이 도산재단에 유리하다면 관리인은 20을 재단(공익)채권으로 변제하
고 X1을 B로부터 인도받을 수 있어야 한다(이행선택). 그러나 X1을 반환
받는 것이 도산재단에 유리하지 않다고 해서, 관리인이 원상회복의 법률관
계를 '해제'할 수는 없다. 약정법률관계가 아니라 법정(法定)법률관계를 해
제하는 것은 불가능하고, 이러한 해제를 인정하면 애초 계약의 해소를 인
정한 법률의 취지에 반한다. 이 경우 원상회복의 법률관계가 단일한 금전
채권으로 청산되면 충분하다(이행거절). A가 해제를 하였다고 해서 A의 관
리인이 꼭 해제에 따른 원상회복의 법률관계를 이행해야 하고 이행거절을
할 수 없는 것은 아니다.312) 즉 관리인이 원상회복관계의 이행을 거절하면,
계약상대방 B는 도산채권인 자신의 원상회복채권 20을 강제이행할 수 없
다는 점이 확정되고, 그 대신 관리인의 이행거절에 따라 B가 궁극적으로
입는 손해(20에서 관리인의 이행거절 당시 X1의 시가를 공제한 금액)를 도
산채권으로 배상받을 수 있다. X1의 소유자는 원래 A였지만, 관리인의 이
행거절로 인해 종국적으로 B가 X1의 소유권을 취득한다.313) 관리인의 선
택권 행사여부에 관하여 B는 최고를 할 수 있어야 한다. 결론적으로 관리
인에게 해제(해지)권을 부여한 부분을 제외한 나머지 규정, 즉 회생파산법

---

312) A의 관리인이 도산절차개시 전 A에게 부여된 해제권을 행사하였다고 해서, A의 관
　　리인이 해제에 따른 원상회복의 법률관계를 꼭 이행해야 하고, 이행거절을 할 수 없
　　는 것도 아니다. 해제권 행사여부와 해제에 따른 원상회복 법률관계의 이행선택 여
　　부는 별도로 판단해야 한다.
313) 관리인이 도산재단에 속한 권리를 포기하면 해당 권리는 도산채무자 A에게 복귀한
　　다. 그런데 본문과 같은 상황에서 이행을 거절하는 관리인의 행위는, **A의 소유권까
　　지도 - 도산재단의 이익을 위해 - 포기함**을 뜻한다.

119조 1, 2, 3항, 121조 1항, 335조 1, 2항, 337조 1항은 유추할 수 있다.

관리인의 이행거절 여부와 상관없이 B는 원상회복채권 자체(20)를 도산
채권으로 신고할 수도 있다. 그러나 B가 20을 도산채권으로 행사하려면
X1을 도산재단에 인도 - 인도의무의 이행제공만으로 불충분하다 - 해야
한다.[314] B는 관리인이 이행거절할 것을 염두에 두고 미리 단일한 금전채
권을 도산채권으로 신고할 수도 있다.[315]

매매계약이 무효, 취소된 경우에도 원칙적으로 지금까지 검토한 내용이
적용된다.[316] 다만 **무효, 취소의 원인을 고려하여** 아래 사례2와 같이 달리
볼 여지도 있다.

사례2 : 사례2는 계약해소의 원인이 사례1과 다르다. 제한능력자에 의해
체결된 계약은 취소할 수 있고(민법 5조 2항, 10조 1항), 이 경우 제3자 보

---

314) 본문 제2장 제1절 I. 3. 나. 5) 참조. 관리인이 수령을 거절하면, B가 수령을 강제할
수 없다.

315) 계약상대방이 **자신의 원상회복의무와 동시이행관계에 있는** 금전원상회복채권을, 비
금전(非金錢)급부청구권의 일종(=동시이행관계에 의해 내용적으로 제한된 채권)으로
신고할 수 있다는 견해도 있다. Patrick Mossler, Bereicherung aus Leistung und
Gegenleistung, (2006), 60. 이러한 신고를 굳이 불허할 이유는 없다고 사료된다.

316) 참고로 해제의 효과에 관하여 청산관계설을 취하고 물권행위의 무인성을 원칙으로
하는 독일에서는 ① 매매계약이 해제된 경우, ② 매매계약의 무효·취소로 물권행위
까지 무효로 되지는 않아서 쌍방 부당이득반환의 법률관계만 문제된 경우에는, 쌍방
원상회복의 법률관계에 대하여 쌍방미이행 쌍무계약 관련 도산법 규정이 유추된다는
것이 대체적 견해이다. Münchener Komm-Huber, InsO 4Aufl. (2019) §103, Rn.86;
Patrick Mossler, Bereicherung aus Leistung und Gegenleistung, (2006), 165-173.
그러나 매매계약의 무효, 취소로 인해 물권행위까지 효력을 상실하는 경우, 즉 본문
사례의 A가 B에게 소유권에 기한 반환청구를 할 수 있는 경우에는, B의 A에 대한
동시이행항변권은 A에 대한 도산절차에서 더 이상 관철되지 않는다는 것이 독일의
대체적 견해이다. 이 경우 B는 쌍무계약에 기초한 동시이행항변권(독일민법 320조)이
아니라 '채권적 유치권'(독일민법 273조)을 행사할 수 있을 뿐인데, 채권적 유치권은
A에 대한 도산절차에 관철될 수 없기 때문이다. 우선 Patrick Mossler, Bereicherung
aus Leistung und Gegenleistung, (2006), 183-185 참조.

호규정이 없다. 제한능력자를 두텁게 보호하기 위함이다. 계약취소에 따른
원상회복의무와 관련하여 제한능력자는 선/악의를 불문하고 현존이익의 한
도에서 원상회복을 하면 된다. 이 또한 제한능력자를 두텁게 보호하기 위
해 마련된 규정이다(민법 141조 단서). 사례2의 경우 이행선택에 관한 규정
은 유추함이 타당하다. 즉 원상회복의무의 법률관계에 관하여 관리인이 이
행선택을 하면 관리인은 물건을 인도받고 그 대신 20의 반환채무는 재단
(공익)채무로 이행해야 한다. 그러나 관리인의 이행거절을 통해 계약을 단
일한 금전채권으로 청산하는 선택지는 인정되어서는 안된다. 이를 인정하
면 계약상대방에게 물건 소유권취득을 강요하게 되는데, 이는 **계약상대방
보호를 위해 계약의 취소를 인정한 취지와 배치**되기 때문이다.

사례3 : A의 X1반환청구권은 도산채권으로 보아야 한다는 점은 앞서 언
급하였다.[317] 이 경우에도 사례1과 마찬가지로, B의 X1반환의무와 A의 20
반환의무 사이의 동시이행관계는 B에 대한 도산절차에서도 관철되어야 한
다.[318] B의 관리인은 이행 또는 이행거절을 선택할 수 있다. 이행을 선택하
면 관리인은 재단(공익)채무로서 X1을 반환하고 A로부터 20을 지급받을
수 있다. 관리인이 이행거절을 선택하면 A는 이행거절 시점 당시 X1의 시
가에서 20을 공제한 금원을 도산채권으로 행사할 수 있다.[319][320] 이러한

---

317) 본문 제2장 제1절 Ⅰ. 3. 가.
318) B가 X1에 대한 매매대금 20 중 10만 지급한 상태에서 B에 대하여 도산절차가 개시
    된 경우도 마찬가지이다. B의 관리인이 이행을 선택하면 X1을 재단(공익)채무로 반
    환하면서 A로부터 10을 돌려받을 수 있다. 그러나 이는 도산재단에 불리한 경우가
    많을 것이므로, B의 관리인은 이행보다 이행거절을 선택할 것이다. B의 관리인이
    이행거절을 선택하면 A는 이행거절 당시 X1의 시가에서 10을 공제한 금액을 도산
    채권으로 행사할 수 있다.
319) B에 대하여 회생절차가 아니라 파산절차가 개시된 경우 A의 채권은 금전화가 이루
    어진다. 그러나 B의 관리인이 원물반환의 형태로 원상회복을 하는 것이 파산재단에
    유리하다고 판단하여 원상회복법률관계의 이행을 선택하였다면, 관리인이 원물을
    반환하고 A로부터 대금을 원상회복받는 것이 허용되어야 한다. 栗田隆, "破産法と双

공제는 고유한 견련관계 또는 그와 유사한 견련관계에 있는 두 채권 사이의 '정산'이므로 도산법상 상계금지 규정은 적용되지 않는다.[321]

사례4 : A의 X1반환청구권은 물권적 청구권이고, A는 환취권을 행사하여 X1을 반환받을 수 있다. 이 경우 매매계약이 무효이므로 X1의 소유권은 여전히 A에게 있고, 민법 103조 위반으로 인한 무효의 경우 제3자 보호 규정이 없으므로 관리인의 제3자성을 이유로 A의 환취권 행사가 좌절될 수 없다.[322] B의 X1반환의무와 A의 20반환의무 사이의 동시이행관계는 B에 대하여 도산절차가 개시되었다는 이유만으로 소멸하지 않는다. 그런데 **사례4의 경우 동시이행항변권의 담보적 기능을 도산절차에서 관철시키더라도 교착상태가 발생하지 않는다.** 계약상대방이 도산절차에 복종하지 않는 권리인 환취권을 갖고 있기 때문이다. 따라서 쌍방미이행 쌍무계약 관련 법리를 군이 유추할 필요가 없다. 관리인이 A로부터 20을 지급받기를 원하면 X1을 A에게 반환하면 된다. A는 환취권자이므로 이 경우 군이 관리인의 이행선택에 관한 규정을 유추하여 A의 채권을 재단(공익)채권화할 이유가 없다. 관리인이 X1을 반환하기를 원하지 않는다면 관리인은 동시이행항변권을 행사할 수 있다. A가 관리인으로부터 X1을 반환받고자 한다면 평시와 마찬가지로 반대채무인 20을 이행/이행제공하면 된다. 이 경우 **사례1, 3과 달리** 매수인 측 관리인의 이행거절을 통한 **계약의 단일한 금전채**

務契約·片務契約の終了 ― 破産手続開始前に解除された双務契約及び使用貸借契約を中心にして ―", 関西大学法学論集65卷1号, (2015), 23-25.

320) 같은 취지 中西正, "倒産手続における契約解除の効果", 新しい契約解除法制と倒産·再生手続, (2019), 150-153.

321) 그러나 만약 **A의 손해배상채권**과 B의 매매대금 반환채권 사이의 정산이 문제되는 경우라면, 두 채권 사이에는 고유한 견련관계도 그와 유사한 견련관계도 인정되지 않으므로 도산법상 상계요건을 충족하는지 추가 검토해야 한다. 본문 유형②의 사례 참조.

322) 논의의 편의상 불법원인급여(민법 746조)는 문제되지 않는다고 가정한다.

권으로의 청산은 허용될 수 없다. 이를 허용하면 A의 X1에 대한 소유권이 소유권자의 의사와 상관없이 제3자의 일방적 의사에 의해 무력화된다. 소유권의 절대성·대세적 효력을 고려할 때 이는 허용될 수 없다.

도산절차개시 후 매매계약이 취소, 해제된 경우 : 사례1 내지 4는 이미 매매계약이 무효이거나 취소·해제된 후 계약당사자 일방에 대하여 도산절차가 개시된 상황이라는 점에서 공통점이 있다. 위에서 살펴본 내용은 매매계약에 취소, 해제의 원인이 존재하는 상태에서 계약당사자 일방에 대하여 도산절차가 개시되었고 그 후 비로소 취소, 해제권이 행사된 경우에도 기본적으로 동일하게 적용된다. 그러나 **관리인이 새롭게 체결한 매매계약**이 무효이거나 취소, 해제된 경우, **관리인이 이행선택을 한 매매계약**이 이후 해제된 경우의 법률관계는 추가 검토가 필요하다. 이 문제는 제2장 제2절 Ⅲ. 7.에서 살펴본다.

2) 유형② : 대가관계·교환관계가 없는 급부 사이의 원상회복

사례1 (매도인 도산사례)

매도인 A는 매수인 B에게 X기계를 100원에 매도하는 내용의 매매계약을 체결하였다. X기계는 X1, X2부분으로 구성되어 있고 각 부분들 독자적으로는 경제적 가치가 낮고 결합되어 사용되어야만 경제적 가치가 있다. A는 X1를 먼저 인도해준 뒤, X2를 인도하면서 B로부터 매매대금 100원을 받기로 하였다. 이후 약정에 따라 A는 B에게 X1을 선인도해주었다. 그러나 B가 100원을 지급하려 하는데도 A가 X2를 인도해주지 않자 B는 위 매매계약을 적법하게 해제하였다. 이후 A에 대하여 도산절차가 개시되었다. B는 기계를 공급받지 못함으로 인해 30의 영업손실을 입었고, 이는 통상손해에 해당하여 A에 대하여 채무불이행을 원인으로 한 손해배상으로서 30의 지급을 청구할 수 있는 상황이다.

사례2 (매수인 도산사례)

A가 아니라 B에 대하여 도산절차가 개시되었다는 점을 제외하고는 사례1과 사실관계가 같다.

사례1 : B의 30의 손해배상채권(도산채권)과 A의 X1반환청구권(해제의 효과에 관하여 물권적·직접효과설을 취하는 판례에 따르면 물권적 청구권이다) 사이의 동시이행관계(엄밀히 표현하면 동시이행항변권의 담보적 기능)는 ─ 평시와 달리 ─ 도산절차에서는 더 이상 관철되지 않는다.[323] 30은 X1자체의 대가가 아니라 X1, X2를 공급받지 못해 B가 입은 확대손해이므로, 30반환의무와 X1반환의무 사이에는 고유한 견련성이 존재하지 않는다. 이 경우 B의 손해배상채권과 X1의 점유 사이에 민법상 유치권의 성립요건인 견련관계(민법 320조 1항)도 존재하지 않는다. 따라서 B는 30의 손해배상채권을 도산채권으로 행사해야 하고, A의 관리인이 X1반환을 청구하면 30을 변제받지 못하였다는 이유로 인도를 거절할 수 없다. 다만 도산채무로서 30을 배상할 의무와 X1반환의무는 원칙적으로[324] 동시이행관계에 있다.

사례2 : A의 X1반환청구권은 도산채권이다. 이 경우에도 A의 X1반환청구권과 B의 30의 손해배상채권 사이의 동시이행관계(엄밀히 표현하면 동시이행항변권의 담보적 기능)는 ─ 평시와 달리 ─ 도산절차에서 관철되지 않는다. 다만 A의 X1반환청구권이 금전화된다면, 도산채권인 A의 금전채권과 B의 금전손해배상채권 사이에 상계가 가능한지 검토해야 한다. 파산절차의 경우 상계의 자동채권이 파산절차 개시시점에 금전화되고(파산채권

---

323) 같은 취지 林高規, "破産法上の双務契約の規律についての改正提案および解釈論の提案─規律根拠の再検討を踏まえて─", 続々·提言倒産法改正, (2014), 216.
324) 각주 262 참조.

의 금전화: 회생파산법 426조), 이러한 자동채권과의 상계는 회생파산법이 명문으로 허용하고 있다(회생파산법 417조 1문). 회생절차의 경우 상계의 자동채권이 회생절차 진행 도중 금전화되고 채권신고기간 만료 전에 상계적상이 존재한다면(회생파산법 144조 1항) 상계가 가능하다.

3) 유형③ : 대가관계·교환관계가 있는지 모호한 경우

사례1 (부동산 가등기 사례)

매수인 B는 매도인 A에게 매매대금을 지급하고 A로부터 매매목적물에 대하여 청구권보전의 가등기를 경료받았으나 아직 소유권이전등기는 받지 않은 상태이다. 이후 B는 A의 채무불이행(매매목적물에 존재하는 물적부담을 제거하고 소유권을 이전해 줄 의무의 불이행)을 이유로 계약을 적법하게 해제하였고, 그 후 매도인 A에 대하여 도산절차가 개시되었다. B의 A에 대한 매매대금반환채권과 A의 B에 대한 가등기말소청구권 사이의 동시이행관계는 도산절차에서도 관철되는가?

사례2 (부동산 인도 사례)

매수인 B는 매도인 A에게 매매대금을 지급하고 A로부터 매매목적물을 인도받았지만 아직 소유권이전등기는 받지 않은 상태이다. 이후 B는 A의 채무불이행(소유권이전의무 불이행)을 이유로 계약을 적법하게 해제하였고, 그 후 매도인 A에 대하여 도산절차가 개시되었다. B의 A에 대한 매매대금반환채권과 A의 B에 대한 인도청구권 사이의 동시이행관계는 도산절차에서도 관철되는가?[325]

사례2-1 (금전 원상회복의무 간의 상계)

위 사례2에서 B가 자신의 A에 대한 매매대금반환채권을 자동채권으로 하고, A의 자신에 대한 부동산 사용·수익이익 반환채권을 수동채권으로 하여 상계를 주장하면 이러한 상계는 허용될 수 있는가?

사례2-2 (금전 원상회복의무와 금전손해배상의무 간의 상계)

위 사례2에서 부동산 매매계약이 A의 채무불이행이 아니라 A의 착오를 이유

로 적법하게 취소되었다고 가정한다. B가 자신의 A에 대한 매매대금반환채권을
자동채권으로 하고, A의 자신에 대한 부동산 사용이익 반환채권(민법 201조 2
항)326)을 수동채권으로 하여 상계를 주장하면 이러한 상계는 허용될 수 있는가?

사례1 : 매매계약이 해제된 이상 청구권보전가등기는 피보전권리가 존재
하지 않으므로 원인무효의 가등기이다. 계약해제에 따른 매수인의 매매대
금반환채권과 매도인의 가등기말소청구권 사이에 고유한 견련성은 없다.
공평의 관념에 기초해 동시이행관계가 인정될 뿐이다. 그러나 **가등기말소
의무를 소유권이전등기말소의무의 축소판으로 보아 유형①의 사례1과 마
찬가지로 취급함이 타당**하다고 사료된다. 즉 위 사례에서 동시이행관계는
매도인 도산절차 내에서도 관철되어야 한다. 매도인 측 관리인이 매수인에
대하여 가등기말소를 청구하기 위해서는 재단(공익)채무로서 매매대금반환
채무를 이행해야 한다. 매도인 측 관리인이 원상회복을 원하지 않으면 이
는 가등기의 물적부담을 수인하겠다는 취지이므로, 매수인의 가등기는 더
이상 말소될 수 없다.327) 이 경우 매수인은 자신이 반환받을 권리가 있는
매매대금 가액에서 자신이 보유한 가등기의 가치(=부동산 자체의 가치)를 공
제한 나머지 금액만큼의 손해배상채권을 도산채권으로 행사할 수 있다.328)

---

325) 만약 매수인에 대하여 도산절차가 개시되었다면, 법률관계 해명에 별 문제가 없다.
계약상대방(매도인)은 소유권자로서 환취권을 행사할 수 있고, 이에 대하여 매수인
측 관리인은 - 평시와 마찬가지로 - 매매대금반환과의 동시이행항변을 할 수 있다.
계약상대방의 권리가 도산절차에 복종하지 않는 환취권이므로, 동시이행관계가 인
정되더라도 교착상태가 발생하지 않는다.
326) 쌍무계약이 무효, 취소되어 청산되는 상황에서 선의 점유자는 민법 201조에 따라
과실수취권을 갖는다. 대법원 1993. 5. 14. 선고 92다45025 판결 등. 본문의 상황은
A가 악의의 점유자이거나 악의로 간주되는 점유자임을 전제로 한다.
327) 그에 따라 매수인은 가등기에 기한 본등기를 경료하여 매매목적물의 소유권자가 될
수 있다. 비록 매매계약이 해제되어 매수인의 소유권이전등기청구권이 소멸하였지
만, 부동산 소유자인 매도인(매도인 측 관리인)이 (무효인) 가등기의 물적 부담을 수
인하겠다는 의사를 밝힌 이상, 가등기에 기한 본등기도 수인해야 한다.

사례2 : 계약해제에 따른 매수인의 매매대금 반환채권과 매도인의 인도
청구권 사이에 고유한 견련성은 없다. 공평의 관념에 기초해 동시이행관계
가 인정될 뿐이다. 그런데 사례2는 사례1과 달리 취급함이 타당하다. **부동
산의 점유만 이전받은 매수인을 소유권을 이전받은 매수인처럼 보호할 필
요는 없기 때문**이다. 사례2는 유형①보다 유형②에 가깝다. 즉 사례2에서
동시이행항변권의 담보적 기능은 더 이상 관철될 수 없다.[329][330] 매수인은

---

328) 그러나 독일 판례(BGH ZIP 2009, 428 Rdnr.9ff.)는 다르게 본다. 그 내용은 다음과
같다.

본문과 같은 사안에서 ① 매도인 측 관리인의 가등기 말소청구(소유권에 기한 방해
배제청구권)에 대하여 매수인은 매매대금반환과의 동시이행항변(독일민법 320조 이
하)을 주장할 수 없다. 독일민법 320조 이하의 동시이행항변권은 쌍무계약상 급부의
무들 사이에서만 인정되기 때문이다. ② 매수인은 독일민법 273조 1항에 따른 채권
적 유치권을 매도인에게 주장할 수 있지만, 매도인 도산절차에서는 이러한 채권적
유치권을 주장할 수 없다(평시에 매수인이 매도인으로부터의 제3취득자에 대하여
채권적 유치권을 행사할 수 없는 것과 마찬가지이다). ③ 매수인의 매매대금반환채
권이 – 쌍방미이행 쌍무계약에 관한 독일도산법 103조를 유추하여 – 재단채권이라
고 볼 수도 없다. 따라서 매수인은 도산채권으로서 자신의 원상회복채권을 행사할
수 있을 뿐이다.

이러한 독일판례의 입장은 ① 고유한 견련성을 엄격한 요건 하에 인정하고, ② 고유
한 견련성과 정책적 이유에서 인정되는 견련성 사이의 법률효과를 준별하며, ③ 매
도인 측 관리인이 갖고 있는 '물권'을 강력히 보호하는 취지이다. 매매계약의 무효,
취소에 따라 의무부담행위뿐만 아니라 처분행위까지 그 효력이 상실되어 매도인이
물권인 원상회복청구권을 갖게 되었다면, 매도인 도산 시 계약상대방인 매수인은 더
이상 동시이행항변권(채권적 유치권)을 행사할 수 없다는 것이다.

329) 반대 栗田隆, "破産法と双務契約·片務契約の終了 – 破産手続開始前に解除された双務
契約及び使用貸借契約を中心にして –", 関西大学法学論集65巻1号, (2015), 32-35(동
시이행관계가 유지되므로 관리인의 인도청구에 대하여 B는 매매대금 미반환을 이유
로 인도를 거절할 수 있다. 관리인은 파산재단에 유리하다고 판단되면 B에게 기수령
매매대금 전액을 반환하고 목적물을 인도받을 수 있다. B의 매매대금 반환채권은
파산채권이다. 관리인이 이행선택을 하지 않으면, B는 매매대금 반환채권을 파산채
권으로서 행사하거나 행사하지 않는 방법 중 하나를 선택할 수 있다. B가 매매대금
반환채권을 파산채권으로 신고하려면 B는 동시이행항변권을 포기해야 한다. B가 동
시이행항변권 포기를 원하지 않으면 B는 파산채권 신고를 할 수 없고, 동시이행관계
로 인한 교착상태가 계속된다). 이 견해는 동시이행관계를 파산절차에서 관철시키면

도산채권으로서 자신의 원상회복채권을 행사할 수 있을 뿐이다. 소유권이 전등기를 받지 않은 상태에서 매매대금을 지급한 매수인은 일종의 신용거 래를 한 것이므로 매도인의 무자력위험을 부담함이 공평하다.[331] 다만 도 산채무로서 매매대금 반환의무와 목적물 반환의무 사이의 동시이행관계는 도산절차 내에서도 원칙적으로[332] 유지된다. 만약 매수인의 매매대금 반환 채권과 매수인의 매매목적물 점유 사이에 **유치권의 성립요건인 견련관계 (민법 320조 1항)**가 있으면, 매도인 도산절차 내에서도 매수인이 보호된다. 유치권자는 도산절차에서 별제권자나 회생담보권자로 취급되어 피담보채 권에 대한 우선변제권을 갖기 때문이다(회생파산법 141조 1항, 411조). 그 러나 위 경우 유치권은 인정되지 않는다.[333]

　사례2-1 : 도산절차개시 전에 B가 사용·수익한 부분에 대해서는 A의 매 매대금 반환의무와 상계가 가능할 여지가 크다. **평시(平時) 상계가 가능하 였다면** － 회생파산법 145조 2, 4호 및 422조 2, 4호에 저촉되지 않는 한 － **도산절차에서도 원칙적으로 상계를 허용**해야 한다. B의 사용이익 반환 의무와 A의 매매대금 반환의무는 평시 동시이행관계에 있고, 동시이행관

서도, 관리인이 이행거절한 경우 쌍방원상회복관계가 단일한 금전채권으로 청산되 는 선택지를 인정하지 않는다.

330) 인도청구권의 가액에 상응하는 매매대금채권에 한하여 재단(공익)채권으로 인정하 는 방법(관리인은 해당 재단(공익)채무를 지급하고 인도를 받을 수 있고, 남는 매매 대금 부분은 도산채권이 된다)도 생각해 볼 수 있다. 그러나 ① '인도청구권'의 가액 을 어떻게 산정해야 하는지 논란이 제기될 수 있고, 산정방법이 정해지더라도 산정 에 시간이 걸릴 수 있다. ② 또한 이 경우 관리인에게 또 다른 선택지 － 인도를 받지 않는 대신 단일한 금전채권으로 원상회복관계를 청산하는 선택지 －를 부여하지 않 는 이유가 불명확하다.

331) 매매대금을 지급받지 않은 상태에서 소유권을 먼저 이전해 준 매도인을 보호할 필요 가 없다는 점에 관해서는 본문 제2장 제2절 II. 3. 다.의 ①번 사례 참조.

332) 각주 262 참조.

333) 같은 취지 윤진수. 민법기본판례, 2판, (2020), 244-245; 반대 양창수·김형석, 민법III 권리의 보전과 담보, 3판, (2018), 351.

계에 있는 두 금전채권 사이에는 상계가 허용될 여지가 많으므로, 도산절
차에서도 마찬가지로 상계가 허용될 가능성이 크다. 그러나 도산절차개시
후 B의 사용·수익에 따른 반환의무와 A의 매매대금 반환의무 사이의 상계
는 도산법 상 상계제한 법리로 인해 허용될 수 없다. 상계의 수동채권이 도
산절차개시 후 비로소 발생하였기 때문이다(회생파산법 145조 1호, 422조
1호). 평시에는 두 의무 사이의 견련성을 인정할 수 있지만, 도산절차개시
후에는 그러한 견련성을 관철시킬 수 없다. 두 의무 사이의 견련성을 이유
로 제한없이 상계를 허용하면, **B는 목적물을 관리인에게 인도해야 하고 자
신의 매매대금 반환채권은 도산채권으로 만족을 얻을 수밖에 없다는 법명
제와 충돌**한다.

사례2-2 : 사례2-1과 마찬가지로 봄이 타당하다. 즉 도산절차개시 전 B의
사용수익에 따른 사용이익 반환의무는 A의 매매대금 반환의무와 상계가
가능할 여지가 크다. 그러나 B의 도산절차개시 후 사용수익에 따른 사용수
익 반환의무와 A의 매매대금 반환의무는 상계할 수 없다(회생파산법 145
조 1호, 422조 1호). 두 의무 사이에 평시 인정되는 견련성이 도산절차에서
는 관철될 수 없다. 도산절차 상 상계제한 법리를 물리치고 두 금전채권이
상계 또는 공제될 수 없는 것이다.[334)335)]

사례2-1, 2-2의 생각을 밀고 나가면 **관리인이 계약해제를 선택한 경우** 계
약상대방의 손해배상채권을 자동채권, 관리인의 원상회복채권을 수동채권
으로 한 상계도, 수동채권이 도산절차개시 후 발생하였으므로 상계할 수
없다고 볼 여지가 있다. 평시 두 금전채권 사이에는 견련성이 인정되지만

---

334) BGHZ 149, 326도 같은 취지이다. Patrick Mossler, Bereicherung aus Leistung und
    Gegenleistung, (2006), 170-173도 참조.
335) 본문에서 살펴본 쟁점과 관련하여 BGHZ 161, 241 판결도 좋은 참고가 된다. 사실관
    계 및 법원의 판단은 다음과 같다.

고유한 견련성이 아닌 공평의 관념에 기초한 견련성에 불과하므로, 도산절
차에서 이러한 견련성의 담보적 기능이 유지되기 어렵고, 도산절차 상 상
계제한 법리를 뛰어넘을 수 없는 것이다.[336] 그러나 — 이론적 정합성은
일부 훼손되더라도 — '해제권 구성'의 문제점을 해석론의 차원에서 극복
하기 위한 (완벽하지는 않지만 효과적인) '수단'으로서 상계를 긍정할 여지

> 파견사업주는 사용사업주와 근로자파견계약을 체결하였는데, 위 계약이 방
> 식요건 흠결을 이유로 무효가 되었다. 이후 파견사업주에 대하여 도산절차가
> 개시되었다. 파견사업주의 관리인이 사용사업주에게 부당이득반환청구로서 파
> 견사업주가 파견한 근로자의 노무제공으로 사용사업주가 얻은 이익 상당의 가
> 액반환을 청구하였다. 이에 대해서 사용사업주는 원래 파견사업주가 사용자로
> 서 부담해야 하는 사회보장급부를 대신 납부한 만큼 자신의 부당이득반환의무
> 가 감액되어야 한다고 주장하였다.
>
> 연방재판소는 파견사업주의 부당이득반환청구권과 사용사업주의 구상권을
> 모두 긍정하면서도 두 의무 사이의 공제는 부정하였다. 즉 사용사업주는 도산
> 채권으로 자신의 구상권을 행사할 수 있고, 파견사업주의 관리인은 부당이득반
> 환채권 전액을 청구할 수 있다고 보았다. 판례는 우선 두 의무 사이에는 **쌍무계**
> **약 고유의 견련성이 존재하지 않고** 사용사업주는 자신의 구상권을 보전하기 위
> 해 채권적 유치권을 주장할 수 있을 뿐이라고 보았다. 나아가 사용사업주의 도
> 산채무자에 대한 구상권(자동채권)은 **도산채무자에 대한 도산절차가 개시된 후**
> **사용사업주가 사회보장급여를 대신 지급함으로써 비로소 발생**하였는데, **자신의**
> **부당이득반환의무(수동채권)는 도산절차개시 전에 발생하고 변제기가 도래하**
> **였으므로** 도산절차 내에서 상계가 허용될 수 없다고 보았다(독일도산법 95조
> 1항 1문 및 3문).
>
> 다만 사용사업주가 도산채무자에 대한 도산절차 개시 후 취득한 구상권이더
> 라도, **도산절차개시 전부터 보증인으로서 납부의무를 부담**하고 있었던 경우라
> 면 상계 내지 공제를 허용할 수 있다는 (타당한) 지적도 있다. Patrick Mossler,
> Bereicherung aus Leistung und Gegenleistung, (2006), 50.

[336] 필자는 과거 두 금전채권의 동시이행관계를 중시하여 도산절차 내 상계가 가능하다
는 입장을 취했다. 최준규, "장래채권을 둘러싼 도산법상 쟁점에 관한 고찰 – 상계와
부인권 문제를 중심으로", 사법40, (2017), 237. 그러나 이는 고유의 견련관계에 의
해 인정되는 동시이행항변과 공평의 관념에 기초해 인정되는 동시이행항변을 구분
하지 못한 견해이다. 본문과 같이 입장을 수정한다.

는 있다. 비유하자면 잘못된 법리로 인해 발생한 문제를 또 다른 잘못된 법리를 동원해 교정(矯正)하는 것이다. 이 쟁점은 효과론(제2장 제2절 Ⅳ. 2. 가)에서 살펴본다.

나. 임대차계약 종료에 따른 원상회복의무

임대차계약이 종료하면 임대인의 보증금반환의무와 임차인의 목적물반환의무가 발생하고 두 의무는 동시이행관계에 있다.[337] 두 의무 사이에 고유한 견련성은 없지만(가령 임대차종료 후 임대목적물이 임대인과 임차인 쌍방의 귀책사유없이 멸실되더라도 임대인은 임차인에게 보증금을 반환해야 한다. 이 경우 민법 537조에 따른 채무자위험부담주의가 적용되지 않는다), 공평의 관념(보증금반환채권자인 임차인 보호)에 기초해 동시이행관계가 인정된다.

임대차계약이 종료하여 임대인의 보증금반환의무와 임차인의 목적물반환의무가 발생한 이후 임대인에 대하여 도산절차가 개시된 경우를 생각해 보자. 보증금반환의무와 목적물반환의무 사이에 동시이행항변권은 도산절차 내에서도 관철되는가? 동시이행항변권이 그대로 유지된다면 관리인이 쌍방미이행 쌍무계약을 이행선택한 경우 계약상대방의 채권이 재단(공익)채권이 되는 규정(회생파산법 179조 1항 7호, 473조 7호)을 유추하여, 임차인의 보증금반환채권도 재단(공익)채권이 된다고 볼 수 있다.[338] 임차인 보호라는 관점에서, 우리 거래현실에서 보증금은 매매대금의 60~70%에 상당할 정도로 거액인 경우가 많다는 점에서 임차인의 보증금반환채권을 재단(공익)채권으로 보는 견해에 공감이 가기도 한다. 그러나 이 경우 동시이행항변권의 담보적 기능은 더 이상 관철될 수 없고, 임차인의 보증금반환채

---

337) 대법원 1977. 9. 28. 선고 77다1241, 1242 전원합의체 판결.
338) 임치용, "파산절차의 개시와 임대차계약", 파산법연구2, (2006), 134.

권은 도산채권으로 봄이 타당하다. 임차인은 보증금반환을 이유로 임대목
적물 반환을 거절할 수 없다. '도산채무'로서 보증금을 반환할 의무와 임대
목적물 반환의무가 원칙적으로339) 동시이행관계에 있을 뿐이다.340) 이렇게
보는 이유는 아래와 같다.

① 동시이행항변권은 계약당사자에 대해서만 주장할 수 있는 **'채권적 권
리'**이다. 회생파산법 119조, 335조는 두 급부의무 사이에 고유한 견련성이
인정됨을 전제로 이러한 법명제에 예외를 인정한 것이다. 두 금전채무 사
이에 견련성(connectivity)이 있으면 상계보다 강력한 공제법리가 적용될 수
있는 것처럼, 두 급부의무 사이에 고유한 견련성이 있으면 도산채무자의
채권과 계약상대방의 채권은 **다른 도산채권자들의 간섭을 물리치고 한꺼
번에 실현**될 수 있다.341) 즉 각 급부의무가 **서로 담보로서 기능**한다. 그러
나 두 급부의무 사이에 고유한 견련성이 인정되지 않는다면 원칙으로 돌아
가야 한다.

② 보증금반환의무와 목적물인도의무는 쌍무계약의 무효, 취소, 해제에
따른 원상회복의무와 비교해서도 견련성이 떨어진다. 임대보증금과 임차목

---

339) 각주 262 참조.

340) 현재 서울회생법원 실무는 회생채권으로 보고 있다. 실무에서는 임대차 계약기간 동
    안 임차인의 사용, 수익은 보장하되 계약기간이 종료하면 회생채권인 보증금반환채
    권액을 감축하여 변제하는 회생계획이 작성되기도 한다. 서울회생법원 재판실무연
    구회, 회생사건실무(상), 5판, (2019), 176 및 743-746. 서경환, "회사정리절차가 계약
    관계에 미치는 영향", 재판자료86, (2000), 658-659는 보증금반환채권을 도산채권으
    로 보면서도, 임대인 도산절차에서 임차인은 보증금'전액'을 지급받을 때까지 동시
    이행항변권 행사가 가능하다는 입장이다. 단 입법론으로는 이러한 동시이행항변권
    행사를 제한하는 것이 타당하다고 주장한다.

341) 쌍무계약상 고유한 견련성이 존재하는 경우, 도산채무자의 채권 **'외부'**에 동시이행
    관계가 놓인 것이 아니라 도산채무자의 채권의 내용자체가 "계약상대방에게 반대급
    부를 이행함과 동시에 계약상대방으로부터 급부를 받을 권리"가 된다고 말할 수도
    있다(**내용적으로 제한된 채권**). Patrick Mossler, Bereicherung aus Leistung und
    Gegenleistung, (2006), 27.

적물은 서로 간에 경제적·법률적 관련성이 없다. 그렇기 때문에 임차목적물이 쌍방귀책사유 없이 멸실된 경우에도 임대인은 임대보증금을 반환해야 한다. 이에 반해 쌍무계약의 청산에 따른 원상회복의무의 경우 한쪽 급부의무의 대상이 쌍방귀책사유없이 소멸한 경우 일방적으로 반대의무의 이행을 요구할 수 없는 것이 원칙이다.

③ 우리법에서 **임차인의 보증금은 '대항력' 법리를 통해 확보**하는 것이 체계정합적이다. 주택임대차보호법, 상가건물임대차보호법, 민법 등을 통해 임차인이 대항력을 갖춘 경우 임차인은 임대목적물 소유권이 임대인으로부터 제3자에게 이전된 경우에도 제3자에 대하여 임대차계약관계를 주장할 수 있다. 따라서 제3자의 목적물반환청구에 대하여 임차인은 보증금반환과의 동시이행항변을 주장할 수 있다. 임차인이 대항력을 갖추었다면, 임대인 도산절차에서 임차인은 동시이행항변권을 관철할 수 있다. 현행 법제상 대항력을 갖출 수 없는 임차인을 동시이행항변권이 존재한다는 이유만으로 임대인 도산절차에서 보호하면, 대항력 제도는 유명무실하게 된다.

④ 임차인의 보증금반환채권과 임차인의 임차목적물 점유 사이에 **유치권의 성립요건으로서의 견련관계(민법 320조 1항)가 인정**되면, 임대인 도산절차에서 임차인이 보호될 수 있다. 유치권자는 도산절차에서 별제권자나 회생담보권자로 취급되어 피담보채권에 대한 우선변제권이 인정되기 때문이다(회생파산법 141조 1항, 411조). 그러나 위 경우 유치권은 인정되지 않는다는 것이 대체적 견해이다.[342] 그럼에도 불구하고 동시이행관계의 존재를 이유로 임차인을 보호하는 것은 균형이 맞지 않는다.

임대인에 대하여 도산절차가 개시된 뒤 임대인 측 관리인이 임대차계약의 이행을 선택하였다면 **이행선택의 효과**'로서 − 회생파산법 179조 1항 7호, 473조 7호에 따라 − 임대인의 보증금반환의무가 재단(공익)채무가

---

342) 양창수·김형석, 민법III 권리의 보전과 담보, 3판, (2018), 350-351.

되는가?343) 이 또한 난문(難問)이지만 결론부터 말하면 재단(공익)채권이 될 수 없다. 이 경우에도 임차인은 보증금반환과의 동시이행항변을 주장하며 목적물 인도를 거절할 수 없고, 보증금반환채권은 도산채권으로 만족을 얻는데 그쳐야 한다. 그 이유는 다음과 같다.

① 임대인이 임대차계약의 이행을 선택하였다고 해서 임차인의 모든 계약상 채권이 재단(공익)채권이 되는 것은 아니다.344) 관리인의 이행선택으로 인해 계약상대방의 채권이 재단(공익)채권이 되는 이유는 이를 통해 교착상태를 해소할 수 있고, 계약상대방으로부터 반대급부를 받아 도산재단을 확충할 수 있기 때문이다. 교착상태 해소 및 도산재단 확충과 관련이 있는 계약상대방(임차인)의 권리는 임차목적물의 용법에 따른 사용·수익 청구권이다. 이 권리가 도산절차에서 재단(공익)채권이 되는 대가로 관리인은 임차인으로부터 차임을 수령할 수 있게 된다. 그러나 계약상대방의 도산채무자에 대한 보증금반환채권은 **교착상태 해소나 도산재단 확충과 무관**하다.

② **관리인이 쌍방미이행 쌍무계약의 이행을 선택하였다고 해서, 그 계약의 종료 후 발생하는 원상회복의무의 법률관계에 대해서도 이행을 선택하였다고 볼 수 없다.** 도산절차개시 전에 이미 임대차계약이 기간만료로 종료한 경우, 관리인이 이행선택을 하지 않은 상태에서 도산절차 진행 중 계약기간이 끝나버린 경우에는 보증금반환채권이 재단(공익)채권이 될 수 없

---

343) 임차인이 주택임대차보호법이나 상가건물임대차보호법 상 대항력을 갖춘 경우에는 임대인 도산 시 관리인이 이행/해제라는 선택권을 행사할 수 없다. 즉 임대차계약은 도산절차개시 전과 마찬가지로 유지, 존속한다(회생파산법 124조 4항, 340조 4항). 본문과 같이 임대인 측 관리인이 선택권을 행사할 수 있는 상황은 임차인이 대항력을 갖추지 못한 경우로 한정된다.

344) 참고로 대법원 2021. 1. 14. 선고 2018다255143 판결은 계속적 물품공급계약에서 매수인이 물품대금을 선급한 후 매도인이 회생절차에 들어갔는데 관리인이 이행을 선택한 경우, 매수인이 초과지급한 선급금의 반환청구권은 공익채권이라고 판시하였다. 그러나 이러한 선급금(매수인이 수령한 물품대금을 초과하는 선급금)반환채권은 회생채권으로 봄이 타당하다. 매수인은 선급함으로써 스스로 매도인의 신용위험을 부담하였기 때문이다.

다. 관리인이 이행선택을 한 경우에도 임대차 종료 후 발생하는 보증금반환채권에 관해서는 위 두 상황과 동일하게 법률관계를 구성해야 한다.

③ 도산절차개시 후 임대인 측 관리인이 새롭게 임대차계약을 체결한 경우, 해당 임대차계약 종료 후 임차인의 보증금반환채권은 재단(공익)채권이다(회생파산법 179조 1항 5호, 473조 4호). 또한 임차인은 관리인에 대하여 보증금반환과의 동시이행항변을 주장하며 목적물인도를 거절할 수 있다. 이 경우 도산재단이 임차인으로부터 보증금을 수령하므로 임차인의 보증금반환채권을 재단(공익)채권으로 구성해야 한다. 그러나 기존 임대차계약의 이행을 선택하는 경우, 임대인이 과거에 수령한 보증금은 이미 임대인의 책임재산에 혼입되어 일반채권자들의 공취(攻取)대상이 되었다. 그럼에도 불구하고 관리인의 이행선택을 이유로 임대인의 보증금반환채권이 재단(공익)채권이 된다고 보면, 결국 **관리인의 일방적 의사표시에 의해 우선권이 형성**되는 것이다. 회생파산법은 ― 법원의 허가를 얻어 회생채권의 변제를 허용하는 경우 등을 제외하고는 ― 관리인에게 이러한 권한을 부여하고 있지 않다.

다. 불안의 항변권 등

급부와 반대급부 사이에 쌍무계약 고유의 견련성이 없더라도 민법 536조 2항에 따른 불안의 항변권이나 공평의 관념에 기초한 동시이행항변권이 인정될 수 있다. 이러한 항변권은 도산절차 내에서도 관철되는가? 다음 사례를 생각해 보자.345)

매수인(원고, 도산채무자)과 매도인(피고)은 계속적 거래관계에 있다. 매수인은 2016년 11월 매도인으로부터 설탕 500,000kg을 500,000원에 매수하여 인도

---

345) 독일제국법원 판례(RGZ 77, 436)의 사실관계를 참조하였다.

받았다. 그러나 아직 매매대금을 지급하지 않고 있다. 매수인은 2017년 2월 매도인으로부터 추가로 설탕 600,000kg을 600,000원에 매수하였는데, 아직 설탕의 인도도 매매대금의 지급도 이루어지지 않고 있다. 매수인에 대하여 2017년 5월 도산절차가 개시되었다. 관리인은 쌍방미이행 쌍무계약인 두 번째 매매계약의 이행을 선택하였다. 매도인은 ─ 관리인이 600,000kg의 설탕에 대한 매매대금 600,000원의 변제제공을 하고 있음에도 불구하고 ─ 종전 설탕매매대금 500,000원의 미지급을 이유로 600,000kg의 설탕인도의무 이행지체 책임에서 벗어날 수 있는가?[346]

평시라면 위 사례에서 매도인은 이행지체 책임을 부담하지 않는다. 고유의 견련관계는 600,000kg의 설탕인도의무와 그에 대한 매매대금 지급의무 사이에만 존재한다(600,000kg ∞ 600,000₩). 그러나 매도인 입장에서는 기존 500,000kg의 설탕에 대한 매매대금 지급의무까지 함께 동시이행관계에 있다고 봄이 공평하다(600,000kg ∞ 600,000₩+500,000₩). 두 매매계약은 별도의 계약이지만 계속적 거래관계에 기초하여 체결된 계약들이고, 매매목적물과 계약당사자가 동일하며 계약체결시점도 인접해 있다. 따라서 **매매대금 지급의무 전체와 목적물 인도의무 전체를 하나의 동시이행관계로 포섭**하는 것이 계약당사자들의 합리적 기대에 부합한다. 설령 600,000kg의 설탕인도의무가 600,000원의 대금지급의무보다 선이행 의무인 경우에도 매도인은 기존 설탕 매매대금 미지급을 이유로 선이행 의무인 600,000kg의

---

346) 독일법에 따르면 평시에는 위 사안에서 매도인에게 독일민법 273조에 따른 **채권적 유치권**(Zurückbehaltungsrecht)이 인정된다. 즉 매도인은 500,000원이 변제되지 않는 한 설탕 600,000kg의 인도를 거절할 수 있다. 그런데 독일판례(RGZ 77, 436)에 따르면 도산절차에서는 채권적 유치권의 효력은 인정되지 않는다. **법에서 명문으로 유치권에 별제권으로서의 지위를 부여한 경우에만** 매도인은 도산절차에서도 유치권을 주장할 수 있다. 따라서 매도인의 500,000원 채권은 도산채권에 불과하고, 매도인은 위 500,000원 미지급을 이유로 관리인에 대하여 설탕 600,000kg의 인도를 거절할 수 없다. 결국 위 사안에서 매도인은 이행지체 책임을 부담한다.

설탕인도의무를 거절할 수 있다(민법 536조 2항에 따른 불안의 항변권).

그러나 도산절차에서는 이러한 동시이행항변권이나 불안의 항변권을 인정할 수 없다. 매도인이 갖는 500,000원의 대금채권은 도산채권으로 변제되어야 하고, 매도인은 500,000원의 미지급을 이유로 설탕 600,000kg의 인도를 거절할 수 없다.347) 그 이유는 다음과 같다.

① 위와 같은 사례에서 매수인의 기존채무는 그 액수가 매우 클 수 있다. **기존채무의 액수는 매도인이 신규로 공급할 설탕의 양과 전혀 관련이 없기 때문**이다. 거액의 기존채무와 600,000kg의 설탕인도의무 사이에 동시이행관계를 인정하더라도 채무자(매수인)의 자력이 충분하면 별 문제가 없다. 그러나 도산절차에서 이를 그대로 관철하면 다른 일반채권자들이 큰 손실을 입는다. 일반채권자들은 채무자의 무자력 위험을 공평하게 분담하는 것이 원칙이므로 이러한 결론은 타당하지 않다.

② 공급자로부터 해당 물건을 계속 공급받는 것이 도산채무자의 사업계속 및 회생에 꼭 필요한 경우라면 관리인으로서는 계약이행을 선택해야 한다. 그런데 기존채무에 대해서까지 동시이행관계를 인정하면 관리인의 이행선택으로 인해 도산재단은 무거운 부담을 지고, 결과적으로 도산채무자의 사업계속 및 회생이 어려워진다.

③ 기존 공급분에 관해 매도인은 선이행을 한 것이고 이는 일종의 신용거래이다. 위 사례에서 **계약당사자들은 기존 공급분과 신규 공급분을 일체의 급부가 아니라 각기 독립된 별개의 급부로 생각**하였을 가능성이 크다.348) 따라서 기존 공급분을 분리하여 이에 대한 연체부분을 도산채권으

---

347) 다만 500,000원의 대금채권을 **도산채권으로 이행하는 것**과 설탕 600,000kg을 인도하는 것 사이의 동시이행관계는 원칙적으로 존속한다. 각주 262 참조.

348) 즉 공급할 총량(1,100,000kg)을 먼저 정해 놓고 그에 대한 총 대금(1,100,000₩)을 산정하는 방식이 아니라, 600,000kg에 대한 대금은 600,000₩으로 정하고, 500,000kg에 대한 대금은 500,000₩으로 정하는 방식으로 매매대금이 산정되었을 가능성이 크다.

로 관념하는 것은 매도인 입장에서 불공평한 결론이 아니다.

④ 회생파산법 122조 1항은 도산절차에서 동시이행항변권이 무제한 관철될 수 없음을 선언(宣言)하고 있다. 회생파산법 122조 1항에 따르면, 채무자에 대하여 계속적 공급의무를 부담하는 쌍무계약의 상대방은 **회생절차개시신청 전의 공급**으로 발생한 회생채권을 변제하지 아니함을 이유로 **회생절차개시신청 후 그 의무의 이행**을 거부할 수 없다. 위 조문은 '한 개'의 계속적 공급계약에서 발생한 도산채무자의 과거 대금지급의무와 공급자의 새로운 공급의무 사이의 동시이행관계를 부정하겠다는 취지이다.[349] 평시라면 위 경우 공평의 관념에 기초한 동시이행항변권이나 불안의 항변권이 인정되었을 것이다. 그러나 회생파산법 122조 1항은 채무자 회생을 돕기 위해 이러한 항변권 행사를 제한한다. 회생파산법 122조 1항이 적용되는 상황에서 매도인은 신용거래를 한 것이므로, 매수인 도산절차에서는 매수인의 무자력 위험을 부담함이 '대체로'[350] 공평하다.[351] 회생파산법 122조 1항의 입법취지는 위에서 든 사례에도 적용되어야 한다. '한 개'의 계속적 공급계약이 문제된 경우와 계속적 거래관계에 있는 두 당사자 사이에 체결된 수 개의 계약이 문제된 경우를 달리 취급할 합리적 이유는 없다(양자를 구별하기도 쉽지 않다).

⑤ 위 사례에서 동시이행항변권이나 불안의 항변권을 도산절차 내에서 관철시키지 않더라도, 매도인이 변제받고자 하는 채권과 매도인이 인도를

전자와 같은 방식으로 매매대금을 정한다면, 후자와 같은 방식으로 정하는 경우에 비해 매도인이 대량구매를 이유로 매매대금을 할인해 줄 가능성이 있다(가령 1kg당 1₩이 아니라 0.8₩으로).

349) 즉 설탕 1,100,000kg을 공급하는 '하나의 계약'이 체결되었고 매도인이 500,000kg을 선공급한 상태에서 매수인이 회생절차에 들어간 경우.

350) 그러나 회생파산법 122조 1항으로 인해, 매도인이 원치않는 계약을 강요당할 수 있다는 점은 주의해야 한다. 본문 제2장 제2절 Ⅲ. 5.

351) 같은 취지 中西正, "倒産手続における契約解除の効果", 新しい契約解除法制と倒産·再生手続, (2019), 161-163.

거절하고 있는 목적물의 점유 사이에 **유치권의 성립요건으로서의 견련관계(민법 320조 1항)가** 인정되면 또는 **상사유치권(상법 58조)이** 인정되면, 매도인은 매수인 도산절차에서 보호받을 수 있다.352) 유치권자는 도산절차에서 별제권자나 회생담보권자로 취급되어 피담보채권에 대한 우선변제권이 인정되기 때문이다(회생파산법 141조 1항, 411조). 그러나 위 사례의 경우 견련관계가 인정되기 어려울 뿐만 아니라, 매도인이 점유하는 목적물은 매도인 소유일 것이므로 애초부터 유치권이 성립할 여지가 없다.

라. 관련문제 : 민법 개정안에 따른 부동산 유치권자의 저당권설정청구권

법무부 민법개정위원회는 등기된 부동산에 대한 유치권을 폐지하고 미등기부동산을 점유한 수급인에 대해서는 저당권설정청구권을 인정하는 내용의 민법개정안을 만들었고, 법무부는 2013년 이러한 개정안을 국회에 제출한 바 있다. 그 구체적 내용은 다음과 같다.353)

---

352) 가령 수임인은 위임사무의 처리로 인하여 받은 물건을 위임인에게 인도해야 하는데(민법 684조 1항), 수임인이 위임사무의 처리에 관하여 필요비를 지출하였다면 위임인으로부터 필요비를 상환받을 때까지(민법 688조 1항) 위 물건의 인도를 거절할 수 있다. 이러한 인도거절권은 공평의 관념에 기초한 동시이행항변권을 근거로 인정될 수도 있지만, 유치권을 근거로 인정될 수도 있다. 수임인의 필요비상환채권은 수임인이 위임사무의 처리과정에서 취득한 물건의 점유와 견련관계에 있으므로 수임인은 위 필요비상환채권을 피담보채권으로 하여 위 물건에 대한 유치권을 주장할 수 있다. 위임인에 대하여 도산절차가 개시된 경우, 수임인은 공평의 관념에 기초한 동시이행항변권을 근거로 위 물건의 인도를 거절할 수는 없지만, 유치권자로서 우선변제권을 주장할 수 있다.

353) 개정안의 소개로는 권영준, "유치권에 관한 민법 개정안 소개와 분석", 서울대학교 법학 57권 2호, (2016), 139이하.

제320조(유치권의 내용)

① 타인의 동산을 점유한 자는 그 동산에 대한 비용지출로 인한 채권 또는 그 동산으로 인한 손해배상채권이 변제기에 있는 경우에는 변제를 받을 때까지 그 동산을 유치할 권리가 있다. 유가증권의 경우에도 이와 같다.

② **타인의 미등기 부동산을 점유한 자에 대해서도 제1항을 준용한다.** 이 경우 그 부동산에 제1항의 채권을 담보하기 위하여 제372조의2에 따른 저당권설정등기를 한 때 또는 저당권설정등기를 청구할 수 있는 권리가 소멸된 때에는 유치권이 소멸한다.

③ 제1항과 제2항의 규정은 그 점유가 불법행위로 인한 경우에는 적용하지 아니한다.

제372조의2(부동산 유치권자의 저당권설정청구권)

① 제320조 제2항에 의한 부동산 유치권자는 **그 부동산이 등기된 때에는 부동산 소유자에 대해서 그 피담보채권을 담보하기 위하여 그 부동산을 목적으로 한 저당권의 설정을 청구할 수 있다. 유치권이 성립한 후 부동산의 소유권을 취득한 자에 대해서도 또한 같다.**

② 제1항의 권리는 채권자가 그 부동산이 등기된 날로부터 6개월 내에 소로써 행사하지 아니하면 소멸한다.

③ 제1항에 따른 저당권은 그 채권의 변제기에 설정된 것으로 본다.

위 개정안은 국회에서 통과되지 못하였지만 이 글에서 살펴보는 쟁점('공평의 관념에 기초한 동시이행항변권이 도산절차에서도 관철되는지 여부')에 관하여 검토과제를 던져주고 있다.

위 개정안에 따르면 신축 건물로서 미등기 건물을 점유한 수급인은 ― 종전과 마찬가지로 ― 해당 건물의 공사대금채권을 피담보채권으로 한 유치권을 주장할 수 있다. 그런데 위 건물이 등기되면 수급인은 부동산 소유자에 대하여 저당권설정청구권을 행사해야 한다. 건물 등기 후 6개월 내에

소로써 저당권설정청구권을 행사하지 않으면 수급인의 저당권설정청구권은 소멸하고 유치권도 소멸한다. 이러한 **수급인의 저당권설정청구권은 도급인(등기된 부동산의 소유자)이 도산한 경우에도 도산절차와 상관없이 행사할 수 있는 권리, 즉 도산절차에 복종하지 않는 권리인가?** 공평의 관념에 기초한 동시이행항변권의 담보적 기능은 도산절차에서 관철되지 않을 수 있지만, 물권인 유치권은 도산절차에서도 별제권 또는 회생담보권으로서 관철된다. 그렇다면 **민법 개정안에 따른 부동산 유치권자의 저당권설정청구권은 공평의 관념에 기초한 동시이행항변권에 준하여 취급해야 하는가? 아니면 유치권에 준하여 취급해야 하는가?**

회생파산법상 유치권은 도산절차에서 별제권 또는 회생담보권으로 취급된다. 민법개정안에 따르면 미등기부동산의 유치권자인 수급인은 - 종전과 마찬가지로 - 도산절차에서 별제권자 또는 회생담보권자이다. 다만 민법 개정안에 따르면 해당 부동산이 등기된 경우 수급인은 '잠정적으로만' 이러한 유치권(별제권 또는 회생담보권)을 보유할 수 있다. 수급인이 유치권을 통해 확보하였던 우선변제권을 계속 유지하려면 해당 부동산에 저당권등기를 해야 한다. 민법 개정안에 따른 수급인의 저당권설정청구권은 수급인이 자신의 우선변제권을 유치권이 아니라 저당권의 형태로 확보할 수 있도록 보장해주는 도구이다. 이러한 **입법취지가 충실히 실현되려면** 도급인 도산 시에도 수급인은 저당권설정청구권을 행사할 수 있어야 한다. 민법 666조에 의한 수급인의 저당권설정청구권[354]은 도급인 도산절차에서 독자적으로 행사할 수 없는 '채권적 청구권'이다.[355] 그러나 민법개정안 372조의2에 따른 수급인의 저당권설정청구권은 **물권인 유치권에 기초한 권리**이다. 이는 민법개정안 372조의2 1항 2문이 유치권 성립 후 부동산 소

---

354) 제666조(수급인의 목적부동산에 대한 저당권설정청구권)
　　부동산공사의 수급인은 전조의 보수에 관한 채권을 담보하기 위하여 그 부동산을 목적으로 한 저당권의 설정을 청구할 수 있다.
355) 대법원 2016. 10. 27. 선고 2014다211978 판결.

유권을 취득한 자에 대해서도 저당권설정청구권을 행사할 수 있다고 규정한 점에서도 드러난다. 따라서 위 저당권설정청구권은 도급인 도산절차 내에서도 자유롭게 행사할 수 있다.

7. 선택권 행사 관련

가. 일반론

회생파산법 상 쌍방미이행 쌍무계약에 해당하면 관리인은 해당 쌍무계약을 해제(해지)하거나 그 이행을 선택할 수 있다. 이는 관리인에게 전속하는 권한이다.[356] 회생파산법 85조에 따른 보전관리인에게는 선택권이 없다. 따라서 보전관리인이 계약상대방에게 계약이행을 약속하고 일부변제를 한 경우에도, 도산절차개시 후 관리인(설령 보전관리인과 동일인이더라도)은 해당 계약을 해제(해지)할 수 있다. 보전관리인의 위 행위는 오히려 관리인에 의한 부인의 대상이 될 수 있다.

회생절차의 경우 관리인이 해제(해지)를 선택할 때 법원의 허가를 받아야 할 수 있고(회생파산법 61조 1항 4호), 파산절차의 경우 반대로 관리인이 이행을 선택할 때 원칙적으로 법원의 허가를 받아야 한다(회생파산법 492조 9호). 이행선택의 의사표시와 해제의 의사표시 모두 상대방의 수령을 요하는 무방식(無方式)의 일방적 의사표시로서, 조건에 친하지 않다. 관리인은 이미 효력이 발생한 위 의사표시를 임의로 철회할 수 없다. 이러한 의사표시는 묵시적/추단적으로 이루어질 수도 있다.

회생절차의 경우 계약상대방은 회생절차 상 관리인에게 계약의 해제(해지) 또는 그 이행의 여부를 확답할 것을 최고할 수 있다(회생파산법 119조 2항 1문). 관리인이 그 최고를 받은 후 30일 이내에 확답을 하지 않으면 관

---

356) 관리인 권한의 일부양도는 불가능하므로 관리인이 이행선택의 의사를 대리인에게 맡기는 것은 불가능하다. KPB/Tintelnot InsO, §103 Rn.209.

리인이 해제(해지)권을 포기한 것으로 본다(회생파산법 119조 2항 2문). 법원은 관리인 또는 계약상대방의 신청에 의하거나 직권으로 위 30일의 기간을 늘이거나 줄일 수 있다(회생파산법 119조 3항). 파산절차의 경우 계약상대방은 파산관재인에게 상당한 기간을 정하여 계약의 해제(해지) 또는 그 이행의 여부를 확답할 것을 최고할 수 있다(회생파산법 335조 2항 1문). 파산관재인이 그 최고를 받은 후 상당한 기간 내에 확답을 하지 않으면 해당 쌍무계약을 해제(해지)한 것으로 본다(회생파산법 335조 2항 2문). 위와 같은 계약상대방의 최고는 쌍무계약상 채무의 이행기가 아직 도래하지 않은 경우에도 가능하다.[357]

나. 선택권 행사기준 및 행사에 따른 관리인의 책임

관리인은 무엇이 도산재단에 더 유리한 결과를 가져오는지를 기준으로 선택권을 행사해야 한다. 즉 ① 도산재단에 속한 도산채무자의 계약상 급부의무의 목적물(가령 매도인인 도산채무자가 매수인에게 소유권을 이전해 주기로 한 매매목적물)을 다른 방식으로 환가하는 것보다 계약이행을 위해 투입하는 것이 도산재단에 더 유리한 경우, ② 도산재단으로부터 지출될 도산채무자 측 금전급부(가령 매수인인 도산채무자가 매도인에게 지급하기로 한 매매대금)보다 계약상대방이 이행할 반대급부의 가치가 더 큰 경우라면 관리인은 이행을 선택해야 한다.[358] 다만 위 ②와 같이 계약자체가 도산재단에 이익이 되더라도 그 계약의 이행을 거절하고 도산재단을 다른 곳에 투입함으로써 더 큰 이익을 얻을 수 있는 경우에는, 관리인은 이행을 선택하지 말고 해제를 선택해야 한다(기회비용의 고려!).[359] 관리인은 선택권 행사에 필요한 기초자료 마련을 위해 도산채무자에게 정보제공을 요구

---

357) Münchener Komm-Huber, InsO 4Aufl. (2019) §103 Rn.171.
358) Münchener Komm-Huber, InsO 4Aufl. (2019) §103 Rn.196.
359) Charles Jordan Tabb, Law of Bankruptcy, 4th ed. (2016), 807.

할 수 있다(회생파산법 79조). 나아가 관리인은 필요하다면 계약상대방에게 계약관련 정보제공을 요구할 수 있다고 봄이 타당하다.360) 관리인의 해제권 행사가 계약상대방의 이익을 현저히 침해한다면, 해제를 신의칙 및 권리남용금지원칙을 근거로 무효로 보거나, 법원이 해제권 행사를 불허함이 타당할 수 있다.361) 따라서 관리인 입장에서는 계약상대방의 사정도 청취할 필요가 있다.

관리인이 이행을 선택하였는데 도산재단 부족으로 재단(공익)채무인 도산채무자의 계약상 의무가 이행되지 못한 경우, 관리인은 선관주의의무 위반을 이유로 계약상대방에게 손해배상책임을 질 수 있다(회생파산법 82조, 361조). 그러나 이행선택 시점에서 관리인이 이러한 사태를 예견할 수 없었던 경우라면 선관주의의무 위반이 인정되기 어렵다.362) 이 문제는 이행선택의 법적 효과 부분에서 자세히 살펴본다.

다. 착오 취소 가부

관리인의 이행선택 또는 해제(해지)의 의사표시는 착오를 이유로 취소할 수 있다(민법 109조). 다만 관리인이 이행선택이나 해제(해지)의 법률효과를 잘못 이해한 경우, 계산착오의 경우(손익계산을 잘못하여 도산재단에 유리하다고 잘못 판단한 경우)에는 "법률행위의 내용의 중요한 부분"에 착오가 있다고 보기 어렵고, 표의자의 중과실이 인정될 여지가 많다.363)

① 관리인이 도산채무자 측은 이미 이행을 완료한 줄 알고 일방미이행 쌍무계약이라고 생각하여 계약상대방에게 이행을 요구하였는데, 알고 보니

---

360) Wolfgang Marotzke, Gegenseitige Verträge im neuen Insolvenzrecht, 3.Aufl. (2001), Rn.4.183.
361) 법원은 필요하다고 인정하는 때에는 회생절차 상 관리인이 해제 또는 해지를 선택할 경우 법원의 허가를 받도록 할 수 있다(회생파산법 61조 1항 4호).
362) Münchener Komm-Huber, InsO 4Aufl. (2019) §103 Rn.198 참조.
363) Münchener Komm-Huber, InsO 4Aufl. (2019) §103 Rn.206.

도산채무자 측에서 미이행한 급부가 있는 경우, 계약상대방은 관리인이 이행선택권을 행사하였다고 생각할 수 있다(의사표시의 규범적 해석: 합리적 표시수령자의 관점을 기준으로 한 해석). 이 경우 관리인이 이행선택 의사표시를 착오를 이유로 취소할 여지가 있다.364) ② 또한 관리인이 도산채무자가 일부 이행하였다고 착각하고 이행선택을 하였는데 알고 보니 도산채무자가 전혀 이행하지 않은 경우에도 "법률행위의 내용의 중요한 부분의 착오(=장차 재단채무 또는 공익채무로 인정될 계약상 채무의 범위에 관한 착오)"로서 착오취소가 허용될 여지가 있다.365) 다만 위 ①, ②의 경우 관리인의 중과실이 인정되면 ― 계약상대방이 관리인의 착오를 유발한 경우가 아닌 한 ― 결과적으로 착오취소는 허용될 수 없다(민법 109조 단서).

라. 선택권의 경합 : 계약상대방에 대해서도 도산절차가 개시된 경우

계약상대방에 대해서도 도산절차가 개시되어 관리인이 존재하는 경우, 동일한 쌍방미이행 쌍무계약에 대하여 두 명의 관리인이 선택권을 갖게 된다. 두 관리인의 의사가 동일하면 문제될 것이 없지만, 다를 경우 해당 쌍무계약을 어떻게 처리할 것인지 문제된다.

외국의 논의를 보면 이행을 선택한 관리인의 의사보다 이행거절을 선택한 관리인의 의사가 우선한다는 견해가 있는 반면,366) 반대로 이행을 선택한 관리인의 의사가 우선한다는 견해도 있다.367)

관리인이 이행을 선택하였기 때문에 계약상대방에게 계약상 채권의 강

---

364) Münchener Komm-Huber, InsO 4Aufl. (2019) §103 Rn.207. BGHZ 91, 324, 327; 109, 171, 177.

365) Münchener Komm-Huber, InsO 4Aufl. (2019) §103 Rn.208.

366) Münchener Komm-Huber, InsO 4Aufl. (2019) §103 Rn.210; Wolfgang Marotzke, Gegenseitige Verträge im neuen Insolvenzrecht, 3.Aufl. (2001), Rn.11.14-11.20 참조.

367) Jocelyne Vallansan, "SAUVEGARDE, REDRESSEMENT ET LIQUIDATION JUDI-CIAIRES ― Continuation des contrats en cours ― Généralités", JurisClasseur Procédures collectives Fasc.2335, n°53, (2018).

제이행을 청구할 수 있는 것은, 계약상대방에 대하여 도산절차가 개시되지 않았음을 전제로 한다. 계약상대방에게 도산절차가 개시되었다면 관리인의 계약상대방에 대한 채권도 ― 계약상대방의 도산채무자에 대한 계약상 채권과 마찬가지로 ― 더 이상 강제이행을 할 수 없게 된다. 관리인이 이행선택을 하였다고 해서 이러한 도산법 법리를 넘어설 수 없다. 계약상대방의 관리인이 해제(해지)를 선택하였다면 이 의사가 우선한다고 보아야 한다. 이행선택을 하고 그에 따라 자신의 계약상 채무를 이행할 준비를 하고 있던 관리인은, 계약상대방에 대하여 도산절차가 개시된 경우, 상대방 관리인의 해제(해지)에 대비하여 해제에 따른 손해배상채권을 신고할 수 있다.368)

Ⅲ. 효과론1 : 관리인이 이행을 선택한 경우

1. 이행선택의 효과 및 취지

관리인이 이행을 선택하면 계약상대방의 채권369)은 재단(공익)채권이 된다.370) 위 조항은 두 가지 역할, 즉 ① 도산재단의 이익을 위해 계약관계를

---

368) Münchener Komm-Huber, InsO 4Aufl. (2019) §103 Rn.210.

369) 채무자의 보증인이 계약상 채무 중 일부를 이행한 후 채무자의 관리인이 이행선택을 하였다면, 계약상대방이 아니라 보증인이 변제자대위를 통해 재단(공익)채권을 행사할 수 있다.

370) 도산채무자인 매수인이 중도금을 납부하지 않고 있다가 잔금지급기일이 도과하였고 그 후 도산절차가 개시된 경우, 도산채무자인 매수인의 중도금+중도금에 대한 지연손해금(중도금 지급기일 다음날부터 잔금지급기일까지 발생)+잔금 지급의무와 매도인의 소유권이전등기의무가 동시이행관계에 놓인다. 따라서 이 경우 관리인의 이행선택으로 중도금+중도금에 대한 지연손해금+잔금채권 모두가 재단(공익)채권이 된다.
교환계약에 따른 도산채무자의 교환목적물 소유권이전의무가 이행불능이 된 경우, 해당 계약의 운명은 1차적으로 계약상대방이 결정한다. 계약이 해제되지 않고 계약상대방이 이행불능에 따른 손해배상만을 청구한 경우, 계약상대방의 교환목적물 소유권이전의무와 도산채무자의 손해배상의무(이행불능 당시 목적물 시가 상당액의

실행하는 역할과 ② 동시이행 항변권의 담보적 기능에 기초하여 계약상대
방을 보호하는 역할을 한다. 이행선택이 도산재단에 도움이 되지 않음이 명
백함에도 불구하고 관리인이 이행선택을 하였다면, 관리인은 도산재단에 대
하여 선관주의의무 위반에 따른 손해배상책임을 부담할 뿐만 아니라, 해당
이행선택 자체가 — 권리남용금지 원칙을 근거로 — 무효가 될 수 있다.371)

원래 계약상대방의 채권은 동시이행항변권이 부착된 파산(회생)채권이
다. 그런데 도산재단 입장에서 동시이행항변권이 부착된 채권을 실현하려
면 — 별제권의 목적의 환수(회생파산법 492조 14호)와 마찬가지로 — 관
리인이 계약상대방에 대한 의무를 이행해야만 한다. 이러한 측면에서 계약
상대방의 채권은 이행선택 관련 규정이 없더라도 '사실상' 재단(공익)채권
이라고 볼 수 있다. 이행선택권은 이처럼 '사실상' 재단(공익)채권성을 갖
는 파산(회생)채권을 '법률상' 재단(공익)채권으로 변화시키는 형성권이다.

도산채무자의 계약상대방에 대한 채권 관련 인적담보와 물적담보는 관
리인의 이행선택 후에도 종전과 마찬가지로 존속한다.372)

2. 이행선택의 의사표시

이행선택의 의사표시는 상대방의 수령을 요하는 일방적 의사표시로서
철회할 수 없고, 조건에 친하지 않다.373) 그러나 (착오 등을 이유로) 취소할
수 있다.374) 원 계약이 요식행위인 경우에도 이행선택의 의사표시는 요식
행위가 아니다.375) 관리인이 이행선택을 한 뒤 — 이행선택의 의사표시가

손해배상의무)는 동시이행관계에 있다. 이 경우 관리인이 이행/해제를 선택할 수 있
다. 관리인이 이행을 선택하면 위 손해배상채권은 재단(공익)채권이 된다.
371) KPB/Tintelnot InsO, §103 Rn.258.
372) KPB/Tintelnot InsO, §103 Rn.325-326.
373) KPB/Tintelnot InsO, §103 Rn.214.
374) KPB/Tintelnot InsO, §103 Rn.225.
375) Münchener Komm-Huber, InsO 4Aufl. (2019) §103 Rn.154.

적법하게 취소되지 않은 상태에서 – 부인권을 행사하는 것은 허용되지 않는다.376) 이행선택에 따라 계약이 도산절차 내에서 실현되는 것으로 확정되었기 때문이다.

이행선택은 묵시적 또는 추단적 의사표시를 근거로 인정될 수도 있다. 그러나 관리인의 단순한 침묵이나 부작위를 – 가령 도산채무자가 계약상대방으로부터 도산절차개시 후 일부급부를 수령받는 것을 관리인이 묵인한 경우 – 이행선택으로 해석하는 것에는 신중할 필요가 있다. 특히 계약상대방의 최고에 대하여 관리인이 확답을 하지 않으면 계약을 해제(해지)한 것으로 보는 파산절차에서는(회생파산법 335조 2항) 관리인의 추단적, 묵시적 의사표시를 근거로 이행선택을 인정하는 것에 신중해야 한다. 또한 관리인이 계약을 적법하게 해제한 경우, 관리인의 해제 의사표시를 근거로 관리인이 해제에 따른 원상회복의무의 이행선택까지 했다고 단정할 수 없다.377) 계약해제 후 발생하는 쌍방원상회복의무와 관련하여 관리인은 이행선택을 할 수도 있지만, 이행거절을 통해 쌍방원상회복의무의 법률관계를 단일한 금전채권으로 청산하는 방법을 선택할 수도 있다.

3. 이행선택권과 부인권

관리인이 이행선택을 하면 어차피 재단(공익)채권이 될 계약상대방의 채권에 대하여 도산절차 개시 전에 채무자가 일부이행을 하였고 이후 관리인이 실제로 이행선택을 한 경우, 위 변제를 재단(공익)채권에 대한 변제와 동일하게 취급하여 부인권의 대상에서 제외시킬 수 있는가? 독일판례 중에는 제외할 수 없고 부인권의 대상이 된다고 본 것이 있다.378) 변제 당시 변

---

376) Wolfgang Marotzke, Gegenseitige Verträge im neuen Insolvenzrecht, 3.Aufl. (2001), Rn.7.131; Charles Jordan Tabb, Law of Bankruptcy, 4th ed. (2016), 839.

377) Münchener Komm-Huber, InsO 4Aufl. (2019) §103 Rn.157.

378) BGHZ 89, 189{수급인이 도산 전에 도급인에게 도급계약에 따른 급부의무 중 일부

제를 수령한 계약상대방은 일반채권자에 불과하였기 때문이다. 그러나 −
관리인의 이행선택 시 **계약의 분할이 인정되어** 계약상대방의 기존채권이
여전히 도산채권에 머무는 경우가 아니라면[379] − 위와 같은 채무자의 변
제는 원칙적으로 부인의 대상이 되지 않는다고 봄이 타당하다. 어차피 재
단(공익)채권이 될 채무를 이행한 것이므로 편파행위/사해행위에 해당한다
고 보기 어렵기 때문이다.[380] 부인권의 대상이 된다고 본 위 독일판례는
부인대상 행위로 인해 도산채권자가 상계권을 취득한 상황에서 이러한 상
계의 효력을 인정할 것인지가 문제된 '특수한' 사안으로서, 이러한 배경을
사상(捨象)한 채 판례의 결론만을 일반화하기는 어렵다.

를 이행한 사안이다, 도급인은 수급인에 대하여 종전부터 채권을 갖고 있었는데, 도
급인은 위 채권과 수급인의 급부의무 이행에 따른 도급대금 채권을 상계하였다. 이
에 대하여 수급인의 관리인은 − **상계의 효력을 부정하기 위해** − 수급인의 급부의무
일부이행은 부인권의 대상이 된다고 주장하였다. 위 사안에서 수급인의 급부의무 일
부이행의 효력이 부인되면, 도급인은 더 이상 공사대금 지급채무를 부담하지 않고
기(旣)시공 부분 관련 부당이득반환의무를 부담하게 된다. 부당이득반환의무는 수급
인 도산 '후'에 발생한 것이므로 상계의 수동채권이 될 수 없다. 독일도산법은 이러
한 사정을 고려하여 아예 도산채권자가 부인할 수 있는 법적 행위에 의해 상계권을
취득한 경우를 상계금지 사유로 정하고 있다(96조 1항 3호). 즉 **부인권을 굳이 행사
하지 않더라도** 부인할 수 있는 행위라는 점이 인정되면 곧바로 상계의 효력이 부정
된다}. 위 판례에서 계약상대방인 도급인의 상계를 금지한 결론자체는 타당하다. 그
러나 이러한 결론은 도산채무자가 위기시기에 **상계의 수동채권을 '인위적'으로 발생
시켰다**는 점에서 찾아야 한다. 부인대상행위라고 봄으로써 이러한 결론에 도달하는
것은 부당한 근거설정(Begründung)이다.

379) 가령 도급인이 도산하기 전에 수급인이 기(旣)시공한 부분(전체 건축물 중 일부)에
대한 공사대금을 지급한 경우.

380) 같은 취지 In re Kiwi Intern. Air Lines, Inc., 344 F.3d 311, 318(3d Cir. 2003)(관리인
이 이행을 선택한 계약과 관련하여 도산절차개시 전 채무자가 계약상대방에게 지급
한 대금은 편파행위 부인의 대상이 되지 않는다).

4. 이행선택 후 동시이행관계의 존속여부

관리인의 이행선택으로 계약상대방의 채권이 재단(공익)채권이 된 후에 도 이러한 재단(공익)채권과 도산채무자의 계약상 채권 사이의 동시이행관 계는 존속하는가? 존속한다고 보아야 한다.[381] 또한 계약상대방은 불안의 항변권(민법 536조 2항)도 행사할 수 있다.[382] 평시 계약상 법률관계가 변 형될 이유가 없기 때문이다. 동시이행관계의 존속을 허용하면 계약상대방 의 채권은 다른 재단(공익)채권들과 비교할 때 사실상 최우선순위에 놓이 게 된다. 만약 동시이행관계가 소멸한다면, 계약상대방은 도산재단 부족에 도 불구하고 자신의 계약상 의무는 전부 이행하고 재단(공익)채권인 자신 의 계약상 채권은 다른 재단(공익)채권들과 안분변제를 받아야 한다. 회생 파산법에는 관리인의 이행선택 시 관리인으로 하여금 계약상대방에 대한 채무이행을 담보/보증하도록 강제하는 장치가 없다. 따라서 계약상대방의 위와 같은 위험은 가급적 두텁게 보호해야 한다. 뒤에서 살펴보는 것처럼 도산해지조항의 효력을 원칙적으로 부정한다면, 계약상대방은 도산채무자 측의 채무불이행 위험으로부터 스스로 벗어나기 어려우므로 계약상대방에 대한 채무이행의 보장은 확실히 이루어지는 것이 바람직하다.

---

381) 같은 취지 임치용, "회사정리절차와 쌍무계약", 파산법연구, (2004), 310; 서경환, "회 사정리절차가 계약관계에 미치는 영향", 재판자료86, (2000), 653; 栗田隆, "破産法と 双務契約・片務契約の終了 - 破産手続開始前に解除された双務契約及び使用貸借契約を 中心にして -", 関西大学法学論集65-1, (2015), 10(나아가 관리인이 해제를 선택하여 쌍방원상회복의무가 문제된 경우에도 동시이행관계가 존속한다고 본다); 伊藤眞, 破 産法・民事再生法, 4版, (2018), 341의 각주 182; 条解 破産法, 2版, (2016), 1029.

382) 동시이행관계에 있는 급부 중 일부를 계약상대방이 '선이행'하기로 약정하였는데 이 를 이행하지 않다가 도산절차가 개시되었고 관리인이 이행선택을 한 경우, 계약상대 방은 더 이상 불안의 항변권을 행사할 수 없다고 볼 여지가 많다. 계약상대방의 채권 은 재단(공익)채권이 되었고, 도산재단 입장에서 위 의무를 이행하는 것이 유리하고 의무를 이행할 여력이 있다고 판단하여 관리인이 이행선택을 하였을 것이기 때문이 다. 그러나 도산재단부족을 이유로 재단(공익)채권도 이행할 수 없는 상황이 되었다 면, 계약상대방은 다시 '불안의 항변권'을 행사할 수 있다.

다만 이 문제는 입법론의 관점에서는 아래와 같이 해결하는 것이 체계적이다. 쌍방미이행 쌍무계약의 동시이행관계는 도산절차에서 자동적으로 보장되지 않고, 관리인이 이행선택을 한 경우에만 보장된다. 그런데 도산절차 진행 중 도산재단이 부족하여 재단(공익)채권을 변제하기도 충분하지 못한 상황이 도래하면, 이는 도산절차 내에서 또 다른 도산상황이 발생한 것이다. 따라서 재단(공익)채권자들만을 대상으로 한 2차 도산절차가 개시되어야 한다. 그리고 2차 도산절차 내에서 쌍방미이행 쌍무계약 상 동시이행관계를 관철할 것인지 아니면 계약관계를 단일한 금전손해배상채권으로 청산할 것인지를 **관리인이 한 번 더 선택**해야 한다. 관리인이 2차로 이행선택을 한 경우에 한해 재단(공익)채권과 도산채무자의 채권 사이의 동시이행관계를 인정하고 계약상대방의 채권을 사실상 최우선 순위 재단(공익)채권으로 인정해야 한다.383) 관리인이 이행선택을 하지 않고 이행거절을 하였다면 계약상대방의 금전손해배상채권을 다른 재단(공익)채권들과 동순위로 안분변제하는 것이 타당하다. 관리인이 이행거절을 한 경우 계약상대방으로서는 관리인에게 선관주의의무 위반을 이유로 한 손해배상책임을 물을 수도 있다. 이러한 불행한 사태는 회생이 어려운 기업에 대하여 무리하게 회생절차를 진행시키는 경우 발생할 수 있다. 회생이 어려운 기업에 대해서는 신속히 파산절차를 진행해야 한다. 또한 회생절차에서 관리인이 이행을 선택하는 경우에도 법원의 허가를 거치도록 함으로써, 무리한 이행선택으로 인한 법률관계의 혼란을 막아야 한다.384)

---

383) 입법정책적 측면에서는 현 회생파산법 상 최우선순위 재단(공익)채권자와 동순위로 보는 방법도 생각해 볼 수 있다. 즉 회생절차에서는 회생파산법 180조 7항에 따라 공익채권 중에서 최우선변제권이 인정되는 신규자금채권자와 동순위로 볼 수 있고, 파산절차에서는 회생파산법 477조 3항에 따라 재단채권 중에서 최우선변제권이 인정되는 신규자금채권자 및 임금채권자와 동순위로 볼 수 있다.

384) 본문 제2장 제2절 Ⅲ. 8. 참조.

5. 계약상대방이 일부 선(先)이행한 경우 관리인의 이행선택으로 재단(공익)채권이 되는 범위 : 계약중심적 사고 vs. 도산중심적 사고

가. 문제의 제기

물건 100개를 1,000원에 매도하는 계약이 체결되었고 물건 100개의 인도와 1,000원의 지급은 동시이행관계에 있는데, 매도인이 90개의 물건을 선인도한 상태에서 매수인이 도산한 경우, 매수인 측 관리인이 이행을 선택하면 1,000원 전액이 재단채권(공익채권)이 되는가, 아니면 관리인의 이행선택에 따라 '도산재단'이 수령하는 10개의 물건에 대한 매매대금 100원만 재단채권(공익채권)이 되는가? 이는 계약의 분할을 인정할 것인지와 관련된 문제로서 선뜻 답하기 어려운 문제이다. 평시 매도인이 1,000원을 지급받을 때까지 10개의 물건 인도를 거절할 수 있다는 점을 고려하면, 1,000원 전액을 재단채권(공익채권)으로 봄이 타당하다. 그러나 매도인의 채권 중 재단채권(공익채권)이 되는 부분은 도산재단 확충에 기여한 대가에 한정된다[385]고 보면 도산재단이 수령한 10개의 물건 대금에 상응하는 100원만 재단(공익)채권이 된다. 전자는 평시 계약법 법리를 존중한다는 점에서 '**계약중심적 사고**'이고, 후자는 이행선택에 따른 계약은 종전 계약과 다른 측면 — 관리인이 도산재단 극대화를 위해 10개의 물건에 대하여 매도인과 새롭게 계약을 체결한 것과 마찬가지이다 — 이 있다는 점을 강조하는 '**도산중심적 사고**'이다. 계약중심적 사고는, 계약당사자들은 1개의 계약을 체결한 것이므로 인위적(!)으로 계약을 분할할 수 없고, 계약의 분할을 인정하면 계약상대방은 자신이 결코 체결하지 않았을 내용의 계약에 구속되므로 부

---

385) 도산재단 확충에 대한 대가에 우선권을 부여하지 않으면, 신용도가 낮아진 채무자가 거래계에서 배척되어 채무자의 회생에 필요한 최소한의 거래조차 불가능해진다. 이러한 상황을 막기 위해 동시교환거래는 부인권 행사대상에서 제외된다(대법원 2018. 10. 25. 선고 2017다287648, 287655 판결).

당하다고 주장한다. 가령 위 사안에서 계약체결 당시 매도인의 의사(意思)
가 1,000원을 지급받지 않으면 100개의 물건을 매도하지 않았을 것임이 분
명하다면,386) 매도인으로 하여금 100원만 받고 나머지 대금은 도산채권으
로 만족을 받으면서 10개의 물건을 공급하라고 강요할 수 없다.387) 이를
강요하면 사적자치 원칙의 일종인 계약내용 결정의 자유를 침해하게 된
다.388) 이에 반해 도산중심적 사고는 도산재단의 보호/채무자 회생 촉진을
위해 계약을 쪼갤 수 있고, 계약상대방은 채무자의 무자력 위험을 감수하
고 자신의 의무를 일부 선이행한 것이므로 ― 즉 일종의 신용거래를 한 것
이므로 ― 계약을 쪼갠다고 해서 계약상대방에게 불공평하지 않음을 강조
한다. 계약중심적 사고와 도산중심적 사고 중 무엇을 더 강조할 것인가? 만
약 모든 사안에서 일관되게 계약중심적 사고를 관철하거나 도산중심적 사
고를 관철하는 양자택일식 해법이 아니라, 문제유형별로 사안의 특성을 고
려해 달리 판단해야 한다면 유형화의 기준은 어떻게 설정하는가?

　이 문제를 살펴보기 전에 한 가지 유의할 점이 있다. 이 논의는 어디까
지나 **계약의 개수가 1개로 확정된 상황을 전제**로 한다. 만약 계약의 해석
을 통해 계약의 개수가 복수로 확정된 상황이라면 개별계약마다 관리인이
독립적인 선택권을 행사할 수 있기 때문이다.

나. 판례의 입장 : 도급계약의 경우

　판례는 도급인에 대하여 회생절차가 개시되었고 관리인이 이행을 선택
한 경우 기발생 공사대금채권과 관련하여 계약중심적 사고를 따른다.

---

386) 원래 물건 1개의 단가는 20원인데 매수인이 물건을 대량 구입하였기 때문에 특별히
　　매매대금을 감액해 준 상황이라면, 계약상대방은 계약을 일체로 취급한 것이다.
387) 계약의 분할을 인정하면 계약상대방은 기이행 일부급부관련 반대급부 전액을 받지
　　못하였다고 해서 잔존급부의 이행을 거절할 수 없다. 평시라면 가능하였을 공평의
　　관념에 기한 동시이행항변권도 관철되지 않는다.
388) Jan Felix Hoffmann, "Vertragsbindung kraft Insolvenz? ― Lösungsklauseln und
　　Vertragsspaltungen im Kontext der §§103ff. InsO ―", KTS 2018, 372.

　　"공사도급계약에 있어서 **기성고에 따라 대금을 지급받기로 하는 약정이 있다고 하더라도 수급인이 완성하여야 하는 공사는 원칙적으로 불가분**이 므로(대법원 2003. 2. 11. 선고 2002다65691 판결 참조) 도급계약에서 정한 공사가 일부 이루어졌고 그 기성공사부분에 대하여 수급인에게 대금청구권이 발생한 경우에도 전체 공사가 끝나지 않았다면 그 기성공사부분을 따로 떼어내 그 부분에 대한 수급인의 채무가 이행완료되었다고 할 수 없는 것인바, 기성공사부분에 대한 대금을 지급하지 못한 상태에서 도급인인 회사에 대하여 회사정리절차가 개시되고, 상대방이 정리회사의 관리인에 대하여 회사정리법 제103조 제2항에 따라 계약의 해제나 해지 또는 그 이행의 여부를 확답할 것을 최고했는데 그 관리인이 그 최고를 받은 후 30일 내에 확답을 하지 아니하여 해제권 또는 해지권을 포기하고 채무의 이행을 선택한 것으로 간주될 때에는 **상대방의 기성공사부분에 대한 대금청구권은 같은 법 제208조 제7호에서 규정한 '법 제103조 제1항의 규정에 의하여 관리인이 채무의 이행을 하는 경우에 상대방이 가진 청구권'에 해당하게 되어 공익채권으로 된다.**" (대법원 2004. 8. 20. 선고 2004다3512, 3529 판결)

　　판례에 따르면 도급인에 대하여 회생절차가 개시되더라도 도급계약은 일체성을 유지하고 도급계약상 공사대금채권 전부가 공익채권이 된다. 이러한 판례에 대해서는 ① 회생절차개시 시점을 기준으로 공사를 전부이행한 수급인과 일부이행한 수급인을 달리 취급하는 것은 불공평한 점,389) ② 판례처럼 보면 자금부족으로 회생절차의 원활한 진행이 어려울 수 있는 점390) 등을 근거로 기이행부분에 대한 공사대금채권은 회생채권으로 보는

---

389) 김영주, 도산절차와 미이행 쌍무계약 – 민법·채무자회생법의 해석론 및 입법론 –, (2020), 293. 그러나 이러한 근거가 타당한지는 의문이다. 공사대금을 지급받지 않은 채 공사를 전부이행한 수급인은 자신의 동시이행항변권(더 나아가 유치권까지)을 '스스로 포기'한 것이므로 보호필요성이 떨어진다고 말할 수 있기 때문이다.

390) 회생채무자의 자금운용에 지장을 초래하는 것을 막기 위해 실무에서는 관리인이 수

견해(도산중심적 사고)도 유력하다.391) 공사대금채권이 회생채권이더라도 수급인이 유치권자라면 회생담보권을 주장할 수 있음은 물론이다(회생파산법 141조 1항).

다. 검토 : 도산중심적 사고를 '조금 더' 강조하는 유형화

위 쟁점은 **계약법 법리와 도산법 법리가 충돌**하는 어려운 문제이다. 외국의 논의를 보더라도 하나의 정답이 있지 않다. 가령 미국 연방도산법은 계약법 법리, 즉 계약의 일체성을 강조한다. 미국 연방도산법에 따르면 관리인은 이행선택을 하려면 기존 미이행 채무를 이행하거나 이행을 위한 담보를 제공해야 한다{§365(b)(1)(A)}.392) 나아가 종전에 채무자의 채무불이행이 있었다면 관리인은 '장래이행'에 대한 '담보'를 제공해야만 이행선택을 할 수 있다{§365(b)(1)(C)}. 계약에 따른 이행이 이루어질 것이라는 계약상대방의 기대를 보호하는 것이 매우 중요한 경우에는, 장래이행에 대한 보장을 요구하는 차원을 넘어 아예 관리인이 계약인수/이행선택을 하지 못할 수 있다{가령 금전소비대차계약의 차주 도산 시 차주의 관리인은 금전소비대차계약을 인수하지 못한다. §365(c)(2)}.393) 이에 반해 독일도산법은 도산법 법리를 강조하여 계약의 분할을 인정한다. 독일도산법에 따르면, 계약상 급부와 반대급부가 모두 가분(可分)적이고 도산절차개시 전에 계약상대방이 자신의 의무 중 일부를 이미 이행한 경우, – 도산관리인이 이행을

급인과 개별적으로 접촉하여 공사대금채권의 감면 내지 유예에 관한 합의를 도출한 후 자금수지에 이를 반영한 회생계획안을 입안하는 경우도 있다고 한다. 서울회생법원 재판실무연구회, 회생사건실무(상), 5판, (2019), 502.

391) 오민석, "건설회사의 회생절차에 관한 소고", 도산관계소송, 재판실무연구(5), (2009), 98-100.

392) 따라서 임차인 도산시 관리인이 이행을 선택하면 도산절차개시 전 연체차임도 공익(재단)채권으로 변제해야 한다.

393) 또한 계약의 일신전속성 또는 계약상대방 고정에 대한 계약당사자(도산채무자의 계약상대방)의 합리적 기대가 존재하는 경우 그러한 기대보호를 위해 관리인이 이행선택을 하지 못할 수도 있다{§365(c)(1), (3)}.

선택하더라도 － 기이행급부에 상응하는 계약상대방의 채권은 도산채권이
다(독일도산법 105조 1문). 계약상대방은 자신의 기이행 일부급부에 상응
하는 반대급부(도산채권)가 이행되지 않았다는 이유로, 자신이 도산채무자
에게 이미 일부 급부한 것을 도산재단으로부터 반환하라고 청구할 수 없다
(독일도산법 105조 2문). 즉 계약당사자의 '의사'와 상관없이 계약상 급부
와 반대급부가 가분적이라는 '객관적 요건'[394]이 충족되면 계약의 분할이
인정된다.

　도산절차의 목적이 아무리 중요하더라도 계약상대방에게 원치 않는 계
약내용을 강요하는 것은 '법적 근거'가 없는 한 허용할 수 없다. 계약의 분
할을 허용하지 않으면 도산재단으로부터 나온 이익이 도산채권자들을 위
해 사용되지 않고 특정 계약상대방의 이익을 위해 사용되는 결과가 된다.
계약상대방이 선이행한 급부는 도산재단에 남아있지 않을 수 있기 때문이
다. 이러한 결과가 도산재단 입장에서 바람직하지는 않지만, 그렇다고 해서
계약상대방의 사적자치를 침해하는 것이 정당화될 수는 없다.

　계약의 분할을 강조하는 견해는, 기이행급부에 관해서는 이행선택이 없
더라도 － 해제권 구성이 아니라 이행거절권 구성을 전제로 － 계약상대
방이 도산채권을 행사할 수 있는데 이행선택을 하였다고 이 부분이 재단채
권이 된다면 이는 이행선택의 취지와 배치된다고 주장한다.[395][396] 그러나

---

394) 가분급부라는 개념을 어떻게 정의할 것인지 논란이 있을 수 있다. 계약상 급부를 물
　　리적으로 나눌 수 있다면 가분급부에 해당한다고 볼 수도 있고, 물리적으로 나눌 수
　　있을 뿐만 아니라 각 개별급부가 독립적이고 전체급부와 단지 양적으로만 구별할
　　수 있는 경우 － 각 개별급부가 **작은 전체(kleine Ganze)**'인 경우 － 에만 가분급부에
　　해당한다고 볼 수도 있다. 후자와 같이 가분급부를 엄격하게 인정한다면, 대량으로
　　물건을 구입하였기 때문에 단가를 정가(定價)보다 싸게 책정한 경우 － 즉 1개씩 팔
　　때에는 개당 100원인데, 100개를 한꺼번에 팔았기 때문에 개당 50원에 판 경우 －
　　가분급부가 아니다.

395) Münchener Komm-Huber, InsO 4Aufl. (2019) §103 Rn.47.

396) 가령 도급계약 사안에서 이행선택에 부담을 느낀 관리인은 도급계약의 '해지'를 선

이는 동어반복 논증에 불과하다. 이행선택 후 계약상대방의 지위는 이행거절 후 계약상대방의 지위와 비교해서는 안되고, 평시 계약상대방의 지위와 비교해야 한다. 물건을 수령하지도 않고 대금 일부를 먼저 지급한 매수인 - 동시이행항변권을 스스로 포기한 매수인 - 을 군이 보호할 필요가 없다는 도산중심적 사고의 지적은 일면 타당하다. 그러나 **위 논거가 매수인에게 자신의 의사에 반하는 계약내용을 수인하도록 강요하는 근거가 될 수는 없다.** 매도인의 관리인에게는 계약전체를 이행하거나, 현 상태에서 계약상 법률관계를 단일한 금전채권으로 청산하거나 둘 중 하나의 선택지만 부여하면 충분하다. 제3의 길(계약의 분할)이 도산재단에 더 도움이 되더라도 **법적 근거도 없이** 계약상대방의 사적자치를 침해하면서까지 그 길을 선택할 수는 없다. 회생파산법 122조(계속적 급부를 목적으로 하는 쌍무계약)는 바로 제3의 길에 관한 법적 근거규정이다. 위 규정에 따르면 채무자에 대하여 계속적 공급의무를 부담하는 쌍무계약의 상대방은 회생절차개시신청 전의 공급으로 발생한 회생채권 또는 회생담보권을 변제하지 아니함을 이유로 회생절차개시신청 후 그 의무의 이행을 거부할 수 없다. 이 조문은 관리인이 이행선택을 하더라도 회생절차개시신청 전 공급 관련 채권은 회생채권임을 전제하고 있다. 위 규정의 요건에 해당하면, 계약상대방에게 원치 않는 계약내용을 강요하더라도 계약의 분할이 인정될 수 있다.

그렇다면 회생파산법 122조가 적용되는 상황 이외의 상황에서는 구체적으로 어느 경우 계약의 분할이 인정할 것인가? 아래에서는 사안유형을 3개로 나누어 살펴본다.

택하고 기존 공사대금은 '도산채권'으로 변제한 뒤, 잔존공사에 관하여 수급인과 새로운 계약을 다시 체결할 수 있다는 것이다. 그러나 이러한 해지권 행사는 **공사대금채권 일체를 공익채권으로 보는 취지를 잠탈**하는 것이다. 판례처럼 공사대금채권 일체를 공익채권으로 본다면, 관리인이 위와 같은 목적에서 해지권을 행사하는 것은 신의칙/권리남용금지원칙을 근거로 불허함이 수미일관하다. 본문 제2장 제2절 IV. 4. 사. 참조

1) 유형① : 채무자(관리인)가 특정물/종류물(금전채무 제외) 채무나 하는 채무를 부담하는 경우

이 경우 채무자의 급부의무가 물리적으로 가분적이더라도 ⓐ 급부의무의 대상(對象)이 독립적이지 않고 상호 의존적이거나, ⓑ 독립적이더라도 계약을 일체로 취급하려는 계약당사자들의 의사가 명확하다면, 계약의 분할을 인정할 수 없다. 가령 도산채무자인 매도인이 집과 차고를 양도하기로 하였고 매수인이 매매대금 일부를 지급한 상황에서 매도인에 대하여 도산절차가 개시된 경우, 원칙적으로 계약의 분할을 인정할 수 없다. 관리인이 이행을 선택하였다면 관리인은 집과 차고 모두를 재단(공익)채무로서 양도해야 한다.

도산채무자인 매도인이 중고차 두 대를 200에 매도하기로 하고 매수인으로부터 100을 받은 후 매도인에 대하여 도산절차가 개시된 경우 통상적으로는 계약의 분할이 인정될 것이다. 즉 매도인의 관리인이 이행을 선택하면 중고차 1대 급부의무를 재단(공익)채무로서 부담하고, 매수인의 기이행 급부 100에 상응하는 중고차 1대 급부의무는 파산(회생)채무로서 부담한다. 그러나 해당 중고차 두 대가 세트로 판매되는 역사적 기념품이고 1대만으로는 기념품으로서의 가치가 현저히 떨어지는 등의 특수한 사정이 존재한다면, 관리인은 이행선택 시 중고차 2대 급부의무를 재단(공익)채무로서 부담해야 한다.

2) 유형② : 채무자(관리인)가 금전채무를 부담하는 경우

이 경우에는 계약의 분할을 인정할 여지가 크다. 계약의 분할을 인정하더라도 계약상대방 입장에서 원치 않는 계약체결을 강요당했다고 보기 어렵기 때문이다.[397] 관리인의 이행선택 시 계약의 분할이 인정되면 평시에

---

397) 다만 채무자(관리인)가 이행해야 할 계약상 급부가 금전채무인 경우에도 계약상대방이 부담하는 급부가 그의 인적(人的) 성격이 강한 급부라면, 계약의 분할을 인정하는

인정되던 동시이행항변권보다 협소한 범위의 동시이행항변권만 관철되는 것이다. 그런데 계약상대방의 선이행 급부에 상응하는 대금지급의무와 계약상대방의 잔존급부의무 사이의 동시이행관계가 '고유의 견련관계'가 아닌 **'공평의 관념'**에 기초하여 인정되는 동시이행관계에 불과하다면, 이러한 동시이행항변권은 채권자평등주의가 적용되는 도산절차에서 관철되지 않을 수 있다.[398]

　매도인이 물건 100개를 팔기 때문에 1개 당 단가를 10원으로 깎아 준 것이고 원래 1개 당 단가는 50원인 경우처럼 계약당사자의 의사를 기초로 계약의 일체성을 인정할 수 있는 경우는 어떠한가? 위 사안에서 계약의 분할이 인정되면, 매도인이 60개를 선공급한 후 매수인에 대한 도산절차가 개시되고 매수인의 관리인이 이행선택을 한 경우, 매도인은 잔존 40개에 해당하는 매매대금(400)만 제대로 지급받고 선(先)공급한 60개의 매매대금(600)은 회생채권으로 만족을 얻는데 그친다. 이 경우 매도인은 원치 않는 계약체결을 강요당한 것인가? 매도인 입장에서 100개가 아니라 40개만 파는 경우 1개 당 10원보다 비싸게 팔았을 것이므로, 관리인이 400원을 지급할 테니 40개를 인도하라고 요구하면 원치 않는 계약체결을 강요하는 것이다. 이행선택 시점에서 매도인이 40개를 400원에 파는 거래를 제3자와 체결할 의향이 있는 상황은 별론으로 하고, **매도인이 그러한 거래를 관리인뿐만 아니라 다른 누구와도 할 의향이 없음이 분명한 상황**이라면 계약당사자의 계약자유는 침해된다.[399] 이 경우 매매대금 1,000원과 매매목적물

　것이 부당할 수 있다. 가령 계약상대방이 부담하는 급부의무가 화가로서 그림을 그려서 해당 작품을 인도할 의무라면, 화가가 일부이행을 마친 후 상대방 계약당사자가 도산절차에 들어갔고 이어서 관리인이 이행선택을 하였다고 해서 화가에게 잔존 작업의 대가만 재단(공익)채권으로 지급하고 계약을 이행하라고 강요할 수 없다. KPB/Tintelnot InsO, §105 Rn.34. 이 경우 애초부터 화가의 급부의무는 불가분이라고 볼 수도 있다.

398) 본문 제2장 제2절 II. 6.
399) Jan Felix Hoffmann, "Vertragsbindung kraft Insolvenz? – Lösungsklauseln und

100개는 **일체로 고려된 것이므로, 기이행급부에 상응하는 매매대금 600원과 잔존 매매목적물 40개 사이에 고유한 의미의 견련성이 없다고 볼 수 없다.** 기이행급부에 상응하는 매매대금이라는 개념자체가 성립할 수 없다고 봄이 적절하다. 이 경우 계약의 분할을 허용하는 것은 부당하다. 참고로 위 사안에서 계약의 분할을 인정하지 않더라도 관리인이 이행거절을 하면[400] 매도인은 계약이 분할된 것과 비슷한 결과를 감수해야 한다. **도산절차에서 매도인은 새롭게 계약의 해제를 주장할 수 없기 때문**이다. 즉 매수인의 관리인이 이행을 거절하면, 매도인은 기이행 급부 60개를 원상회복받을 수 없고 손해배상채권을 행사할 수밖에 없다. 이 경우 매도인의 손해는 {매매계약이 이행되었더라면 그가 얻었을 이익(= 매매대금 5,000 − 매매목적물 100개의 시가)과 기이행 급부를 원상회복받지 못하여 입는 손해(= 60개의 시가)}를 합산한 금액이다. 즉 매도인은 매매대금 총액에서 미이행 급부 40개의 시가상당액을 공제한 금액을 손해배상으로 청구할 수 있다. 이 손해배상채권은 도산채권이다. 그러나 이러한 사정과 이행선택 시 계약의 분할을 인정할 것인지 여부는 무관하다.

다만 **건설도급계약**에서 도급인이 도산한 경우에는 계약의 분할을 일반적으로 인정할 여지가 있다.[401] (a) 민법 673조(완성전의 도급인의 해제권)는 "수급인이 일을 완성하기 전에는 도급인은 손해를 배상하고 계약을 해제할 수 있다."고 규정하고 있다. 또한 (b) 민법 674조(도급인의 파산과 해

Vertragsspaltungen im Kontext der §§103ff. InsO ¬", KTS 2018, 356.

400) 현재 회생파산법은 관리인에게 이행거절권이 아니라 해제권을 부여하고 있지만, 필자는 이행거절권을 부여하는 것이 법원리(principle)에 부합한다고 생각한다. 합리적, 정합적(coherent) 결론을 도출하려면 법원리에 부합하는 법률관계와의 비교, 분석이 필요하다. 따라서 본문에서는 관리인에게 이행거절권을 부여함을 전제로 법률관계를 비교, 분석하였다.

401) 수급인이 도산한 경우는 유형①에 해당하므로, 그곳에서 언급한 기준에 따라 계약의 분할 여부를 결정한다. 이 경우에도 건설도급계약은 분할이 인정될 가능성이 높다.

제권) 1항은 "도급인이 파산선고를 받은 때에는 수급인 또는 파산관재인은 계약을 해제할 수 있다. 이 경우에는 수급인은 일의 완성된 부분에 대한 보수 및 보수에 포함되지 아니한 비용에 대하여 파산재단의 배당에 가입할 수 있다."고 규정하고 있다. 논란의 여지가 없지 않지만 위 조문들에서 해제는 소급적 해제를 뜻하는 것이 아니라 소급효가 인정되지 않는 해지를 뜻한다402)(다만 민법 673조의 경우에는 건설도급계약 또는 수급인의 급부 내용이 가분인 경우에 한정하여 '해지'로 새긴다403)).404) 한편 (c) 민법 668조 단서는 건물 기타 토지의 공작물에 대한 도급계약의 경우에는 완성된 목적물의 하자로 인하여 계약의 목적을 달성할 수 없는 경우라 하더라도 계약을 해제할 수 없다는 취지로 규정하고 있다. 건물을 철거하는 것은 사회경제적 손실을 초래하거나 수급인에게 지나치게 가혹할 수 있기 때문이다. 민법 668조 단서는 '완성된' 건물을 전제로 하지만 판례는 위 규정의 취지를 고려하여 미완성 건물에 대해서도 도급인의 해제권을 제한한다.405)406) 위 3개의 조문들은 건설도급계약에서 도급인 도산 시 도급계약의 분할을 인정하는 '법적 근거'가 될 수 있다.407)

---

402) 주석민법 채권각칙(4) 4판 (2016)/이준형 391-393, 406. 대법원 2002. 8. 27. 선고 2001다13624 판결.

403) 민법주해15 (1997)/김용담 471, 476-477.

404) **"일부 완성된 도급물의 소유권이 수급인에게 귀속"**되는 경우에도, 수급인은 해당 도급물을 도급인에게 인도하고 그에 대한 보수 및 손해배상을 청구해야 한다. 이러한 도급물을 도급인이 점유하고 있다고 해서 수급인이 환취권을 행사할 수 있는 것은 아니다.

405) 대법원 1986. 9. 9. 선고 85다카1751 판결.

406) 다만 민법 668조 단서에 대해서는 입법론상 의문이 제기되고 있다. 중대한 하자가 있는 건물을 존치시키는 것은 더 큰 사회경제적 손실을 초래하고, 사회경제적 가치가 거의 없는 조잡한 건물의 경우 계약해제에 따라 철거를 하는 것이 바람직하기 때문이다. 2013년 법무부 민법개정안에서는 위 단서를 삭제하였다. 건물을 철거해야 하는 상황이라면 계약의 분할은 당연히 인정될 수 없다.

407) **건설도급계약 이외의 다른 도급계약 일반**에 대해서도 같은 법리가 적용된다고 단정하기는 어렵다. **계약목적물이 불가분이고 일부 완성물이 도급인에게 경제적 가치가**

　그런데 계약상대방에게 원치 않는 계약을 강요하는 것인지 불명확한 영역('grey area')도 많다. 위 요건을 충족하는지 판단하려면 계약상대방의 **가정적 의사를 탐구**해야 하는데, 이는 쉽지 않은 작업이다. 객관적 자료를 기초로 합리적 제3자의 관점을 고려하여 계약상대방의 가정적 의사를 탐구하지만, 판단하는 사람마다 그 결론은 다를 수 있다. 결과적으로 계약의 분할 여부에 대한 법원 판단결과의 예측가능성이 떨어진다. 반복적 거래참여자인 상거래 당사자들은 자신에게 불리한 법적 결과보다, 어떠한 법적 결과가 발생할 것인지 예측하기 어려운 상황을 더 꺼려한다. 전자는 미리 대비할 수 있지만, 후자의 경우 대비가 어렵기 때문이다.

　사정이 이와 같다면 거래현실에서 빈번히 문제되는 전형계약의 경우, 계약상대방에게 원치 않는 계약을 강요하는 것이 **명백한 경우를 제외하고는 계약의 분할을 인정하는 도산친화적·획일적 해석론**이 바람직하다. 입법론으로는 채무자회생을 위해 그 효력을 유지하는 것이 필요한 경우가 많은 전형계약에 대해서는(가령 임대차계약)에는 회생파산법 122조처럼 계약의 분할을 원칙적으로 허용하는 규정을 두는 것도 가능하다. 가령 필자는 계약상대방이 원치 않는 계약내용을 강요당하는 것이 명백하지 않는 한 ① 소비대차의 차주가 돈을 일부만 빌린 뒤 도산한 경우 — 당사자 간 특약을 근거로 소비대차계약이 해제(해지)되지 않았다면 — 관리인의 이행선택으로 도산 후 빌린 돈에 대한 반환청구권 및 그에 대한 이자 등의 청구권만

없는 경우에는 '해제'가 허용되어야 한다. 즉 이 경우 민법 673조, 674조의 해제는 문언 그대로 소급효를 갖는 '해제'를 뜻한다고 보아야 한다. 수급인이 일부 완성물의 소유자로서 이를 환취할 수 있더라도, 수급인은 민법 674조에 따라 자신의 노력에 대한 대가를 보수 내지 비용으로 청구할 수 있어야 한다. 수급인이 일부 완성물의 소유권을 취득하고 보수도 지급받는다고 해서 이중이득이라고 단정할 수 없다. 도급인에게 필요없는 물건이기 때문에 '해제'가 인정된 것이므로, 수급인이 위 물건으로 인해 이득을 얻는 경우는 드물 것이다. 이득을 얻는 상황이라면 이를 보수에서 공제함이 공평하다. 伊藤眞, 破産法·民事再生法, 4版, (2018), 408-409; 小林信明, "請負契約", 破産法大系2, (2015), 354-355 참조.

이 재단(공익)채권이 되고 도산 전에 차주가 빌린 돈에 대한 반환청구권 및 이자 등의 청구권은 도산채권으로 보는 해석론, ② 임차인이 차임 연체 중 도산하였고 이후 관리인이 이행선택을 한 경우 도산 전 연체차임은 도산채권이고, 도산 후 차임채권은 재단(공익)채권으로 보는 해석론이 가능하며 바람직하다고 생각한다. 계약상대방은 도산절차개시나 도산신청을 이유로 (소비대차의 경우) 또는 도산절차개시 전 채무자의 채무불이행을 이유로 (임대차의 경우) 계약해지를 할 수 있으므로, 위와 같은 해석론을 취한다고 해서 계약상대방이 부당하게 불리해진다고 볼 수 없다.

3) 유형③ : 매매, 도급계약의 목적물에 흠이 있는 경우

매매/도급계약의 목적물은 하나인 데 그 목적물에 흠이 있는 경우, 매도인/수급인의 계약상 급부의무를 흠 있는 급부와 흠을 치유하는 급부로 나누어 계약의 분할을 인정할 수 있는가? 이 경우 계약의 분할은 부정해야 한다.408) 매도인/수급인의 계약상 급부의무는 "흠 없는 목적물의 소유권이전(또는 목적물의 인도)"이라는 하나의 의무이다. 아래에서는 이러한 전제에 따라 사안유형별 법률관계를 간략히 검토한다.

ⓐ 물건이전이 완료되었는데 흠이 있는 경우
- 매도인 도산 시 : 매매대금 100 중 매수인이 30을 지급한 상태에서 매도인이 도산하였고 하자보수를 위해 50의 비용이 드는 경우 매도인의 관리인이 이행선택을 하면 관리인은 재단(공익)채무로서 도산재단으로부터 50을 지출하여 하자보수의무를 이행해야 하고, 매수인은 잔존 매매대금 70을 지급해야 한다.409)
- 매수인 도산 시 : 매수인의 관리인이 이행을 선택하면 매매대금 전체 —

---

408) 같은 취지 KPB/Tintelnot InsO, §105 Rn.30.

하자보수의무의 가액에 상응하는 매매대금에 국한되지 않는다 - 를 재단
(공익)채무로서 변제해야 하고, 매도인은 하자보수의무를 이행해야 한다.

ⓑ 복수의 물건 중 일부의 이전이 완료되었는데 이전이 완료된 물건에 흠이 있
  는 경우 {매매계약이 가분(可分)인 경우}
  - 매도인 도산 시 : i) 매수인이 매매목적물 일부를 인도받으면서 그에 대한
    대금지급을 완료한 후 매도인이 도산하였다면, 이미 이전된 목적물에 대한
    매매계약은 일방미이행 쌍무계약으로서 따로 취급해야 한다(계약의 분할).
    따라서 매도인의 관리인이 이행을 선택하여도 이는 잔존 매매목적물에만
    그 효력이 미친다. 이미 인도된 목적물 관련 매수인의 하자보수청구권은 도
    산채권이다. ii) 그러나 이미 인도된 목적물에 대한 매수인의 대금지급이 완
    료되지 않은 상황에서 매도인이 도산하였다면, 관리인의 이행선택에 따라
    매수인의 하자보수청구권은 재단(공익)채권이 된다. 즉 **계약의 분할이 가능
    한 상황이라고 해서 관리인이 두 개의 계약에 대한 두 개의 선택권을 갖는
    것이 아니다! 계약이 1개인 이상 관리인은 한 개의 선택권을 갖는다!**[410]
  - 매수인 도산 시 : 매수인의 관리인이 이행을 선택하면 매매대금 전체 -
    하자보수의무의 가액에 상응하는 매매대금에 국한되지 않는다 - 를 재단
    (공익)채무로서 변제해야 하고, 매도인은 하자보수의무를 이행해야 한다.

---

409) 위 사안에서 계약의 분할을 인정한다면 매수인이 선지급한 30에 해당하는 하자보수
    의무는 파산(회생)채무가 되고, 관리인이 도산재단을 투입하여 재단(공익)채무로 이
    행해야 할 하자보수의무는 20에 국한된다. Münchener Komm-Huber, InsO 4Aufl.
    (2019) §105 Rn.18. 이 견해에 따르면 만약 계약상대방인 매수인이 하자 전체를 도
    산재단을 투입하여 제거하는 것에 동의하였다면 - 즉 위 사안에서 관리인이 도산재
    단에서 50을 투입하여 하자보수를 하는 것에 매수인이 동의하였다면, 매수인은 자신
    이 선(先)지급한 30을 도산재단에 한 번 더 지급해야 한다. 도산재단 투입으로 인한
    대가는 도산재단에 귀속되어야 하고, 흠 없는 매매목적물 이전에 따른 반대급부는
    매매대금 전액이므로 도산재단은 100을 수령할 수 있게 된다. 다만 매수인이 선지급
    한 30은 그 목적달성이 불가능해졌으므로 매수인은 도산채권인 부당이득반환채권으
    로서 위 30의 반환을 구할 수 있다. 그러나 이러한 법적 구성은 지나치게 기교적이
    고, 계약당사자들의 합리적 기대와도 부합하지 않는다.

라. 계약의 분할이 인정되는 경우 구체적 법률관계[411]

1) 계약상대방만 일부이행한 경우

매도인인 도산채무자가 시장가격이 1,500인 500kg의 물품을 2,000에 매도하였고 1,000을 받은 상태라면, 관리인은 이행선택을 하면서 250kg만 이전하면 나머지 1,000을 받을 수 있다. 계약상대방인 매수인은 나머지 250kg에 대하여 도산채권으로서 750(이전받지 못한 나머지 250kg의 시가)을 신고해야 한다.

매수인인 도산채무자가 시장가격이 1,500인 500kg의 물품을 1,000에 매수하였고 250kg을 받은 상태라면, 관리인은 이행선택을 하면서 500을 지급하면 나머지 250kg을 받을 수 있다. 계약상대방인 매도인은 지급받지 못한 매매대금 500을 도산채권으로 행사할 수 있다.[412]

2) 도산채무자만 일부이행한 경우

채무자가 시가 1,500인 500kg의 물품을 1,000에 매수하고 500을 지급한 상태에서 도산절차가 개시된 경우, 관리인은 이행선택을 하지 않아도 250kg의 물품 이전을 청구할 수 있다(A청구권). 관리인의 이행선택은 나머

---

410) 반대 Claudia Bopp, Der Bauvertrag in der Insolvenz, (2009), 278-282. 이 견해는 **계약의 분할을 강하게 인정**하여, 수급인이 일부를 이행하고 도산하였는데 일부 이행 부분에 하자가 있는 경우, 수급인의 관리인은 잔존부분에 대해서만 이행을 선택할 수 있고, 도급인의 하자보수청구권은 도산채권이라고 한다. 그러나 수급인의 일부이행 부분에 하자가 있고 관련 공사대금도 지급되지 않은 상황이라면 그 부분에 국한해서 보더라도 쌍방미이행 쌍무계약인데, 왜 관리인이 이 부분에 대하여 선택권을 행사할 수 없는가?

411) Münchener Komm-Huber, InsO 4Aufl. (2019) §103 Rn.47-54.

412) 관리인이 500을 '도산채무'로서 지급할 의무와 계약상대방이 250kg을 인도할 의무는 '원칙적으로' 동시이행관계에 있다고 볼 수 있다. 각주 262 및 본문 제2장 제2절 II. 6. 다. 참조. 그러나 이러한 동시이행관계는 사안에 따라 부정될 수도 있으므로, 본문에서는 논의의 편의상 위 언급을 생략하였다.

지 250kg에 국한하여 의미가 있다. 관리인이 이행선택을 하여 나머지 500을 지급하면 추가로 250kg의 물품 이전을 청구할 수 있다(B청구권). A청구권과 B청구권이 채권양도(담보)의 목적물 또는 상계의 수동채권이 되는지에 관해서는 아래 6.에서 살펴본다.

3) 계약상대방과 도산채무자 모두 일부이행한 경우

i) 급부와 반대급부가 상응하는 경우 : 급부와 반대급부가 이루어지지 않은 나머지 부분은 계약당사자들 누구도 이행하지 않은 상태이므로 그에 준하여 법률관계를 해명하면 된다.

ii) 급부와 반대급부 중 어느 한쪽이 초과하는 경우 : 초과하는 급부를 한쪽이 일부이행한 경우처럼 취급하여 법률관계를 해명하면 된다.

4) 수급인 도산시 기(旣)이행 부분의 하자 관련 도급인의 채권과 이행선택 후 완성된 공사 관련 수급인의 대금채권 사이의 상계

수급인에 대하여 회생절차가 개시된 후 관리인이 이행을 선택한 경우, 도급인이 회생절차개시 전에 완공된 부분(그에 대한 공사대금은 이미 지급되었음) 관련 하자보수에 갈음하는 손해배상(회생채권)이 이루어지지 않았음을 주장하며, 관리인의 회생절차개시 후 완공부분에 대한 공사대금청구에 관하여 동시이행항변을 주장할 수 있는가? 평시라면 양자 사이에 동시이행관계가 인정된다. 그러나 도산절차에서 이러한 동시이행항변을 허용하면 도산재단을 투입하여 특정 도산채권자(도급인)만 유리하게 취급하는 결과가 되므로, 동시이행항변을 허용할 수 없고, 도급인의 상계도 수동채권인 공사대금채권이 회생절차개시 후에 발생한 것처럼 취급하여 부정함이 타당하다(회생파산법 145조 1호).413)

수급인의 관리인이 이행을 선택하였음에도 불구하고 도급인의 손해배상 채권을 회생채권으로 보는 결론은, 회생절차개시 전 완공부분에 대하여 계약의 분할을 긍정할 때에만 도출될 수 있다.414) 즉 수급인 도산 전에 도급인이 해당 완공부분에 대하여 대금지급을 완료한 경우에만 도급인의 손해배상채권은 회생채권이 된다. 만약 대금지급이 완료되지 않았다면 계약의 분할이 인정될 수 없고, 수급인 측 관리인의 이행선택을 통해 도급인의 손해배상채권은 공익채권이 된다. 이 경우 도급인의 손해배상채권과 수급인의 공사대금채권 사이의 상계도 가능하다. 그러나 **계약의 분할이 인정되는 상황**이라면 두 채권 사이의 동시이행관계나 상계는 모두 부정함이 타당하다. 관리인의 이행선택으로 완공되는 부분은 관리인과 새롭게 계약을 체결한 것처럼 취급함이 타당하기 때문이다.415)

6. 도산채무자가 일부 선이행한 후 관리인의 이행선택이 이루어진 경우 도산채무자의 계약상 채권이 장래채권 양도(담보)의 대상이나 상계의 수동채권이 되는지

가. 문제의 제기

채무자가 보유한 계약상 채권이 이미 담보목적으로 양도된 후 채무자에 대하여 도산절차가 개시되었고 관리인이 해당 계약의 이행을 선택한 경우, 이미 양도된 채권은 양도담보권자에게 귀속되는가? 아니면 도산재단에 귀

---

413) 최준규, "장래채권을 둘러싼 도산법상 쟁점에 관한 고찰 – 상계와 부인권 문제를 중심으로", 사법40, (2017), 237-238의 각주 57 참조.

414) 본문 제2장 제2절 Ⅲ. 5. 다. 3) 유형③의 ⓑ사례 참조.

415) 이에 반해 **수급인의 관리인이 해지권을 행사하여** 도급인의 손해배상채권을 자동채권, 수급인의 기존 공사에 대한 공사대금채권을 수동채권으로 한 상계가 문제되는 상황은, '계약의 분할이 인정되는 상황'이라고 말할 수 없다. 이 경우에는 원칙으로 돌아가 계약의 일체성을 고려해야 하고, 따라서 상계를 허용함이 타당하다. 본문 제2장 제2절 Ⅳ. 3. 나. 참조.

속되는가? 평시 실체법 법리를 강조한다면 이미 이루어진 채권양도담보의 효력을 부정할 이유가 없으므로 양도담보권자를 채권자로 보아야 한다. 그러나 관리인이 이행을 선택하여 도산재단을 투입함으로써 양도된 **채권의 가치를 현실화**시켰다는 점, 도산재단을 투입하여 얻은 이익은 도산재단에 귀속됨이 도산절차의 목적에 부합하는 점을 고려할 때 원칙적으로 해당 채권은 도산재단에 귀속된다고 보아야 한다.416) 가령 자동차공급회사인 채무자가 자동차공급계약을 체결한 후 도산하였고 채무자의 관리인이 해당계약의 이행을 선택하였고 가정하자. 관리인은 도산재단으로부터 100을 투입하여 자동차를 생산하였고 이에 따라 약정 공급대금 채권 120을 행사할 수 있게 되었다. 이 경우 평시 실체법 법리를 강조하여 양도담보권자가 120의 채권을 행사할 수 있다고 보면, 관리인은 100의 도산재단을 투입하여 특정 채권자(양도담보권자)가 이익을 누리게 도와준 것이다. 만약 이러한 결과를 긍정한다면 **관리인은 처음부터 해당 계약의 이행을 선택하면 안된다.** 관리인은 도산재단에 대한 관리처분권 행사를 통해 모든 도산채권자들의 이익을 극대화할 의무를 부담하기 때문이다.417) 관리인은 계약의 해제를 선택하고 (해당 매수인과) 자동차 공급계약을 새롭게 체결했어야 한다. 그 편이 도산채권자들에게 더 이익이 되기 때문이다. 굳이 이러한 우회로를 거치느니, 이행선택을 통해 가치가 현실화된 120의 채권은 양도담보권자가 아닌 도산재단에 귀속된다고 봄이 간명하다. 양도담보권자 입장에서 어차피 해당 채권취득의 가능성은 높지 않으므로 – 관리인은 계약의 해제를 선택할 수 있다! – 위와 같이 본다고 해서 양도담보권자의 권리 또는 기대를 부당하게 침해하는 것이 아니다. 위 사안에서 양도담보권자가 공급대금채권을 취득할 수 없다면, 매수인은 해당 공급대금채권을 상계의 수동채권으로

---

416) 최준규, "장래채권 양도담보의 도산절차상 효력", 사법32, (2015), 260-262.

417) 위와 같은 결과가 발생함에도 불구하고 만연히 이행을 선택하였다면, 관리인은 도산재단에 대하여 선관주의의무 위반에 따른 손해배상책임을 부담할 여지도 있다.

삼을 수도 없다고 보아야 한다(설령 매도인에 대한 도산절차개시 전에 상계적상이 존재하더라도). 이러한 매수인의 상계를 허용하면 관리인이 도산재단을 투입하여 가치가 현실화된 공급대금채권이 특정 채권자(매수인)의 채권만족을 위해 사용된다는 점에서, 채권양도담보와 문제상황이 동일하기 때문이다.[418] 이처럼 **도산법 법리를 강조하는 관점**("도산재단으로부터 발생한 이익은 도산재단에 귀속되어야 한다")은 관리인의 이행선택을 마치 관리인이 계약을 새롭게 체결한 것처럼 본다.[419] 다만 도산재단 보호를 위해 채권양도나 상계의 효력이 제한되더라도, 도산재단이 해당채권의 만족을 받지 못한 상태에서 도산절차가 종료하였다면, 다시 실체법 법리가 우선한다. 즉 채권양도는 다시 유효하게 되고, 상계도 다시 가능하게 된다(종전에 상대방이 상계의 의사표시를 하였다면 이는 소급해서 유효하게 된다).[420]

그렇다면 채무자가 공사대금채권을 담보목적으로 양도하고 일부급부를 이행한 상황에서 도산에 들어갔고 관리인이 이행을 선택한 경우는 어떠한가? 가령 수급인이 공사를 30% 완료한 상태에서 도산에 들어갔고 관리인이 도급계약의 이행을 선택하여 나머지 70% 공사를 완료한 경우, 도급인에 대한 공사대금채권 100 전부가 도산재단에 귀속되는가? 아니면 도산재단 투입비율인 70%에 상응하는 70만 도산재단에 귀속되고 나머지 30은 채권양도담보권자에게 귀속되는가?

나. 검토

위 사례에서 공사대금채권 전체가 도산재단에 귀속된다고 보면 도산재단은 망외의 이득을 얻는다. 이미 완성된 부분에 대한 도급대금은 도산재

---

418) 최준규, "장래채권을 둘러싼 도산법상 쟁점에 관한 고찰 – 상계와 부인권 문제를 중심으로", 사법40, (2017), 244-246.

419) Münchener Komm-Huber, InsO 4Aufl. (2019) §103 Rn.41.

420) Münchener Komm-Huber, InsO 4Aufl. (2019) §103 Rn.43.

단을 투입하여 발생한 것이 아니기 때문이다. 도산법 법리를 강조하여 평시 실체법 법리를 변형하는 것은 필요최소한에 그쳐야 한다. 따라서 위 사례에서 공사대금채권 중 70만 도산재단에 귀속되고, 나머지 30은 채권양도담보권자에게 귀속된다. 결과적으로 한 계약의 계약에서 발생한 한 개의 계약상 청구권이 두 명의 권리주체(관리인, 채권양도담보권자)에게 귀속되는 것이다.

전체목적물 인도를 받으면 100의 공사대금을 지급하기로 약정되었다면, 관리인의 도급인에 대한 70의 공사대금청구에 대하여 계약상대방인 도급인은 '전체'목적물 인도가 완료되지 않았음을 이유로 동시이행항변을 할 수 있다. 70의 도급대금에 상응하는 도급목적물의 인도가 완료되었다고 해서 동시이행항변을 할 수 없는 것이 아니다.[421] 채권양도담보권자의 도급인에 대한 30의 공사대금청구에 대해서도 마찬가지이다.

도산채무자의 계약상 채권이 위와 같이 분할귀속되는 것은 도산채무자가 체결한 계약에 따른 **도산채무자의 급부의무가 '가분(可分)'임을 전제**로 한다. 도산채무자의 급부의무가 분할가능하지 않다면 도산채무자의 급부에 상응하는 도산채무자의 계약상 채권도 일체로 취급해야 한다. 가령 매도인의 소유권이전의무는 매매목적물의 하자제거의무와 분리해서 생각할 수 없다. 따라서 매도인이 흠이 있는 물건의 소유권을 매수인에게 이전해 준 후 도산하였고 그 후 관리인이 이행선택을 하여 도산재단을 투입해 그 흠을 제거해주었더라도, 도산재단 투입 분에 상응하는 매매대금 부분이 채권양도담보의 대상(對象)에서 제외된다고 볼 수 없다.[422] 이 경우 **매매대금채**

---

421) 다만 도급인의 수급인에 대한 목적물인도청구 시 수급인(또는 수급인의 관리인)이 30%의 기성고에 해당하는 공사대금이 채권양도담보권자에게 아직 지급되지 않았음을 이유로 동시이행항변을 하는 것이 허용될 수 있는지는 검토의 여지가 있다. 해당 공사대금채권을 수급인이 갖고 있지 않으므로, 이 채권확보를 위해 수급인(또는 수급인의 관리인)이 동시이행항변권을 행사할 법적 이익은 존재하지 않기 때문이다.

권 일체가 **채권양도담보의 대상**에 포함되고, 매수인에 의한 상계의 수동채
권이 될 수 있다(매도인 도산 전에 상계적상이 존재하였다면).

7. 이행선택 후 채무불이행에 따른 법률관계

이행선택 후 관리인이 계약상 채무를 이행하지 않는 경우 계약상대방이
해당 계약을 해제할 수 있음은 물론이다. 이 경우 계약상대방의 손해배상
채권은 도산절차개시 후 관리인의 행위로 인하여 생긴 청구권이므로 재단
(공익)채권으로 보아야 한다(회생파산법 179조 1항 5호, 473조 4호). 계약상
대방의 원상회복청구권은 어떠한가? 도산절차개시 후 발생한 부당이득채
권이므로 원칙적으로 재단(공익)채권으로 보아야 한다(회생파산법 179조 1
항 6호, 473조 5호).[423] 그러나 채무자 도산 전에 계약상대방이 기이행 급
부의 원상회복이 문제되는 경우에는 논란이 있을 수 있다. 관리인의 이행
선택으로 마치 관리인이 새롭게 계약을 체결한 것처럼 본다면, 이 경우에
도 도산절차개시 후 취득한 부당이득채권으로 취급하여 재단(공익)채권으
로 볼 수 있다.[424] 그러나 채권발생의 법적 원인이 도산절차개시 전에 존
재한다고 보아 회생(파산)채권으로 볼 여지도 있다.[425] 후자의 견해에 찬성

---

422) BGH ZIP 2006, 859 Rn.15 참조.

423) 박병대, "파산절차가 계약관계에 미치는 영향", 재판자료82, (1999), 456.

424) 대법원 2001. 12. 24. 선고 2001다30469 판결은 그러한 취지로 보인다(대출채무자가
신디케이티드 론 거래에 참여한 은행에게 약정수수료를 지급한 후 해당 은행이 파산
하였고, 파산관재인이 대출약정의 이행을 선택하였음에도 불구하고 이를 실행하지
않자 대출채무자가 대출약정을 해제한 사안이다. 판례는 대출채무자의 약정수수료
반환채권을 재단채권으로 보았다).
대법원 2021. 1. 14. 선고 2018다255143 판결도 비슷한 취지이다(물품공급계약의 매
수인이 물품대금을 선급한 상태에서 물품공급자에 대하여 회생절차가 개시된 후 물
품공급계약의 이행이 선택되었다면, 이후 물품수령자가 자신이 수령한 물품대금을
초과하는 잔존 선급금의 반환을 청구하는 경우 이는 공익채권이다).

425) Wolfgang Marotzke, Gegenseitige Verträge im neuen Insolvenzrecht, 3.Aufl. (2001),
Rn.4.126 참조.

한다. 후자와 같이 보더라도 각 원상회복채무 사이에 동시이행관계가 인정
된다면 계약상대방은 일정 부분 보호될 수 있다.426)

관리인이 이행선택을 한 이후 상대방 당사자의 채무불이행을 이유로 관
리인이 계약을 해제한 경우에도 상대방 당사자의 원상회복청구권이 발생
할 수 있다. 이 경우에도 **채무자 도산 전에 상대방이 기이행한 부분**에 대한
원상회복채권은 도산채권으로 봄이 타당하다.427) 관리인이 위와 같이 해제
권을 행사한 경우 해제로 인한 쌍방원상회복관계를 이행하겠다는 선택까
지 한 것으로 볼 수는 없다. 해제권 행사에 따른 원상회복의무 이행은 거절
하면서(즉 쌍방원상회복의무 관계를 단일한 금전채권으로 청산하면서), 잔
존 미이행 채권채무만 소멸시킬 목적으로 해제권을 행사할 수도 있기 때문
이다.428)

이행선택 후 계약이 적법하게 해제된 경우 계약상대방은 환취권을 행사
할 수 있는가? 평시 해제의 효력에 관한 판례의 입장인 물권적·직접효과설
을 도산절차에서도 일관하면 환취권 행사를 긍정해야 한다.429) 그러나 **도**

---

426) 본문 제2장 제2절 II. 6. 가. 참조.
427) 파산절차에 관하여 박병대, "파산절차가 계약관계에 미치는 영향", 재판자료82,
    (1999), 457 참조(다만 관리인의 이행선택 후 해제가 아니라 **관리인이 선택권을 행
    사하기 전에 계약상대방의 채무불이행을 이유로 관리인이 해제권을 행사하는 상황**
    을 염두에 두고 있다). 필자의 견해에 따르면, 소유권유보부 매도인이 도산하였고 매
    수인이 더 이상 매매대금을 지급하지 않아 관리인이 계약을 해제한 경우, 매수인의
    원상회복채권(매도인 도산 전에 기지급한 매매대금의 원상회복채권)은 도산채권이
    다. 이 경우 **관리인의 소유권에 기초한 동산반환청구권과 매수인의 매매대금반환채
    권 사이의 동시이행관계**가 도산절차에서도 관철될 수 있는지 문제된다. 조심스럽지
    만 필자는 관철할 수 있다고 생각한다. 본문 제2장 제2절 II. 6. 가. 참조. 반대
    KPB/Tintelnot InsO, §107 Rn.35.
428) Wolfgang Marotzke, Gegenseitige Verträge im neuen Insolvenzrecht, 3.Aufl. (2001),
    Rn.4.127; KPB/Tintelnot InsO, §103 Rn.218; BGH ZIP 2009, 428 Rz.10도 같은 취
    지이다.
429) 같은 취지 노영보, 도산법강의, (2018), 230-231; 박병대, "파산절차가 계약관계에 미
    치는 영향", 재판자료82, (1999), 456.

산절차개시 전에 **계약상대방이 소유권이전을 완료**한 물건에 대하여 계약상대방의 환취권 행사를 긍정하는 것이 타당한지에 대해서는 의문이 남는다. 계약당사자 일방의 도산절차 내에서 계약해제를 이유로 한 상대방 당사자의 환취권을 인정하는 것이 부당하다는 점은 이미 언급하였다(제2장 제1절 Ⅰ. 3. 가).

8. 이행선택 시 법원의 허가 필요 여부

우리법에 따르면 회생절차의 경우 관리인이 해제(해지)를 선택하는 때에만 법원의 허가를 받아야 하고(회생파산법 61조 1항 4호), 이행선택을 하는 경우 원칙적으로 법원의 허가를 받을 필요가 없다. 그런데 도산채무자 측이 계약을 이행할 현실적 여력이 부족함에도 불구하고 이행선택을 함으로써 ― 관리인으로서는 어떻게든 회사를 살려보기 위해 장래의 사업전망이 다소 불투명하더라도 도산채무자 입장에서 중요한 계약은 가급적 이행선택을 하려고 할 것이다 ― 계약상대방이 무의미한 계약에 구속될 위험을 막으려면, 이행선택 시에도 법원의 허가를 받도록 함이 타당하다.[430] 위와 같은 경우 이론적으로는 계약상대방이 관리인에 대하여 선관주의의무 위반을 이유로 한 손해배상책임을 청구할 여지가 있지만, 현실적으로 이러한 책임이 인정되기는 쉽지 않고(경영판단의 원칙), 만약 이러한 책임이 쉽게

---

430) 참고로 스위스채무법 83조 1항은 쌍무계약의 당사자 일방이 파산하는 등 지급불능에 빠져 상대방의 계약상 청구권이 위협을 받는 경우, 상대방은 반대급부가 보장될 때까지 자기급부를 거절할 수 있다고 규정하고 있다. 또한 2항은 상대방이 적정한 기간을 정한 최고로 반대급부 보장을 요구하였는데 그 보장이 이루어지지 않은 경우, 상대방은 계약을 해제할 수 있다고 규정하고 있다. 이처럼 **급부실현이 보장되지 않음을 이유로 한 계약상대방의 선제적 해제권**을 허용하면 계약상대방은 두텁게 보호된다. 그런데 '지금 현재' 담보를 제공할 수 없더라도 **사업계속을 통해 '장래에' 이행이 확실히 이루어질 가능성**도 있다. 그럼에도 불구하고 '지금 현재' 반대급부 보장이 안 된다는 이유만으로 관리인이 '언제나' 이행선택을 할 수 없다면 도산채무자에게 가혹하지 않을까?

인정되면 관리인으로서는 회생업무에 적극적/진취적으로 임하지 않을 가능성도 있다(위축효과). 관리인으로 하여금 법원 및 계약상대방에게 계약이행이 가능함을 소명하게 하고, 법원이 사전 심사를 통해 그 가능성이 소명된 경우에 한하여 이행선택을 허용한다면, 채무자 회생을 위해 계약관계를 계속하고자 하는 관리인의 이익과 재무상황이 불안정한 채무자와의 계약관계로부터 하루빨리 벗어나고자 하는 계약상대방의 이익을 균형있게 고려할 수 있다. 계약상대방의 보호필요성이 크고 도산채무자의 채무이행 가능성이 높지 않은 경우, 법원은 이행선택 허가의 전제조건으로 관리인에게 채무이행의 보장을 요구할 수 있다. 또한 법원은 도산채무자의 장래의 현금흐름을 고려하여 관리인에게 채무이행의 보장을 요구하지 않은 채 이행선택을 허가할 수도 있다. 이행선택 시 법원의 허가를 거쳤다면 향후 — 채무자의 사업전망에 관한 관리인의 합리적 예측과 달리 — 이행이 어려워지더라도 계약상대방이 관리인의 선관주의의무 위반을 문제삼기는 — 관리인이 허가를 담당하는 법원에 고의로 정보를 제공하지 않거나, 부정확하거나 허위의 정보를 제공한 경우 등을 제외하고는 — 어려울 것이다.

9. 기타 쟁점들

가. 임대차 계약에서 임차인 측 관리인의 이행선택 후 해지권(또는 일부 해지권) 인정?[431]

임대차계약의 경우 도산채무자인 임차인 측 관리인이 이행선택을 하면 임차인은 언제나 잔존 계약기간에 구속되는가? 기한의 정함이 없는 임대차가 아닌 이상, 관리인이 이행선택을 하여 임대차계약상 의무를 이행하기로 한 이상, 임차인이 임대차계약에 구속되는 것은 당연하다. 그런데 ⓐ 어차피 임차인의 관리인에게 '해지'권이 인정되는 상황이었던 점, ⓑ 임대차계

---

431) KPB/Tintelnot InsO, §103 Rn.278.

약의 경우 계약의 분할이 허용될 수 있는 점을 고려할 때, 관리인의 이행선택 후 임차인이 임대차계약에 따라 임차목적물을 일정기간 사용하다가 관리인이 재차 해당 임대차계약의 해지를 선택하고 그에 따른 손해배상채무를 도산채무로 부담하는 것이 계약상대방인 임대인에게 부당하다고 단정하기 어렵다. 위 사안에서 관리인의 이행선택 후 해지권을 전부(이행선택) 아니면 전무(해지)라는 선택지 사이에 존재하는 **제3의 선택지**로서 인정할 수는 없을까? 임차인의 관리인 입장에서 임차목적물이 20개월만 필요한 데 약정기한인 40개월까지 사용하거나 즉시 반환(해지)해야 한다면 부담이 될 수 있고, 임대인 입장에서도 20개월 차임만 받고 그 밖의 손해배상채권은 도산채권으로 행사하는 것이 임대차계약이 즉시 해지되는 것보다 나을 수 있다. 현행법 해석론으로는 무리이고 계약당사자 간 협상으로 해결할 문제라고 생각할 수도 있지만, 법리적 측면에서도 검토가 필요하다고 사료된다. 입법론으로는 회생절차에 들어간 임차인에게 **선택권 행사를 강요하지 않은 채 일단 임대차계약의 존속을 의제한 뒤,** 임대차계약의 존속이 임차인의 회생에 방해가 되는 경우 법원의 허가를 얻어 임차인 측 관리인이 임대차계약의 해지를 할 수 있게 하는 방안(+임대차계약 조기종료에 따른 임대인의 손해배상채권은 회생채권)도 생각해 볼 수 있다.[432)]

나. 회생파산법 179조 1항 12호 관련 문제

회생파산법 179조 1항 12호에 따르면 채무자 또는 보전관리인이 회생절차개시 신청 후 회생절차개시 전에 법원의 허가를 받아 자재를 구입한 경우, 상대방 계약당사자의 대금채권은 공익채권이다. **자재구입계약이 개시신청 전에 체결**되었다면, 설령 보전관리인의 요청에 따라 법원의 허가를 받아 채무자의 회생에 필요한 물품이 절차개시 신청 후 절차개시 전에 납품되었어도 12호의 문언에 포함되지 않는다.[433)] 12호는 개시신청 후 법원

---

432) 스위스 채권추심 및 파산에 관한 연방법 297a조 참조.

의 허가를 받은 뒤 자재구입계약이 체결된 경우만을 염두에 두고 있기 때문이
다. 그런데 만약 자재가 납품되지 않은 채 회생절차가 개시되고 관리인이 이행
을 선택하여 납품이 이루어졌다면 해당 자재대금 채권은 공익채권이 된다.

비록 12호의 문언에 포함되지 않는 경우에도 위 자재대금 채권은 두텁게
보호함이 바람직하다. 현행법 하에서는 회생파산법 132조(회생채권의 변제
허가)에 따라 관리인이 법원의 허가를 받아 해당 회생채권을 변제할 수 있
을 것이다. 입법론으로는 8의2호와 마찬가지로 계약체결 시점을 문제삼지
않고 법원의 사전 허가도 요구하지 않는 방법, 가령 "절차개시 신청 후 절
차개시 전까지 채무자가 계속적이고 정상적인 영업활동으로 공급받은 물
건에 대한 대금청구권 및 채무자의 사업을 계속하는데 불가결한 행위로 인
하여 생긴 청구권"을 공익채권으로 보는 것이 바람직하다고 사료된다.434)

다. 회생절차에서 이행선택 후 회생절차가 폐지되고 파산절차가 개시된 경우

관리인이 회생절차에서 이행선택을 하였는데 도중에 회생절차가 폐지되
고 파산절차가 개시된 경우 파산관재인은 다시 선택권을 행사할 수 있는
가? 두 절차는 별도의 절차이므로 뒤의 도산절차를 기준으로 쌍방미이행
쌍무계약이라면 파산관재인은 해제권을 행사할 수 있다는 견해도 일견 가
능하다.435) 그런데 회생파산법은 파산선고를 받지 않은 채무자에 대하여

---

433) 이 경우 회생파산법 179조 1항 8의2호는 적용될 수 없다. 이 조항에 따르면 "회생절
차개시신청 전 20일 이내에 채무자가 계속적이고 정상적인 영업활동으로 공급받은
물건에 대한 대금청구권"은 공익채권이다. 그러나 본문 사례에서 물건공급은 절차개
시신청 '후'에 이루어졌다. 회생파산법 179조 1항 8호는, 계속적 공급의무를 부담하
는 쌍무계약의 상대방이 회생절차개시신청 후 회생절차개시 전까지 한 공급으로 생
긴 청구권을 공익채권으로 규정하고 있다. 본문 사례에서 언급한 자재공급계약이 계
속적 공급계약이 아니라면, 위 규정에 따라 자재대금 채권이 공익채권으로 인정될
수도 없다.

434) 전대규, 채무자회생법, 4판, (2020), 490-491도 참조.

435) 같은 취지 松下淳一, "契約関係の処理", 倒産実体法, 別冊NBL 69, (2002), 52-53.

회생절차개시신청이 기각되거나 회생절차가 폐지되거나 회생계획불인가결
정이 있은 후 파산절차가 개시된 경우 공익채권은 재단채권으로 간주하고
있다(회생파산법 6조 4항). 그렇다면 관리인의 이행선택에 따른 계약상대
방의 채권은 재단채권이 되고, 파산관재인은 더 이상 해당 계약을 해제할
수 없다고 볼 수도 있다.

　필자는 전자의 견해에 찬성한다. 그 이유는 다음과 같다. 첫째, 회생절차
에서는 채무자의 회생이 중요하지만 파산절차에서는 파산채권자들 사이의
공평한 청산이 중요하다. 따라서 회생절차에서는 이행을 선택하는 것이 바
람직하더라도 파산절차에서는 해제를 선택하는 것이 바람직할 수 있다. 관
리인이 회생절차에서 이행선택을 하였다는 이유로 나중에 파산관재인이
해제를 선택하지 못한다면, 파산절차의 원활한 진행이 어려워진다. 둘째,
관리인의 이행선택/해제는 해당 도산절차 내에서 도산채무자의 책임을 실
현하기 위해 이루어진 것이므로, **선택권 행사의 효과는 해당 도산절차 내
에서만 미치는 것**이 원칙이다.[436] 따라서 관리인이 이행을 선택하였더라도
후속 파산절차의 개시시점을 기준으로 여전히 쌍방미이행 쌍무계약이라면,

---

[436] 반대 대법원 2017. 4. 26. 선고 2015다6517 판결{회생계획인가의 결정이 있은 후
　　회생절차가 폐지되는 경우 그동안의 회생계획의 수행이나 법률의 규정에 의하여 생
　　긴 효력에 영향을 미치지 아니하므로(회생파산법 288조 4항), 회생절차가 폐지되기
　　전에 관리인이 회생파산법 119조 1항에 따라 계약을 해제하였다면 이후 회생계획폐
　　지의 결정이 확정되어 회생파산법 6조 1항에 의한 직권 파산선고에 따라 파산절차
　　로 이행되었다고 하더라도 위 해제의 효력에는 아무런 영향을 미치지 아니한다}; 伊
　　藤眞, 破産法·民事再生法, 4版, (2018), 1151(관리인이 민사재생절차에서 해제권을 행
　　사하였다면 그 효과가 확정된 뒤 민사재생절차가 폐지되더라도 해제의 효력은 복멸
　　되지 않는다). 필자도 현행법 '해석론'으로는 '해제권' 행사의 효과를 복멸시키기 어
　　렵다고 생각한다. 그러나 전체집행절차 내에서 **채무자의 책임을 실현하기 위한 도구**
　　에 불과한 관리인의 선택권이, 실체법상 권리관계를 필요이상으로 과도하게 변경시
　　키는 것은 바람직하지 않다. 입법론으로 '해제권' 구성이 아니라 '이행거절권' 구성
　　을 취하면 이러한 문제는 완화된다. 관리인이 이행거절을 한 후 그에 따른 법률관계
　　가 실현되기 전에 도산절차가 폐지되었다면, 계약상 이행청구권은 그대로 존속하고
　　계약관계도 도산절차 외부에서는 도산절차개시 전과 마찬가지로 유지되기 때문이다.

쌍방미이행 쌍무계약 관련 법리가 한 번 더 적용될 수 있어야 한다.

다만 이미 파산선고를 받은 채무자에 대하여 회생절차가 개시되어 진행되다가 회생절차가 폐지되는 등의 이유로 파산절차가 속행되는 경우(회생파산법 7조)에는, 좀 더 생각할 부분이 있다. 이 경우 파산선고 시점이 회생절차개시 시점보다 앞서므로 파산선고 시점을 기준으로 쌍방미이행 쌍무계약 여부를 판단하는 것은 불합리하다. 회생절차폐지로 파산절차가 속행되는 시점을 기준으로 쌍방미이행 쌍무계약 여부를 판단하고, 그에 따라 파산관재인이 해제권을 행사할 수 있다고 봄이 타당하다.

IV. 효과론2 : 관리인이 해제(해지)를 선택한 경우

1. 관리인에게 해제(해지)권을 부여한 취지 및 입법연혁

회생파산법은 쌍방미이행 쌍무계약과 관련하여 관리인에게 이행선택 또는 해제(해지) 중 어느 하나를 선택할 수 있도록 하고 있다. 관리인이 해제권을 행사한 경우 상대방은 도산채권자로서 손해배상채권을 행사할 수 있다. 또한 도산채무자가 받은 반대급부가 채무자의 재산 중에 현존하는 때에는 상대방은 환취권자로서 그 반환을 청구할 수 있으며, 현존하지 않는 때에는 상대방은 그 가액의 상환에 관하여 재단(공익)채권자로서 권리를 행사할 수 있다.

그런데 회생파산법이 관리인에게 해제(해지)권을 부여한 취지는 분명하지 않다. 판례는 "회생절차의 원활한 진행"을 들고 있고,[437] 학설은 "파산

---

437) "쌍방 미이행의 쌍무계약에서 당사자 일방인 회사에 대하여 회사정리절차가 개시된 경우, 관리인에게 계약을 해제할 것인가 또는 상대방 채무의 이행을 청구할 것인가의 선택권을 부여함으로써 정리절차의 원활한 진행을 도모함과 아울러, 관리인이 상대방의 채무이행을 선택한 경우 이에 상응한 회사의 채무도 이행하도록 함으로써

절차의 신속·명확하고 통일적 진행",438) "회생절차의 원활한 진행 및 회생회사의 갱생 도모",439) "도산절차의 효율적이고 신속한 진행"440)을 들고 있다. 관리인에게 해제권을 부여함으로써 (a) 계약관계 종료 및 이행청구권 소멸이 확정되고, (b) 도산채무자와 계약상대방은 기이행급부의 원상회복을 받을 수 있다.441) 위 두 가지 점에서 해제권 구성은 이행거절권 구성과 구별된다. 그러나 도산절차에서 동시이행관계가 관철되기 때문에 발생하는 교착상태를 해소하기 위해 관리인에게 굳이 해제권까지 부여할 논리필연적 이유가 없음은 앞서 살펴보았다('**과잉구성**').442) 도산절차의 원활한 진행을 위해 계약관계를 청산·정리하는 것이 필요하다면, **계약관계를 단일한 금전채권으로 청산하면 충분하고 굳이 계약을 해제할 필요는 없다.**

회생파산법이 해제권 구성을 취한 이유는 일본 구 파산법과 구 회사정리법을 참조하였기 때문이다. 그런데 일본에서도 해제권 구성을 취한 이유는 분명하지 않다. 학설은 파산청산을 위해 해제권을 부여하였다거나 파산재단에 불리한 계약의 구속력으로부터 벗어나기 위해 해제권을 부여하였다는 **동어반복적 설명을 할 뿐**이다. 이행거절권 구성을 취하는 경우와 비교해 **파산절차를 신속히 종결**할 수 있다는 점을 들기도 하나,443) 과연 그러한지 의문일뿐더러 설령 그렇더라도 이러한 '사실적' 이유로 '규범의 타당성'을 충분히 근거지울 수 있는지 의문이다. 그러면서 이러한 해제권은 법에 의해 파산관재인에게 부여된 특별한 권능이고 이로 인해 파산관재인은

양 당사자 사이에 형평을 유지하고자 한 것" (대법원 2002. 5. 28. 선고 2001다68068 판결)

438) 박병대, "파산절차가 계약관계에 미치는 영향", 재판자료82, (1999), 439.

439) 서경환, "회사정리절차가 계약관계에 미치는 영향", 재판자료86, (2000), 644.

440) 김영주, 도산절차와 미이행 쌍무계약 – 민법·채무자회생법의 해석론 및 입법론 –, (2020), 79.

441) 해지만 허용한다면 해지의 장래효로 인해 기이행급부의 원상회복은 원칙적으로 문제되지 않는다.

442) 본문 제2장 제2절 1. 1.

443) 中田裕康, "契約当事者の倒産", 倒産手続と民事実体法, 別冊NBL60, (2000), 37.

파산채무자의 종래 계약상 지위보다 유리한 법적 지위에 놓이므로 상대방과의 공평을 어떻게 유지할 것인지가 후속 문제로 제기된다고 설명한다.444)445)

일본의 입법연혁을 보면 해제권 구성의 시초는 1890년 구 상법 제3편(법률32호) 993조에서 찾을 수 있다. 993조 1항에 따르면 쌍방미이행 쌍무계약의 일방당사자에 대하여 파산절차가 개시된 경우, 쌍방계약당사자 모두 손해배상을 하지 않고 해당 계약을 해약할 수 있다. 또한 993조 2항에 따르면 임대차계약과 근로계약의 경우 당사자간 협의가 이루어지지 않는다면 법률상 또는 관습상의 해약예고기간을 준수해야 한다. 구 상법전이 위와 같이 일반적 해약권을 부여한 이유로는 ① 파산채무자가 계약상 의무를 완전히 이행하는 것은 기대할 수 없고 계약을 유지하면 파산관재인은 불필요한 급부의 수령을 강요당하게 되는 점, ② 계약상대방은 파산배당밖에 수령할 수 없는데 자기의무는 이행해야하므로 불이익을 입는 점이 언급된다.446) 결국 일반적 해약권을 인정하는 것이 가장 **공평하고 간명**하다는 취지이다.447) 구 상법전의 토대가 된 상법초안을 작성한 뢰슬러(Hermann Rösler) 박사는 상법초안 이유서에서 ① 파산관재인에 대해서만 계약을 이행할 것인가 하지 않을 것인가라는 선택권을 부여한 1877년 독일 파산법 15

---

444) 伊藤眞, 破産法·民事再生法, 4版, (2018), 379-381.
445) 해제권 구성의 정당성과 이행거절권 구성의 부당성을 '적극적으로' 논증하는 일본문헌으로는 松下淳一, "契約関係の処理", 倒産実体法, 別冊NBL69, (2002), 47-48. 그러나 필자가 보기에는 위 문헌도 동어반복 논증의 한계를 벗어나지 못하고 있다. 또한 위 견해는 이행거절권 구성에 따른 계약관계의 단일한 금전채권으로의 청산은 '상계법리'에 비추어 가능하지 않다고 비판하는데, 이는 오해이다. 고유한 견련관계에 있는 두 급부의무 사이의 청산(= 1단계: 계약상대방의 채권의 강제이행불능에 따른 금전화 → 2단계: 그와 견련관계에 있는 도산채무자의 채권의 금전화 → 3단계: 두 금전채권 사이의 공제)은 **'도산법상 상계제한법리를 물리치고'** 항상 가능하기 때문이다.
446) 구 상법전 입법당시에는 '재단채권'이라는 개념이 명확하지 않았다고 한다. 中田裕康, "契約当事者の倒産", 倒産手続と民事実体法, 別冊NBL60, (2000), 22.
447) 水元宏典, "中西報告に対するコメント", 新しい契約解除法制と倒産·再生手続, (2019), 167-168.

조와 ② 상대방이 계약에 편입될 수 있지만 편입될 의무도 없는 1855년 프로이센 파산법 15조, 16조를 검토한 후 쌍방에 해약권을 부여하였다고 밝히고 있다.[448] 또한 손해배상의무를 인정하지 않은 이유에 대해서는, 계약의 해제로 인해 계약이 처음부터 체결되지 않았던 것이 되므로 채무불이행 문제가 생기지 않기 때문이라고 설명한다.[449] 쌍방에 해약권을 부여한 이유, 손해배상의무를 인정하지 않은 이유는 오늘날의 관점에서 보면 그 정당성이 의심스럽다. 어쨌든 이처럼 쌍방당사자에게 손해배상의무를 부담시키지 않으면서 해약권을 허용하는 태도는, 1922년 구 파산법이 제정되면서 관리인에게만 해제권을 부여하고 관리인의 해제권 행사시 계약상대방이 손해배상채권을 도산채권으로 행사할 수 있다는 내용으로 수정되었다. 일본 구 파산법은 당시 독일 구 파산법을 많이 참조하였는데, 왜 유독 독일법의 이행거절권 구성은 따르지 않고 해제권 구성을 취했는지에 대한 이유설명은 발견되지 않는다고 한다.[450] 쌍방계약당사자에게 해제권을 부여한 구 상법전의 태도가 영향을 미치지 않았을까 추측될 뿐이다. 다만 이행거절권

---

448) Roesler, Entwurf eines Handels-Gesetzbuches für Japan mit Commentar III, (1884), 288. 中田裕康, "契約当事者の倒産", 倒産手続と民事実体法, 別冊NBL60, (2000), 22에서 재인용. 참고로 1855년 프로이센 파산법 16조 2항은 "총채권자가 쌍방미이행 쌍무계약을 인수하려면 쌍방이 해당 계약을 완전히 이행해야 한다. 그러나 계약상대방이 파산절차개시를 통해 발생한 상황변경으로 인해 일반적 법규정에 의해 해당 계약을 해소할 수 있는 경우에는 그러하지 않다."고 규정하고 있었다. "Will die Gläubigerschaft das Geschäft übernehmen, so muß dasselbe von beiden Theilen vollständing erfüllt werden, sofern nicht etwa der Mitkontrahent des Gemeinschuldners wegen der durch die Konkurseröffnung eingetretenen Veränderung der Umstände befugt ist, auf Grund der allgemeinen gesetzlichen Bestimmungen das Geschäft aufzuheben."

449) 劉穎, 破産法上の双方未履行双務契約の取扱いに関する研究, 中央大学博士論文, (2016), 15.

450) 福永有利, "破産法第五九条の目的と破産管財人の選択権", 倒産法研究, (2004), 60-63; 水元宏典, "中西報告に対するコメント", 新しい契約解除法制と倒産・再生手続, (2019), 168.

구성과 해제권 구성의 차이점에 관하여 진지한 고민이 없었음은 분명하다.

한편 위와 같이 '**일반적으로**' 쌍방계약당사자의 해제(해지)권을 허용하는 구 상법전의 태도는, '**특정유형의 계약**'(임대차, 고용, 도급 등)에 관하여 계약당사자 일방의 파산시 쌍방당사자에 의한 계약의 해제(해지)를 폭넓게 인정하는 조문이 일본민법에 들어오는 데 일정한 영향을 미쳤다. 이러한 일본민법의 태도는 우리민법에 반영되었고, 이로 인해 여러 해석론상 문제가 발생하고 있다. 이 부분은 각론에서 살펴본다.

참고로 1855년 프로이센 파산법 16조 3항은 "총채권자들이 쌍방미이행 쌍무계약에서 이행을 선택하지 않은 경우, 계약상대방이 도산채무자에게 급부한 것은 파산재단에 남아있다면 계약상대방에게 반환되어야 한다. 파산재단에 남아있지 않다면 계약상대방은 손해배상청구권만을 갖는다."고 규정하고 있었다.[451] 그런데 계약상대방의 원상회복청구권을 인정하면 ― 아래에서 보는 것처럼 ― 계약상대방이 전부 이행한 후 채무자에 대하여 도산절차가 개시된 경우와 비교해 불균형이 발생한다. 독일 구 파산법 입법자는 이러한 문제점을 인식하여 위 규정을 정면으로 거부하는 취지에서 독일 구 파산법 26조 1문[452]을 마련하였고,[453] 위 조항은 현 독일도산법

---

451) "Tritt die Gläubigerschaft in das Geschäft nicht ein, so muß dem Mitkontrahenten des Gemeinschuldners das von ihm Geleistete, soweit es in der Konkursmasse noch vorhanden ist, zurückgegeben werden, im Uebrigen stehen ihm nur ein Anspruch auf Entschädigung zu." Wolfgang Marotzke, Gegenseitige Vertrage im neuen Insolvenzrecht, 3.Aufl. (2001), Rn.7.5에서 재인용.

452) 구 파산법 26조[원상회복청구권의 부정]
"파산절차의 개시로 인해 채무불이행 또는 도산채무자의 법률관계의 해소가 발생한 경우, 계약상대방은 도산채무자의 소유로 이전된 자신의 급부를 파산재단으로부터 원상회복해 줄 것을 청구할 수 없다. 계약상대방에게 별제권이 존재하지 않는 한, 그는 파산채권자로서 불이행으로 인한 채권 또는 계약해소로 인한 채권만을 행사할 수 있다."
KO §26[Kein Rückgaberecht]
"Wenn in Folge der Eröffnung des Konkursverfahrens die Nichterfüllung einer

105조 2문으로 이어지고 있다.[454]

중국도산법도 해제권 구성을 취하고 있다. 한, 중, 일 3개국 모두 비교법적으로 일반적이라고 말할 수 없는 해제권 구성을 취하는 것이다.[455] 중국도산법 18조 1항에 따르면 관재인은 이행/해제를 선택할 수 있고, 도산절차 개시 신청이 수리된 후 2개월 이내에 상대방에게 위 둘 중 하나를 통지하지 않은 경우 또는 상대방으로부터 최고를 받은 후 30일 이내에 확답을 하지 않은 경우 계약을 해제한 것으로 본다. 18조 2항에 따르면 관재인이 이행을 선택한 경우 상대방은 그 계약을 이행해야 한다. 다만 상대방은 관재인에게 담보제공을 요구할 수 있고, 관재인이 담보를 제공하지 않은 경우 계약을 해제한 것으로 본다. 이행선택 후 상대방의 채권은 공익채권이며 (중국도산법 42조), 해제선택 후 상대방의 손해배상채권은 도산채권이다(중국도산법 53조). 그러나 해제선택 시 원상회복청구가 가능한지, 가능하다면 상대방의 원상회복청구권의 법적 성격은 무엇인지에 대해서는 별도로 규정하고 있지 않다.[456]

Verbindlichkeit oder die Aufhebung eines Rechtverhältnisses des Gemeinschuldners eintritt, so ist der andere Theil nicht berechtigt, die Rückgabe seiner in das Eigenthum des Gemeinschuldners übergegangenen Leistung aus der Konkursmasse zu verlangen. Er kann eine Forderung wegen der Nichterfüllung oder der Aufhebung nur als Konkursgläubiger geltend machen, soweit ihm nicht ein Anspruch auf abgesonderte Befriedigung zusteht."

453) Wolfgang Marotzke, Gegenseitige Verträge im neuen Insolvenzrecht, 3.Aufl. (2001), Rn.7.6 참조.

454) 스위스 채권추심 및 파산에 관한 연방법 212E조도 같은 취지로 규정하고 있다.

455) 영국은 도산재단 포기라는 관점에서 접근하고 있으며, 미국은 관리인이 거절(rejection)할 수 있고, 독일도 관리인이 이행거절(Erfullüngsablehnung)할 수 있다. 프랑스 또한 관리인이 계약상 채무를 불이행한 경우 계약관계가 단일한 금전채권으로 청산된다. 세계 각국의 입법태도에 대한 개관으로는 Jason Chuah/Eugenio Vaccari (ed), Executory Contracts in Insolvency Law : A Global Guide, (2019) 참조.

456) 이에 관한 중국 학설의 소개로는 劉穎, 破産法上の双方未履行双務契約の取扱いに関する研究, 中央大学博士論文, (2016), 79-81.

중국도산법이 해제권 구성을 취한 이유에 관하여 다음과 같이 설명하는 견해도 있다. ① 중국계약법에 따르면 채무자의 귀책사유 없는 채무불이행의 경우에도 채권자가 계약해제를 할 수 있고, 채무자가 이행거절을 한 경우 채권자는 최고없이 계약해제를 할 수 있는데, ② 이러한 상황에서 만약 이행거절권 구성을 취한다면 관리인의 이행거절을 이유로 계약상대방은 계약해제를 할 수 있다. ③ 그 결과 계약상대방의 의사에 따라 계약해제 여부가 결정되는데, 이는 계약관계의 귀추를 관리인에게 맡기기 위해 선택권을 관리인에게 부여한 도산법의 취지에 반한다.457) 그러나 필자는 위 논리 중 ②부분에 반대한다. 채무자의 귀책사유 없는 채무불이행(이행거절: Erfüllungsverweigerung)을 이유로 한 채권자의 해제권을 평시 계약법에서 인정한다고 해서, 관리인의 이행거절(Erfüllungsablehnung)을 이유로 한 계약상대방의 해제권을 반드시 인정해야 하는 것은 아니다. 일방미이행 쌍무계약에서 계약상대방이 도산절차개시 후 새롭게 해제권을 취득할 수 없는 것처럼, 쌍방미이행 쌍무계약에서도 계약상대방은 원칙적으로 새롭게 해제권을 취득할 수 없다고 보아야 한다(계약의 채권화).458)

2. 해제권 구성의 문제점

관리인에게 해제권을 부여하는 회생파산법의 태도는 법이론의 관점에서 많은 문제가 있다. 실무상 관리인의 선택권 행사 대상이 되는 쌍방미이행 쌍무계약은 계속적 계약인 경우가 많고, 이 경우 해제가 아니라 해지가 이루어지므로 해제권 구성의 문제점이 자주 드러나지는 않는다. 그러나 현상에 별 문제가 없다고 해서 본질이 갖는 문제점이 사라지는 것은 아니다. 문제를 해결하기 위해서는 관리인에게 해제권이 아니라 이행거절권을 부여

---

457) 劉穎, 破産法上の双方未履行双務契約の取扱いに関する研究, 中央大学博士論文, (2016), 37-40.

458) 본문 제2장 제1절 I. 3.

하는 방향으로 법개정이 이루어져야 한다. 법개정이 이루어지기 전에도 가급적 해제권 구성의 문제점을 최소화하는 방향으로 적극적 법해석을 하는 것이 바람직하다. 아래에서는 해제권 구성의 문제점을 구체적으로 살펴본다.

가. 계약법상 기본원칙과의 부조화 : 채무불이행을 한 채무자에게 불리한 계약에서 빠져나갈 기회를 제공

계약상대방에게 채무불이행 등의 사유가 없고, 사정변경 등을 이유로 계약을 해제할만한 사유가 없음에도 불구하고 자력이 부족한 채무자 측 관리인의 일방적 의사에 따라 계약의 효력을 처음부터 없었던 것처럼 만드는 해제권 구성은, 계약법의 관점에서 정당화되기 어렵다. 채무를 불이행한 채무자 측에게 불리한 계약에서 빠져나갈 기회(escape from bad bargain)를 제공하기 때문이다. 아무런 잘못도 하지 않은 계약상대방이 계약에 따라 수령한 급부를 자신의 의사와 무관하게 반환하도록 강제하는 것은 정당화될 수 없다. 계약법에서 계약당사자 일방에게 <손해배상의무를 동반한 자유로운 해제권>이 인정되는 대부분의 사안은 **해제권 행사의 상대방이 계약에 따라 정당하게 수령한 급부의 원상회복을 강요당하지 않는 상황**을 전제로 한다{민법 673조(완성전의 도급인의 해제권), 민법 571조(선의의 매도인의 담보책임), 민법 601조(무이자소비대차와 해제권)}.[459)]

최근 판례[460)]에서 문제된 다음 사례를 살펴보자.

---

459) 민법 689조(위임의 상호해지의 자유) 1항은 "위임계약은 각 당사자가 언제든지 해지할 수 있다.", 2항은 "당사자 일방이 부득이한 사유없이 상대방의 불리한 시기에 계약을 해지한 때에는 그 손해를 배상하여야 한다."고 규정하고 있다. 이 경우 '해지'를 할 수 있는 것이므로 해지권 행사 상대방이 원상회복의무를 강요당하는 상황은 발생하지 않는다.

460) 대법원 2017. 4. 26. 선고 2015다6517, 6524, 6531 판결.

A회사는 2012. 10.경 피고와 영업양도계약을 체결하였다. A회사는 2012. 10. 30. 주주총회를 개최하여 위 영업양도계약 체결을 승인하는 결의를 하였다. A회사의 주주인 원고는 주주총회 결의 전에 위 영업양도에 대하여 반대의사를 통지한 후 2012. 11. 9. 상법 374조의2에 의하여 주식매수청구권을 행사하였다. 2012. 12. 25. 원고와 A회사는 매매대금을 24억 원으로 정한 주식매매계약을 체결하고, 같은 날 위 매매대금 중 4억 원의 지급에 갈음하여 A회사가 피고에 대해 갖는 채권 중 4억 원을 원고에게 양도하는 계약을 체결하였다. 2012. 12. 27. A회사는 피고에게 채권양도통지를 하였다. 이후 A회사에 대하여 회생절차가 개시되었고, A회사의 관리인은 법원의 허가를 받아 위 주식매매 계약을 해제하였다. 원고와 A회사 사이의 법률관계는 어떻게 전개되는가?

반대주주의 주식매수청구권 행사에 의해 성립한 주식매매계약은 쌍방미이행 쌍무계약이므로, 관리인은 이행선택/해제 중에서 선택할 수 있다. 당사자의 합의에 의해 성립한 쌍무계약과 법률규정을 근거로 일방의 형성권 행사에 따라 성립한 쌍무계약을 달리 취급할 이유는 없다. 그런데 A회사가 회생절차에 들어간 이상 매매목적물인 A회사 주식의 시가는 매매대금 24억 원보다 현저히 떨어졌을 것이다. 따라서 주식매수인인 A회사의 관리인 입장에서는 위 주식매매계약을 해제하는 것이 도산재단에 유리하다. 관리인의 해제권 행사에 따라 주식매매계약이 해제되면, 주식매도인인 원고는 매매대금 일부지급에 갈음하여 매수인으로부터 양도받은 채권을 반환해야 하고, A회사에 이전해 준 주식에 대해서는 환취권을 행사하여 반환받을 수 있다. 또한 원고는 주식매매계약의 해제로 인해 입은 손해의 배상을 도산채권자로서 청구할 수 있다. 만약 A회사의 주식가치가 0으로 떨어졌다면 원고는 24억 원의 손해배상채권을 도산채권으로 행사할 수 있다.

위 사건에서도 해제권 구성의 문제점이 고스란히 드러난다. 만약 A회사가 주식대금 24억 원을 전부 지급한 후 회생절차가 개시되었다면 A회사의 관리인은 더 이상 주식매매계약을 해제할 수 없고, 계약상대방인 원고는 도산채무자인 A회사로부터 수령한 매매대금을 원상회복하지 않아도 된다. 이 경우 A회사의 관리인은 주식매매계약에 따라 A회사 주식을 취득할 수 있을 뿐이다. 그런데 A회사가 매매대금 중 일부인 4억 원만 지급한 경우에는 − 관리인이 해제권을 행사하면 − 원고는 4억 원을 반환해야 하고 24억 원의 손해배상채권은 도산채권자로서 행사할 수 있을 뿐이다. **도산채무자가 자신의 의무를 모두 이행한 경우에는 자신에게 불리한 계약내용에 구속되지만, 도산채무자가 자신의 의무를 일부 이행한 경우에는 자신에게 불리한 내용의 계약으로부터 벗어날 수 있다는 결론은 균형이 맞지 않는다.**[461] **후자의 경우에만 유독 도산채무자에게 특혜(계약의 구속력으로부터 일방적으로 벗어날 권리)를 줄 합리적 이유가 없다.** 해제권 구성에 따르면 위 사례에서 원고는 A회사로부터 기지급받은 일부 매매대금을 반환해야 하고 계약해제에 따른 손해는 도산채권으로 배상받을 수밖에 없다. 왜 원고가 그러한 손실을 감수해야 하는가?[462]

---

461) 평시 도산채무자에게 인정되지 않던 해제권을 도산절차 내에서 인정함으로써 도산채무자가 자신에게 불리한 계약으로부터 벗어날 수 있게 되는 또 다른 사례로는 본문 제2장 제2절 II. 3. 나. 2) 참조.

462) 위 판례에 대한 대법원 재판연구관의 평석으로는 심영진, "2017년 상반기 도산법 관련 대법원 판례 소개", 도산법연구회 2017년 9월 발표회 발표문, 25-28. 이 평석에서도 본문과 같은 문제의식은 찾을 수 없다. 핵심쟁점에서 벗어난 부차적 논의만 있을 뿐이다. 가령 ① 형성권 행사에 따라 계약이 성립한 경우에도 쌍방미이행 쌍무계약 관련 규정이 적용된다든지, ② 상법상 주식매수청구권 제도의 취지인 소수주주 보호는 다수주주와의 관계에서 의미를 가질 뿐이고, 회생채무자인 회사의 채권자들에 대한 관계에서까지 반드시 소수주주 보호가 우선한다고 볼 수 없다든지 하는 언급은 이 사건 **원고가 느끼는 '억울함'의 핵심원인과는 거리가 멀다.**
한편 이 사건 원고는 회생파산법 119조 1항 본문 중 '계약의 해제'에 관한 부분이 원고의 계약자유를 침해한다고 주장하며 위헌법률심판제청신청을 하였으나 그 신청이 기각되자, 이 사건을 당해사건으로 하여 위 조항의 위헌확인을 구하는 헌법소원심판을 청구하였다. 이에 대해 헌법재판소는 합헌결정을 하였다(헌법재판소 2016. 9. 29. 선고 2015헌바28 결정). 위 헌법재판소 결정에서도 본문과 같은 문제의식은 찾아볼 수 없다. 오히려 **이행거절권 구성의 의미를 정확히 이해하지 못한 판시가 눈**

이행거절권 구성을 취하거나, 해제권 구성을 취하더라도 ⓐ 도산채무자의 기이행급부에 대해서는 해제의 효력이 미치지 않고 미이행급부에 한정하여 해제의 효력이 미친다고 보거나 ⓑ 위 사안에서 계약상대방의 손해배상채권(4억 원)과 도산채무자 측의 원상회복채권(24억 원) 사이의 상계를 허용하면,463) 위와 같은 문제는 발생하지 않는다. 판례는 해석론의 관점에서 위 ⓐ, ⓑ와 같은 해결책을 적극적으로 모색해야 한다. ⓐ와 같이 해제의 효력을 제한하면 당사자가 1개의 계약을 체결하였음에도 불구하고 **계약을 마치 2개처럼 취급**하는 것이다. 계약상 급부의무 모두가 가분이라고 해서 당연히 계약의 분할을 인정할 근거는 없다. 그러나 **해제권 구성의 문제점을 완화**하는 차원에서 기이행급부와 미이행급부로 계약을 나누는 ⓐ와 같은 방법(계속적 계약뿐만 아니라 쌍방급부가 가분(可分)인 일회적 계약에 대해서도 해제가 아니라 해지만 허용하는 방안)을 과감히 시도할 필요가

___

에 뜨인다. 가령 위 결정문은, "관리인에게 계약의 해제권이 아닌 이행거절권을 부여하게 되면 상대방이 이행을 청구한 경우에야 비로소 관리인이 이행을 거절할 수 있고, 관리인이 이행거절권을 행사하였음에도 불구하고 상대방이 계약을 해제하지 아니할 가능성도 있어, 회생절차개시 이후부터 상당기간 동안 종래 계약관계로 인한 법률관계가 확정될 수 없게 된다."고 판시하고 있는데, ⓐ 상대방이 이행청구를 하지 않아도 관리인은 이행거절을 할 수 있고, ⓑ 관리인이 이행거절을 하면 계약은 단일한 금전채권으로 청산되므로 그에 따라 법률관계가 확정된다. 또한 위 결정문은 "관리인이 이행거절권을 행사하여 채무의 이행을 거절하고 상대방이 계약을 해제한 경우, 상대방의 원상회복청구권을 공익채권으로 규정하게 되면 다른 채권자들과의 형평 문제가 야기될 우려가 있고, 이를 회생채권으로 규정하게 되면 상대방은 계약에 따라 이미 이행한 부분을 즉시 반환받을 수 없게 되어 오히려 상대방에게 불리할 수도 있으므로..."라고 판시하는데, ⓒ 관리인의 이행거절 시 계약상대방이 해제를 할 수 있는지 자체가 논란의 여지가 있고, ⓓ 설령 계약상대방이 해제를 할 수 있다더라도 계약상대방의 원상회복채권은 회생채권으로 보아야 한다. ⓒ 계약상대방의 원상회복채권을 회생채권으로 보는 것은 해제제도의 취지, 관리인의 제3자성, 계약상대방이 선이행을 함으로써 일종의 신용거래를 한 점 등을 고려할 때, 정당한 결론이고 만약 계약상대방이 이에 만족하지 못한다면 그는 해제권 행사를 하지 않으면 된다.

463) 다만 본문의 사례처럼 도산채무자 측의 원상회복채권이 금전채권 반환청구권이라면, 자동채권과 수동채권의 동종성(同種性) 결여로 상계는 불가능하다.

있다.464) ⓑ와 같은 해석론은 도산법상 상계제한 법리와 저촉될 여지가 있다. 관리인의 해제로 인해 계약상대방이 부담하는 원상회복의무는 도산절차개시 후 발생한 의무라고 볼 수 있으므로, 이를 수동채권으로 한 상계는 회생파산법 145조 1호, 422조 1호에 저촉될 수 있기 때문이다. 계약상대방의 원상회복의무와 도산채무자의 손해배상의무는 평시라면 동시이행관계가 인정된다. 그러나 양자 사이에 고유한 견련성, 고유한 견련성과 유사한 정도의 견련성은 없다. 따라서 평시 동시이행관계에 있다는 이유만으로 도산법상 상계제한 법리를 뛰어 넘어 두 채권 사이의 상계(또는 공제)를 허용하긴 어렵다. 하지만 **해제권 구성의 문제점을 완화하기 위한 정책적 결단**의 차원에서, 위 두 채권 사이의 상계를 허용하는 해석론을 고민해 볼 필요가 있다.465) 수동채권인 원상회복채권을 도산절차개시 전 발생‘원인’이 존재하는 ‘정지조건부채권’으로 볼 수 있는 점을 고려할 때, 상계를 허용하는

---

464) 이러한 해석론상 시도로는 中西正, "双方未履行双務契約の破産法上の取り扱い", 現代民事司法の諸相, (2005), 497이하; 中西正, "倒産法における双方未履行双務契約の取扱い", 新しい契約解除法制と倒産・再生手続, (2019), 303이하; 竹内康二, "第5章 11. 破産管財人の選択権", 破産法大系第Ⅱ卷 -破産実体法-, (2015), 305 참조. 이러한 시도에 공감을 표하는 국내문헌으로는 정영수. "도산절차상 미이행쌍무계약에 관한 연구", 민사소송13-2, (2009), 276이하.
  中西正 교수는 계약상 급부의무가 모두 가분인 경우 기이행부분은 그대로 두고 미이행부분에만 해제의 효력이 미친다고 본다. 그 이유는 기이행부분에 대해 ‘부인권’을 행사하여 원상회복을 할 수 없는 이상, 관리인의 해제권에 의해 원상회복을 인정하는 것은 타당하지 않기 때문이다. 위 견해는 관리인의 해제권 행사는 부인권 행사보다 강력해서는 안된다는 점, 즉 **부인의 대상이 되지 않는 법률행위에 대하여 다른 제도를 통해 원상회복을 허용함으로써 계약상대방의 신뢰를 깰 수 없다**는 점을 전제하고 있다. 경청할 주장이다.
465) 한민, "미이행쌍무계약에 관한 우리 도산법제의 개선방향", 선진상사법률연구53, (2011), 89-90은 해제권 구성을 유지하면서 그 대신 관리인이 해제권 행사를 선택한 경우 상대방이 손해배상채권을 자동채권으로 하여 그의 원상회복의무와 대등액에서 상계하는 것을 보장해 주는 방법이 타당하다고 한다. 위와 같은 상계를 허용하면 ‘이행거절권’ 구성에 실질적으로 매우 근접하게 된다. 나아가 현행법 해석론상으로도, 즉 굳이 법을 개정하지 않더라도 이러한 상계는 허용될 여지가 있다.

해석론이 무리한 견해라고 보긴 어렵다. 이러한 상계를 허용하는 것은 1개의 계약을 기이행부분과 미이행부분으로 사실상 분할하는 효과가 있다는 점에서 ⓐ방안과 비슷하다.

나 계약상대방이 전부 이행한 경우와의 불균형/불연속

해제권 구성 하에서 상품 100개를 매도한 사람이 매매대금을 지급받기 전에 90개를 선(先)인도한 후 매수인이 도산하였고 매수인 측 관리인이 해제권을 행사한 경우, 매도인은 90개의 물건을 도산재단으로부터 환취할 수 있다(매매목적물이 도산재단에 현존한다고 가정한다). 99개를 선인도하면 99개의 물건을 도산재단으로부터 환취할 수 있다. 즉 매도인은 물건에 대한 소유권을 계속 보유한다. 그러나 매도인이 의무이행을 완료하여 100개를 선(先)인도하는 순간 일방미이행 쌍무계약이 되므로 매도인은 매매목적물을 더 이상 환취할 수 없고, 자신의 계약상 채권을 도산채권으로 행사할 수 있을 뿐이다. 도산채무자인 매수인이 매매대금을 완납할 수 없다는 이유로 도산절차 내에서 매도인이 새롭게 법정해제권을 취득하는 것도 가능하지 않다(계약의 채권화).

이러한 법률관계의 불균형/불연속이 정당화될 수 있는지 의문이다. 매도인이 100개를 선인도한 경우와 99개를 선인도한 경우 사이에 위와 같은 차이가 발생하는 것이 타당한가? 전자의 경우 매도인이 동시이행항변권을 스스로 포기하였고, 후자의 경우 매도인이 동시이행항변권을 아직 완전히 포기하지는 않았다. 하지만 이러한 차이가 위와 같은 결과의 차이를 정당화할 수 있는지는 의문이다.[466]

---

466) 독일 구 파산법 입법자는 이러한 이유에서 계약상대방의 원상회복청구권을 원칙적으로 부정하는 조항을 명문화하였다. Carl Hahn/Benno Mugdan, Die gesammten Materialien zu den Reichs-Justizgesetzen IV: Materialien zu der Konkursordnung, (1881), 105이하.

다음 사례를 살펴보자.

> "갑회사(건설회사)가 아파트를 신축하여 을과 병에게 분양한 후 소유권이전등기절차를 경료하기 전에 도산하여 회생절차가 개시되었는데, 그 당시에 을은 분양대금을 완납하였고, 병은 분양대금을 미납한 상태라고 가정하자. 이 경우 갑회사를 위하여 성실하게 분양대금을 완납한 을의 소유권이전등기청구권은 **회생채권**으로 취급되나, 갑회사의 재정악화에 일조한 병의 경우, 쌍방미이행상태가 되어 소유권이전등기청구권(관리인이 이행 선택 시)이나 분양대금반환청구권(관리인이 계약해제 선택 시)을 **공익채권**으로 행사할 수 있다"467)

위 사안에서 분양대금을 선납하지 않은 매수인은 — 관리인의 이행선택 시 — 소유권이전등기청구권을 공익채권으로 행사할 수 있는 반면, 선납한 매수인은 소유권이전등기청구권을 회생채권으로 행사할 수밖에 없게 되는 결과가 부당한 것은 아니다. 전자의 매수인은 자신의 동시이행항변권을 포기하지 않음으로 인해 대가를 얻었고, 후자의 매수인은 이를 포기한 것에 따른 대가를 치른 것이다.468) 그러나 자신의 의무를 전부 선(先)이행한 계약상대방은 계약자체를 해제할 수 없고 자신의 계약상 채권을 회생채권으로 행사할 수 있을 뿐인데, 자신의 의무 일부를 선(先)이행한 계약상대방에게는 계약해제로 인한 원상회복이익을 재단(공익)채권으로 보장하는 것은 균형이 맞지 않는다. ⓐ 전자와 달리 후자에게 원상회복청구를 허용하는 것, ⓑ 후자의 원상회복이익을 재단(공익)채권으로 보장하는 것 모두 문제

---

467) 서경환, "회사정리절차가 계약관계에 미치는 영향", 재판자료86, (2000), 644-645.
468) 그러나 계약상대방이 '소비자'인 경우 이러한 결론이 불공평하다고 느껴질 수는 있다. 분양대금을 완납한 수분양자를 보호하기 위해, 관리인이 수분양자와 화해계약을 체결하여 수분양자의 소유권이전등기청구권을 재단(공익)채권으로 만들어 준 실무례의 소개로는 임종헌, "파산절차가 쌍방 미이행계약관계에 미치는 영향", 고려대석사논문, (2001), 29-30.

이다.469)

다. 부인권 행사요건 잠탈 위험

관리인이 해제권을 선택하면 관리인은 도산채무자가 계약상대방에게 급부한 것을 원상회복받을 수 있다. 즉 도산채무자가 체결한 불리한 거래로부터 빠져나올 수 있다. 그런데 채무자가 체결한 불리한 거래로부터 빠져나와 도산재단을 확충하기 위해 마련된 제도는 '부인제도'이다. 부인권은 일정한 요건(수익자 악의, 사해행위 또는 편파행위, 제척기간 준수 등)이 갖추어진 경우에 한해 행사할 수 있다. 해제권 구성을 취해 관리인이 계약상 급부를 원상회복받으면, 부인권 행사요건을 둔 취지가 잠탈되어 **부인할 수 없는 거래임에도 불구하고 사실상 부인권 행사를 허용하는 결과**가 된다. 이러한 의미에서 관리인의 해제권은 **초(超)부인권**이다.

채무자가 대물변제 명목으로 채권자에게 부동산을 양도하기로 하였는데, 해당 부동산의 시가가 채무자가 변제할 원리금보다 조금 더 커서 매매대금 중 일부는 채권자가 채무자에게 실제 지급하는 내용의 매매계약이 체결되었다고 가정해 보자. 채권자에게 먼저 부동산 소유권이전등기가 경료되었는데, 위 부동산에 하자가 발견되었고 채권자가 이러한 하자를 이유로 실제 지급하기로 한 소액의 매매대금을 지급하지 않은 상태에서 채무자(매도인)에 대하여 도산절차가 개시되었다. 관리인은 위 쌍방미이행 쌍무계약(= 대물변제)이 편파행위 요건(회생파산법 100조 1항 2, 3호, 391조 2, 3호)을 충족하는 경우에만 그 효력을 부인할 수 있는가? 아니면 관리인은 편파행위 부인요건과 상관없이 위 계약이 쌍방미이행 쌍무계약임을 이유로 항상 해제할 수 있는가? 현행법 해석론으로는 후자의 견해를 따를 수밖에 없다.

---

469) 쌍무계약 관계에 있는 급부 일부를 선이행한 계약상대방은 일종의 신용거래를 한 것이다. 계약상대방이 '재단(공익)채권'으로 원상회복청구를 할 수 있다면, 신용거래를 한 계약상대방을 과보호하는 것이다.

그런데 이러한 결론이 타당한가? 가령 채무자가 위기시기에 빠지기 전에 대물변제계약이 체결되었거나, 채무자가 위기시기에 빠진 뒤에 체결되었지만 계약상대방인 매수인(채권자)이 채무자의 무자력을 알지 못한 상황에서 체결된 대물변제계약이,[470) 도산절차개시 당시 채권자가 소액의 매매대금을 지급하지 않았고 매매목적물에 흠이 존재한다는 이유만으로 채무자(매도인) 측 관리인의 일방적 의사에 의해 그 효력을 잃고, 채권자는 자신이 대물변제받은 것을 도산재단에 돌려주어야 한다는 결론이 타당한가? **대물변제계약이 부인의 대상이 되지 않는 한, 채권자에게 이루어진 대물변제의 효력은 인정해야 하지 않을까?** 대물변제 명목으로 부동산 소유권을 취득한 채권자의 신뢰가 보호되지 않고, 채권자는 도산채권인 손해배상채권(회생파산법 121조 1항, 337조 1항)을 행사할 수밖에 없다는 결론이 과연 타당한가? 해석론으로도 이러한 해제권 행사는 불허해야 하는 것 아닌가?[471)

라. 계약유형 및 문제상황에 따라 도산절차상 법률관계가 현저히 달라질 위험

해제권 구성을 취하면 계약유형 및 문제상황에 따라 해제권 행사 후의 법률관계가 현저히 달라질 수 있다. 이러한 법률관계의 차이가 공평의 관점에서 정당화되기 어렵다는 점 또한 해제권 구성의 문제점이다.

---

470) 따라서 편파행위 부인의 대상이 될 수 없다.

471) 참고로 일본 판례 중 파산관재인의 해제권 행사로 상대방에게 현저히 불공평한 상황이 발생하는 경우 해제권을 제한할 수 있다는 취지로는 日最判 2000(平成12) 2. 29 (民集 54.2.553). 이 판례는 구체적 판단요소로 ① 해제에 의해 계약당사자 쌍방이 원상회복해야 하는 급부내용의 균형, ② 계약상대방이 손해배상채권이나 원상회복 청구권으로 불이익을 회복하는 정도, ③ 도산채무자 측의 채무가 쌍무계약에 있어 본질적, 중핵적인 것인지 부수적인 것인지를 들고 있다.

1) 매매계약과 도급계약의 비교

매매계약의 경우 매수인 측 관리인이 해제를 하면, 매도인은 자신의 일부급부를 환취권/재단(공익)채권으로서 원상회복 받는다. 그런데 도급계약의 경우 도급인 측 관리인이 해제를 하면, 수급인은 자신의 일부급부를 환취권/재단(공익)채권으로 원상회복 받지 못하고 기성고에 따른 공사대금만 도산채권으로 행사해야 하는 상황에 놓일 수 있다. 평시 매매계약 해제에 따른 소급효를 제한하는 법리는 존재하지 않지만, 평시 도급계약 해제에 따른 소급효를 제한하는 법리는 존재하기 때문이다.472) 이러한 평시 실체법 법리가 해제권 구성과 결합하면, 도산채무자의 계약상대방이 매도인인지 수급인인지에 따라 계약상대방의 이해관계에 중대한 차이가 발생한다. 자신의 의무를 일부 선이행한 매도인은 계약상대방의 무자력 위험을 부담하지 않는 데 반해, 자신의 의무를 일부 선이행한 수급인은 계약상대방의 무자력 위험을 부담하게 된다. 매매계약과 도급계약 사이의 차이를 고려하더라도 이러한 결론의 차이가 정당한지는 의문이다. 해제권 구성이 아니라 이행거절권 구성을 취하면 이러한 차이는 발생하지 않는다.

2) 도급계약에서 수급인 도산상황과 도급인 도산상황의 비교

수급인 도산상황

도급인 A는 수급인 B와 공사도급계약을 체결하였다. A는 선급금으로 총 도급금액의 1/2에 해당하는 100을 B에게 지급하였다. 그러나 B가 공사를 전혀 진척시키지 못한 상태에서, B에 대한 회생절차가 개시되었다. B의 관리인은 위 도급

---

472) 가령 판례는 "건축공사가 상당한 정도로 진척되어 그 원상회복이 중대한 사회적, 경제적 손실을 초래하게 되고 완성된 부분이 도급인에게 이익이 되는 경우에는 도급인이 그 도급계약을 해제하는 경우에도 그 계약은 미완성 부분에 대하여서만 실효되고 수급인은 그 건물의 완성도 등을 참작하여 상당한 보수를 청구할 수 있다."고 한다. 대법원 1989. 2. 14. 선고 88다카4819 판결 등.

계약의 해제를 선택하였다. 이 경우 A는 공익채권으로서 100의 반환을 청구할 수 있다.

도급인 도산상황

도급인 A는 수급인 B와 공사도급계약을 체결하였다. B가 공정 50%를 완료한 상태에서 A에 대한 회생절차가 개시되었다. A의 관리인은 위 도급계약을 해제하는 것을 선택하였다. 도급계약 해제의 소급효가 인정되지 않게 됨에 따라 B는 기성고에 상응하는 공사대금채권, 나머지 공사를 완료하지 못함으로 인해 입은 손해배상채권을 각각 회생채권으로 행사할 수 있다.

위 상황을 비교해보면 도급계약에서 도급인이 자신의 의무를 일부 선이행한 후 수급인이 도산한 경우와 수급인이 자신의 의무를 일부 선이행한 후 도급인이 도산한 경우에 있어, 계약상대방의 이해관계에 중대한 차이가 발생한다. 전자의 경우 도산채무자의 계약상대방이 두텁게 보호되는 반면, 후자의 경우 도산채무자의 계약상대방은 도산채무자의 무자력위험을 온전히 부담한다. 이러한 차이가 정당화될 수 있는지 의문이다. 해제권 구성이 아니라 이행거절권 구성을 취하면 이러한 차이는 발생하지 않는다.

수급인 도산상황에서 도급인이 선금반환을 공익채권으로 행사할 수 있다는 결론[473]은, 평시 도급인의 선금반환채권은 일반채권에 불과하다는 점과도 균형이 맞지 않는다. 수급인에 대하여 회생절차가 개시되지 않은 상황에서 도급인이 수급인의 채무불이행을 이유로 도급계약을 해제하였다면

---

473) 박병대, "파산절차가 계약관계에 미치는 영향", 재판자료82, (1999), 480; 서경환, "회사정리절차가 계약관계에 미치는 영향", 재판자료86, (2000), 664; 임종헌, "파산절차가 쌍방 미이행계약관계에 미치는 영향", 고려대석사논문, (2001), 83; 임치용, "건설회사에 대하여 회생절차가 개시된 경우이 법률관계", 파산법연구 4, (2015), 41. 수급인이 공사를 일부 마친 상태에서 수급인의 관리인이 도급계약을 해제한 경우, 도급인은 자신이 지급한 선금 중 수급인의 기성고에 상응하는 공사대금을 공제한 나머지 부분에 대해서만 재단(공익)채권으로서 반환을 청구할 수 있다.

도급인은 일반채권자로서 선금 100의 반환을 구할 수 있을 뿐이다. 수급인에 대한 도산절차가 개시되었다고 해서 그리고 수급인의 관리인이 해제권을 행사하였다고 해서, 돌연 도급인의 선금반환채권이 공익채권이 되는 것이 타당한지 의문이다. 도급인이 자신의 의무를 일부 선이행하였다면 그만큼 수급인의 무자력 위험을 부담한 것이므로, 즉 도급인이 일종의 신용거래를 한 것이므로, 도급인의 원상회복채권은 계약해제의 원인이 도급인의 해제권 행사이든(수급인 파산 전에 도급인이 이미 취득한 해제권은 수급인 파산절차에서도 행사할 수 있다), 수급인 측 관리인의 해제권 행사이든 불문하고 도산채권으로 보아야 한다.474)

마. 계약상대방의 선택지(選擇肢) 축소

해제권 구성에서는 관리인의 해제권 행사로 계약상대방의 이행청구권이 계약상대방의 의사와 상관없이 소멸한다. 따라서 계약상대방이 도산절차를 통과하는 선택지(ride-through; 도산절차에서 도산채권자로서 권리행사를 하지 않고 계약상 법률관계를 그대로 둔 채 도산절차가 종료하기까지 기다리는 선택지)는 원천적으로 불가능하다(다만 관리인이 어떠한 선택도 하지 않고 계약상대방도 관리인에게 최고를 하지 않는 예외적 상황에서는, 현행법 하에서도 파산절차의 경우475) 도산절차 통과가 가능하다).

---

474) 한민, "미이행쌍무계약에 관한 우리 도산법제의 개선방향", 선진상사법률연구53, (2011), 89는 계약상대방의 채권을 도산채권으로 보면 상대방은 채무자에 대해 신용을 공여하거나 신용위험에 노출되는 것을 꺼리는 부작용이 생길 수 있는 점을 들어, 이행거절권 구성으로 법을 개정하는데 신중해야 한다고 지적한다. 이행거절권 구성으로 법이 개정되면, 지금보다 계약상대방의 신용공여가 줄어들 수 있다. 그런데 신용공여가 지금보다 줄어드는 것이 문제라면 영세한 수급인을 보호하는 차원에서 이 문제를 해결할 '정책수단'을 모색해야 한다. 이러한 문제를 해결하기 위해 도산법의 기본법리를 비트는 것은 부적절하다. 정책적 문제는 정책적 수단으로 해결하고, **법리적 문제는 법리 개선(改善)으로 해결**해야 한다.

475) 회생절차의 경우 관리인은 회생계획안 심리를 위한 관계인집회가 끝난 후에는 계약을 해제(해지)할 수 없고(회생파산법 119조 1항 단서), 이 경우 관리인의 이행선택이

이행거절권 구성을 취하는 경우, 관리인이 이행을 거절한다고 해서 계약상대방이 그에 따른 손해배상채권을 도산채권으로 행사할 '의무'는 없다. 계약상대방은 회생파산법 121조 1항, 337조 1항에 따른 손해배상채권을 도산채권으로 행사하지 않고, 계약상 법률관계를 그대로 둔 채 도산절차가 종료하기까지 기다리는 선택을 할 수도 있다. 도산절차개시 및 관리인의 이행거절로 인해 계약상대방이 도산절차 내에서 강제이행청구권을 행사할 수 없는 것일 뿐, 계약상 법률관계 자체가 소멸한 것은 아니기 때문이다.[476]

우리법의 경우 파산절차 종료 후 면책이 예정된 경우가 대부분이고, 회생절차의 경우 회생계획인가 시 회생계획 등에서 인정된 권리를 제외하고는 채무자의 모든 회생채권, 회생담보권에 관하여 면책이 이루어짐이 원칙이다(회생파산법 251조). 계약상 이행청구권이 면책된다면 도산절차 통과라는 선택지를 계약상대방에게 허용할 실익은 크지 않다. 그러나 파산절차 종료 후 면책이 불허되는 상황도 발생할 수 있고, 회생계획이 인가되기 전에 회생절차가 종료할 수도 있으므로 도산절차 통과라는 선택지를 허용하는 것이 실익이 전혀 없다고 할 수는 없다.[477] 또한 도산채무자의 계약상 채무(ex. 종류물 채무)를 보증인이 보증한 경우 계약상대방은 주채무자인 도산채무자로부터 이행을 받지 못하더라도 **보증인으로부터 '원 계약상 채무'의 이행을 받을 이익**이 있다. 그런데 해제권 구성 하에서는 이행청구권 자체가 소멸하므로 계약상대방은 보증인으로부터 원 계약상 채무의 이행

의제된다. 대법원 2012. 10. 11.자 2010마122 결정.

476) 이행거절권 구성을 취하는 독일의 경우 계약상대방에게 이러한 선택지가 인정된다. 이 경우 계약상대방은 – 면책이 되지 않는 한 – 도산절차종료 후 다시 계약상 채권의 강제이행을 청구할 수 있다. 독일도산법 201조 및 KPB/Tintelnot InsO, §103 Rn.328 참조.
이행거절권 구성을 취하는 미국에서도 회생계획 인가 시까지 관리인이 이행 또는 이행거절을 선택하지 않으면, 회생계획 인가 후에도 여전히 해당 계약의 구속력이 인정될 수 있다. 미국연방도산법 §365(d)(2) 및 Charles Jordan Tabb, Law of Bankruptcy, 4thed. (2016), 800 참조.

477) 본문 제2장 제2절 V. 4. 참조.

을 받을 수 없다.

계약상대방의 도산절차 통과라는 선택지를 원천적으로 배제하기보다 이를 허용함이 타당하다. 계약상 채무의 불이행이라는 상황은 도산채무자가 일으킨 것이다. 강제이행청구권을 존속시킬 것인지 이를 소멸시키고 금전손해배상으로 만족할 것인지는, 채무불이행을 한 채무자가 아니라 채권자가 선택할 수 있어야 한다. 도산채무자의 관리인이 이를 선택하는 것은 일종의 적반하장(賊反荷杖)이다.

바. 소결

해제권 구성은 이를 정당화할 근거가 부족하고 여러 문제를 일으킨다. 이러한 문제점은 **평시 계약법 법리를 합리적 근거없이 변형시켰기 때문에 발생한 필연적 결과**이다. 해석론으로 해제권 구성의 문제점을 해결(ex. 신의칙을 근거로 한 해제권 행사 제한)하는 데는 한계가 있다. 입법적 개선이 필요하다. 해제권 구성에 관한 종래 논의를 보면, 해제권 구성의 문제점은 인식하면서도 그 대안인 이행거절권 구성의 내용이 불명료하고 복잡하다는 이유에서 법개정에 소극적 입장을 취하는 경우가 있다.478) 또한 우리

---

478) 한민, "미이행쌍무계약에 관한 우리 도산법제의 개선방향", 선진상사법률연구53, (2011), 87-90. 이 견해는 해제권 구성을 취하면서도 해제권 구성의 문제점을 극복하는 대안으로 관리인의 해제권 행사 시 i) 계약상대방의 손해배상채권과 도산채무자의 원상회복채권 사이의 상계를 허용하고, ii) 도산채무자의 원상회복청구권이 금전지급청구권이 아니어서 상계가 가능하지 않은 경우에는 계약상대방의 손해배상채권 중 원상회복청구권의 가액에 상응하는 부분은 재단(공익)채권으로 인정해 주고, 재단(공익)채권화 된 손해배상채권과 원상회복청구권 사이에 동시이행관계를 관철시키는 탁견(卓見)을 제시하고 있다. 이와 같이 보면 해제권 구성의 문제점이 상당부분 완화된다. 그러나 **충분하지는 않다.** 우선 ① 계약상대방만 일부이행한 경우 그의 원상회복청구권을 우대하는 문제는 그대로 남는다. ② 또한 원상회복청구권이 비금전채권인 경우 그 가액을 산정하는 것이 쉽지 않고 시간이 오래 걸릴 수 있다. 따라서 원상회복청구권의 가액에 상응하는 손해배상채권만 재단(공익)채권으로 인정해 주는 것은 간단한 일이 아니다. 더구나 위 견해에 따르면 ③ 비금전채권인 원상회복청구권과 금전손해배상채권이 서로 대립하는 경우, **관리인이 해당 법률관계를 단일한**

민법에 계약당사자 일방의 파산을 이유로 계약을 해제 또는 해지할 수 있다는 규정이 다수 존재하는데, 이러한 규정을 개정하지 않은 채 회생파산법에서 이행거절권 구성을 취하면 법체계에 혼란이 발생한다는 지적도 있다.[479]

그러나 이러한 신중론이 타당한지는 의문이다. 이행거절권 구성이 우리에게 낯설고 그 내용이 복잡한 측면이 있으나 – 특히 후술하는 바와 같이 도산채무자가 일부 이행한 경우의 법률관계가 난해(難解)하다 – 법개정을 주저할 정도로 큰 문제는 아니다. 이행거절권 구성의 법적 효과 중 논란이 있는 부분은 해석론으로 해결할 수 있다. 또한 우리 민법에 존재하는 계약당사자 일방의 파산 관련 조항 중 상당수는 입법론의 관점에서 삭제함이 바람직하다(이 문제는 각론에서 살펴본다). 그런데 이러한 조항들 대부분은 '해제'가 아니라 '해지'를 인정한다.[480] 소급효가 없어 받은 급부의 원상회복이 문제되지 않는 해지는 이행거절권 구성과 별 차이가 없다. 민법규정과 회생파산법규정이 함께 개정되면 가장 좋겠지만, 민법규정을 회생파산법 규정에 대한 특별규정으로서 그대로 둔 채 회생파산법을 이행거절권 구

금전채권으로 청산하는 선택지가 봉쇄된다. 또한 ④ 도산채무자(매도인)가 계약상대방(매수인)에게 매매목적물의 **점유만 이전해 준 상태**에서 관리인이 매매계약을 해제하고 소유권에 기한 인도청구를 하는 경우, 원상회복청구권인 인도청구권의 가액을 어떠한 기준으로 산정할 것인지(물건자체의 가치를 기준으로 할 것인지, 물건 점유에 따른 사용수익 가치를 기준으로 할 것인지), 이러한 원상회복청구권과 계약상대방의 손해배상청구권 간의 동시이행관계 – 고유한 견련성은 존재하지 않고 공평의 관념에 기해 동시이행관계가 인정되는 상황이다 – 를 도산절차에서 관철시키는 것이 타당한지 등 각종 난제(難題)가 도사리고 있다. 본문 제2장 제2절 II. 6. 가. 참조. 위 ① 내지 ④의 문제점들을 고려할 때 해제권 구성을 유지한 채 문제점을 보완하는 방안은 타당하지 않다. 해제권 구성을 폐기하고 이행거절권 구성을 취하는 '정공법'을 택해야 한다.

479) 김영주, 도산절차와 미이행 쌍무계약 – 민법·채무자회생법의 해석론 및 입법론 –, (2020), 357 및 365-369.

480) 민법 599조(아직 실행되지 않은 소비대차의 실효), 614조(사용대차의 해지), 637조(임대차의 해지), 663조(고용계약의 해지), 674조(도급계약의 '해제'라고 규정하고 있지만, 실제 의미는 소급효가 없는 '해지'라고 판례는 해석한다. 대법원 2002. 8. 27. 선고 2001다13624 판결).

성으로 개정하더라도 체계적 혼란이나 모순은 발생하지 않는다.

아래에서는 일단 현행법 해석론으로서 해제권 행사에 따른 법률관계를 해명하고, 이어서 입법적 개선을 위한 토대작업으로서 이행거절권 구성을 취할 경우의 법률관계를 살펴본다.

3. 해제권 행사에 따른 법률관계의 해명 : 해석론

가. 해제권 행사

관리인이 해제(해지)권을 행사하면 계약의 효력은 소급하여 또는 장래를 향하여 소멸한다. 계약상대방은 손해배상채권을 도산채권으로 행사할 수 있고, 원상회복의 법률관계가 발생할 수 있다. 매매와 같은 교환형 계약의 경우 해제권 행사로 인해 원상회복이 문제될 여지가 많다. 이에 반해 임대차와 같은 이용형 계약, 고용과 같은 역무형 계약, 기타 계속적 계약의 경우 '해지'만 가능하므로 ― 임대차계약 종료에 따른 원상회복의무나 계약당사자 일방이 수령한 초과급부의 반환의무[481] 등을 제외하면 ― 원상회복이 문제될 여지가 작다. 원상회복이 문제되는 경우 계약상대방은 급부목적물이 도산재단에 현존하면 환취권을 행사할 수 있고, 현존하지 않는 경우 재단(공익)채권으로서 가액상당의 원상회복청구권을 행사할 수 있다.

해제(해지)권 행사에 따른 효력은 '확정적'이다. 따라서 관리인의 해제(해지)권 행사 후 원상회복이 이루어지지 않은 상황에서 도산절차가 폐지되더라도, 계약의 효력이 되살아나지 않고 원상회복의 법률관계만 문제된다. 관리인이 해제권을 행사하면 계약상대방의 이행청구권은 소멸하므로 보증채무의 부종성에 따라, **해당 이행청구권의 실현을 보증한 보증인의 보증채무도 소멸**한다. 보증인이 보증채무를 이행하는 것이 현실적으로 가능

---

481) 가령 해지시점을 기준으로 임차인이 차임을 선납한 경우, 해지시점을 기준으로 계속적 공급계약의 매수인이 자신이 기(既)수령한 물품의 대금보다 많은 물품대금을 지급한 경우.

하더라도(ex. 보증인이 주채무자의 종류물 인도의무를 보증한 경우), 보증인은 더 이상 보증채무를 부담하지 않는다.[482] 다만 주채무 불이행으로 인한 손해배상채무까지 보증한 경우라면, 보증인은 금전채무인 손해배상의무를 이행해야 한다.

민법 547조에 따른 해제권의 불가분성은 관리인의 해제권 행사시 적용되지 않는다.[483] 도산절차 내부에서 관리인의 자율적 선택권을 보장할 필요가 있기 때문이다. 따라서 도산채무자를 포함하여 계약당사자가 여러 명이더라도 관리인은 단독으로 계약을 해제(해지)할 수 있다.[484]

관리인의 해제권 행사는 권리남용을 이유로 불허(不許)될 수 있다. 가령 ① 채무자가 부동산을 이중매도하고 아직 등기를 이전해 주지 않은 상황에서 도산절차가 개시된 경우, 제2매수인과 체결한 매매계약상 매매대금이 더 커서 제2매수인에게 소유권을 이전해주는 것이 도산재단에 더 유리하더라도, 제1매수인과의 매매계약을 해제하는 것은 권리남용으로 허용되지 않을 수 있다. 또한 ② 일본 판례[485] 중에는 연회비가 있는 예탁금회원제 골프회원계약(회원이 회원자격을 상실하면 예탁금은 반환되나 거치기간이 있어 그 기간이 지나야만 반환된다)에서 예탁금지급을 마친 회원이 파산하여 파산관재인이 회원계약을 해제하고 예탁금반환을 청구한 사안에서, 해제권의 행사로 회원은 연회비지급의무를 면하는 반면, 상대방은 계약이 해제되더라도 다른 회원과의 관계에서 계속 골프장시설을 유지해야 하고, 거액의

---

482) 이 경우 보증인이 종류물 인도의무를 부담하려면 부종성을 배제하는 별도의 특약이 있어야 한다. 이러한 특약이 있으면 더 이상 보증이라 부를 수 없다.

483) 대법원 2003. 5. 16. 선고 2000다54659 판결.

484) 이 경우 남은 당사자들이 계약에 구속되는지는 **남은 당사자들의 가정적 의사에 기초한 보충적 해석**에 의해 결정한다. 즉 도산채무자가 계약당사자가 아니더라도 남은 당사자들이 계약을 체결하였거나 지금과 다른 내용의 계약을 체결하였으리라고 인정되면 그에 따라 계약의 구속력이 인정된다. 보충적 해석이 가능하지 않다면 계약 전체의 해제를 허용해야 한다(민법 137조, 138조 참조).

485) 日最判 2000(平成12). 2. 29(民集 54.2.553).

예탁금을 예상치 못한 시기에 조달해야 하는 등 해제권의 행사 결과 상대방에게 현저한 불공평이 발생한다는 이유로 해제권 행사를 불허하였다. 위판례는 해제권 행사가 신의칙에 위반하는지 판단하려면, 해제권 행사로 쌍방이 부담하는 원상회복의무의 내용이 균형을 이루고 있는지, 원상회복에 따라 상대방이 환취권·재단채권을 행사할 수 있게 됨으로써 상대방의 불이익이 어느 정도 회복되는지, 파산자 측의 미이행채무가 쌍무계약에서 본질적·중핵적인 의무인지 부수적 의무에 불과한지 등을 고려해야 한다고 판시하고 있다.[486] 관리인이 해제권을 행사하려면 법원의 허가가 필요한 상황에서는(회생파산법 61조 1항 4호), 법원은 위와 같은 사정을 고려해 허가를 하지 말아야 한다.

나. 일부 해제의 가부(可否) : 계약당사자 일방이 선이행한 경우

도산채무자 또는 계약상대방이 계약상 급부의무를 일부 이행한 후 채무자에 대하여 도산절차가 개시되었고 관리인이 해제권을 선택한 경우 1개의 계약이고 해지가 불가능한 일회적 계약인 이상, 계약전체의 효력이 소급적으로 소멸하고 기이행급부의 원상회복의무가 발생함이 원칙이다. 다만 일본학설 중에는 **해제권 구성의 문제점을 극복하기 위한 해석론상 시도**로서, 쌍방급부가 가분(可分)인 경우 기이행된 일부급부만으로 **급부수령자 입장**

---

486) 위 일본판례 사안의 경우 **고유한 의미의 견련성**이 있는 부분은 회원의 연회비지급의무와 골프장의 시설 우선이용 수인의무에 국한되므로, **예탁금 계약(소비임치)과 골프장 이용계약을 분리**해서 후자만 쌍방미이행 쌍무계약에 해당한다고 볼 수 있다. 이와 같이 보면 관리인이 해제권을 행사할 수 있는 부분은 후자의 계약에 국한되고 예탁금 계약은 여전히 유효하므로, 굳이 해제권 행사가 권리남용에 해당한다고 보지 않더라도 회원의 예탁금반환청구를 기각할 수 있다. 소비임치에서 임치인이 도산한 경우의 법률관계는 **무이자 소비대차에서 대주가 도산한 경우의 법률관계**와 동일하다. 임치인의 관리인은 계약기간 만료 전에도 임치된 금전의 반환을 청구할 수 있지만, 수치인은 조기반환으로 입은 손실을 공제하고 나머지 금전만 반환하면 된다. 각주 675 참조.

에서 **계약의 목적달성이 불가능하지 않는 한**, 기이행부분에 대한 해제를 부정하고 미이행부분에 대한 해제만 인정하자는 견해가 있다.[487] 이 견해에 따르면 쌍방가분급부를 목적으로 하는 계약에서는 이행거절권 구성을 취하는 것과 비슷한 효과가 발생한다. 필자는 위 견해(일부해제 긍정설)에 공감한다. 관리인의 이행선택 시 계약의 분할이 인정되는 사안이라면,[488] 관리인의 해제선택 시에도 계약의 일부 해제를 인정함이 균형이 맞다. 따라서 수급인이 일부 이행을 한 상태에서 수급인에 대한 도산절차가 개시되었고 관리인이 해제를 선택한 경우, 일부 해제를 인정하여 기이행급부에 대해서는 관리인이 도급인에게 공사대금을 청구할 수 있고, 미이행급부에 한정하여 도산채무인 손해배상채무를 부담한다.[489]

도산채무자로부터 일부급부를 선이행 받은 계약상대방 입장에서 이러한 일부급부가 아무런 효용이 없는 경우, 관리인의 일부 해제가 가능한가? 위 일본학설에 따르면 이 경우 원칙으로 돌아가 전부해제만 가능하다. 급부수령자 입장에서 일부급부만으로는 계약의 목적달성이 불가능하기 때문이다. 그러나 이러한 주장의 타당성은 의심스럽다. 관리인이 '이행선택을 하는 국면'에서는 계약의 분할을 통해 계약상대방에게 원치 않는 계약을 강요하는 것은 허용될 수 없다. 법률의 근거가 없는 한 계약자유의 원칙을 침해할 수 없기 때문이다. 그러나 관리인이 '해제를 하는 국면'에서는 계약상대방에게 그가 원치 않는 일부급부의 수령을 강요하더라도 부당하지 않다. 도산채무자가 계약상 의무를 위반하는 상황에서 **계약상대방은 어떤 식으로든 자신이 원치 않는 법률관계에 직면**한다. 계약상대방은 원칙적으로 도산

---

487) 中西正, "倒産法における双方未履行双務契約の取扱い", 新しい契約解除法制と倒産・再生手続, (2019), 303이하.

488) 본문 제2장 제2절 III. 5.

489) 대법원 2017. 6. 29. 선고 2016다221887 판결도 참조(수급인의 일부이행 후 '도급인'이 회생에 들어간 사안이다. 판례는 민법 제674조 제1항 유추를 근거로 본문과 같은 결론에 이르고 있다. 그러나 민법 제674조 제1항이 없더라도 계약의 분할을 인정하여 같은 결론에 도달할 수 있다).

절차 내에서 새롭게 해제권을 취득할 수 없고(제2장 제1절 Ⅰ. 3), 관리인에게 일부급부를 반환받아가도록 강요할 수 없다{제2장 제1절 Ⅰ. 3. 나. 5)}. 계약상대방이 일부급부의 수령을 강요당하면서 도산채무자의 채무불이행으로 입은 손해는 도산채권으로 배상받는 상황은 도산절차에서 충분히 있을 수 있는 일이다. 필자는 위 일본학설과 달리 계약상대방 입장에서 일부급부의 수령이 무의미하더라도 **급부가 객관적으로 가분(可分)이라면 항상** 관리인의 '일부해제'를 허용할 수 있다고 생각한다.[490][491] 이렇게 보면 '해제권 구성'은 '이행거절권 구성'과 더 가까워진다.

1개의 계약을 분리하여 취급하는 사고(思考)는 어디까지 관철될 수 있는가? 수급인이 일부이행을 한 상태에서 수급인에 대한 도산절차가 개시되었고 관리인이 해제를 선택한 경우를 생각해 보자. 이 경우 일부해제를 인정함이 타당하다는 점은 앞서 언급하였다. 따라서 기이행급부에 대해서는 관리인이 도급인에게 공사대금채권을 청구할 수 있고, 공사가 완료되지 못하여 발생한 손해배상채무를 도산채무로서 부담한다. 평시라면 도급인은 수급인의 기이행부분에 대한 공사대금청구에 대하여 채무불이행으로 인한 손해배상채권을 근거로 동시이행항변을 할 수 있고, 손해배상채권을 자동

---

490) 2개의 매매목적물 소유권이전의무가 객관적으로는 가분이지만 매수인 입장에서 2개의 매매목적물이 상호의존적인 경우를 생각해 보자. 매도인이 1개의 목적물 소유권이전의무를 선이행한 상태에서 도산에 들어갔고 매도인의 관리인이 해제를 선택한 경우, 필자의 견해에 따르면 기이행 부분에는 해제의 효력이 미치지 않고 미이행 부분에만 해제의 효력이 미친다. 계약상대방은 채무불이행으로 인한 손해배상을 도산채권으로 청구할 수 있다. 이 경우 계약상대방의 해제권을 인정하지 않더라도, **계약상대방이 수령한 일부급부의 무(無)가치성과 그로 인한 계약상대방의 추가손해는 계약상대방의 손해배상채권액을 산정하는 국면에서 충분히 고려되어야 한다.** 기(旣)이행 목적물을 관리인이 반환받아가게 하려면 매수인은 관리인과 별도의 합의해제계약을 체결해야 한다.

491) 다른 각도에서 말하면, 관리인의 일부해제 후 계약상대방이 도산채무자의 채무불이행을 이유로 기이행 일부급부에 관한 계약까지 추가로 해제할 수는 없다.

채권으로 하여 공사대금채권과 상계할 수 있다. 그러나 관리인의 해제권 행사로 **"계약이 2개로 분할된다"**고 보면, 두 채권 사이의 견련성을 인정하기 어렵고 상계도 허용할 수 없다. 도산절차에서 이러한 동시이행항변과 상계를 허용하면 도산재단(공사대금채권)을 투입하여 특정 도산채권자(손해배상채권을 갖고 있는 도급인)만 유리하게 취급하는 결과가 되므로, 동시이행항변과 상계는 허용될 수 없다고 생각할 수 있다. 참고로 일본 하급심 판례 중에는 자동채권(도급인의 손해배상채권)이 도산절차개시 '후' 관리인의 해제권 행사로 인해 발생하였음을 근거로 상계를 부정한 것이 있다.[492] 독일에서는 이러한 상계를 허용할 것인지에 관하여 학설이 대립한다.[493]

위 사안에서 계약의 분할을 인정하여 상계를 불허함이 타당한가? 필자는 타당하지 않다고 생각한다. **계약의 일부해제는 계약의 효력 중 일부만을 소멸시키는 것이지, 소멸된 부분과 소멸되지 않은 부분을 각각 독립된 별개의 계약으로 보는 것이 아니다.** 이행선택의 경우에는 관리인의 이행선택 의사표시를 통해 종전 계약의 법적 성격이 변경된다고 볼 수 있고, 이를 근거로 미이행 부분에 대한 계약을 관리인이 새롭게 체결한 계약처럼 구성할 여지가 있다.[494] 그러나 해제권 행사의 경우 **관리인의 해제 의사표시를 근거로** 계약부분 중 일부만을 관리인이 새롭게 체결한 계약처럼 취급할 수 없다. **법률효과의 측면에서** 계약이 분할된 것과 비슷한 효과가 발생할 뿐이고, **계약은 여전히 1개이다.** 계약상대방인 도급인이 입은 손해는 정확히 표현하면, 수급인이 **나머지 공사를 이행하지 못하여** 발생한 것이 아니고 공사도급계약에 따라 **완성된 건축물을 인도해주지 못하여** 발생한 것이다. 또한 해제권 행사로 인한 손해배상채권은 형식적 관점에서는 도산절차개

---

492) 東京地判 2012(平成24). 3. 23(金法1969.122); 札幌地裁 2013(平成25). 3. 27(金法 1972.104).

493) 상계 긍정설로는 KPB/Tintelnot InsO, §103 Rn.232-234. 상계 부정설로는 Claudia Bopp, Der Bauvertrag in der Insolvenz, (2009), 256-271.

494) 본문 제2장 제2절 III. 5. 및 6. 참조.

시 후 발생한 것이지만, 도산절차개시 전에 이미 계약이 체결되었고 도산
채무자가 계약상 의무를 부담하고 있었으므로 손해배상채권 발생의 법적
원인은 도산절차개시 전에 이미 존재하고 있었다. 따라서 위 경우 - 평시
와 마찬가지로 - 도급인의 동시이행항변과 상계는 모두 허용해야 한다.[495]

다. 위약금 약정이 있는 경우

관리인이 해제권을 행사한다고 해서 위약금 약정까지 당연히 해제의 대
상에 포함된다고 볼 수 없다. 원칙적으로 위약금 약정은 해제로 실효되지
않고 계속 효력을 유지한다고 보아야 한다. 평시에 채무자의 채무불이행을
이유로 채권자가 계약을 해제한 경우도 마찬가지이다. 관리인의 해제권 행
사로 인해 부담하는 손해배상의무에 대하여 도산절차개시 전에 체결된 위
약금 약정이 그대로 적용되는가? 이는 위약금 약정 해석의 문제로서 일률
적으로 말할 수 없지만, 이러한 손해배상채권은 '실질적으로' 채무불이행으
로 인한 손해배상채권과 별 차이가 없으므로 위약금 약정이 적용될 수 있
다.[496] 이 경우에도 위약금은 민법 398조 2항에 따라 감액될 수 있다. 법관
이 평시와 다른 기준을 설정하여 감액을 하는 것(ex. 채무자가 도산에 들어
갔다는 사정을 고려하여 평소보다 덜 감액하거나 더 감액하는 것)은 바람
직하지 않다고 사료된다. 감액 후 확정된 위약금은 도산채권이 된다.[497]

---

495) 같은 취지 伊藤眞, 破産法·民事再生法, 4版, (2018), 532. 필자는 종래 계약의 분할을
  긍정하는 입장이었다. 최준규, "장래채권을 둘러싼 도산법상 쟁점에 관한 고찰 - 상
  계와 부인권 문제를 중심으로", 사법40, (2017), 237-238. 그러나 본문과 같은 이유에
  서 견해를 변경한다.

496) 대법원 2013. 11. 28. 선고 2013다33423 판결 참조. 그러나 회생절차에서 관리인이
  해제권을 행사한 것이 매매계약 위약금 조항에서 계약금 상당액을 위약금으로 상대
  방에게 귀속시키는 것으로 정한 사유에 해당하지 않는다고 본 판례도 있다. 대법원
  2017. 9. 7. 선고 2016다244552 판결(중도금 지급 후 매도인과 매수인이 '합의해제'
  한 경우 매도인이 위약금지급의무를 부담한다고 계약서에 규정되어 있던 사안이다).

497) 다만 파산절차의 경우 관리인의 해제로 발생하는 계약상대방의 손해배상채권 중 후
  순위파산채권으로 보아야 할 부분(파산채권자의 계약상 채권 자체의 가치를 초과하

라. 계약상대방의 손해배상청구권 : 법적 성격 및 손해의 범위

1) 왜 재단(공익)채권이 아니고 파산(회생)채권인가?

관리인의 계약해제(해지)로 인해 계약상대방이 입은 손해의 배상청구권은 도산채권이다.[498][499] 위 채권을 도산채권으로 규정한 것은 입법론의 관점에서 정당한가? 도산재단에 관하여 관리인의 행위로 인해 발생한 청구권(179조 1항 5호, 473조 4호)이므로 재단(공익)채권으로 보아야 하지 않는가? 외국의 사례를 보면 드물지만 위 채권을 재단(공익)채권으로 규정한 경우도 있다(스페인, 멕시코 등).[500] 또한 우리법에 많은 영향을 미치고 있는 일본 학설 중에는 위 채권이 원래 재단(공익)채권인데 도산재단의 부담을 줄여주려는 '정책적 이유'로 도산채권으로 격하시켰다는 견해도 있다.[501] 그러나 이러한 주장은 '법리적 관점'에서도 '정책적 관점'에서도 타당하지 않다.

관리인의 해제로 인한 계약상대방의 손해배상채권은 '법이 허용한 해제권'으로 인해 발생한 법정(法定)채권이라는 점에서, '위법한 채무불이행'으로 인해 발생한 손해배상채권과 구별된다. 관리인의 해제권은 **법이 허용한 권한**이므로 그에 따른 채무불이행은 '채무자의 위법하고 유책한 채무불이행'이 아니고, 따라서 관리인의 해제권 행사에 따른 계약상대방의 손해배

는 손해부분)이 있다. 위약금 중 위와 같이 후순위파산채권으로 인정되는 손해에 상응하는 부분은 후순위파산채권으로 보아야 한다. 각주 25 참조.

498) 위 채권을 재단(공익)채권으로 하는 당사자의 합의는 무효이다.

499) 채무자가 계약상 채권을 양도한 후 계약상대방이 채권양수인에게 급부의무를 일부 이행한 상태에서 채무자에 대한 도산절차가 개시되었고 관리인이 해제권을 선택하였다면, 계약상대방은 – 채권양수인이 아니라 – **'관리인(도산재단)'에게** 손해배상청구권을 행사해야 한다.

500) Jason Chuah/Eugenio Vaccari (ed), Executory Contracts in Insolvency Law : A Global Guide, (2019), 21.22 및 21.30.

501) 伊藤眞, 破産法·民事再生法, 4版, (2018), 381-382.

상채권은 채무불이행으로 인한 손해배상채권이 아니라 도산법이 규정한 특별한 채권이다. 그러나 이 채권은 실질적으로 채무불이행으로 인한 손해배상채권과 다를 바 없다. 따라서 손해의 범위나 소멸시효502)에 관하여 채무불이행으로 인한 손해배상책임 관련 법리가 적용된다.503) 또한 채무불이행으로 인한 손해배상채권을 담보하기 위해 인적담보/물적담보가 설정된 경우 해제권 행사로 인해 발생하는 손해배상채권도 위 담보의 피담보채권에 포함된다고 해석함이 타당하다.504) 채무불이행으로 인한 손해배상채권은 계약상 채권과 별도의 채권이지만, 양자 사이에 동일성이 인정될 수 있다.505) 따라서 도산절차 개시 전에 계약이 체결된 이상, 채무불이행으로 인한 손해배상채권은 도산절차개시 전에 이미 채권발생의 법적 원인이 존재하는 것이다(회생파산법 118조 3호, 446조 1항 2호도 참조). 관리인의 해제로 인한 계약상대방의 손해배상채권에 대해서도 비슷한 말을 할 수 있다. 그렇다면 **법리적 관점**에서 관리인의 해제권 행사에 따른 손해배상채권은 도산채권으로 봄이 타당하다.

　정책적 관점에서도 위 손해배상채권은 도산채권으로 봄이 타당하다. 재단(공익)채권으로 봄이 바람직하다는 견해506)는 ① 도산채권으로 보면 이

---

502) 손해배상청구권의 소멸시효의 기산점은 관리인의 해제 시이다. 시효기간은 원칙적으로 10년이지만 원 계약상 채권의 단기소멸시효를 고려하여 손해배상채권에 대해서도 단기소멸시효가 적용될 수 있다. 채무불이행으로 인한 손해배상청구권의 소멸시효 기산점 및 시효기간에 관해서는 양창수·김재형, 민법 I 계약법, 3판, (2020), 537.

503) 관리인의 해제 후 계약상대방은 '이행이익'의 배상을 청구할 수 있고, 손해산정 기준시점은 원칙적으로 해제시이다. 서울고등법원 2001. 2. 6. 선고 2000나14035 판결.

504) 채무자에 대한 '이행청구권'을 담보하기 위해 설정된 인적/물적 담보의 경우, 관리인의 해제권 행사로 인한 계약상대방의 손해배상채권도 담보하는가? 담보약정 해석의 문제이므로 일률적으로 단언할 수는 없다. 그러나 다른 특별한 사정이 없는 한 담보한다고 해석하는 것이 합리적 계약해석이라고 사료된다. 같은 취지 Münchener Komm-Huber, InsO 4Aufl. (2019) §103 Rn.24.

505) 양창수·김재형, 민법 I 계약법, 3판, (2020), 536-537.

506) Susana Dávalos, "The Rejection of Executory Contracts: A Comparative Economic Analysis", Mex. law rev vol.10 no.1 México jul./dic. (2017); Jesse M. Fried,

행선택의 경우와 비교해 해제권 선택 시 도산재단이 가벼운 부담만 지게 되므로, 사회적으로 효율적인 계약도 이행선택이 이루어지지 않고 관리인에 의해 해제될 위험이 있다고 주장한다.[507] 또한 ② 손해배상채권을 도산채권으로 취급하면 계약불이행으로 인한 위험을 채무자가 충분히 내부화(internalization)하지 않을 것이므로, 채무자는 지급불능에 임박할수록 지나치게 위험한 거래(사회적으로 바람직하지 않은 거래)에 몰두할 수 있다고 비판한다. 그러나 이행선택 후의 법률관계는 도산재단의 이익을 위해 쌍방미이행 쌍무계약을 마치 관리인이 새롭게 체결한 계약과 비슷하게 취급하는 **'특수한 상황'**이므로, 이행선택의 경우와 해제권 행사의 경우를 비교하는 것 자체가 부적절·무의미하다. 계약상대방이 물권자가 아니라 채권자에 불과한 이상, 즉 계약상대방이 채무자의 무자력위험을 부담하는 것이 원칙인 이상 손해배상채권을 도산채권으로 취급하는 것은 당연하다. 손해배상채권을 재단(공익)채권으로 본다면 도산채무자는 가급적 도산신청을 하지 않거나, 하더라도 늦게 하려고 할 것이며, 도산절차개시 전에 미리 채무불이행을 하려 할 것이다. 반대로 계약상대방은 재단(공익)채권자가 되는 이점을 누리기 위해 어지간해서는 '선이행'을 하지 않을 것이다. 평시 우선권이 인정되지 않는 손해배상채권에 대하여 도산절차에서 우선권을 인정하면, 이처럼 거래당사자의 인센티브를 왜곡하고 신용거래를 위축시킬 수 있다.

물론 손해배상채권을 도산채권으로 볼 경우 관리인이 과도하게 해제권을 행사할 위험이 없다고 단정하긴 어렵다. 그러나 이 문제는 해제권 행사 시 법원의 허가를 받도록 함으로써 일정 부분 통제할 수 있다(회생파산법

"Executory Contracts and Performance Decisions in Bankruptcy", 46 Duke L. J. 517 (1996) 참조.

507) 도산재단에 이익이 되는 계약이라 하더라도 계약을 해제하고 도산재단을 다른 곳에 투입하는 것이 더 이익이라면 관리인은 계약을 해제해야 한다. 해제 시 손해배상채권을 도산채권으로 보면 - 재단(공익)채권으로 보는 경우와 비교해 - 관리인이 해제를 선택해야 하는 경우가 늘어난다.

61조 1항 4호). 만약 해제권 행사가 계약상대방의 이익을 과도하게 침해한다면 법원이 허가를 하지 않는 방안도 고민할 필요가 있다.[508] 즉 법원은 관리인의 해제권 행사가 도산재단의 이익을 충실히 고려하였는지 여부뿐만 아니라 **계약상대방의 이익을 과도하게 침해하는 것은 아닌지도 고려할** 필요가 있다. 가령 이행선택이 도산재단에 이익이 되는 경우, 설령 해제권 행사가 도산재단에 더 이익이 되더라도 그로 인해 계약상대방이 큰 손실을 입는다면 법원이 관리인의 해제권 행사를 불허함이 타당할 수 있다.[509]

손해배상채권을 도산채권으로 보면 채무자가 도산절차를 악용할 수 있다. 그러나 이는 도산절차가 가질 수밖에 없는 위험이다. 도산절차의 사회적 낙인효과 및 도산절차개시로 인해 채무자가 입는 여러 사실적 불이익을 고려할 때 그 위험이 크다고 볼 수는 없다. 또한 남용적 도산신청이라는 점을 들어 채무자의 도산신청을 기각함으로써 채무자의 기회주의적 행동을 제어할 수 있다(회생파산법 42조 2호, 309조 1항 5호 참조).

2) 후순위 파산채권으로 보아야 할 부분 : 파산절차의 특성 고려

파산절차개시 후 불이행으로 발생한 손해배상채권은 후순위 파산채권이다(회생파산법 446조 1항 2호). 따라서 계약상대방의 채권만 존재하는 일방

---

508) 참고로 프랑스의 경우 ① 회생절차에서는 **채무자의 회생에 필요하고 계약상대방의 이익을 과도하게 침해하지 않는 경우**에 한해 관리인의 신청으로 수명법관이 계약의 해지를 선언한다(프랑스상법 L.641-11-1조 4항). ② 파산절차에서는 **채무자의 급부가 일정액의 금전지급의무가 아닌 경우**로서 계약의 해지가 **청산의 수행에 필요하고 계약상대방의 이익을 과도하게 침해하지 않는 경우**에 한해, 청산인의 신청으로 수명법관이 계약의 해지를 선언한다(L.622-13조 4항).

509) 해제로 계약상대방이 큰 손실을 입지 않는다면, 설령 이행선택이 사회적으로 더 바람직하더라도 그와 같은 이유를 들어 관리인의 해제권을 불허할 수 없다. 관리인은 – 그것이 사회전체적으로 바람직한 선택인지와 상관없이 – **도산재단에 더 이익이 되는** 선택을 해야 한다. 그로 인한 사회적 비효율은 계약당사자들의 재협상으로 해결할 문제이다. 이러한 비효율을 막기 위해 계약상대방의 손해배상채권을 재단(공익)채권화할 수는 없다.

미이행 쌍무계약의 경우 파산절차개시 당시 금전화된 부분은 파산채권이
지만, 그 후 이행지체나 이행불능 등으로 인해 발생한 손해(지연손해금, 전
매차익 상당 손해, 영업이익 상당 손해 등)의 배상채권은 후순위 파산채권
이다.510) **파산절차개시 시점을 기준으로 계약이 채권화**되고, 그 후 발생한
채권은 청산시 후순위로 밀리게 된다.

  그렇다면 쌍방미이행 쌍무계약의 경우 관리인의 해제권 행사로 인해 발
생한 손해배상채권도 이와 균형을 맞춰 계약상대방의 급부청구권 그 자체
의 가치에 상응하는 부분만 일반 파산채권으로 포섭하는 것이 타당하지 않
을까? 하지만 학설은 그러한 구분을 하지 않고 회생파산법 337조 1항의 문
언에 충실하게 계약상대방의 모든 손해배상채권을 일반 파산채권으로 본
다.511) 그러나 쌍방미이행 쌍무계약의 경우 **관리인의 해제권 행사시점을
기준으로 계약이 채권화**되고, 그 후 발생한 채권(전매차익 상당 손해, 영업
이익 상당 손해의 배상채권)은 청산 시 후순위로 밀리는 것이 타당하다.512)
즉 회생파산법 337조 1항은 "상대방은 손해배상에 관하여 파산채권자로서
권리를 행사할 수 있다"고 규정하고 있는데 여기서 말하는 손해배상은 **회
생파산법 426조에 따라 파산채권이 현재화되는 부분에 한정**하고, 446조 1
항 2호에 따라 후순위 파산채권(파산선고 후의 불이행으로 인한 손해배상
금)이 되는 부분은 337조 1항에서 말하는 '손해배상채권'에 포함되지 않는
다고 보아야 한다. 계약을 금전채권으로 청산하는 국면에서 쌍방미이행 쌍
무계약과 일방미이행 쌍무계약을 차별취급할 이유는 없기 때문이다. 자신
의 동시이행항변권을 포기하지 않은 계약상대방은 자신의 계약상 채권이
재단채권이 되는 이익을 누릴 수 있다. 그러나 계약을 금전채권으로 청산

---

510) 본문 제2장 제1절 I. 2. 참조.
511) 서울회생법원 재판실무연구회, 법인파산실무, 5판, (2019), 191. 일본의 학설도 마찬
    가지이다. 条解 破産法, 2版, (2016), 431-432.
512) Thomas Rühle, Gegenseitige Verträge nach Aufhebung des Insolvenzverfahrens,
    (2006), 30-34 참조.

하는 국면에서는 쌍방미이행 쌍무계약의 계약상대방도 통상의 파산채권자와 다를 바 없다. 한편 — 드물겠지만 — 쌍방미이행 쌍무계약의 경우 파산절차개시 후 관리인의 해제권 행사 전까지 사이에 이행지체(ex. 도산채무자의 채무와 계약상대방의 채무가 동시이행관계에 있지만 그럼에도 불구하고 도산채무자가 지체책임을 부담하기로 특별히 약정한 경우) 또는 이행불능(ex. 도산채무자인 매도인이 이전해야 할 목적물 일부가 멸실된 경우)으로 인한 손해배상책임이 발생할 수 있다. 이러한 손해배상채권으로서 **관리인의 이행선택 시 재단채권이 되는 부분**은 — 비록 '파산선고 후' 불이행으로 발생한 채권이지만 — 관리인의 해제선택 시 일반파산채권이 된다. 그 이유는 다음과 같다.

회생채무자가 사업을 계속하면서 발생한 현금흐름을 기초로 회생계획에 따라 변제가 이루어진다는 점에서 회생절차는 선(線)에 비유할 수 있다. 이에 반해 파산절차는 파산절차개시 시점의 파산재단을 재원(財源)으로 파산절차개시 당시 파산채권들의 일괄청산이 이루어진다는 측면에서 점(點)에 비유할 수 있다. 회생절차의 경우 회생절차개시 후 불이행으로 발생한 손해배상채권도 일반 회생채권이지만, 파산절차에서는 특정시점에 존재하는 채권만이 청산받을 자격이 있는 일반 파산채권이다. 파산절차에서 그 특정시점은 원칙적으로 파산절차 개시시점이다. 파산절차 개시시점을 기준으로 잡은 이유는 그때까지 발생한 채권들은 **파산채무자로부터 만족을 얻을 가능성이 있었다는 점에서 동등한 지위**에 있기 때문이다. 이에 반해 파산절차개시 후 발생한 채권은 **채권발생 당시부터 이미 채권만족을 기대하기 어려우므로,** 파산절차개시 전에 발생한 채권만큼 보호할 필요가 없다. 그렇다면 파산절차개시 후 관리인의 해제권 행사 전까지 발생한 채무불이행으로 인한 손해배상채권은 파산절차개시 당시 존재하던 채권과 동등하게 취급해야 한다. 파산관재인의 선택권 행사 전까지는 계약상대방의 위와 같은 손해배상채권이 — 관리인의 이행선택을 통해 — 재단채권이 될 가능성,

즉 파산채무자로부터 채권만족을 받을 가능성이 있었기 때문이다. 이에 반해 관리인의 해제권 선택으로 비로소 발생한 계약상대방의 채권(계약상 급부를 받지 못함으로 인해 입는 전매차익, 영업이익 상당의 손해배상채권)은 후순위 파산채권이다.

마. 계약상대방의 원상회복청구권

관리인의 해제로 인한 계약상대방의 원상회복청구권은 관리인의 행위로 발생한 채권이기 때문에 본래적 의미의 재단(공익)채권인가? 그렇게 볼 논리필연적 이유는 없다. 해제의 대상이 되는 계약은 이미 도산절차개시 전에 체결되었고, 원상회복의 대상이 되는 목적물은 도산절차개시 전에 도산채무자에게 이전된 것이므로, 원상회복청구권 발생의 법적 원인은 도산절차개시 전에 이미 존재하였다고 볼 수 있다. 도산절차개시 전에 계약이 해제된 경우, 도산절차개시 후 계약상대방에 의해 적법하게 계약이 해제된 경우, 계약상대방의 원상회복청구권(도산절차개시 전 도산채무자에게 소유권을 이전한 물건의 반환청구권)은 도산채권으로 봄이 타당하다.513) 도산절차개시 후에 관리인에 의해 계약이 해제되었다는 사정만으로 위 경우들과 비교해 법률관계가 현저히 달라지는 것이 타당한지 의문이다.

관리인이 도산재단에 유리하다고 생각하여 해제권 행사를 선택한 이상 그로 인한 부담은 재단(공익)채권으로 지는 것이 공평하다고 볼 수는 없는가? 이행선택으로 인한 계약상대방의 급부에 따라 도산채권자들 모두가 이익을 누렸으므로 그에 대한 대가를 재단(공익)채권으로 보는 것처럼, 관리인의 해제권 행사로 인해 도산채권자들 모두가 이익을 누렸으므로 해제에 따른 손해배상채권, 원상회복청구권을 재단(공익)채권으로 볼 수는 없는가? 그러나 이행선택과의 유비(類比)를 통해 재단(공익)채권성을 정당화하는 것은 부적절하다. 이행선택의 경우 계약상대방의 채권이 재단(공익)채권

---

513) 본문 제2장 제1절 I. 3. 가. 참조.

이 되는 것은 "두 급부의무 사이의 고유한 의미의 견련성"을 고려한 결과이다. 그런데 해제 시 계약상대방의 원상회복청구권은 관리인의 원상회복청구권과 동시이행관계에 있는지 여부를 불문하고 재단(공익)채권이 된다(관리인의 원상회복청구권은 발생하지 않을 수도 있다). 또한 관리인이 계약을 해제함으로써 계약상 의무를 면하고 새롭게 계약을 체결하게 될 이익을 얻었다는 점은 재단(공익)채권화를 정당화하는 근거가 될 수 없다. 이러한 이익은 장래의 기대이익일 뿐이고 아직 도산재단에 귀속되지 않았기 때문이다.

　관리인에게 해제권이라는 '특별한' 권능을 부여하였으므로 이와 균형을 맞추려면 계약상대방의 원상회복청구권을 우대하는 것이 공평하다는 점에서 재단(공익)채권성을 정당화할 수 있는가?[514] 일본 학설은 원상회복청구권을 우대함으로써 계약상대방에게 별다른 위험을 주지 않기 때문에 관리인의 해제권이라는 특권 행사가 정당화된다고 설명하기도 한다.[515][516] 그러나 이와 같은 방식으로 계약당사자들 사이의 이익균형을 맞추고 공평을 기하는 것은 전혀 타당하지 않다. 해제권 구성의 문제점을 그 문제가 발생한 근본적 원인을 제거하는 방식으로 해결하지 않고, 또 다른 문제가 있는 조문[517]으로 해결하려고 시도하였기 때문이다. 비유하자면 설상가상(雪上

---

514) 伊藤眞, 破産法・民事再生法, 4版, (2018), 381.

515) 松下淳一, "契約関係の処理", 倒産実体法, 別冊NBL69, (2002), 49.

516) 나아가 松下淳一, "契約関係の処理", 倒産実体法, 別冊NBL69, (2002), 50은 계약상대방의 원상회복채권이 도산채무자의 원상회복채권과 동시이행관계에 있는 경우라면 도산재단에 속한 원상회복청구권의 이행청구를 위해 필요한 비용이므로 도산재단 부족 시 비용에 준해 최우선 재단채권으로 취급해야 한다고 주장한다. 그러나 계약상대방의 원상회복채권만 존재하는 경우에는 이러한 재단채권의 변제가 반드시 도산채권자들 공동의 이익에 도움이 되는 것은 아니므로 재단채권 중에서도 열후적으로 취급해야 한다고 주장한다. 그러나 이 경우의 법률관계는 **雙方원상회복의무가 존재하는 상황에서 도산절차가 개시된 경우**와 동일하게 취급하는 것이 정합적이다. 본문 제2장 제2절 II. 6. 가. 참조.

517) 도급인이 선금을 지급한 후 수급인이 도산하고 수급인의 관리인이 도급계약을 해제

加霜)의 상황이라고 말할 수 있다.518) 해제권 행사를 통해 **계약상대방이 계약상 급부의 반환을 강요당하는 것 자체**가 이미 계약상대방에게 많은 부담, 부당한 부담을 안기는 것이다.

원상회복채권을 재단(공익)채권으로 보는 문제점을 극복하기 위한 해석론상 시도로는 ① 기이행 급부부분에 대해서는 해제의 효력이 미치지 않는 일부해제를 폭넓게 인정하는 방법과 ② 두 원상회복 채권 사이에 동시이행 관계가 있는 경우에 한해 동액(同額)의 범위에서 원상회복채권을 재단(공익)채권으로 보고, 나머지 차액에 관한 계약상대방의 채권은 도산채권으로 보는 방법이 있다. 그러나 해법 ①은 계약상 급부가 불가분인 경우 적용될 수 없다는 점에서 한계가 있고, 해법 ②는 원상회복의무 발생을 허용하는

하면 도급인의 선금반환채권은 재단(공익)채권이 된다. 평시에는 일반채권에 불과한 선금반환채권이 왜 도산절차에서 우대받아야 하는가? 선금을 지급한 도급인은 수급인의 무자력 위험을 감수해야 하는 것 아닌가?

참고로 상대방의 채무불이행을 이유로 관리인이 계약을 해제(해지)하는 경우 상대방의 원상회복채권(= **도산절차개시 전 기이행급부의 반환청구권**)은 공익(재단)채권인가 회생(파산)채권인가? 노영보, 도산법강의, (2018), 231은 쌍방미이행쌍무계약의 경우에 준하여 공익(재단)채권으로 취급해야 한다고 본다. 그러나 그와 같이 볼 법률상 근거가 없을뿐더러 법이론적으로 부당한 규정을 유추를 통해 확대적용하는 것은 경계해야 한다. 회생(파산)채권설에 찬성한다. 관리인이 선택권을 행사하기 전에 상대방의 채무불이행을 이유로 해제하든, 관리인이 이행선택을 한 후 상대방의 채무불이행을 이유로 해제하든 마찬가지라고 생각한다. 본문 제2장 제2절 III. 7. 참조.

518) 해제권 구성과 평시 계약법을 비교하면서 - 이 점에서는 필자와 문제의식을 같이한다 -, 해제권 구성이 계약상대방과 도산채무자 사이의 이익균형을 꾀하는 방식을 - 필자와 달리 - 긍정적으로 평가하는 문헌으로는 中田裕康, "契約法から見た双方未履行双務契約 ― 損害賠償を伴う解除權", 民法の未来, (2014), 167-178 참조(다만 위 문헌도 해제권 구성이 문제가 있을 수 있음을 긍정하면서, 해제권을 제한할 수 있는 다양한 법리들을 함께 검토하고 있다). 위 문헌은 평시 계약법과 달리 "왜 도산절차에서 계약상대방이 기이행 급부의 원상회복을 강요당해야 하는가?"라는 질문에 침묵하고 있다. 위 질문에 침묵하는 한, 위 문헌이 검토한 해제권 제한 법리는 어디까지나 '예외' 법리일 수밖에 없다. 그러나 해제권 제한 법리는 해석론의 관점에서 다소 무리가 따르더라도 '예외'법리가 아니라 '원칙'법리가 되어야 한다.

전제 하에 최선의 해(解)를 찾는 것이므로 미봉책에 불과하다. 또한 해법 ②는 법문언과 배치되는 측면이 있다.[519]

바. 일방미이행 쌍무계약, 편무계약의 경우 유추적용

사용대차[520]에서 대주가 차주에게 목적물을 인도해 준 후 도산한 경우, 임대차계약에서 임차인이 차임 전부를 선납(先納)하고 임대인이 임차인에게 목적물을 인도해 준 후[521] 도산한 경우, 위 계약은 편무계약이거나 일방미이행 쌍무계약이므로 관리인이 선택권(이행 또는 해지)을 행사할 수 없다. 그러나 관리인이 선택권을 행사할 수 없다고 해서 계약상대방인 사용차주나 임차인이 약정기간 동안 목적물을 계속 사용·수익할 수 있는 것은 아니다. 목적물을 무상으로 사용·수익할 사용차주(임차인)의 권리는 '채권'에 불과하다. 채권인 이상 채무자 도산절차 내에서는 '채권자평등주의'에 따른 안분변제를 받는 것이 원칙이다. 금전채권이 아닌 **채무자의 작위 또는 부작위를 구할 수 있는 채권이라고 해서 특별취급을 받을 이유가 없다.** 사용차주(임차인)의 위 채권은 도산채권이므로, 관리인이 본권(소유권 등)에 기해 목적물을 반환받고 상대방(사용차주나 임차인)의 손해를 도산 채권으로 배상하는 것은 당연히 허용된다.[522] 관리인이 사용대차(임대차) 계약관계를 수인하는 것, 즉 상대방 계약당사자를 도산절차에 복종하지 않는 물권자처럼 취급하는 것이 정당화되려면 특별한 사유(가령, 특별법으로 임차인이나 사용차주를 보호하고 있다거나, 계약관계를 유지하는 것이 궁극적으로 도산재단에 더 도움이 된다는 등의 사정)가 있어야 한다. 이러한

---

519) 법문언은 원상회복채권을 '항상' 그리고 '일반적으로' 재단(공익)채권으로 보는데, 해법 ②는 '원칙적으로' 도산채권으로 보고 '예외적 상황(두 원상회복채권이 동시이 행관계에 있는 경우)'에서만 재단(공익)채권으로 인정하기 때문이다.
520) 편무계약이다.
521) 일방미이행 쌍무계약이다.
522) 본문 제2장 제1절 II. 1. 참조.

결론은 해당 계약이 쌍방미이행 쌍무계약인지 여부와 무관하다.523)

해제권 구성을 취하고 있는 현행법 하에서는 **쌍방미이행 쌍무계약 관련 규정을 유추**하여 동일한 결론에 도달할 수도 있다. 즉 관리인이 도산재단 확충을 위해 해당 사용대차(임대차)계약을 '해지'하여 점유를 회복하고 그에 따른 사용차주(임차인)의 손해는 도산채무로서 배상해야 한다는 입론도 가능하다.524)

임대인(사용대주) 도산시 임차인(사용차주)의 사용·수익권은 원칙적으로 보장될 수 없다는 결론은, **임대차계약이나 사용대차계약이 쌍방미이행 쌍무계약인지 여부와 상관없이** 타당하다. 지식재산권 라이선스 계약에서 라이선서(실시허락자) 도산 시 라이선시(실시권자)의 법적 지위 문제525)는, 라이선스 계약이 '이용형·계속적 계약'이라는 점에서 임대인 도산 시 임차인의 법적 지위 문제와 비슷하다. 따라서 **라이선시의 계약상 채권이 대항력을 갖춘 임차인처럼 물권과 유사한 지위를 보장받지 못하는 한**, ① 라이선스 계약이 쌍방미이행 쌍무계약에 해당한다면 관리인의 해지권 행사로 관리인은 라이선시로부터 라이선스를 회수할 수 있고, ② **라이선스 계약이 일방미이행 쌍무계약에 해당하더라도** 관리인은 라이선스를 회수할 수 있

---

523) 우리법이 해제권 구성이 아니라 이행거절권 구성을 취하더라도 결론은 마찬가지이다. 즉 일방미이행 쌍무계약이나 편무계약의 경우에도 사용차주/임차인이 도산채권자에 불과한 이상, 관리인은 사용대차계약/임대차계약상 채무의 **이행을 거절**하고 사용차주/임차인으로부터 목적물의 반환을 청구할 수 있다.

524) 이 문제에 관해서는 中田裕康, "使用貸借の当事者の倒産", 法曹時報66-2, (2014), 247이하; 伊藤眞, "片務契約および一方履行済みの双務契約と倒産手続 - 倒産解除項との関係を含めて", NBL1057, (2015), 30이하; 栗田隆, "破産法と双務契約・片務契約の終了 - 破産手続開始前に解除された双務契約及び使用貸借契約を中心にして -", 関西大学法学論集65-1, (2015), 50-51 참조.

525) 이 문제에 관해서는 여러 문헌이 있다. 최근 문헌으로는 우선 권창환, "도산절차에서의 쌍방미이행 쌍무계약과 지적재산권 라이선스 계약의 관계", 사법50, (2019), 363이하.

다. 이러한 결론은 우리법이 해제권 구성이 아니라 이행거절권 구성을 취하더라도 마찬가지이다. 라이선시의 계약상 채권은 도산채권에 불과하기 때문이다.

미국에서는 라이선서 도산 시 라이선시의 법적 지위에 관하여 상당히 복잡한 논의가 전개되어 왔다.526) 미국의 논의를 살펴보면 우선 라이선스 계약이 쌍방미이행 쌍무계약인지 여부가 문제되었다. 이 쟁점이 문제된 배경에는, 쌍방미이행 쌍무계약에 해당하면 관리인이 이행거절을 할 수 있고 그에 따라 라이선시로부터 라이선스를 회수할 수 있지만,527) 라이선스 계약이 일방미이행 쌍무계약이라면 관리인은 라이선시로부터 라이선스를 회수할 수 없다는 전제가 깔린 것으로 추측된다. 미국의 경우 물권과 채권이 준별되지 않고, 채무불이행 시 채권자의 원칙적 구제수단은 금전손해배상(damage) 청구이고 특정이행(specific-performance) 청구는 형평법상 인정되는 예외적 권리구제수단에 불과하다. 따라서 평시 라이선시에게 특정이행청구권이 인정된다면, 이러한 권리는 **특별한 권리이므로 도산절차에서도 통상의 금전채권과 달리 우대받아야 한다**는 견해가 주장될 여지가 있다.528) 그

---

526) 권창환, "도산절차에서의 쌍방미이행 쌍무계약과 지적재산권 라이선스 계약의 관계", 사법50, (2019), 391-401.

527) 가령 Lubrizol Enterprises, Inc, v. Richmond Metal Finishers, Inc. 756 F.2d 1043(4th Cir. 1985) 참조. 그러나 이러한 논리에 대해서는 반대견해도 존재한다. 관리인의 이행거절은 채무불이행에 불과하고 라이선시의 권리를 박탈하지 못한다는 것이다. 권창환, "도산절차에서의 쌍방미이행 쌍무계약과 지적재산권 라이선스 계약의 관계", 사법50, (2019), 392-393. 그런데 반대견해는 ① **물권과 채권이 준별되지 않고**, ② 채무불이행의 경우 채권자의 원칙적 구제수단은 금전손해배상청구이며, **특정이행청구는 예외적으로 인정되는 형평법상 구제수단에 불과한 미국법에서나 가능한 견해**이다. 우리법에서는 특정이행청구가 원칙이고, 특정이행청구권은 채권이라는 점에서 금전채권과 동일하다. 따라서 라이선시의 계약상 채권은 도산절차에 복종하는 도산채권이다.

528) Jay Lawrence Westbrook, "A Functional Analysis of Executory Contracts", 74 Minn. L. Rev. 227, 310-315 (1989)는 부인권 행사를 통해 라이선시의 권리를 부정하고 도산재단을 확충할 여지가 없는지 검토한다. 라이선시의 권리가 '도산채권'에 불과하

러나 우리법에서 계약당사자의 특정이행청구권은 일반적으로 인정되는 권리이며 채권에 불과하다. 특정이행청구권자도 금전채권자와 마찬가지로 채무자의 무자력 위험을 부담해야 한다. 계약당사자의 특정이행청구권이 금전채권과 달리 채무자 도산절차에서 우대받아야 할 이유가 전혀 없다. 따라서 우리법에서는 라이선스 계약을 어떻게 보든 관리인은 도산채무자에 불과한 라이선시로부터 라이선스를 회수할 수 있는 것이 원칙이다.529) 라이선서 도산 시 라이선시의 법적 지위에 관한 미국의 복잡다단한 논의는 계약법, 물권법 체계가 다른 우리나라에 시사하는 바가 크지 않다.530)

4. 이행거절권 행사에 따른 법률관계의 해명 : 입법을 위한 기초자료

아래에서는 이행거절권 행사에 따른 법률관계를 검토한다. 이행거절권 구성을 입법으로 채택하기 전에 우선 이행거절권 행사에 따른 법률관계를 해명할 필요가 있다. 이 법률관계가 불명확하거나 논란의 여지가 많다면, 설령 해제권 구성이 문제가 있더라도 굳이 법개정을 할 실익이 작다는 반론이 제기될 수 있다. 필자는 이행거절권 행사에 따른 법률관계가 모호하다는 주장은 상당부분 이행거절권 구성에 대한 오해로 인한 것이고, 설령

다면 이러한 검토를 할 필요조차 없다.
529) 물론 관리인의 해지권 행사가 신의칙에 반하여 허용되지 않을 수도 있다. 해석론으로는 라이선시 보호를 위해 신의칙 법리를 적극적으로 활용하자는 견해도 있다. 권창환, "도산절차에서의 쌍방미이행 쌍무계약과 지적재산권 라이선스 계약의 관계", 사법50, (2019), 414-416. 대항요건을 갖춘 임차인에 대해서는 임대인의 관리인이 해지권을 행사할 수 없게 규정한 것처럼, 대항요건을 갖추어 물권화된 라이선시를 보호하는 방향으로 입법을 하는 것이 정도(正道)라고 사료된다. 일본이 이러한 방향의 입법을 하였다. 구체적 내용으로는 심활섭, "일본 도산절차에서의 라이선시 보호", 도산법연구회 2021년 월례회 발표문 참조.
530) 우리법과 미국법의 차이를 인식하면서 미국판례를 분석한 문헌으로는 이은재, "한국과 미국의 회생절차에서의 미이행계약에 대한 비교", 사법35, (2016), 282-283.

이행거절권 구성에 일부 모호한 지점이 있더라도 이는 해석론으로 해결할 수 있다고 생각한다.

가. 이행거절권의 법적 성격

이행거절(Erfüllungsablehnung, rejection)권은 '**도산절차 내**'에서 관리인이 계약상 채무의 이행을 거절할 수 있는 '**권리**'이다.

이행거절을 통해 도산절차 내에서 '**계약의 책임법적 취급**'이 달라진다. 관리인이 이행거절권을 행사하면 도산절차 내에서 도산재단을 투입하여 해당 계약상 의무를 이행할 가능성은 사라진다. 그에 따라 도산절차 내에서 계약상대방과 관리인은 이행청구권(Erfüllungsanspruch)을 행사할 수 없다는 점이 '확정'된다. 계약상대방의 권리는 단일한 금전채권으로 전환되고, 도산재단은 이에 대하여 책임을 부담한다. 다만 계약상 법률관계를 소급적으로 소멸시키는 관리인의 해제권과 달리, 이행거절권 행사로 실체법상 법률관계가 변동되지는 않는다. 즉 계약상대방의 이행청구권은 소멸되지 않는다.531)532)533) 이행거절권 행사 후 **이행청구권의 소멸시점**은 개별적

---

531) 따라서 관리인이 이행거절을 하더라도 계약상대방은 도산채무자가 아닌 보증인에 대해서 기존의 이행청구권을 행사하는데 아무런 문제가 없다. KPB/Tintelnot InsO, §103 Rn.326.

532) 이행청구권이 여전히 존속하고 있으므로, 관리인의 이행거절 후 계약상대방이 원래의 이행청구권을 도산채권으로 행사하고 그 대신 도산채무자 측에 계약상 의무를 이행하려 한다면, 이를 막을 이유가 없다. 본문 제2장 제2절 II. 3. 라. 참조.

533) 이행청구권이 여전히 존속하고 있으므로, 도산채무자가 자기의 자유재산을 활용하여 원래 계약상 채무를 변제하는 것도 가능하다. 가령 **상속재산 파산절차**의 경우 파산관재인이 이행거절을 하더라도 **상속인은 자신의 고유재산으로 피상속인의 계약상 채무를 변제**할 수 있다. 이 경우 피상속인의 계약상 청구권은 – 파산재단이 아니라 – 변제를 한 상속인에게 귀속됨이 타당하다. 다만 파산관재인이 이행거절을 통해 계약상대방에 대하여 손해배상채무를 부담하는 것이 아니라 오히려 계약상대방에게 (피상속인의) 기이행급부 반환을 청구할 수 있는 사안이라면, 위와 같은 상속인의 임의변제는 무효라고 보아야 한다. 상속인의 임의변제를 통해 도산재단이 불리해지

으로 판단해야 한다. 회생절차의 경우 ① 회생계획인가결정에 따라 회생계
획에서 인정된 권리 등을 제외하고는 채무자는 회생채권에 관하여 그 책임
을 면한다(회생파산법 제251조).[534] 따라서 계약상대방이 관리인의 이행거
절권 행사 후 손해배상채권을 회생채권으로 신고하지 않았고 해당 손해배
상채권이 회생계획에 반영되지 않은 채 회생계획이 인가되면, 계약상 이행
청구권은 소멸하지 않지만 자연채권이 된다. 이에 반해 ② 회생계획인가
전에 회생절차가 종료하였다면 계약상대방은 - 설령 종전에 관리인이 이
행거절을 하였더라도 - 채무자에 대하여 계약상 이행청구권을 행사할 수
있다. 설령 계약상대방이 이행거절로 인한 손해배상채권을 '행사'하였더라
도(ex. 회생채권으로 신고) 그에 따른 채권만족을 일부라도 받지 못한 이상,
계약상대방은 채무자에게 원 계약상 이행청구권을 행사할 수 있다.[535][536]

기 때문이다(∵ 기이행급부를 반환받아 도산재단에 귀속시킬 수 없다).
　　또한 파산관재인의 선택권 행사 '전'에 상속인이 임의변제를 통해 파산관재인의 선
　　택권 행사를 '봉쇄'하는 것은 허용할 수 없다. 상속인의 임의변제 후 파산관재인이
　　이행선택을 하였다면 - 상속인의 임의변제는 유효하다는 전제 하에 - 피상속인의
　　청구권은 **파산재단에 귀속**되고, 상속인은 임의변제 상당액을 재단채권으로 행사할
　　수 있을 뿐이라고 보아야 한다. Wolfgang Marotzke, Gegenseitige Verträge im neuen
　　Insolvenzrecht, 3.Aufl. (2001), Rn.2.94 및 2.95 참조.

534) 이는 채무자에 대하여 강제이행을 할 수 없는 자연채무가 된다는 뜻이다. 대법원
　　2001. 7. 24. 선고 2001다3122 판결.

535) 평시 실체법에 따르면 채권자가 채무자의 이행지체 후 민법 395조에 따라 이행에
　　갈음하는 전보배상청구를 하였더라도 원래 이행청구권이 소멸하는 것은 아니다. 따
　　라서 이후 채권자가 번의(翻意)하여 특정이행청구를 하는 것이 가능하다. 이러한 사
　　정을 고려할 때 우리법상 이행청구권의 소멸시기는 - 권리자가 그 소멸을 원치 않
　　는다면 - 가급적 늦추는 것이 타당하다. 물론 **절차의 안정성을 고려하여 도산절차에서
　　는 특별히** 계약상대방이 손해배상채권을 행사하면 원 계약상 이행청구권이 소멸한
　　다고 보는 것도 - 입법론의 관점에서 - 충분히 가능하다.

536) 이 문제에 관한 독일의 논의로는 Thomas Rühle, Gegenseitige Verträge nach Aufhebung
　　des Insolvenzverfahrens, (2006), 96-121. 독일의 대체적 견해는 계약상대방이 도산절차
　　에서 **손해배상채권을 행사**(ex. 도산채권으로 신고, 손해배상채권을 자동채권으로 한 상
　　계권 행사)하면 종래 이행청구권이 확정적으로 소멸한다고 본다. KPB/Tintelnot InsO,
　　§103 Rn.330; Münchener Komm-Huber, InsO 4Aufl. (2019) §103 Rn.22. 그런데 독

③ 파산절차의 경우 파산배당절차에서 계약상대방이 파산채권인 손해배상채권을 일부라도 변제받지 않은 이상 또는 손해배상채권을 자동채권으로 한 상계가 이루어지지 않은 이상, 파산절차 종료 후 여전히 채무자에 대하여 원 계약상 이행청구권을 행사할 수 있다.537) 그러나 파산절차 종료 후 면책절차에서 원 계약상 이행청구권이 면책된다면 계약상대방의 이행청구권은 자연채권이 된다.

다만 계약상대방 입장에서 이행청구권의 존속을 인정할 실익이 크지 않고 오히려 법률관계가 번잡스러워질 뿐이라는 점을 고려하여, ⓐ 관리인의 이행거절 시점 또는 ⓑ 계약상대방의 도산채권 행사시점에 이행청구권이 소멸한다고 법에 명시하는 것도 입법론으로 고려해봄직하다. ⓒ 입법으로 이 부분까지 세세하게 정하지 않고 해석론에 맡기는 방법도 있을 것이다. ⓓ 도산법원이 이해관계인의 신청이나 직권으로 '**계약종료선언**'(마치 소송종료선언처럼)을 할 수 있고, 계약종료선언이 이루어지면 실체법상 이행청구권은 소멸한다고 입법할 수도 있을 것이다.

관리인의 이행거절(Erfüllungsablehnung)은 채무불이행의 유형 중 하나에 해당하는 이행거절(Erfüllungsverweigerung)과 구별해야 한다. 후자의 경우 해야 할 의무를 하지 않는 '위법한' 행위로서 그에 따른 법적 책임(채무불이행 책임)이 발생한다. 그러나 전자의 경우 도산절차개시로 인해 발생한 법률상태를 그대로 방치하는 것, 이행선택을 **할 수 있는데** 이행선택을 하지 않은 것이지, 해야 할 의무를 하지 않는다는 부정적 개념이 포함되어 있지 않다. 오히려 관리인의 이행거절은 법질서 상 허용되는 것(können nicht dürfen)이다.538) 계약의 단일한 금전채권화는 도산법에 따른 책임법 질서

일의 경우 - 우리나라와 달리 - 평시에 채권자가 일단 이행에 갈음하는 전보배상청구를 하면 기존의 이행청구권이 소멸한다(독일민법 281조 4항).

537) 다만 회생파산법 557조 1항에 따라 파산절차 종료 후 면책신청에 관한 재판이 확정될 때까지 강제이행청구가 금지될 수 있다.

실현을 위해 필수적이기 때문이다. 양자를 구별할 필요가 있는 이유는 다음과 같다. 첫째, 관리인의 이행거절을 채무불이행의 유형 중 하나인 이행거절과 동일한 것으로 보면, ─ 채무불이행을 이유로 한 해제 시 채무자의 귀책사유를 요구하지 않는 법제 하에서는 ─ 관리인의 이행거절 시 계약상대방은 채무불이행을 이유로 한 계약해제를 할 수 있다는 결론이 자동적으로 도출된다.[539] 그러나 양자를 구별하면 관리인의 이행거절을 이유로 '당연히' 계약상대방이 계약해제를 할 수 있는 것은 아니다. 둘째, 관리인의 이행거절에 따른 계약상대방의 손해배상책임의 법적 성격을 법정책임으로 볼 것인지, 채무불이행을 원인으로 한 손해배상책임으로 볼 것인지가 달라진다. 다만 이 문제는 논의의 실익이 있는 문제는 아니다. 법정책임으로 보더라도 채무불이행으로 인한 손해배상책임과 기능적으로 유사한 측면이 있고, 그에 따라 관련 법리 상당부분을 준용할 수 있기 때문이다.[540]

관리인의 이행거절을 통해 쌍방미이행 쌍무계약은 도산절차 내에서 단일한 금전채권으로 변경되어 청산된다. 따라서 관리인의 이행거절권 행사는 도산절차 내에서의 청산방법을 정하는 것이다. 관리인이 선택할 수 있는 다양한 청산방법 중 하나가 **도산재단의 포기**이다. 관리인은 부담이 되는 도산재단을 법원의 허가를 받아 포기할 수 있다(회생파산법 61조 1항

---

538) Thomas Rühle, Gegenseitige Verträge nach Aufhebung des Insolvenzverfahrens, (2006), 42 참조.

539) 水元宏典, "魅力ある倒産手続に向けた立法のあり方", 法律時報89-12, (2017), 31-33은 양자를 동일하게 취급하고, 채무자의 귀책사유 없는 채무불이행 시에도 채권자의 계약해제가 가능한 일본민법 하에서 관리인이 이행거절을 선택하면 계약상대방은 해제권을 행사할 수 있다고 본다. 그러나 우리 민법이 장차 채무자의 귀책사유 없는 채무불이행의 경우에도 채권자의 해제권을 허용하는 취지로 개정되더라도, 도산절차개시 후 관리인의 이행거절을 이유로 계약상대방이 해제권을 행사하는 것까지 허용해서는 안된다고 필자는 생각한다. 도산절차개시 후 계약상대방의 새로운 법정해제권 취득을 불허하는 것이 타당하다는 점에 관해서는 본문 제2장 제1절 I. 3.

540) Münchener Komm-Huber, InsO 4Aufl. (2019) §103 Rn.184 참조.

1, 7호, 492조 12호). 포기한 도산재단에 대한 관리처분권은 도산채무자에게 복귀한다. 포기로 인해 계약상대방이 손해를 입었다면, 잔존 도산재단으로 해당 손해배상채무(도산채무)를 부담한다. 이행거절권 행사와 도산재단의 포기는 유사점도 있고 차이점도 있다. **계약자체를 일종의 재산권으로 본다면,** 도산재단에 부담이 되는 재산권(onerous property)을 실현하지 않고 포기한다는 점에서 양자는 비슷하다. 그러나 **계약은 권리와 의무가 결합된 총체이고 도산재단의 포기라는 말은 '권리' 또는 '적극재산'을 포기한다는 뜻**이다. 의무자가 의무를 일방적으로 포기할 수 없으므로 의무가 포함된 계약관계를 계약당사자 일방이 임의로 포기할 수는 없다. 따라서 계약관계상 의무이행을 '거절'할 수는 있어도 계약관계를 '포기'할 수는 없다. 이러한 측면에서 이행거절권 행사와 도산재단의 포기는 차이가 있다.

나. 이행거절권 행사의 효과

1) 이용형·계속적 쌍무계약의 경우

임대차계약과 같은 이용형·계속적 계약의 경우 임대인 도산 시 임대인의 관리인이 이행거절을 하면 그 법적 효과는 어떻게 되는가? 이행거절의 대상이 되는 임차인의 임대인에 대한 채권(임차목적물의 사용, 수익을 요구할 수 있는 권리, 임차목적물을 사용, 수익에 적합한 상태로 유지하도록 요구할 수 있는 권리) 자체는 소멸하지 않으므로, 임차인의 점유는 적법하고 임대인의 관리인은 임대차계약 종료 시까지 임차목적물의 반환을 청구할 수 없다고 보아야 하는가? 그런데 이렇게 보면 도산채권에 불과한 임차인의 권리541)가 결과적으로 도산절차에 복종하지 않는 강력한 권리가 된

---

541) 임대인이 임차인에 대하여 '경업금지의무'를 부담하고 있는 경우에도 위 채권은 도산채권에 불과하므로, 임대인의 관리인이 이행거절을 하고 경업금지의무를 위반하더라도 임차인은 도산채권자로서 손해배상청구를 할 수 있을 뿐이다.

다. 이러한 결과발생을 막으려면 임대인의 관리인이 이행거절을 한 후, 본
권(소유권, 기타 임대목적물을 사용, 수익할 권리)에 기초하여 임차인에 대
하여 임차목적물 반환청구를 하고, 그로 인한 임차인의 손해는 도산채권으
로 배상하는 것을 허용해야 한다. 즉 **관리인의 이행거절로 계약상대방의
계약상 권리가 소멸하는 것은 아니지만, 계약에 기초한 계약상대방의 점유
권한(민법 213조 단서의 '점유할 권리')은 소멸**한다. 임차인이 차임을 선급
하였기 때문에 일방미이행 쌍무계약인 경우에도 임대인의 관리인은 임대
인의 의무이행을 거절하고 임차인으로부터 임차목적물을 반환받을 수 있
다고 보아야 한다. 이러한 결과는 임차인의 이행청구권을 장래를 향하여
확정적으로 소멸시키는 임대차계약의 '해지'와 실질적으로 별 차이가 없다.

임차인이 도산한 후 임차인의 관리인이 이행거절을 한 경우는 어떠한가?
임차인의 관리인이 향후 차임지급의무 이행을 거절하더라도 그 자체로 임
대차계약이 소멸하거나 임대인의 차임청구권이 소멸하는 것은 아니다. 관
리인의 이행거절을 이유로 계약상대방이 새롭게 해제권을 취득하는 것은
원칙적으로 허용되지 않는다는 필자의 견해에 따르면, 위 사안에서 계약상
대방인 임대인은 향후 차임 미변제를 이유로 임대차계약을 해지할 수 없
다. 그러나 임대인 입장에서는 차임이 지급되지 않는 이상 그와 견련관계
에 있는 임차목적물 사용수익 의무를 부담할 이유가 없다. 따라서 임대인
이 본권(소유권, 기타 임대목적물을 사용, 수익할 권리)에 기초하여 임차인
에 대하여 임차목적물 반환청구를 하면, 임차인은 이에 응해야 한다. 비록
임대차계약이 유효하지만 차임을 제대로 지급하고 있지 않으므로 임차인
은 임대인의 반환청구를 거절할 수 없다.[542] **관리인의 이행거절로 도산채**

---

[542] 임대차계약을 해지할 수 없다면 임대인이 임차인을 상대로 임차목적물의 반환을 구
할 근거를 찾기 어렵다고 생각할 수도 있다{Charles Jordan Tabb, Law of Bankruptcy,
4th ed. (2016), 821 참조}. 그러나 임대차계약이 유효하게 존속하더라도 임차인이 차
임을 미지급하는 이상, 임대인이 **본권에 기초하여** 임차인에게 반환청구를 하는 것은

무자의 계약상 권리가 소멸하는 것은 아니지만, 계약에 기초한 도산채무자의 점유권한(민법 213조 단서의 '점유할 권리')은 소멸한다. 이러한 결론은 임대인의 차임채권을 장래를 향하여 확정적으로 소멸시키는 임대차계약의 '해지'와 실질적으로 별 차이가 없다. 임차인의 관리인이 이행거절을 하면 그 즉시 임대인의 보증금반환의무가 발생하는가? 이는 어려운 문제이다. 논리적으로만 보면 임대인이 목적물반환청구를 하여 더 이상 임대차관계를 유지하지 않겠다는 의사를 표명한 경우가 아닌 한, 임대인의 보증금반환의무가 발생한다고 보기 어렵다. 임대인으로서는 보증금 조기반환을 강요당하는 것이 불합리할 수 있다. 그러나 '계약관계의 간명한 정리'를 위해, 관리인의 이행거절 의사표시에 의해 임대인은 보증금반환의무를 부담한다고 봄이 타당하다. 다만 임대차계약의 조기종료로 인한 손해, 보증금의 조기반환으로 인한 손해(모두 도산채권이다)는 보증금에서 공제되어야 한다. 나아가 보증금 조기반환을 강요당하는 임대인을 배려하여, 위와 같이 공제되어야 할 손해가 확정된 후 비로소 원상회복의무의 변제기가 도래한다는 규정을 입법하는 것(프랑스상법 L.622-13조 5항 2문)도 고려해봄직 하다.

결론적으로 임대차계약과 같은 이용형·계속적 계약의 경우 이행거절권 구성을 취하는 것과 해지권 구성을 취하는 것 사이에 큰 차이가 없다. ⓐ 이행거절권 행사시점에 계약상대방의 이행청구권이 소멸한다고 보면 해지권 구성과 '동일하고', ⓑ 계약상대방의 도산채권 행사시점 또는 도산채권인 금전채권의 (일부) 만족 시점에 계약상대방의 이행청구권이 소멸한다고 보면 해지권 구성보다 이행청구권이 소멸하는 시점이 늦어진다. 임대차계약의 귀추(歸趨)를 명확히 하기 위해 관리인의 이행거절 시 이행청구권 소멸시점을 법으로 명시하는 방법도 고려해 볼 수 있다.543)

가능하다.

543) 한민, "미이행쌍무계약에 관한 우리 도산법제의 개선방향", 선진상사법률연구53,

2) 부동산 매매계약에서 선(先)인도를 해 준 매도인이 도산한 경우

부동산 매도인이 매매대금을 지급받지 않은 상황에서 매수인에게 목적물을 선인도하고 도산절차에 들어갔고, 매도인의 관리인이 이행거절을 선택하면 매매계약상 법률관계는 어떻게 전개되는가? 이행거절을 한 이상 매수인은 소유권이전등기청구를 할 수 없다. 이행거절로 인해 매수인의 소유권이전등기청구권이 '소멸'하는 것은 아니지만, **매수인의 점유권한(민법 213조 단서의 '점유할 권리')은 소멸**한다. 즉 관리인이 이행거절을 하면 기존 계약은 더 이상 계약상대방의 점유권한을 정당화할 수 없다.[544] 따라서 매도인이 소유권에 기한 반환청구를 하면 매수인은 이를 거절할 수 없다. 만약 매수인이 매매계약이 유효하게 존속함을 이유로 매도인의 반환청구를 거절할 수 있다고 보면, 매도인이 소유자이고 앞으로도 소유권을 이전해주지 않을 것임을 밝혔음에도 불구하고 점유를 회복하지 못하는 **어중간한 상태**(사회적으로 바람직하지 못한 상태)가 계속된다.

따라서 매도인의 관리인이 이행거절을 하고 반환청구를 하면 매수인은 매매목적물을 도산재단에 반환해야 한다. 이 경우 매수인의 점유이전의무와 관리인의 손해배상의무는 - 평시와 달리 - 동시이행관계에 있지 않다. 평시 위 두 의무 사이에 인정되는 동시이행관계는 고유한 견련성에 기초한 것이 아니고 공평의 관념에 기초한 것인데, 도산절차에서는 원칙적으로 공평의 관념에 기초한 동시이행관계가 관철되기 어렵기 때문이다. 따라서 관리인은 도산채권으로 손해배상의무를 이행해야 하고, 매수인은 목적물을 반환해야 한다.[545]

매도인의 관리인이 이행거절을 하면서 목적물반환을 청구하였다면, 매매

(2011), 88은 이행거절권 구성 시 임대차계약의 법률관계가 어떻게 전개되는지 불명확해짐을 지적한다.

544) Münchener Komm-Huber, InsO 4Aufl. (2019) §103 Rn.33, 177.

545) 다만 도산채권으로서의 손해배상의무와 목적물반환의무는 동시이행관계에 있을 수 있다. 각주 262 참조.

계약의 이행은 **사회통념·거래관행 상 불가능**해졌다고 평가할 수 있는가?
만약 그와 같이 평가할 수 있다면, 매수인의 이행청구권은 이행불능으로
인해 '**실체법적으로 소멸**'한다. 매도인 측의 책임있는 사유로 소유권이전의
무가 이행불능이 되었더라도 (매수인에 의해) 계약이 해제되지 않는 한, 매
수인의 **매매대금지급의무는 존속**한다. 따라서 매수인이 도산절차개시 전
매도인에게 매매대금 일부를 지급하였더라도, 매도인 입장에서 해당 매매
대금 수령은 법률상 원인이 없는 부당이득이 아니다.546) 보다 근본적으로

---

546) 만약 부당이득이 인정된다면 매수인의 부당이득반환채권은 도산채권이다. 부동산매
매계약에서 매도인이 도산한 경우 매수인이 매매대금을 선(先)지급하였다고 해서 매
수인의 소유권이전등기청구권을 두텁게 보호할 수 없다. 매수인이 가등기권자가 아
닌 이상 매수인의 소유권이전등기청구권은 도산절차에 복종하는 도산채권에 불과하
다. 그렇다고 매수인의 매매대금 반환채권에 우선권을 인정할 수도 없다. 매수인은
매도인의 무자력 위험에도 불구하고 매매대금을 선(先)지급한 것이기 때문이다. 설
령 매수인이 선지급한 매매대금을 가지고 매도인이 매매목적물을 구입하였고 이를
매수인에게 되파는 경우에도, 즉 매수인이 지급한 매매대금의 가치가 매매목적물에
침전(沈澱)된 경우에도, 매수인을 보호할 수 없다. 유치권을 통해 매수인을 보호할
수도 없다. 민법이나 상법상 유치권은 피담보채권을 담보하기 위해 물건을 '점유'하
는 자를 보호하는 권리이고, 물건의 가치에 기여한 자가 물건을 인도/이전받는 것을
보장하는 권리가 아니기 때문이다. 매수인이 매매목적물을 점유하는 경우에도, 매매
대금반환채권과 점유 사이의 견련성(민사유치권의 성립요건)은 부정해야 한다. 각주
333 참조.
참고로 미국에서는 구입대금 담보권{purchase money security interest; 매도인이 매
매대금 담보를 위해 매매목적물에 대하여 갖는 담보권 또는 담보설정자에게 대출을
하고 담보설정자가 그 대출금으로 목적물에 대한 권리를 취득하는 것이 가능하도록
한 자가 그 목적물에 대하여 갖는 담보권(U.C.C. §9-107)}이 다른 담보권보다 우선
할 수 있는데{U.C.C. §9-324(a)}, 이러한 구입대금 담보권 법리와의 비교를 통해 매
매대금을 선지급한 매수인을 보호할 필요가 있다는 주장이 과거에 제기된 바 있다.
Vern Countryman, "Executory Contracts in Bankruptcy: Part Ⅰ", 57 Minn. L. Rev.
439, 471-473 (1973) 및 Vern Countryman, "Executory Contracts in Bankruptcy: Part
Ⅱ", 58 Minn. L. Rev. 479, 565 (1974) 참조. 현재 미국 연방도산법은 매도인의 관리
인이 이행거절을 하더라도 **목적물을 점유하고 있던 매수인**은 매매대금을 완납하고
소유권을 이전받을 수 있다고 규정하고 있으며{§365(ⅰ)}, 목적물을 점유하고 있지
않던 매수인이더라도 **매매대금 반환에 관하여 우선권**을 인정한다{§365(j)}. 그러나

는, 파산절차 개시로 특정물채권이 파산채권으로서 금전화되었다고 해서 특정물채무의 이행불능으로 취급하지 않는 것처럼, 관리인의 이행거절로 특정물채권이 금전화되었다고 해서 이를 특정물채무의 이행불능으로 취급할 수 없다. 관리인이 점유를 반환받더라도 사정은 마찬가지이다. 매매목적물이 멸실되는 등의 사유가 없는 한 목적물 이전의무는 아직 이행불능이 아니다. 위 경우 매수인은 '부당이득반환채권'이 아니라 이행거절에 따른 '손해배상채권'을 도산채권으로 행사할 수 있다. 물론 매수인이 입은 손해액을 산정할 때 매수인이 기지급한 일부 매매대금을 고려해야 한다.

다. 계약상대방의 해제권

관리인의 이행거절권은 도산절차개시로 인해 계약상대방의 채권이 강제이행불능상태에 놓인 것을 '**확정**'하고 계약상 법률관계를 단일한 금전채권으로 변형하여 도산절차 내에서 '**청산**'하는 효력을 갖는다. 관리인의 이행거절 자체는 '위법한' 채무불이행이 아니다. 도산절차개시 후부터 계속되는 도산채무자의 채무불이행으로 인해 계약상대방이 새롭게 해제권을 취득할 수 없다는 점은 앞서 살펴보았다. 따라서 관리인이 이행거절을 하더라도 계약상대방이 채무불이행을 이유로 계약을 해제(해지)할 수 없다고 봄이 타당하다.547)548) 일방미이행 쌍무계약에서 계약상대방이 자신의 계약상 채

우리법에서 미리 매매대금을 지급한 매수인을 굳이 보호할 필요가 있는지 의문이다.

547) 같은 취지 KPB/Tintelnot InsO, §103 Rn.15.

548) 그러나 비교법적으로는 계약상대방의 해제(해지)권 행사를 긍정하는 경우도 발견된다. ① 프랑스 판례는 **관리인이 이행선택을 거절한 경우** 채무불이행의 피해자인 **계약상대방은 평시 실체법에 따라 계약을 해지할 수 있다**고 본다. Jocelyne Vallansan, "SAUVEGARDE, REDRESSEMENT ET LIQUIDATION JUDICIAIRES. - Continuation des contrats en cours. - Généralités", Juris Classeur Procédures collectives Fasc.2335, (2020), n°92에서 소개하는 판례들 참조. ② 스위스 채권추심 및 파산에 관한 연방법 211조 2항 2문에 따르면 쌍방미이행 쌍무계약에서 계약상대방은 관리인에게 이행청구권의 보장을 요구할 수 있다. 이 때 **관리인이 보장을 거부하면 계약상대방은 해제권을 행사할 수 있다**는 것이 학설의 입장이다(이러한 해제권은 스위스채무법

권을 도산채권으로 변제받을 수 있을 뿐이고 계약을 해제하여 원상회복청
구를 할 수 없는 것처럼, 쌍방미이행 쌍무계약에서도 계약상대방은 계약을
해제하여 원상회복청구를 할 수 없다고 보는 것이 균형이 맞다. 다만, 계약
의 채권화는 어디까지나 도산법의 특수성을 고려하여 계약법 법리를 비트
는 것이므로 유연한 규제가 바람직하다는 관점에서, 법원이 계약상대방의
이익을 고려하여 계약상대방의 해제권 행사를 개별적으로 허용하는 입법
을 고민해 볼 여지는 있다(제2장 제1절 Ⅰ. 3. 나.에서 계약의 채권화에 대
한 예외3 참조).

83조 2항의 해제권과 실질적으로 동일하다). 다만 채무자는 계약상대방의 채권을 보장
해 줄 의무가 없으므로 계약상대방은 채무불이행을 이유로 한 손해배상청구를 할
수 없다. 또한 관리인이 채무자의 의무를 인수하지 않았고 채무자 대신 계약을 이행할
의무도 없으므로, 계약상대방은 관리인에 대해서도 채무불이행을 이유로 한 손해배상
청구를 할 수 없다. 결과적으로 ⓐ 계약상대방이 해제를 하였다면 원상회복만 문제되
고, ⓑ 계약상대방이 해제를 하지 않았다면 계약상대방의 채권과 도산채무자의 반대채
권이 모두 금전화됨으로써 금전채권 형태의 단일한 이득반환청구권만이 남게 된다.
채무불이행을 이유로 한 손해배상청구가 허용되지 않으므로 계약상대방은 이행이익
상당의 손해배상청구권을 취득할 수 없다. Basler Kommentar Bundesgesetz über
Schuldbetreibung und Konkurs II 2.Aufl. (2010)/Renate Schwob Art.211 Rn.12. 그러나
계약상대방이 위와 같은 해제권을 행사하지 않고 '채무불이행을 이유로 한 손해배상채
권'을 도산채권으로 행사할 수 있다는 견해도 있다. Jason Chuah/Eugenio Vaccari
(ed), Executory Contracts in Insolvency Law : A Global Guide, (2019), 22.33-22.34;
Patrick Keinert, Vertragsbeendiguung in der Insolvenz, (2018), 54-55 참조. ③ 네덜란드
도산법은 스위스와 마찬가지로 **계약상대방에게 initiative를 부여**하고 있다. 즉 쌍방미
이행 쌍무계약에서 상대방 당사자는 관리인에게 적정한 기간을 정하여 이행여부를
밝힐 것을 최고할 수 있고(37조 1항), 관리인은 이행선택 시 이행에 대한 담보를 제공해
야 한다(37조 2항). 관리인이 이행을 선택하지 않으면 계약상대방은 계약을 해제할
수 있다. Jason Chuah/Eugenio Vaccari (ed), Executory Contracts in Insolvency Law
: A Global Guide, (2019), 23.08. 이처럼 계약상대방에게 initiative를 부여한 취지는,
**그 이행여부가 불명확한 계약에 계약상대방이 오랜 기간 구속되는 것을 가급적 막기
위함**이다. Jason Chuah/Eugenio Vaccari (ed), Executory Contracts in Insolvency Law
: A Global Guide, (2019), 23.09. 그러나 관리인에게 항상 담보제공을 요구하는 것은
부당할 수 있다. 각주 430 참조.

라. 계약상대방의 원상회복의무 : 채무자가 도산절차개시 전 일부 이행한 경우

채무자가 일부 이행한 후 도산절차가 개시되었고 관리인이 이행거절을 선택하였다면 관리인은 계약상대방에 대하여 채무자가 일부 이행한 부분의 반환을 청구할 수 있는가? 이는 이행거절권 구성과 관련된 가장 어렵고 중요한 쟁점이다. 관리인의 이행거절이 원칙적으로 이행청구권의 소멸, 계약의 종료를 의미하는 것이 아니라면, 계약은 유효하게 존속하므로 관리인은 계약상대방에 대하여 부당이득반환을 청구할 수 없다. 계약상대방은 유효한 계약에 기초해 해당 급부를 보유하고 있으므로, '법률상 원인없이' 이득을 얻은 것이 아니기 때문이다. 관리인이 이행거절을 하면 계약상대방은 그가 이미 이행한 일부급부의 반환을 청구할 수 없고 단지 불이행으로 인한 금전손해배상채권을 행사할 수 있는 것처럼, 관리인도 원칙적으로 계약상대방에게 원상회복청구를 할 수 없다. 다만 계약상대방의 손해배상청구 시 그가 입은 손해액을 산정하는 단계에서 채무자로부터 받은 급부가 손해액을 줄이는 방향으로 고려될 수 있다(손익상계).

그런데 도산채무자의 사전(事前)급부가 계약상대방의 손해배상채권액을 초과하는 경우는 어떠한가? 결론부터 말하면 **상황에 따라 관리인의 원상회복청구권(부당이득반환청구권)을 긍정할 수 있다.**[549][550][551] 사안유형을 나

---

549) 결론적으로 같은 취지 KPB/Tintelnot InsO, §103 Rn.311; Reinhard Bork, Einführung in das Insolvenzrecht, 9Aufl. (2019), Rn.186; Ludwig Häsemeyer, Insolvenzrecht, 4Aufl. (2007), Rn.20.26. 또한 관리인의 매매대금 원상회복채권과 계약상대방의 도산채권(관리인의 이행거절에 따른 손해배상채권)은 공제 또는 상계가 가능하다는 견해로는 Münchener Komm-Huber, InsO 4Aufl. (2019) §105 Rn.26 참조.

550) 참고로 프랑스 상법 L.641-11-1조 5항 및 L.622-13조 5항은 관리인이 이행선택을 하지 않았고 계약이 해지/종료되지도 않은 경우, 계약상대방은 불이행으로 인한 손해배상청구권을 도산채권으로 행사할 수 있고, 이 경우 **계약상대방은 채무자가 초과지급한 금액을 반환해야 함**을 전제로, 위 손해배상에 관한 재판이 내려질 때까지 초과지급한 금액의 반환을 연기할 수 있다고 규정하고 있다.

551) 관리인의 원상회복청구를 인정한다고 해서 해제권 구성과 결과적으로 동일하다고

누어 검토한다.

1) 유형① : 도산채무자의 급부의무는 가분이고 계약상대방의 급부의무는 불가분인 경우

> 부동산 매수인이 매매대금 일부를 지급한 상황에서 매수인에 대한 도산절차가 개시되었고 관리인이 이행거절을 한 경우, 계약상대방(매도인)의 이행청구권은 소멸하지 않고, 계약자체는 유효하게 존속한다. 따라서 매도인이 원상회복의무를 부담할 법적 근거는 원칙적으로 없다. 그러나 **계약상대방의 이행청구권이 '소멸'**하는 상황이라면 **비록 계약이 해제되지 않더라도**, 계약상대방이 보유하는 급부는 법률상 원인없는 이득이다. 다음 3가지 이유로 인해 매도인의 매매대금채권은 소멸할 수 있다.
>
> ⓐ 매도인이 목적물을 점유하고 있는 매수인에게 '환취권'을 행사한 경우, 매도인은 **계약상 이행청구권을 포기**한 것이다. 따라서 **이행청구권은 소멸**한다. 매매대금채권이 소멸하였으므로 매도인의 매매대금 보유는 법률상 원인없는 이득

오해하면 안된다. 다음과 같은 점에서 **해제권 구성과는 차이**가 있다. 관리인의 원상회복채권이 '특정물'채권(가령 매매목적물 일부의 반환청구권)인 경우를 가정해 보자(채무자와 계약상대방의 급부의무는 모두 가분이다).

① 해제권 구성에서는 관리인의 해제에 따라 관리인의 특정물 원상회복채권과 계약상대방의 손해배상채권이 '항상' 발생한다. 그러나 이행거절권 구성에서는 계약상대방이 받은 이익이 그가 입은 손해를 초과할 때 비로소 계약상대방의 (가액상당의) 원상회복의무를 인정할 수 있다.

② 채무자의 일부급부만으로는 계약상대방의 목적달성이 불가능한 경우, 즉 채무자의 일부급부만 받기 위해 계약상대방이 계약을 체결하지는 않았을 것이 명백한 경우에는 **계약상대방이 받은 이익은 0**이다. 계약상대방이 수령한 특정물 일부는 그에게 전혀 가치가 없기 때문이다. 이 경우 계약상대방의 손해배상채권만 문제된다. 관리인은 계약상대방에게 기이행급부의 반환을 청구할 권원(權原)을 원칙적으로 갖고 있지 않으므로, 계약상대방이 자진 반납하지 않는 한 일부급부를 반환받을 수 없다. 그러나 해제권 구성에서는 위와 같은 사정과 상관없이 관리인의 해제에 따라 관리인의 특정물 원상회복채권과 계약상대방의 손해배상채권이 '항상' 발생한다.

이다. 따라서 매도인은 부당이득반환의무를 부담한다.552) 또한 ⓑ 매도인이 목적물을 선(先)인도하지 않았거나 선인도하였지만 환취권을 행사하지 않는 경우에도 위 사안에서 매도인이 기수령한 매매대금에 상응하는 일부의무만 이행하는 것은 불가능하다. 부동산 소유권이전의무는 원칙적으로 불가분의무이기 때문이다.553) **매도인의 의무이행이 매도인과 매수인의 귀책사유 없이 불가능해졌다면 그와 견련관계에 있는 매도인의 매매대금청구권도 원칙적으로 소멸**한다 (민법 537조).554) 따라서 계약상대방은 매매대금을 보유할 법적 원인이 없다. 매수인 도산시 매수인은 매매대금 미지급에 대하여 귀책사유가 있다. 그러나 매도인이 소유권을 일부이전하는 것이 불가능한 이유는 소유권이전의무 자체가 객관적으로 불가분이기 때문이다. 물론 매수인이 이러한 상황을 만든 근본적 책임자이므로, 매도인의 의무이행이 불가능해진 데 매수인의 책임이 전혀 없다고 볼수는 없다. 그러나 관리인의 이행거절을 채무불이행의 1유형인 이행거절과 동일시할 수 없으므로, 매도인의 이행불능에 따른 위험을 매수인에게 지우는 것은 타당하지 않다고 사료된다.555) 따라서 이 경우에도 **민법 537조를 유추**할 수 있다. ⓒ 매도인이 목적물을 제3자에게 더 비싼 가격에게 매도하고 소유권을 이전해 준 경우에도, 매도인의 의무이행이 불가능하다. 채무자의 귀책사유로 인해채무자의 채무가 이행불능이 되면 채무자의 반대채권의 운명은 채권자가 결정함이 원칙이다. 채권자가 계약을 해제하면 반대채권은 소멸하고, 계약을 해제하지 않으면 반대채권은 존속한다. 그런데 위 사안에서 도산채무자인 **매수인 측의 이행거절이 먼저 있었다**. 따라서 매도인의 이중매도로 소유권이전등기의무가 이행불능이 되었더라도 이러한 이행불능에 매도인의 귀책사유가 있다고 평가할 수 없다. 이 경우 매도인의 소유권이전의무는 **쌍방귀책사유 없이 불가능해졌다**고 평가할 수 있고, 따라서 그와 견련관계에 있는 매도인의 매매대금청구권도 소멸한다(민법 537조 유추). 매도인은 제1매수인으로부터 받은 매매대금을 더 이상 보유할 법적 원인이 없으므로 이를 관리인에게 '부당이득'으로 반환해야 한다.

이처럼 계약상대방의 원상회복의무를 인정하면, 관리인이 해당 매매계약을 부인하는 것과 결과적으로 비슷하다. 관리인은 도산재단에 불리한 매매계약을 부인할 수 있는 것처럼, 도산재단에 불리한 매매계약의 이행을 거절할 수 있다. 다만 이행거절의 경우 계약상대방이 손해배상채권을 도산채권으로 행사할 수 있지만, 부인권의 경우 계약상대방은 손해배상채권을 행사할 수 없다. 부인권을 행사하려면 부인권 행사요건(사해행위 또는 편파행위의 존재/수익자의 악의 등)을 충족하고 제척기간을 준수해야 하지만, 이행거절의 경우 쌍방미이행 쌍무계약에 해당하면 수익자 악의 등의 요건이 갖추어지지 않아도 관리인의 원상회복청구가 가능하다.

만약 매수인이 매매대금 전액을 지급하고 도산에 들어갔다면 일방미이행 쌍무계약이므로 매수인의 관리인은 이행거절을 할 여지가 없고 도산재단은 매도인에 대한 소유권이전청구권을 보유하게 될 것이다. 이에 반해 매수인이 매매대금 일부만 지급한 채 도산에 들어간 경우, 관리인은 이행거절을 하여 도산재단에 불리한 매매계약의 실행을 저지할 수 있다. 채무자가 계약상 의무를 성실히 이행한 경우에는 자신에게 불리한 계약으로부터 벗어날 수 없는데 반해, 계약상 의무를 일부만 이행한 경우에는 자신에게 불리한 계약으로부터 벗어날 수 있다는 결론이 부당한가? 부당하지 않다. 전자의 경우 채무자가 계약상 의무를 성실히 이행하였으므로 후자의 경우보다 채무자를 보호할 필요성이 더 크다는 전제가 타당하지 않다. 오히려 전자의 경우 **채무자 스스로 동시이행항변권 일체를 포기**하였으므로, 채무자를 보호할 필요성이 더 작다.556)557)

관리인의 이러한 원상회복청구권은 부당이득반환청구권의 일종이다. 관리인은 도산재단에 도움이 되기 때문에 이행거절을 하였고, 그에 따라 결과적으로 부당이득반환청구권을 취득하였다. 따라서 다음과 같은 주장이 제기될 여지가 있다.

"관리인의 원상회복청구권은 원래 도산재단에 속하였던 계약상 이행청구권(매수인의 일부지급에 상응하는 부분)이 소멸하고 **그에 갈음하여** 발생한 것이다. **도산재단으로부터 발생한 이익은 도산재단에 귀속되어야 한다**는 점을 고려할 때, 이러한 원상회복청구권은 도산재단에 귀속되어 모든 도산채권자들을 위해 사용되어야 하고, 특정 채권자의 채권만족을 위해 사용되는 것은 원칙적으로[558] 허용될 수 없다. 따라서 도산채무자의 원상회복채권이 담보목적으로 특정 채권자에게 사전에 양도되었더라도, 이후 관리인이 이행거절권을 행사함으로써 발생하는 원상회복청구권은 ― 마치 장래채권양도담보의 도산절차 상 효력이 인정되지 않는 것처럼[559] ― 양도담보권자가 아니라 도산재단에 귀속된다."[560]

그러나 이러한 논리가 타당한지는 의문이다. ① 우선 위 사안의 경우 관리인의 이행거절 전에 도산재단이 '재산적 가치가 있는 이행청구권'을 갖고 있었는지 의문이다. 매수인인 도산채무자가 매매대금 100중 40만을 지급하였을 뿐이고, 이 경우 매도인에 대하여 부동산 중 4/10 지분이전등기청구를 할 수 없는 이상, 도산재단은 아직 가치 있는 권리를 갖고 있지 못하다. 그렇다면 관리인의 이행거절로 도산재단이 감소하였다고 볼 수 없고, 따라서 **도산재단의 소멸에 갈음하여 발생**한 이익이라는 것도 애초부터 관념할 수 없다. ② 관리인 입장에서 해당 계약의 이행을 선택하는 것이 불가능하다면(가령 도산채무자가 파산하여 사업수행을 계속할 수 없는 경우), 이행거절을 할 수밖에 없다. 채무자 도산당시 이미 계약이 체결되었고 계약해제 시 원상회복의 대상이 될 급부도 일부 이행된 상황이라면, 이행거절 시(또는 계약해제 시) 관리인이 취득할 원상회복청구권을 미리 담보목적으로 양도받은 특정채권자는 도산절차개시 당시 양도담보의 목적물인 장래채권의 취득에 관하여 **이미 보호가치 있는 기대권을 취득**한 것이다. 원상회복의 대상이 되는 급부이 이행이 이미 완료되었고, 관리인은 이행거절 이외에 다른 선택의 여지가 없기 때문이다. 즉 양도담보권자의 채권취득에 대한 신뢰를 보호할 필요성이 높다.[561] 따라서 이 경우 양도담보권자의 채권취득을 부정하기는 어렵다.[562]

---

552) BGHZ 196, 160 Rdnr.9ff.는 매수인이 토지 매매대금 일부를 지급한 상황에서 매수인에 대한 도산절차가 개시되었고 관리인이 이행거절을 선택한 경우(토지가격이 매매 이후 현저히 떨어졌다면 관리인은 이행거절을 하는 것이 유리하다), 관리인은 일부 지급된 매매대금에서 매도인의 손해배상채권액(관리인의 이행거절로 인한 손해배상채권액)을 공제한 나머지 금원의 반환을 매도인에게 청구할 수 있다고 판시하였다. 이 사안에서 계약상대방은 관리인에 대하여 선(先)인도한 토지의 환취를 주장하였다.

553) 계약상대방 스스로 '지분소유권'만 도산채무자에게 이전해줌으로써 원상회복의무를

거절할 수 있는가? 가령 물품대금을 100으로 정한 조형물제작계약에서 채무자가 물품대금 중 50을 선(先)지급한 상태에서 도산에 들어갔고 채무자의 관리인이 이행거절을 한 경우, 계약상대방이 조형물 중 1/2소유권을 이전함으로써 50의 원상회복의무를 면할 수 있는가? 지분소유권 이전은 **계약내용에 좇은 채무이행이 아니므로** 도산채무자는 이를 수령할 의무가 없다. 도산채무자가 지분소유권 이전에 동의하지 않는 한 계약상대방이 일방적으로 1/2소유권을 이전하는 것은 불가능하다. 따라서 계약상대방은 50의 원상회복의무를 면할 수 없다. 조형물 제작과정에서 계약상대방이 입은 손해는 도산채권으로 배상을 청구할 수 있고, 그 손해가 50보다 작다면 초과분은 도산재단에 반환되어야 한다. 반대 Jan Felix Hoffmann, "Vertragsbindung kraft Insolvenz? - Lösungsklauseln und Vertragsspaltungen im Kontext der §§103ff. InsO -", KTS 2018, 378(관리인의 이행거절시 **계약상대방은 1/2소유권을 이전해야 하고,** 관리인도 1/2소유권이전을 청구할 수 있다. 다만 1/2소유권이전이라는 원치 않는 계약에 구속되는 것을 바라지 않는 계약상대방은 채무불이행을 이유로 계약을 해제할 수 있다. 계약상대방이 계약을 해제한 경우 그는 당연히 원상회복의무를 부담한다).

554) Reinhard Bork, "Vorleistungen des Schuldners in der Insolvenz", Festschrift für Jobst Wellensiek zum 80. Geburtstag, (2011), 208도 참조.

555) 민법 538조 1항은 "쌍무계약의 당사자 일방의 채무가 채권자의 책임있는 사유로 이행할 수 없게 된 때에는 채무자는 상대방의 이행을 청구할 수 있다."고 규정한다. 판례는 위 조항에서 말하는 "채권자의 책임있는 사유"는 "채권자의 어떤 작위나 부작위가 채무자의 이행의 실현을 방해하고 그 작위나 부작위는 채권자가 이를 피할 수 있었다는 점에서 신의칙상 비난받을 수 있는 경우"를 뜻한다고 판시하였다. (대법원 2004. 3. 12. 선고 2001다79013 판결)

556) 계약상대방이 전부 이행한 경우 계약상대방의 채권은 도산채권인데 반해, 계약상대방이 일부 이행하고 관리인이 이행선택을 한 경우 계약상대방의 채권은 공익(재단)채권이 되는 것이 부당하다고 볼 수 없는 것도 같은 이치이다. 각주 389도 참조.

557) Wolfgang Marotzke, Gegenseitige Verträge im neuen Insolvenzrecht, 3.Aufl. (2001), Rn.9.89은 이러한 상황이 평가모순이라고 비판하나 동의할 수 없다.

558) 다만 채권 양수인이 원상회복의 대상이 되는 급부자체를 양도인(도산채무자)에게 제공해 준 경우(즉 매수인에게 매수자금을 대여해주고 그에 대한 담보명목으로 매매계약 해제 시 매수인이 취득할 매매대금 상당의 원상회복채권을 사전에 양도받은 경우)에는, 그 원상회복채권은 도산재단이 아니라 채권양수인에게 귀속된다. BGHZ 155, 87.

559) 대법원 2013. 3. 28. 선고 2010다63836 판결.

560) Ludwig Häsemeyer, Insolvenzrecht, 4Aufl. (2007), Rn.20.26에서 이러한 예리한 주장을 하고 있다.

561) 이에 반해 관리인이 이행선택을 하고 도산재단을 투입함으로써 비로소 양도담보의

2) 유형② : 도산채무자와 계약상대방의 급부의무가 모두 가분인 경우

매수인은 매도인으로부터 설탕 100kg을 100만 원에 매수하는 계약(1만 원/kg)을 체결하였다. 매수인이 매매대금 40만 원을 선(先)지급한 상태에서 매수인에 대한 도산절차가 개시되었고 관리인이 이행거절을 하였다. 이 경우 관리인이 이행거절을 하더라도 관리인은 이미 지급받은 40만 원에 상응하는 설탕 40kg의 인도를 청구할 수 있다.563) 매도인은 잔존 매매대금 60만 원 미지급을 이유로 설탕 40kg의 인도를 거절할 수 없다. 양자 사이에는 고유한 견련관계가 없고, 공평의 관념에 기한 동시이행항변만 인정될 수 있는데, 이러한 동시이행항변권은 평시와 달리 도산절차에서는 제한적으로 인정되기 때문이다.564) 다만 매도인은 잔존 매매대금 60만 원 미지급으로 인한 손해배상채권의 **도산채권으로서의 이행**과 설탕 40kg의 인도 사이에 동시이행관계가 있음을 주장할 여지가 있다.565)

만약 계약상대방의 가분급부(설탕 40kg)가 **도산재단에 별 도움이 되지 않는 경우,**566) 도산재단에 예외적으로 이행청구권이 아니라 기이행급부의 원상회복청구권이 귀속될 수 있는가? 이를 긍정하는 견해도 있다.567) 그러나 계약상대방에게 선지급된 40만 원의 반환을 강제할 근거는 없다. 만약 설탕 40kg의 시가가 40만 원에 미치지 못한다면, 계약상대방은 손해를 강요당하게 된다. 그렇다면 관리인이 이행청구권에 갈음하는 **금전(金錢)대용(代用)급부청구권**을 행사할 수

목적인 채권의 가치가 현실화된 경우에는, 양도담보권자의 채권취득에 관한 신뢰를 보호할 필요성이 낮다. 이 경우 관리인은 이행을 거절하고 해당 계약상대방과 종전과 동일한 내용의 '새로운 계약'을 다시 체결함으로써 양도담보권자가 담보목적 채권을 취득하는 것을 얼마든지 막을 수 있었기 때문이다. 즉 **관리인에게는 양도담보권을 무력화하고 도산재단에 유리한 결과를 가져올 다른 선택지가 존재**하였다.

562) 그러나 도산재단이 **이미 재산적 가치가 있는 계약상 청구권을 갖고 있었고,** 도산절차 진행 도중 계약이 해제(ex. 계약상대방의 채무불이행으로 인한 관리인의 해제권 행사)되어 이 계약상 청구권이 소멸하고 그에 갈음하여 도산재단의 원상회복청구권이 발생한 경우, 이 원상회복청구권은 이를 사전양도받은 양수인이 아니라 도산재단에 귀속될 여지가 있다. 최준규, "장래채권 양도담보의 도산절차상 효력", 사법32, (2015), 268 참조. 필자는 "도산재단으로부터 발생한 이익은 도산재단에 귀속되어야 한다"는 명제가 정지조건부 채권취득에 관한 채권양수인의 신뢰보호보다 우선할 수 있다고 생각한다.

는 없는가? 즉 관리인은 **기지급한 40만 원의 한도에서(!)** 설탕 40kg의 시가 상당액의 지급청구권을 매도인에게 행사할 수 있는가? 이 경우 계약상대방이 손해를 강요당하지는 않지만, 관리인에게 이러한 권리를 인정할 법적 근거도 없다.

위 사례와 달리 매수인의 기지급 매매대금에 상응하는 매매목적물이 도산채무자인 매수인에게 아무런 가치가 없는 경우 ─ 즉 매수인이 해당 목적물만 구입하지 않았을 것이 명백하다면 ─, 계약상대방의 급부의무가 불가분인 경우와 마찬가지로 취급함이 타당하다. 즉 유형①과 마찬가지로 이 경우 매수인의 관리인은 매도인에게 기지급 매매대금의 반환을 '**부당이득으로**' 청구할 수 있다.

관리인이 이행거절 후 설탕 40kg을 청구할 경우 "**계약상대방이 원치 않는 계약체결을 강요당하는 경우**"도 마찬가지이다. 가령 설탕 1kg의 시가는 5만 원인데 매수인이 설탕 100kg을 구입하기 때문에 매도인이 특별히 싸게 판 경우(1만 원/kg), 매도인이 40만 원을 선지급받았다고 해서 매도인에게 설탕 40kg의 인도를 청구할 수 있다고 하면 매도인 입장에서는 원치않는 계약체결을 강요당한다(매도인이 지금 설탕 40kg을 제3자에게 팔면 적어도 1kg당 3만 원은 받을 수 있다고 생각해 보라). 이 경우도 계약상대방의 급부의무가 불가분이라고 보아 **유형①과 같이 처리**함이 타당하다. 즉 40만 원에 상응하는 매도인의 설탕인도의무 이행은 불가능하고 매도인은 40만 원을 부당이득으로 반환해야 한다.[568]

---

563) 채무자의 일부급부에 상응하는 반대급부청구권이 도산절차개시 전에 양도된 경우에는, 채권양수인이 설탕 40kg의 인도를 청구할 수 있다. 도산절차개시 전에 이미 해당 채권이 양수인에게 확정적으로 귀속되기 때문이다. Münchener Komm-Huber, InsO 4Aufl. (2019) §103 Rn.32.

564) 본문 제2장 제2절 II. 6. 다.

565) 그러나 이러한 동시이행항변도 항상 인정된다고 볼 수는 없다. 각주 262 참조.

566) 가령 설탕 40kg을 수령하더라도 도산채무자가 영업을 중단하였기 때문에 이를 사업목적으로 사용할 수 없고 환가해야 하는데, 환가비용도 많이 들고 시가보다 저렴한 가격으로 환가가 이루어질 가능성이 높은 경우.

567) Michael Dahl/Daniel Schmitz, "Der Rückgewähranspruch des Insolvenzverwalters nach der Wahl der Nichterfüllung gem. §103 InsO", NZI 2013, 631, 633; BGHZ 155, 87도 참조.

568) 매수인이 매도인으로부터 설탕 100kg을 100만 원에 매수하는 계약(1만 원/kg)을 체

마. 계약상대방이 채무자 도산 전 일부 급부한 후 관리인이 이행거절한 경우

계약상대방이 일부급부를 선이행한 후 관리인이 이행거절하면 계약상대방은 손해배상채권을 도산채권으로 행사할 수 있다. 이 경우 계약상대방은 원칙적으로 자신의 기이행급부의 원상회복을 청구할 수 없다.

쌍방급부가 모두 가분이면, 관리인의 이행거절 시에도 계약상대방의 미이행급부에 상응하는 도산채무자의 급부의무에 대해서만 일부 이행거절효가 발생한다. **일부 이행거절효**가 발생하면 계약상대방의 일부 급부는 — 평시와 달리[569] — 적법한 변제로서 그 효력이 인정되고, 계약상대방은 기이행급부에 대한 대가지급청구권(=**약정채권**)을 도산채권으로 행사할 수 있다. 관리인은 계약상대방의 잔존급부의무 미이행을 이유로 대가지급청구를 거절할 수 없다. 이와 별도로 계약상대방은 관리인의 이행거절에 따른 손해배상을 도산채권으로 청구할 수 있다.

가령 매도인이 시가 1,500인 설탕 500kg을 1,000에 매도하였고 매수인이 대금 500을 지급한 상태에서 매도인이 도산한 경우, 매도인의 관리인이 이행거절을 하면 매수인은 설탕 250kg의 인도청구권을 도산채권으로 행사할 수 있고(위 특정물채권의 가치는 750이다), 나머지 250kg 인도의무 불이행으로 인한 250의 손해배상을 도산채권으로 청구할 수 있다.[570] 매도인이

결하였는데, 매도인이 설탕 40kg을 선인도한 상태에서 매도인에 대한 도산절차가 개시되었고 관리인이 이행거절을 한 경우는 어떠한가(매수인 입장에서 설탕 100kg만 의미가 있고 설탕 40kg은 아무런 의미도 없는 '특수한' 상황이라고 가정한다)? 이러한 상황도 매매목적물이 불가분인 것처럼 취급해야 한다. 다만 **매수인이 관리인에게 설탕 40kg의 수령을 강요할 수는 없고,** 관리인은 매수인에게 가액반환의 형태로 부당이득반환을 청구할 수 있다.

569) 채무자는 일부 변제할 '권리'가 없고, 일부 공탁은 그 일부에 한해서도 채무소멸효가 없는 것이 원칙이다(대법원 1998. 10. 13. 선고 98다17046 판결).

570) 매도인이 3원/kg인 설탕을 대량 판매(500kg)를 이유로 2원/kg에 판매한 경우는 어떠한가? 매수인이 500을 선(先)지급하였다고 해서 매수인이 설탕 250kg의 인도청구권을 갖는다고 볼 수 없다. 따라서 **관리인이 전부 이행거절**을 하였다고 보고 매수인의

시가 1,000인 500kg을 1,500에 매도하였고 매도인이 250kg을 인도한 상태
에서 매수인이 도산한 경우 매수인의 관리인이 이행거절을 하면, 매도인은
750의 대금채권을 도산채권으로 청구할 수 있고, 나머지 250kg을 약정매매
대금을 받고 인도하지 못함으로써 입은 250의 손해배상을 도산채권으로 청
구할 수 있다. 이 경우 계약상대방인 매도인은 자신이 선이행한 일부급부
인 설탕 250kg의 원상회복을 청구할 수 없다.571)

바. 계약상대방의 손해배상채권

이행거절로 인한 계약상대방의 손해배상채권의 법적 성격, 인정되는 손
해배상의 범위 등에 대해서는 해제권 행사로 인한 계약상대방의 손해배상
채권 관련 논의가 그대로 적용된다. 관리인의 이행거절 시 계약상대방은
채무불이행으로 인한 이행이익 상당의 손해배상을 회생채권으로 청구할
수 있다. 그러나 파산절차의 경우 이행거절에 따른 손해배상채권으로 인정
되는 범위, 즉 통상의 파산채권으로 인정되는 범위는 {계약상채권 자체의
가치(Nennenwert) + 이행거절 시까지 계약상채무의 불이행으로 인해 발생
한 손해(지체책임 등)}에 한정되고, 이행거절 후 발생하는 일실이익, 전매
차익 등의 손해는 후순위 파산채권(회생파산법 446조 1항 2호: 파산선고
후의 불이행으로 인한 손해배상액)에 해당한다. 계약상대방이 파산채무자
로부터 일부 선이행받은 것이 있다면 이 부분은 먼저 후순위 파산채권의
손해액 산정 시 고려해야 하고(손익상계), 그 후에도 남는 부분이 있다면
통상의 파산채권의 손해액 산정 시 고려해야 한다.572)

손해를 산정해야 한다. 즉 매수인은 설탕 500kg의 인도청구권 불이행에 따른 손해배
상채권 1.000(= 이행이익 500 + 헛되이 지출된 일부 매매대금 상당 손해 500)을 도
산채권으로 행사할 수 있다. **결과적으로 계약의 분할이 인정되는 경우와 인정되지
않는 경우 사이에 차이가 없다.**

571) 사례는 Münchener Komm-Huber, InsO 4Aufl. (2019) §103 Rn.27 참조.
572) Ludwig Häsemeyer, Insolvenzrecht, 4Aufl. (2007), Rn.20.25 참조.

사. 이행거절권 행사와 권리남용

관리인의 해제권 행사가 권리남용을 이유로 허용되지 않을 수 있는 것처럼, 관리인의 이행거절권 행사도 권리남용을 이유로 불허될 수 있다. 가령 매수인이 매매대금 중 일부를 매도인에게 지급한 후 매도인에 대하여 도산절차가 개시되었고 매도인의 관리인이 이행을 거절하면서 해당 계약상대방과 동일한 내용의 매매계약을 새롭게 체결하는 경우, 관리인의 이행거절권은 권리남용에 해당할 수 있다. 이러한 이행거절권을 인정하면 매수인은 매매대금 중 일부를 두 번 지급하게 되고, 기존에 지급한 대금관련 손해는 도산채권으로 만족을 얻을 수밖에 없다. 이는 해당 매매목적물을 반드시 매수하고 싶은 매수인의 불리한 처지를 선택권을 가진 관리인이 '악용(惡用)'한 것이다. 관리인에게 선택권을 부여한 취지는 이러한 상황에서까지 도산재단을 보호하기 위함이 아니다. 이러한 이행거절권 행사는 권리남용으로서 무효라고 보아야 한다. 매도인 입장에서 매매목적물을 꼭 팔아야 하는데 다른 계약상대방을 찾기 어려워 어차피 매수인과 계약을 체결할 수밖에 없는 상황이라면, 매도인의 관리인은 이행거절이 아니라 이행선택을 하였어야 한다.

Ⅴ. 효과론3 : 선택권을 행사하지 않고 있는 동안의 잠정적 법률관계

1. 일반론

관리인이 선택권을 행사하지 않고 있는 동안에는 쌍방미이행 쌍무계약의 법률관계가 미확정인 상태로 남아있다. 계약상대방은 이러한 유동적 상태에서 벗어나기 위해 관리인에게 선택권 행사를 최고할 수 있다. 회생절

차에서 관리인이 최고수령 후 30일 이내에 확답을 하지 않으면 해제(해지)
권을 포기한 것으로 본다(회생파산법 119조 2항). 파산절차에서 계약상대
방이 상당한 기간을 정하여 최고를 한 후 파산관재인이 그 기간 안에 확답
을 하지 않으면 계약을 해제(해지)한 것으로 본다(회생파산법 335조 2항).
관리인이 선택권을 행사하지 않고 상대방이 최고도 하지 않는 상황이라면
상대방의 동시이행항변권은 유지된다.573) 그러나 아직 법률관계가 미확정
인 상태이더라도 계약상대방은 자신의 계약상 채권(또는 채무불이행으로
인한 손해배상채권)을 도산채권으로 신고하거나, 그 채권액의 범위 내에서
채권자집회 결의에 참가할 수 있다.574)

2. 잠정적 기간 동안의 도산재단의 부당이득?575)

관리인이 선택권을 행사하지 않고 있는 동안 계약은 유효하게 존속한다.
따라서 관리인은 도산절차개시 전과 마찬가지로 계약상대방에 대하여 '계
약상' 의무를 부담한다. 가령 임차인의 관리인은 도산절차개시 후 해지권
행사 전까지 — 임차목적물을 실제로 사용·수익하였는지 여부와 상관없이
— 약정차임을 임대인에게 재단(공익)채무로서 변제해야 한다.576) 이 경우
도산재단이 계약상대방에 대하여 '부당이득반환의무'를 부담하는 것이 아

---

573) 伊藤眞, 破産法·民事再生法, 4版, (2018), 385-386의 각주 67.

574) KPB/Tintelnot InsO, §103 Rn.208, 259; Münchener Komm-Huber, InsO 4Aufl.
(2019) §103 Rn.183. 계약상대방이 채무불이행으로 인한 손해배상채권을 도산채권
으로 신고하는 것을 계약상대방의 관리인에 대한 선택권 행사 최고로 해석할 여지가
있다는 견해로는 Münchener Komm-Huber, InsO 4Aufl. (2019) §103 Rn.171.

575) Charles Jordan Tabb, Law of Bankruptcy, 4th ed. (2016), 865; KPB/Tintelnot InsO,
§103 Rn.305.

576) 서경환, "회사정리절차가 계약관계에 미치는 영향", 재판자료86, (2000), 657은 임차
인 도산 시 관리인이 해지를 선택한 경우 도산절차개시 후 해지권 행사 전까지의
차임채권은, 회생파산법 179조 1항 2호의 공익채권(회생절차개시 후의 채무자의 업
무 및 재산의 관리와 처분에 관한 비용청구권)으로 본다.

니다. 도산재단이 위와 같은 의무를 부담하지 않으려면 관리인은 최대한 빨리 해지권을 행사해야 한다. 다만 관리인이 선택권을 행사하기 전에, 재단(공익)채무인 차임채무 불이행을 이유로 임대인이 계약해지를 하고 임대 목적물을 환취하는 것은 가능하지 않다고 보아야 한다. 관리인에게 선택권을 부여한 회생파산법의 취지와 배치될 수 있기 때문이다. 다만 임대인이 재단(공익)채무인 차임채무의 미지급을 이유로 수선의무 이행을 거절하는 것은 가능하다. 임대인으로서는 가급적 빠른 시일 내에 임차인 측 관리인에게 선택권 행사여부를 최고하고, 법원으로서는 관리인의 선택권 행사가 부당하게 지연되지 않도록 감독해야 한다. 선택권 행사시점까지의 차임채권을 재단(공익)채무로 보더라도, 도산재단 부족으로 인해 위 연체차임이 제대로 변제되지 못할 수 있기 때문이다.

3. 계약상대방의 불안의 항변권

관리인이 선택권을 행사하지 않고 있는 동안 계약상대방이 약정에 따라 선이행의무를 부담하는 경우, 계약상대방은 민법 536조 2항에 따른 불안의 항변권을 행사할 수 있다. 관리인이 '장차' 이행선택을 하면 계약상대방의 선이행에 따른 대가지급청구권이 공익(재단)채권이 된다는 사정만으로는 불안의 항변권을 저지할 수 없다.

4. 잠정적 법률관계가 지속되어 도산절차가 종료한 경우(도산절차 통과)의 법률관계

관리인이 선택권을 행사하지 않고 계약상대방도 최고를 하지 않은 채 도산절차가 종료하였다면, 즉 쌍방미이행 쌍무계약이 그대로 도산절차를 통과하면 계약상대방의 채권은 면책될 수 있는가? 회생절차의 경우 관리인은 회생계획안 심리를 위한 관계인집회가 끝난 후에는 계약을 해제(해지)할 수 없다(회생파산법 119조 1항 단서). 이 경우 관리인의 이행선택이 의제되고 계약상대방의 채권은 공익채권이 된다.[577] 공익채권은 면책대상이 아니다. 따라서 회생절차에서는 도산절차 통과가 가능하지 않다. 그러나 파산절차의 통과는 가능하다.

파산절차의 경우 면책의 효력이 미치지 않는 채권(가령 회생파산법 566조 7호: 채무자가 악의로 채권자목록에 기재하지 아니한 청구권. 다만 채권자가 파산선고가 있음을 안 경우는 제외)이 아닌 한 면책대상에 포함될 것이다. 결국 계약상대방의 채권은 자연채권이 되고 그와 동시이행관계에 있는 반대채권은 계약상대방이 그대로 이행해야 한다. 계약상대방이 자연채권이 된 채권을 근거로 자신의 채무이행을 거절하는 것은 — 자연채무가 상계의 자동채권이 될 수 없는 점을 고려할 때 — 원칙적으로 허용될 수 없다.[578] 그러나 이러한 결론이 공평한지는 의문이다. 법률관계를 조기에 확정하지 않은 잘못은 계약상대방과 관리인 모두에게 있는데, 계약상대방만 일방적으로 불이익을 입기 때문이다. 도산채무자 보호를 위해 면책을 허용한다고 해서 도산채무자에게 망외의 이익을 주는 것까지 허용함은 타당하지 않다. 위 경우 계약상대방의 동시이행항변권을 긍정함이 타당하다고 사료된다.

---

577) 대법원 2012. 10. 11.자 2010마122 결정.
578) 福永有利, "破産法第五九条による契約解除と相手方の保護", 倒産法研究, (2004), 98.

제3절 도산해지조항의 효력

I. 현재 논의상황의 소개 및 비판적 검토

도산해지조항은 "계약 당사자 일방에게 도산절차가 개시되거나 도산 원인 또는 이에 준하는 사실이 발생하면, 계약상대방이 그 계약을 해지할 수 있도록 하거나 당연히 해지되도록 하는 계약조항"을 뜻한다.[579] 도산해지조항의 효력을 인정하면 도산채무자는 계약관계를 유지함으로써 사업계속을 통해 수익을 창출할 기회를 잃는다. 따라서 채무자회생이 어려워지고 도산재단 극대화에 도움이 되지 않을 수 있다. 이러한 사정을 고려해 도산해지조항의 효력을 무효로 볼 수 있는지에 관하여 활발한 논의가 이루어지고 있다.[580][581] 외국의 사례를 보면 도산해지조항의 효력을 부정하는 입법

---

[579] 권영준, "도산해지조항의 효력", 민법과 도산법, (2019), 1.

[580] 박병대, "파산절차가 계약관계에 미치는 영향", 재판자료82, (1999); 임종헌, "파산절차가 쌍방 미이행계약관계에 미치는 영향", 고려대석사논문, (2001); 남효순, "도산절차와 계약관계 - 이행미완료쌍무계약의 법률관계를 중심으로 -", 도산법강의, (2005); 김성용, "도산조항의 효력", 사법4, (2008); 오수근, "도산실효조항의 유효성", 판례실무연구9, (2010); 한민, "미이행쌍무계약에 관한 우리 도산법제의 개선방향", 선진상사법률연구53, (2011); 김재형, "2007년 민법 판례 동향", 민법론4, (2011); 김효선, "미국연방파산법상 도산실효조항의 효력", 상사법연구32-4, (2014); 이은재, "한국과 미국의 회생절차에서의 미이행계약에 대한 비교", 사법35, (2016); 권영준, "도산해지조항의 효력", 민법과 도산법, (2019); 윤덕주, "금융리스와 회생절차: 담보권설의 재검토", 인권과정의482, (2019); 정병석, "해운기업의 도산과 관련된 법률문제", 법학평론9, (2019); 김경욱, "가맹계약 당사자의 도산과 도산해지조항의 효력", 유통법연구6-2, (2019); 김영주, 도산절차와 미이행 쌍무계약 - 민법·채무자회생법의 해석론 및 입법론 -, (2020).

[581] **도산과 무관한 내용에 기초한 약정해제권**의 경우는 어떠한가? 도산절차개시 전 발생

을 한 나라들이 많지만,[582] 우리나라를 포함하여 독일, 중국, 일본은 이러한 규정을 두고 있지 않다{다만, 독일은 2019년 EU지침에 따라 2021년부터 "기업 안정화 및 구조조정 기본 틀에 관한 법"(StaRUG)을 시행하고 있고, 동법 44조 2항은 도산해지조항을 무효로 본다}. 그렇다면 우리법 해석론/입법론으로 어떠한 입장을 취해야 하는가? 도산해지조항을 무효로 보는 입법을 한다면 그 구체적 내용은 어떻게 규정해야 하는가?

한 법정해제권의 경우와 마찬가지로 원칙적으로 도산절차개시 후 해제권 행사를 허용함이 타당하다.

매도인이 매수인에게 토지를 매도하면서 위 토지 위에 건물을 신축하지 않은 채 3년이 경과하면 매도인은 매매계약을 해제할 수 있다고 약정하였다고 가정해 보자. 해제권 발생요건이 충족된 후 매수인에 대하여 도산절차가 개시되었다면 매도인은 도산절차 내에서도 매수인에 대하여 해제권을 행사할 수 있다(다만 원상회복청구권의 보전을 위해 가등기를 하지 않았다면 환취권을 행사할 수 없고, 가액반환청구권을 도산채권으로 행사할 수밖에 없다). 만약 매수인에 대하여 도산절차가 개시된 후 비로소 3년이 경과하였다면 어떠한가? 이러한 해제권은 도산절차 개시 후 계약상대방이 '새롭게' 취득한 것이 아니다. 도산절차개시 전에 체결된 계약에 따라 그 발생이 예정된 채권을 취득한 것이다. 따라서 매도인은 도산절차 내에서 관리인에 대하여 해제권을 행사할 수 있다. 같은 취지 福永有利, "倒産手続と契約解除権 – 倒産手続開始後における倒産者の相手方による解除権の行使を中心として –", 倒産法研究, (2004), 156-157. 도산채무자 측 약정해제권 행사가 문제된 사안으로는 BGHZ 155, 87 참조 (1995. 12. 20. 토지매매계약을 체결하면서 매도인과 매수인 사이에 해당 토지에 이르는 통행권에 관하여 합의가 되지 않으면 매수인은 약정해제권을 행사할 수 있고 이 약정해제권은 1996. 12. 31. 소멸한다고 합의하였는데, 매수인에 대하여 1996. 11. 1. 도산절차가 개시된 경우, **도산절차개시나 관리인의 이행거절권 행사와 상관없이** 매수인은 위 약정해제권을 행사할 수 있다).

582) 가령 미국, 영국, 호주, 캐나다, 싱가포르, 프랑스, 오스트리아, 스페인, 이태리, 그리스, 폴란드. 각국의 최근 입법동향으로는 Jason Chuah/Eugenio Vaccari (ed), Executory Contracts in Insolvency Law : A Global Guide, (2019); Patrick Keinert, Vertragsbeendiguung in der Insolvenz, (2018), 75-167. 영국은 종전까지 도산해지조항의 효력을 원칙적으로 긍정하였는데, 2020년 법을 개정하면서 물품 및 용역 공급계약과 관련하여 도산해지조항의 효력을 부정하는 조항을 마련하였다. 개정법을 소개하는 문헌으로는 Lorna Hotton/Jasmine Norris, "UK Corporate Insolvency and Governance Act: effects on ipso facto clauses", Butterworths Journal of International Banking and Financial Law, (2020), 550.

　　도산해지조항의 유효성에 관한 판례·실무의 대체적 입장은 다음과 같이 정리할 수 있다. 계약자유의 원칙을 고려해 원칙적으로 도산해지조항은 유효로 보아야 하지만, 쌍방미이행 쌍무계약의 경우에는 예외적으로 무효로 볼 여지도 있다.583) 그러나 쌍방미이행 쌍무계약의 경우에도 계약당사자 사이의 신뢰가 중요하다면 도산해지조항은 유효로 보아야 한다.584)585) 학설은 도산해지조항은 원칙적으로 무효로 보아야 한다는 견해가 유력하다.586) 그런데 해석론으로 그와 같이 볼 근거는 무엇인지, 해석론으로 무효가 원칙이라면 예외적으로 유효일 수도 있는지, 유효일 수 있다면 언제 유효인지(유효로 보는 구체적 기준이 무엇인지), 쌍방미이행 쌍무계약에서는 원칙적으로 무효이고 그 밖의 계약유형에서는 원칙적으로 유효인 것인지 등에 관하여 학설의 입장은 불명확하거나 분분하다. 도산해지조항에 관한 연구는 이미 상당부분 축적되어 있으므로 이를 요약·반복하는 것은 큰 의미가 없다. 아래에서는 기존 논의의 문제점이 무엇인지, 그간 오해되었거나 간과된 지점이 무엇인지 살펴보고, 계약법 원리(原理)에 기초하여 필자 나름의 해석론과 입법론을 밝힌다.

---

583) 대법원 2007. 9. 6. 선고 2005다38263 판결(조합계약인 합작투자계약에서 도산해지조항의 유효성이 인정되었다).

584) 서울중앙지방법원 2014. 1. 24.자 2013카합80074 결정.

585) 그간 실무에서는 대법원 2007. 9. 6. 선고 2005다38263 판결을 근거로, 쌍방미이행 쌍무계약에서는 원칙적으로 도산해지조항을 무효로 보고, 그 밖의 경우(ex. 일방미이행 쌍무계약)에는 원칙적으로 도산해지조항을 유효로 보는 인식이 존재하였다. 그런데 이러한 인식은 최근 변화하고 있는 것으로 보인다. 가령 서울회생법원 재판실무연구회, 회생사건실무(상), 5판, (2019), 408-409는 쌍방미이행 쌍무계약에서는 도산해지조항의 효력을 원칙적으로 부정하고, 쌍방미이행 쌍무계약이 아닌 경우에는 개별적으로 검토해야 한다는 입장을 취한다. 김영주, 도산절차와 미이행 쌍무계약 ‒ 민법·채무자회생법의 해석론 및 입법론 ‒, (2020), 165-172도 비슷한 취지이다. 이러한 변화의 방향자체는 타당하다. 그러나 필자는 두 유형을 차별취급할 이유가 전혀 없고, **현행법 해석론으로는 두 유형 모두 개별적으로 판단할 수밖에 없다**고 생각한다.

586) 권영준, "도산해지조항의 효력", 민법과 도산법, (2019), 52-53.

1. 도산해지조항을 왜 무효로 보려고 하는가?

실무에서는, 쌍방미이행 쌍무계약 관련 **관리인의 선택권을 침해**하기 때문에 도산해지조항은 무효이고, 따라서 쌍방미이행 쌍무계약 이외의 계약유형(일방미이행 쌍무계약, 편무계약)에서는 도산해지조항을 유효로 보아야 한다는 인식이 있다. 그러나 이는 오해이다. 도산해지조항을 무효로 보려는 이유는 도산해지조항이 **도산절차의 목적(채무자회생, 도산재단 극대화를 통한 총채권자의 만족 극대화)달성을 방해**할 수 있기 때문이다. 관리인의 선택권은 도산절차의 목적달성을 위한 중요한 수단 중 하나이지만, 특정 문제상황(쌍방미이행 쌍무계약)에 한정된 수단에 불과하다. 가령 i) 매수인 도산 시 매매계약이 자동해제된다는 조항은, 도산채무자인 매수인이 매매목적물을 이전받음으로써 도산재단을 극대화하고 매수인의 사업을 계속하는 것을 방해할 수 있다. 그런데 증여계약에서 매수인 도산 시 매매계약이 자동해제된다는 조항도 마찬가지로 도산재단 극대화와 매수인 회생을 저해할 수 있다. 오로지 쌍방미이행 쌍무계약에서만 도산재단 극대화와 도산채무자 회생이 중요하고 편무계약에서는 이러한 목적이 중요하지 않다고 볼 근거는 없다. ii) 또한 매도인과 매수인 모두 의무이행을 하지 않은 매매계약에서 매수인 도산 시 자동해제조항이 무효라면, 매도인만 소유권이전의무를 선이행한 경우에도 매수인 도산 시 자동해제조항은 무효라고 보아야 한다. 후자의 경우 일방미이행 쌍무계약으로서 관리인은 선택권을 행사할 여지가 없고, 매도인은 매매대금채권을 도산채권으로 행사할 수 있을 뿐이다. 이 경우 자동해제조항을 통해 매도인이 이미 이전한 소유권을 회복할 수 있다면,587) 도산채무자인 매수인의 회생가능성을 저해하고 도산재단의 극대화에 도움이 되지 않을 수 있다. 이는 매매계약이 쌍방미

---

587) 다만 매수인에 대하여 도산절차가 개시되면, 매도인이 원상회복청구권을 가등기하지 않은 이상 매도인이 환취권으로서 원상회복을 청구할 수는 없다는 점에 관해서는 본문 제2장 제1절 I. 3. 나. 참조.

이행인 경우와 마찬가지이다. 오히려 매도인이 전부 선이행한 경우 매도인
스스로 동시이행항변권을 포기한 것이므로, 도산해제조항을 통해 원상회복
을 허용함으로써 매도인을 보호할 필요성이 － 쌍방미이행의 경우보다 －
떨어진다.[588]

　우리 판례는 소유권유보부매매의 매수인에 대하여 회생절차가 개시된
경우 매도인은 회생담보권자가 된다는 입장을 취하고 있으므로,[589] 소유권
유보부매매계약은 도산절차 개시 후 쌍방미이행 쌍무계약으로 성질결정
(characterization)되지 않는다. 이러한 도산법적 재구성(再構成)의 당부(當否)
는 별론으로 하고, 일단 위 판례의 입장에 따른다면 소유권유보부매매에서
도산해지조항은 해당 계약이 쌍방미이행 쌍무계약이 아니므로 유효라고
보아야 하는가? 그렇지 않다. 매매목적물이 채무자의 회생에 중요한 기여
를 할 수 있고 유보매도인 입장에서 회생절차에 따라 할부대금을 지급받는
것보다 목적물을 조기 환수하는 것이 이익이라고 보기도 어렵다면, 즉 매
도인이 목적물을 조기 환수할 이익과 매수인의 회생을 촉진할 필요성을 형
량하여 후자가 더 크다면, 도산해지조항을 무효로 볼 수 있다. 해당 계약이
쌍방미이행 쌍무계약인지 는 도산해지조항을 무효로 볼 것인지를 결정함
에 있어 고려해야 할 요소가 아니다.[590][591]

---

588) 필자는 오직 "쌍방미이행 쌍무계약"에 국한하여 도산해지조항의 효력을 부정하는
　　입법례를 아직 찾지 못하였다. 참고로 미국연방도산법은 executory contract에 관하
　　여 도산해지조항의 효력을 부정하는 조항뿐만 아니라{365(e)}, 계약일반을 전제로
　　'재산박탈금지원칙'(anti-deprivation rule)을 입법화한 조항{541(c)(1)}, 관리인이 도
　　산재단을 사용·매각·임대하는 것을 방해하는 계약조항의 효력을 부정하는 조항
　　{363(l)}도 마련하고 있다. 또한 도산절차개시만을 이유로 필수설비(utility) 공급이
　　변경, 거절, 중단될 수 없다{366(a)}.
589) 대법원 2014. 4. 10. 선고 2013다61190 판결.
590) 이 문제는 이미 한민, "자산금융과 최근의 도산법 쟁점", BFL90, (2018), 82-83에서
　　예리하게 지적하였다.
591) Jan Felix Hoffmann, "Vertragsbindung kraft Insolvenz? － Lösungsklauseln und
　　Vertragsspaltungen im Kontext der §§103ff. InsO －", KTS 2018, 365-366; 미국연방

2. 도산해지조항을 무효로 본다면 그 실정법상 근거는 무엇인가?

우리법에서 도산해지조항을 무효로 보는 규정은 찾을 수 없다. 오히려 계약당사자 일방의 파산을 이유로 계약상대방이 계약을 해제(해지)할 수 있다는 규정이 산재(散在)해 있다. 해석론의 차원에서 도산해지조항을 무효로 보는 견해는 이를 정당화할 **실정법상 근거**를 찾아야 한다. 종래 견해들은 대체로 관리인의 선택권을 인정한 회생파산법 119조 1항을 근거로 든다.592) 위 규정은 강행규정인데 도산해지조항은 관리인의 선택권 행사여지를 봉쇄하므로 위 강행규정에 반하고, 따라서 도산해지조항은 무효라는 것이다.

그러나 이러한 논리에는 두 가지 문제가 있다. 첫째, 위와 같이 보면 쌍방미이행 쌍무계약이 아닌 다른 유형의 계약에서 도산해지조항을 무효로 보는 근거를 찾기 어렵다. 둘째, 위와 같이 보면 쌍방미이행 쌍무계약의 경우 도산해지조항은 '항상' 무효라고 봄이 논리적이다. 도산해지조항은 항상 관리인의 선택권 행사여지를 봉쇄하기 때문이다. 그러나 도산해지조항을 무효로 보자는 견해가 위와 같이 '획일적'인 주장을 하는 것인지 불명확하고, 도산해지조항을 무효로 하는 입법을 마련한 나라들도 예외적으로 도산해지조항이 유효가 되는 요건을 정하는 경우가 많다. 이는 회생파산법 119조 1항의 강행규정성을 근거로 삼는 것이 부적절함을 보여준다. 관리인이

도산법 §365(e)는 쌍방미이행 쌍무계약(executory contract)을 전제로 도산(해지)조항의 효력을 부정하지만 판례 중에는 쌍방미이행 쌍무계약이 아닌 경우에도 도산(해지)조항의 효력을 부정한 것이 있다. General Motors Acceptance Corp. v. Rose 21 B.R. 272, 276 (Bankr. D.N.J.1982)(자동차할부매매 사안). 한편 판례 중에는 도산(해지)조항에 따라 도산신청을 채무불이행으로 간주하여 담보권자가 "chapter7"절차(**청산절차**)에서 담보권을 실행하는 것이 가능하다고 본 것도 있다. Forlini v. Northeast Sav., FA, 200 B.R. United States District Court, D. Rhode Island. September 12, 1996. 각주 634도 참조.

592) 가령 권영준, "도산해지조항의 효력", 민법과 도산법, (2019), 31; 박병대, "파산절차가 계약관계에 미치는 영향", 재판자료82, (1999), 454-455.

이행선택을 하지 않기로 하는 사전(事前) 약정은 강행규정인 회생파산법 119조 1항에 반하므로 '항상' 무효이다. 이런 경우에는 회생파산법 119조 1항이 위와 같은 약정을 무효로 보는 근거가 된다. 그러나 도산해지조항은 회생파산법 119조 1항과 충돌하지 않는다. 도산해지조항이 유효이면 계약이 소멸하므로 회생파산법 119조 1항의 적용요건(쌍방미이행 쌍무계약의 존재)이 처음부터 탈락하므로, 그에 따라 결과적으로 위 규정이 적용될 수 없게 될 뿐이다.[593]

 참고로 독일 도산법은 도산해지조항을 무효로 보는 명시적 규정을 두고 있지 않다. 다만 관리인의 선택권 등 도산절차 상 계약관계를 규정한 법률조항에 관하여 이러한 조항들을 배제하거나 제한하는 사전 합의는 무효라는 규정(독일도산법 제119조)을 두고 있다. 독일의 경우 위 법률조항을 근거로 도산해지조항이 무효라는 견해도 있지만, 위 조항과 도산해지조항은 직접 관련이 없다는 견해가 유력하고, 독일 판례도 위 조항을 근거로 쌍방미이행 쌍무계약에서 도산해지조항의 효력을 일률적으로 부정하는 입장을 취하고 있지 않다. 독일 판례 중에는 도산해지조항을 무효로 본 것이 있지

---

593) 권영준, "도산해지조항의 효력", 민법과 도산법, (2019), 31은 이러한 사정을 고려하여 도산해지조항에 관한 합의는 강행규정인 회생파산법 119조 1항에 정면으로 위반하는 행위라기보다 그 취지에 반하는 **탈법행위**라고 한다. 그런데 어떠한 합의가 '결과적으로' 강행규정의 적용을 배제하는 결과를 가져왔다고 해서 '항상' 탈법행위로서 무효라고 평가할 수 있는가? 그렇게 볼 수는 없다. 탈법행위로서 무효라고 결론 짓기 위해서는 **별도의 근거제시가 필요**하다. 그러한 근거제시 없이 회생파산법 119조 1항의 취지에 반하기 때문에 탈법행위라고 말하는 것은 법률상 근거를 제시하지 않은 채 계약자유를 제한할 수 있다는 말과 다르지 않다. 필자는 우리 실정법상 별도의 근거가 될 수 있는 규정은 **민법 제2조 및 제103조**밖에 없다고 생각한다.
또한 회생파산법 119조 1항은 **탈법행위로서 무효인 도산해지조항과 유효인 도산해지조항을 구별하는 기준을 제시해주지 않는다.** 쌍방미이행 쌍무계약의 경우에도 도산해지조항이 유효일 수 있다는 입장을 취한다면, 회생파산법 119조 1항을 법적 근거로 삼는 것은 부적절하다.

만, 유효로 본 것도 있다.594)

결론적으로 회생파산법 119조 1항을 근거로 도산해지조항의 효력을 부정하는 것은 타당하지 않다. 그렇다면 적어도 우리법 **해석론으로는** 계약자유의 원칙을 고려할 때 **도산해지조항의 효력은 계약유형을 불문(不問)하고 쉽사리 부정할 수 없다는 것이 원칙**이어야 한다. 그리고 도산해지조항의 효력을 부정하는 실정법상 근거는 민법 2조, 103조에서 찾을 수밖에 없다. 계약당사자 간 합의로 압류금지채권을 만드는 것은 재산과 책임의 일치(Einheit von Haben und Haften)라는 책임법의 기본원칙을 임의로 훼손할 위험이 있으므로 허용되지 않는 것처럼, 도산해지조항을 통해 도산채무자의 책임재산(=계약상 법률관계)을 도산재단으로부터 박탈하는 것이 책임법질서에 비추어 허용되지 않는 경우{**'책임법적 공서(公序)위반'**}에 한하여, 도산해지조항의 효력을 부정해야 한다. 그렇다면 과연 언제 책임법적 공서위반이 인정되는가? 그 기준을 명확하고 일률적으로 정하기는 어렵다. 다만 계약당사자가 **계약자유 원칙을 남용하여 사회질서의 일종인 강제집행 질서를 교란**하였다고 평가할 수 있는 경우라고 말할 수는 있다.595) 가령 ① 도산재단에 손해를 끼칠 목적{해의(害意)!}으로 자동해제조항을 둔 경우(ex. X부동산은 원래 A의 책임재산인데 B의 책임재산이 풍부한 것처럼

---

594) 도산해지조항의 효력에 관한 최근까지의 독일논의를 개관하려면 Münchener Komm-Huber, InsO 4Aufl. (2019) §119 Rn.18-56 및 Patrick Keinert, Vertragsbeendiguung in der Insolvenz, (2018), 75-91이 유용하다.

595) ① 소액임차인의 보증금반환채권을 보호하기 위해 경매개시결정 전에만 대항요건을 갖추면 우선변제권을 인정하는 주택임대차보호법을 임차인이 악용하여 부당한 이득을 취하고자 임대차계약을 체결한 경우, 해당 임차인은 주택임대차보호법의 보호대상인 소액임차인에 해당하지 않는다(대법원 2013. 12. 12. 선고 2013다62223 판결). ② 유치권자의 유치권 행사는 권리남용이나 신의칙 법리를 근거로 제한할 수 있다(대법원 2011. 12. 12. 선고 2011다84298 판결; 대법원 2014. 12. 11. 선고 2014다53462 판결). 이러한 판례들도 책임법적 공서위반이라는 관점에서 이해할 여지가 있다. 오로지 계약당사자 일방의 도산을 원인으로 한 위약금 약정을 하였다면, 이러한 약정도 책임법적 공서에 반하여 무효이다.

외관상 '보이기 위해' B에게 X를 양도하면서, B에 대한 도산절차개시 신청
시점에 위 매매계약이 자동해제되는 것으로 약정한 경우), ② 도산해지조
항에 따른 해지권 행사를 허용하는 것이 계약상대방에게 실질적으로 **후회
권(後悔權: Reuerrecht)을 인정**하는 결과를 가져오는 경우[596](ex. A는 B가
도산절차에 들어가도 매매대금만 제대로 지급하면 B에게 X부동산을 양도
할 생각이었고, 따라서 도산해지조항이 없어도 지금과 같은 조건으로 매매
계약을 체결할 생각이었다. 그런데 매매계약체결 후 X부동산 시가가 급등
하였고, A는 도산해지조항에 따라 매매계약을 해제하고 X부동산을 제3자
에게 위와 같이 급등한 시가를 받고 팔 수 있게 되었다. 이 경우 A의 약정
해제권 행사는 실질적으로 후회권을 행사하는 것이다).[597] ③ **계약상대방
의 해지권 행사가 권리남용**에 해당하는 경우(ex. 도산채무자 B는 A와 계약
관계를 유지하지 않으면 사업계속을 통한 회생이 불가능하다. A입장에서
B와의 계약관계를 조기 종료하지 않더라도 별다른 손실을 입지 않는다. 즉
B는 A와의 계약관계에 묶여있는(locked in) 상황이다. 이러한 상황에서 A
가 도산해지조항을 근거로 B의 관리인과 종전보다 유리한 조건으로 재계
약을 하기 위해 계약을 해지한 경우, A의 해지권 행사는 권리남용이라고

---

596) Jan Felix Hoffmann, "Vertragsbindung kraft Insolvenz? – Lösungsklauseln und Vertragsspaltungen im Kontext der §§103ff. InsO –", KTS 2018, 343. Hoffman 교수는 한 발 더 나아가, 채무자의 채무불이행으로 인해 '법정해제권'이 발생한 경우에도 채권자 입장에서 그러한 채무불이행이 있더라도 동일한 내용의 계약을 체결하였으리라고 인정되고, 채권자의 법정해제권 행사를 인정하는 것이 실질적으로 후회권을 인정하는 결과가 되는 경우에는, 채권자의 법정해제권 행사를 권리남용을 이유로 불허할 수 있다고 주장한다. Jan Felix Hoffmann, "Vertragsbindung kraft Insolvenz? – Lösungsklauseln und Vertragsspaltungen im Kontext der §§103ff. InsO –", KTS 2018, 364-365. 이론적으로는 맞는 말이다. 그러나 채무자의 채무불이행이 있더라도 채권자가 해당 계약을 체결하였을 것으로 예상되는 상황은 극히 드물 것이다. 다만 금융리스의 경우에는 채권자의 법정해지권 행사가 권리남용을 근거로 불허될 수 있다. 본문 제3장 제14절 IV. 3. 가. 3) 참조.

597) 매매대금을 전부 선(先)지급받은 매도인이 매수인 도산을 이유로 도산해지조항에 따른 계약해지를 주장하는 경우도 매도인이 실질적으로 '후회권'을 행사하는 사례이다.

볼 여지가 많다[598][599])에는 도산해지조항을 무효로 볼 수 있다.

　그러나 도산해지조항이 없었다면 계약상대방이 해당 계약자체를 체결하지 않았거나 적어도 지금과 동일한 조건으로 계약을 체결하지 않았을 것임이 명백한 경우에는, 도산해지조항을 무효로 볼 수 없다. 이 경우 도산해지조항을 무효로 보고 그 밖의 계약내용은 유효로 보면, **계약상대방은 원치 않는 계약체결을 강요**당하게 된다. 가령 수증자 개인에게 직접 이익을 줄 목적에서 증여자가 증여계약을 체결하면서 수증자 도산시 또는 수증자에 대한 강제집행절차 개시 시 증여계약이 당연해제된다는 조항을 추가한 경우(이 경우 증여계약이 해제되지 않으면 증여재산은 수증자 개인이 아니라 수증자에 대한 채권자들의 채권만족을 위해 사용된다), 증여자는 만약 도산해제조항이 없었다면 증여계약을 체결하지 않았을 것이다. 이러한 도산해제조항에 대하여 민법 2조, 103조 위반을 문제삼을 수 없고, 만약 도산해제조항을 무효로 보면 증여자는 자신이 원치 않는 증여를 강요당하게 된다. 단지 도산절차의 목적을 달성하기 위해, 증여자의 계약내용 형성의 자유를 침해하는 것은 ― 별도의 법적 근거가 없는 한 ― 정당화될 수 없다.[600]

---

598) 금융리스에서 리스이용자 도산시 리스회사가 도산해지조항을 근거로 리스계약을 해지하고 리스물을 조기 환수하려고 하는 경우, 본문 상황③에 해당할 여지가 많다. 본문 제3장 제14절 IV. 3. 가. 1) 참조.

599) Münchener Komm-Huber, InsO 4Aufl. (2019) §119 Rn.31, 31a.

600) 권영준, "도산해지조항의 효력", 민법과 도산법, (2019), 32는 "도산해지조항이 무효로 판명될 경우 그 조항이 포함된 계약 전체가 무효로 되는지는 민법 137조에 따른 일부무효의 법리에 따라 판단한다. 일반적으로는 도산해지조항이 무효라고 하더라도 **나머지 계약부분은 유효라고 해석해야 할 경우가 많을 것**"이라고 한다. 나머지 계약 부분이 유효라는 결론이 나오려면, 계약상대방은 도산해지조항이 없더라도 문제된 계약내용 그대로 계약을 체결하였을 것이라는 전제가 충족되어야 한다. 이는 **계약상대방 스스로 도산해지조항을 중요하게 여기지 않았다**는 뜻이다. 이러한 상황이라면 필자의 견해에 따르더라도 도산해지조항은 무효가 될 수 있다. 이 경우 본문 ②, ③상황에 해당할 가능성이 크다.
만약 일부무효 법리에 따라 계약전체가 무효가 되는 경우라면 어떠한가? 권영준 교수의 견해에 따르면 도산해지조항은 원칙적으로 무효이므로, 계약전체가 무효가 된

3. 회색지대(grey area)의 처리 : 해석론과 입법론

계약상대방 입장에서 도산해지조항이 없더라도 지금과 동일한 내용의 계약을 체결하였을 것으로 인정되는 사안이라면, 그럼에도 불구하고 계약상대방이 약정해지권을 행사하는 상황이라면, 도산해지조항의 효력(또는 계약상대방이 해지권 행사)을 민법 2조, 103조를 근거로 부정할 수 있다(위 상황②, ③). 그런데 위와 같은 요건은 **"계약체결시점에서 합리적 계약상대방이라면 어떤 내용의 계약을 체결하였을까?"**라는 질문에 대한 대답, 즉 가정적 판단의 성격을 갖고 있으므로[601] 요건충족 여부를 제3자(법관)가 일의적으로 판단하기 쉽지 않다. 심지어 계약상대방 자신도 ― 자신이 직접 경험해보지 않은 가정적 상황이므로 ― 객관적이고 합리적인 정답을 말하기 어려울 수 있다. 이러한 회색지대에서의 결론도출은 증명책임에 의해 해결되는 경우가 많다. 계약상대방이 동일한 내용의 계약을 체결하였을 것이라는 점에 대해서는 이를 주장하는 관리인이 그 증명책임을 부담한다. 따라서 계약상대방이 동일한 계약을 체결하였을 것인지 판단하기 모호한 상황(진위불명 상황)이라면 증명책임을 부담하는 자에게 불리하게 판단해야 한다. 즉 도산해지조항은 유효라고 보아야 한다. 계약당사자들이 계약조항을 무의미한 것으로 치부하였다는 사정은 경험칙 상 이례적이므로, 위와 같은 판단구조는 일견(一見) 합리적이다. 이처럼 계약자유의 원칙을 중시하

다. 그러나 필자는 이 경우 **애초부터 도산해지조항이 무효가 될 수 없다**고 생각한다. 이는 **계약체결 시 계약상대방 입장에서 도산해지조항의 존재가 매우 중요하였던 상황**이다. 그럼에도 불구하고 이러한 계약상대방의 의사를 무시하고 함부로 계약내용을 무효로 돌릴 수는 없다.

601) 민법 109조 1항에 따른 착오를 이유로 한 계약취소가 인정되기 위한 '중요부분의 착오' 요건도 가정적 판단을 포함하고 있다는 점에서 비슷하다. 중요부분의 착오가 인정되려면 ① 표의자가 그 착오를 알았더라면 해당 내용의 계약을 체결하지 않았을 것이고, ② 제3자도 그 착오를 알았더라면 해당 내용의 계약을 체결하지 않았어야 한다.

는 생각에 따르면, 도산해지조항은 쉽사리 무효가 될 수 없다.

그런데 도산해지조항과 같이 '이례적 상황에 대비한 조항', '계약상 급부의 핵심내용과 직접 관계가 없는 부수적 조항'의 경우, 계약상대방이 해당 조항에 큰 의미를 부여하지 않는 경우도 많다. 따라서 필자와 같이 보더라도 "이례적이고 예외적인 경우에만 도산해지조항이 무효가 된다!"고 단정할 수는 없다. ① 기업 간 계약체결 실무를 보면 도산해지조항은 계약당사자들이 그에 대하여 별다른 의미를 부여하지 않은 채, '**습관적·관성적**'으로 들어가는 경우도 많다. 또한 ② 계약상대방이 채무자 이외에 대체거래의 상대방을 찾기 어려운 경우에는, 채무자가 도산절차에 들어갔더라도 그것만을 이유로 거래관계를 조기(早期) 단절시키기보다 일단은 계약관계를 유지하면서 관리인이 이행선택을 하여 계약상 채무를 이행하는 것을 바랄 수 있다. ③ 도산채무자 입장에서 중요한 거래이기 때문에 관리인이 이행선택을 하여 재단(공익)채무로서 계약상대방에게 충실히 채무를 변제할 가능성이 높다면, 계약상대방도 ― 도산채무자의 채무불이행도 없는데 ― 굳이 도산절차개시만을 이유로 계약관계를 종료시키는 것을 원치 않을 수 있다. 이러한 ① 내지 ③의 사고방식을 '**도산중심적 사고**'라고 부를 수 있다.

물론 위 ① 내지 ③의 관점에 대해서는 다음과 같은 반박도 가능하다. ① 기업 간 계약체결 시 계약체결 담당자들이 큰 의미를 부여하지 않고 도산해지조항을 습관적으로 삽입한다고 해서 계약당사자들이 도산해지조항에 큰 의미를 부여하지 않았다고 단정할 수 없다. 계약체결 담당자(=기업의 직원)와 계약당사자(=기업)는 구별해야 하고, 거래경험이 풍부한 반복적 거래참여자인 기업이 체결한 계약의 경우 계약문언을 중시하고 문언에 따른 효력을 함부로 부정·변형하지 않는 것이 '정책적'으로 바람직하다. ② 계약당사자가 도산해지조항을 두는 이유는 '거래관계를 둘러싼 **불확실성 자체**' 때문이다. 가령 도산신청 후 i) 실제로 도산절차가 개시될 것인지, ii) 개시되기 전까지 계약상대방의 권리행사가 정지될 것인지, iii) 개시되기까지 시간이 얼마나 걸릴 것인지, iv) 도산절차 개시로 계약상대방의 청구권 행사가 제한되는 기간이 얼마나 될 것인지, v) 관리인이 이행을 선택할 것인지, vi) 관리인이 선택권을 행사할 때까지 시간이 얼마나 걸릴지, vii) 관리인이 이행을 선택하더라도 제대로 이행이 될 것인지 등의 수많은 불확실성이 존재한다. 결과적으로 계약내용대로 관리인에 의해 이행되었더라도 원래 계약에서 정한 변제기보다 뒤늦게 이행될 수도 있다. ③ 도산채무자 입장에서 중요한 계약이고 관리인이 이행선택을 하였음에도 불구하고 거래현실에서는 계약상대방에게 충실한 변제가 이루어지지 않을 수 있다.602) 이러한 ① 내지 ③의 사고방식을 '**계약중심적 사고**'라고 부를 수 있다.

도산해지조항이 없었다면 계약상대방이 해당 계약을 체결하지 않았을 것이 '명백'한 경우(상황1)에는, 도산해지조항을 근거로 계약을 해지한 계

---

602) 다음과 같은 실무가의 예리한 지적도 참조할 필요가 있다.

"**일회성 거래라면 모르되 장기적인 계약관계이고 여러 이해관계인들이 개입하는 거래에 있어 그 채무를 이행할 재정적인 능력이 우려되는 상대방과의 거래의 지속을 강요하는 것은 타당하지 않다**고 생각한다. 예컨대, 선박건조계약의 경우 선주는 선박의 인도를 전제로 제3자와 용선계약을 체결하게 되는데 약정기간 내에 선박이 인도되지 아니하면 선주로서는 제3자에게 손해배상의무를 부담하는 등 불측의 손해를 입게 된다. 그러한 위험을 고려하여 도산해제조항을 포함한 것인데, 그럼에도 불구하고 채무자인 조선소가 건조계약을 이행할 수 있을지 의문이 되는 상황에서 계약을 유지하라고 하는 것은 형평의 견지에서도 문제가 있고 도산제도의 목적에도 부합되지 아니하는 것이라고 생각한다. 물론 회생절차에 필수적인 자산이나 계약을 무분별하게 해제, 해지하지 못하도록 하여 기업의 재건을 도모하는 이익도 중요하나, **회생절차에 들어간 많은 기업들이 당초의 의도와는 달리 성공적인 회생을 하지 못하고 있는 현실**을 감안할 때 도산해제(해지)조항의 효력은 긍정되거나 원칙적으로 긍정하되 예외적으로 부정하는 것이 타당하다고 생각한다."

정병석, "해운기업의 도산과 관련된 법률문제", 법학평론9, (2019) 141.

약상대방이 계약자유의 원칙을 남용하고 있다고 말할 수 없다. 따라서 이
경우 도산해지조항은 유효이다. 반대로 도산해지조항이 없었더라도 계약상
대방이 해당계약을 체결하였을 것이 '명백'한 경우(상황2)에는, 계약상대방
이 도산해지조항을 근거로 계약을 해지하는 것은 계약자유 원칙의 남용이
라고 평가할 수 있다. 따라서 이 경우 도산해지조항은 무효이다. 그런데 상
황1, 2처럼 계약상대방의 가정적 의사가 명백한 경우는 분쟁현실에서 거의
없다. 대부분의 경우 계약상대방의 가정적 의사는 불명확하다. 이러한 상황
에서 (a) 계약자유의 원칙을 강조하고, (b) 민법 2조, 103조는 어디까지나
예외법리이며, (c) 요건 해당여부에 대한 증명책임은 이를 주장하는 관리인
에 있다는 점에 주목하는 법관은 회색지대에 있는 대부분의 사안에서 도산
해지조항이 유효라고 볼 것이다. 그러나 (a) 도산법 원리를 중시하고, (b)
도산해지조항은 계약상대방 입장에서 '부수적 조항'인 경우가 많으며, (c)
**책임법적 공서에 위반하는 법률행위에 해당하는지 여부는 다른 유형의 공
서양속 위반 법률행위와 달리 그리 엄격한 요건**(가령, 계약상대방에 대한
윤리적·도덕적 비난가능성)**을 필요로 하는 것은 아니라고**[603] 생각하는 법
관은 회색지대에 있는 사안 중 많은 경우에서 도산해지조항이 무효라고 볼
것이다.

이러한 현재 법상황은 법원의 판단결과를 예측하기 어렵다는 점, 즉 **회
색지대가 너무 넓다**는 점에서 문제이다. 민법 2조, 103조와 같은 불확정 개
념(standard)을 요건으로 하는 일반조항은 본디 그 요건 해당여부를 미리
일률적으로 단정하기 어렵다. 이러한 불확정성은 장점도 있다. 법해석자는
폭넓은 유연성을 발휘할 수 있고, 개별 사안을 사후적으로 공평타당하게

---

603) 소액임차인의 우선변제권 행사(대법원 2013. 12. 12. 선고 2013다62223 판결)나 유
　치권자의 유치권 행사(대법원 2011. 12. 12. 선고 2011다84298 판결; 대법원 2014.
　12. 11. 선고 2014다53462 판결)를 부정한 대법원 판례들을 살펴보면, 채권자에 대
　한 윤리적·도덕적 비난가능성은 법원의 주된 고려요소가 아님을 확인할 수 있다.

해결할 수 있기 때문이다. 그런데 도산해지조항의 효력은 **기업 간 상사계약**에서 문제되는 경우가 대부분이다. 거래경험이 풍부한 반복적 거래참여자인 기업은 거래결과의 '예측가능성'을 중시한다. 개별 사안에서 기업에 불리한 결론이 나오더라도, 그 결론을 미리 예측할 수만 있다면 기업입장에서는 이를 예상하고 계약서에 대비책을 삽입하는 등 사전 조치를 취할 수 있으므로, 큰 문제가 아니다.[604] 도산해지조항 관련 분쟁의 예측가능성을 높이기 위해서는 입법이 필요하다. 입법의 구체적 방법으로는 ① 도산해지조항을 원칙적으로 무효로 보되 예외적으로 유효로 보는 경우를 규칙(rule; ex. 근로계약, 특정유형의 금융계약) 또는 기준(standard; ex. 계약이 존속하면 계약상대방에게 중대한 인적, 경제적 손해가 발생하는 경우)의 형태로 규정하는 방법("방법①")과, ② 도산해지조항을 원칙적으로 유효로 보되 예외적으로 무효로 보는 경우를 규칙(ex. 전기 또는 수도공급 계약)[605] 또는 기준의 형태(ex. 도산채무자의 회생에 필수적인 재화나 용역의

---

604) 이러한 사전적(ex-ante) 관점은 도산해지조항을 유효로 보아야 한다는 논거로도 사용된다. 도산해지조항을 무효로 보면 **오히려 채무자 회생에 장애가 된다**는 것이다. 도산해지조항을 무효로 보면 계약상대방은 재무상태가 어려운 기업과 가급적 계약을 체결하지 않을 것이고 체결하여도 – 도산해지조항이 유효인 경우보다 – 해당 기업에 더 불리한 내용으로 계약을 체결할 것이기 때문이다. 결과적으로 재무상태가 어려운 기업은 계약체결을 통해 재무상태를 개선하기가 더 어려워진다. 또한 도산해지조항을 무효로 보면 **회생채무자가 비효율적 계약을 유지할 가능성이 증가하고, 재무적 위기상황에 빠지지 않기 위해 노력할 유인(誘因)이 감소한다.** Alan Schwartz, "A Contract Theory Approach to Business Bankruptcy", 107 Yale L.J. 1807, 1842-1847 (1998); Che, Yeon-Koo & Schwartz, Alan, 1999. "Section 365, Mandatory Bankruptcy Rules and Inefficient Continuance," Journal of Law, Economics, and Organization, Oxford University Press, vol. 15(2), pages 441-467, July.
    일리있는 지적이다. 그러나 도산절차는 **비상(非常)상황**이고 채무자 기업의 운명이 촌각(寸刻)을 다투는 상황이다. 이런 상황에서는 개별상황의 공평타당한 해결을 중시하는 사후적(ex-post) 관점이 사전적·일반적 관점보다 강조되어야 한다. 거래계 전체에 미치는 **'증명되지 않은' '분산(分散)된'** 악영향을 근거로 개별 사안에서 채무자 기업의 회생을 방해하는 것이 얼마나 설득력을 가질 수 있겠는가?

605) 참고로 영국기업도산법(Corporate Insolvency and Governance Act 2020 S.233B)은

공급계약)로 규정하는 방법("방법②")이 있다. 어느 방법을 취하든 회색지
대가 줄어들기 때문에 지금보다 상황이 개선된다. 양자 중 무엇을 선택할
것인지는 정책결단의 문제로서 정답이 있는 것은 아니다. 필자는 전자의
입장에 기운다. 그 이유는 다음과 같다. ① 다국적 기업의 경제활동이 일상
적으로 일어나는 오늘날 국내 도산법 입법은 세계 각국의 입법 및 도산관
련 국제규범을 반영하지 않을 수 없다. 현재 도산관련 국제규범이나 입법
지침은 도산해지조항의 효력을 원칙적으로 부정하는 입장을 취하고 있
고,606) 세계 각국의 입법도 점차 그러한 흐름으로 나아가고 있다.607) ② 도
산해지조항의 효력을 부정하더라도 계약상대방은 도산채무자의 채무불이
행을 이유로 한 해제(해지)를 할 수 있다. 도산채무자와 불안정한 계약관계
를 유지하는 것 자체를 원치 않는 계약상대방은, 계약체결 시 **기한의 이익
상실조항을 두고 채무자의 변제기를 잘게 쪼개어 규정함으로써** 채무자의
이행지체책임 발생가능성을 높일 수 있고, 이를 통해 계약관계의 불안정성
에서 벗어날 수 있다. ③ 기업회생은 회생채무자와 채권자들 사이의 문제
일 뿐만 아니라, 근로자·지역사회·지역경제·국가경제와 관련된 문제로서
이해관계인들이 조금씩 양보함으로써 공동체 전체의 이익에 기여할 여지
가 있다. 도산해지조항을 무효로 봄으로써 계약상대방이 '현저한 불이익'을
입는 경우가 아니라면, 공동체 전체의 이익을 위해 계약상대방에게 약간의

"재화와 용역 공급계약에서 수령자 도산 시"에 한정하여 도산해지조항의 효력을 부
정한다. 재화와 용역이 수령자에게 필수적일 필요는 없다.

606) 예방적 구조조정제도에 관한 2019년 EU지침 7조 5항, 2004년 UNCITRAL 도산법입
법지침 제안 70항.

607) 2021년 현재 도산해지조항을 입법으로 규제하는 나라로는 미국, 영국, 호주, 캐나다,
싱가포르, 프랑스, 오스트리아, 스페인, 이태리, 그리스, 폴란드가 있다. 별도의 입법
을 두지 않은 나라로는 한국, 일본, 중국, 독일, 네덜란드, 스위스 등이 있다. 다만,
독일은 도산법이 아니라 기업 안정화 및 구조조정 기본 틀에 관한 법에서 도산해지
조항을 무효로 보는 규정을 두고 있다. 계약자유원칙을 강조하여 도산해지조항을 유
효로 보던 나라들이 **최근 입장을 바꾸어** 도산해지조항을 규제하는 입법을 한 점이
주목된다(영국 2020년, 싱가포르 2018년, 호주 2018년).

손실을 강요하는 것이 부당하다고 볼 수는 없다.

방법①은 현재 법상황보다 계약자유 원칙을 더 제한하는 것을 허용한다. 따라서 방법① 하에서는 계약상대방이 도산해지조항이 없었다면 계약체결을 하지 않았을 것이 명백한 경우에도 도산해지조항만 무효가 되고 나머지 계약조향은 유효일 수 있다. 즉 계약상대방은 원치않는 계약체결을 강제당할 수 있다. 이 점에서 방법①은 계약당사자들의 가정적 의사를 고려하여 전부무효인지 일부무효인지를 판단하는 민법 137조와 다르고, 약관규정이 무효인 경우 약관상대방 보호를 위해 **원칙적으로 일부무효를 강제**하는 약관의 규제에 관한 법률 16조 본문과 비슷하다.

현재 법상황과 방법①에 따라 입법이 이루어진 경우의 법상황을 그림으로 비교하면 다음과 같다.

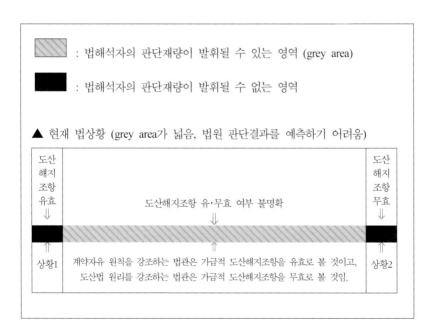

▲ 방법①에 따라 도산해지조항 관련 입법이 이루어진 경우 (grey area가 좁음, 법원 판단결과를 예측할 수 있음)

도산해지조항 유효 ⇓		도산해지조항 무효 ⇓
⇑	⇑	⇑
ex) 근로계약, 특정유형의 금융계약	ex) 계약을 종료하지 않으면 계약상대방에게 중대한 인적, 경제적 불이익이 발생	"상황1"에 해당하는 부분 중 일부가 포함될 수 있음 (계약상대방이 원치 않는 내용의 계약을 강요당하더라도, 채무자의 회생을 위해 그것이 꼭 필요한 경우)

II. 도산해지조항 관련 입법론

도산해지조항을 원칙적으로 무효로 보는 입법방향(방법①)을 선택한다면, 그 구체적 내용은 어떻게 설계하는 것이 바람직한가? 아래에서는 ① 규제대상인 도산해지조항의 개념을 어떻게 설정할 것인지, ② 모든 도산절차에서 도산해지조항을 규제할 것인지 회생절차에서만 규제할 것인지, ③ 어느 경우 예외적으로 도산해지조항을 유효로 볼 것인지, ④ 어떠한 형태로 규제할 것인지(실체법적으로 약정을 무효라고 볼 것인지, 절차법적으로 계약의 효력발생 또는 계약상대방의 권리행사를 잠정 중단시킬 것인지), ⑤ 도산해지조항의 유형별로 규제의 강도나 방법을 달리할 필요는 없는지 등 세부 쟁점을 검토하고, 필자 나름의 입법안을 제시한다.

1. 도산해지조항의 개념 및 각 개념별 규제강도

규제대상인 도산해지조항의 개념은 다음과 같이 **폭넓게 설정**함이 타당하다. 개념을 폭넓게 설정하지 않으면 실질적으로 비슷한 기능을 함에도 불구하고 규제의 대상이 되는지 여부가 달라져서, '규제의 중립성'이 훼손되는 문제가 발생할 수 있다.

"당사자 일방에게 중대한 재산상황의 변경, 지급불능, 지급정지 등의 재무사정, 파산절차 개시신청, 파산절차 개시, 회생절차 개시신청, 회생절차 개시 등 도산에 이르는 과정상의 일정한 사실이 발생한 경우에 상대방에게 당해 계약을 해제, 해지, 종료 또는 변경할 수 있는 권리가 발생하는 것으로 정하거나 또는 당해 계약의 당연 해제, 해지, 종료, 변경 사유로 정한 계약조항"[608]

도산해지조항의 개념을 위와 같이 폭넓게 파악한다고 해서 도산해지조항 전부에 대하여 동일한 강도의 규제를 해야 하는 것은 아니다. 도산해지조항의 내용에 따라 차등규제를 함이 합리적일 수 있다.

① (도산신청 등을 이유로 한) **기한의 이익 상실조항**은 어떻게 취급해야 하는가? 계약을 변경하는 조항도 도산해지조항에 포함되므로 기한의 이익 상실조항도 일단 도산해지조항의 개념에 포함된다. 그러나 기한의 이익 상실조항은 계약을 종료시키는 조항과 비교해[609] ⓐ 계약의 '변형정도'가 낮

---

608) 한민/최준규, "도산제도의 현대적 과제 연구(Ⅰ) - 도산실체법의 개선방안 -", 2019년 법무부 연구용역과제 보고서, 132.

609) 그러나 금전소비대차계약의 경우 기한의 이익 상실과 계약종료는 동일한 효과(이미 이루어진 대출금의 반환)를 가져올 수 있다. 금전소비대차계약의 경우 차주도산 시 도산해지조항은 원칙적으로 유효로 보아야 한다. 본문 제2장 제3절 Ⅱ. 3. 가.

고(계약자체는 여전히 유효하다), ⓑ 도산채무자에게 파괴적 영향을 미치는 정도도 낮으며(계약자체는 유효하므로 도산채무자는 계약상대방으로부터 계속 재화나 용역을 공급받을 가능성이 있다), ⓒ 채무자의 무자력 상황에 대응한 채권자의 합리적 조치라고 평가할 여지가 많다. 따라서 기한의 이익 상실조항에 대한 법원의 개입은 계약종료 조항보다 자제함이 타당하다. 가령 계약상대방의 비난가능성이 높은 경우에 한하여 ― 가령 담보를 충분히 확보한 채권자가 기한의 이익 상실약정이 유효함을 이유로 약정 변제기보다 이른 시점부터 '고율의 지연손해금 청구'를 하는 경우 ― 그 효력을 부정하는 방법을 생각해 볼 수 있다. 기한의 이익 상실조항의 경우 다른 도산해지조항과 달리 '관리인의 신청에 의해' 그 효력발생을 '중지'시킬 수 있도록 하고, 법원은 엄격한 요건 하에 기한의 이익 상실조항의 효력발생을 불허함이 합리적이다. 현행법 해석론으로도 기한의 이익 상실조항의 효력을 문제삼지 않고 이를 근거로 계약상대방이 궁극적으로 이루고자 하는 목적실현 자체를 법이 거부할 수 있다. 가령 기한의 이익 상실을 이유로 도산채무자를 이행지체 상태에 빠트려 계약을 법정해제하고 이를 근거로 원상회복청구(환취권 행사)를 하는 것을 신의칙/권리남용금지 원칙을 근거로 저지할 수 있다.610) 또한 기한의 이익을 상실시켜 상계권을 행사하려는 경우 상계권 행사를 신의칙/권리남용금지 원칙을 근거로 저지할 여지도 있다.

② 도산절차개시 신청이나 도산절차개시와 같이 도산절차와 직접관련이 있는 사유를 이유로 한 도산해지조항과 **도산절차와 간접관련이 있는 사유(채무자의 재무상황 악화)를 이유로 한 도산해지조항**은 차등규제를 함이 합리적인가? 일응 다음과 같이 생각할 수 있다. 전자의 경우에 비해 후자의 경우에는 해당사유 발생 시점을 기준으로 채무자가 향후 도산절차에 들어갈 확률이 낮다.611) 따라서 위 시점에서는 계약자유의 원칙을 더 강조함이

---

610) 본문 제2장 제1절 I. 4. 마. 참조.

타당하다. 계약상대방이 위 시점에서 계약의 자동종료 또는 해제권 행사를 선택하였다면 **계약상대방도 일정한 위험부담을 감수**하고 ― 이후 채무자의 재무상황이 회복될 가능성 ― 그러한 결정을 한 것이다. 채무자의 재무상황 악화 이후 도산절차개시 신청 전에 도산해지조항에 따라 계약이 자동해제되거나 계약상대방이 해제권을 행사하였다면, 이러한 계약종료의 효력은 그대로 인정해야 한다. 이렇게 보면 채무자는 계약의 효력을 종료시키지 않으려고 가급적 빨리 도산절차개시 신청을 할 유인이 있으므로, 도산절차 조기 개시를 유도하여 채무자회생 가능성을 높이는데도 도움이 된다.612)

위와 같은 생각은 일리가 있다. 하지만 필자는 직접관련이 있는 사유와 간접관련이 있는 사유를 구분하지 않는 것이 낫다고 생각한다.613) 계약자유원칙을 과도히 제한할 위험은 있지만, 그러한 위험보다 **획일적/자의적 기준(도산신청시까지 계약상대방이 해제권을 행사하였는지 여부)에 따라 결**

---

611) 채무자가 지급불능, 지급정지, 지급불능 우려 상황에 놓인 경우 ― 우리나라에서는 해당 채무자의 대표자에 대하여 도산신청의무를 법으로 부과하고 있지 않다 ― 채무자에 대하여 도산절차가 개시된다고 단정할 수 없다.

612) Patrick Keinert, Vertragsbeendigung in der Insolvenz, (2018), 303-308 참조. 이 쟁점에 관한 미국 논의로는 Henry M. Karwowski, "Can the Invalidation of Ipso Facto Clauses Apply to Prepetition Termination?", 29 Am. Bankr. Inst. J. 54 (2010){도산절차개시 전 도산해지조항에 따라 종료된 계약은 도산절차개시 후에도 여전히 부존재하고, 따라서 연방도산법 §365(e)(1)은 적용되지 않는다는 판례가 다수인 것으로 보인다. 다만 이 경우에도 연방도산법 §541(c)(1)이나 §363(l)이 적용되어 결과적으로 계약의 효력이 유지될 수는 있다}.
영국 기업도산법은 채무자의 재무상황 악화를 이유로 한 계약해지조항은 규제대상으로 삼지 않는다. 다만 영국 기업도산법 S.233B(4)는 계약상대방이 도산절차개시 전에 발생한 사유로 취득한 해제권(약정해제권, 법정해제권 여부를 불문)은 ― 그 해제권이 도산절차개시 전까지 행사되지 않았음을 전제로 ― 도산절차 진행 중에는 "금지될 수 있다"고 규정한다. 다만 계약상대방에게 불이익(hardship)이 있는 경우 법원의 허가를 받아 해제권을 행사할 수 있다{S.233B(5)(c)}.

613) 같은 취지 권영준, "도산해지조항의 효력", 민법과 도산법, (2019), 34-35; 김영주, 도산절차와 미이행 쌍무계약 ― 민법·채무자회생법의 해석론 및 입법론 ―, (2020), 168.

론이 현저히 달라지는 불합리가 더 큰 문제이기 때문이다. 두 사유를 구분하지 않더라도 채무자 입장에서는 도산해지조항을 무효화시키기 위해 조기 도산신청을 할 유인이 여전히 있다.

정리하면 도산절차개시/도산절차 신청을 이유로 한 도산해지조항(협의의 도산해지조항)의 효력과 채무초과, 지급불능 등 채무자의 재무상황을 이유로 한 도산해지조항(광의의 도산해지조항) 모두 도산절차개시 신청 후에는 채무자 등의 신청에 의해 효력발생을 저지할 수 있고, 도산절차개시 후에는 자동으로 효력발생을 정지함이 타당하다. 지급불능 후 도산절차개시 신청 전에 계약상대방이 도산해지조항을 근거로 계약을 해제하였어도 그러한 해제의 효력은 도산절차개시 신청 후/도산절차개시 후에는 더 이상 인정될 수 없다.614)615)

2. 회생절차에서만? vs. 파산절차에서도?

회생절차에서만 도산해지조항을 규제할 것인가? 아니면 파산절차에서도 도산해지조항의 효력을 부정할 것인가? 이 문제는 정책판단의 문제로서 하나의 정답이 있지 않다. 해외 입법례도 입장이 나뉘어 있다. 미국,616) 프랑스,617) 오스트리아,618) 스페인,619) 영국620)은 파산절차를 포함한 도산절차

---

614) 그러나 **채무초과나 지급불능의 '우려'를 이유로 한 도산해지조항**의 효력도 부정할 것인지는 보다 깊은 검토를 요한다. 이 경우에는 도산신청 전까지 계약상대방이 이미 약정해지권을 행사하였다면 계약이 확정적으로 종료하였다고 봄이 - 계약자유의 원칙상 - 타당하다고 볼 여지도 있다.

615) 채무자의 채무불이행을 이유로 한 법정해제권의 경우 도산절차개시 전에 계약상대방이 이를 취득하였다면, 도산절차개시 후에도 행사할 수 있는 것이 원칙이다. 다만 채무자 회생을 촉진하고 채무자가 해당 채권자와 협상할 기회를 부여함으로써 채무자에게 숨쉴 공간을 마련해주기 위해, 잠정적으로 이러한 법정해제권의 행사를 중지시키는 제도를 입법하는 것도 고민할 필요가 있다. 본문 제2장 제1절 I. 4. 라.

616) 미국연방도산법 365(e), 541(c)(1)(B), 363(l).

617) 프랑스상법 L.622-13조 1항, L.641-11-1조 1항.

일반을 전제로 도산해지조항의 효력을 규제하는 반면, 싱가포르,[621] 호주,[622] 캐나다[623]는 회생절차 위주로 도산해지조항의 효력을 부정하고 파산절차에서는 도산해지조항의 효력을 인정한다.[624]

　도산해지조항을 규제하는 이유 중 '도산재단 극대화'에 방점을 두면 모든 도산절차에서 도산해지조항을 규제함이 타당하다. 이에 반해 '채무자회생 가능성 증대'에 방점을 두면 굳이 파산절차에서까지 도산해지조항을 규제할 필요는 없다. 현실적으로 파산절차에서 관리인이 쌍방미이행 쌍무계약의 이행을 선택하는 경우는 드문 점, 파산재단 확충에 유해(有害)한 도산해지조항이 문제되는 경우는 드문 점, 계약자유원칙의 제한은 가급적 최소화함이 바람직한 점을 고려할 때 회생절차에서만 도산해지조항을 규제하는 입법을 마련함이 바람직하다. 이렇게 보더라도 민법 2조 및 103조를 근거로 파산절차 내 도산해지조항을 규제하는 것은 여전히 가능하다.

3. 도산해지조항이 유효인 경우

가. 계약유형별 고찰

　민법 등 회생파산법 이외의 법률에서 계약당사자 일방의 파산을 이유로 계약이 자동종료되거나 계약당사자들이 해지(해제)할 수 있도록 규정한 경우에는, 해당 규정의 취지를 존중하여 도산해지조항을 유효로 보아야 한다.[625] 가령 소비대차에서 대주가 목적물을 차주에게 인도하기 전에 당사

---

618) 오스트리아도산법 25b조 2항.

619) 스페인도산법(Ley Concursal) 156조.

620) 영국기업도산법(Corporate Insolvency and Governance Act 2020) 233B조.

621) 싱가포르도산법(Insolvency, Restructuring and Dissolution Act 2018) 440조.

622) 캐나다도산법(Bankruptcy and Insolvency Act) 65.1조, 캐나다회사채권자정리법(Companies' Creditors Arrangement Act) 34조.

623) 호주회사법(Corporations Act 2001) 451E조, 451F조, 451G조

624) 한민/최준규, "도산제도의 현대적 과제 연구(Ⅰ) – 도산실체법의 개선방안 –", 2019년 법무부 연구용역과제 보고서, 119-122.

자 일방이 파산선고를 받으면 소비대차는 그 효력을 잃으므로(민법 제559
조), 이러한 내용의 도산해지조항은 유효이다. 사용대차에서 차주가 파산선
고를 받으면 대주는 계약을 해지할 수 있으므로, 이러한 내용의 도산해지
조항도 유효이다. 임대차에서 임차인이 파산선고를 받으면 임대인이 계약
해지 통고를 할 수 있고(민법 637조), 고용에서 사용자가 파산하는 경우 노
무자가 계약을 해지할 수 있으며(민법 663조), 도급에서 도급인이 파산선고
를 받으면 수급인이 계약을 해제할 수 있으므로(민법 674조), 이러한 내용의
도산해지조항도 유효이다.626) 또한 위임계약은 당사자 일방의 파산으로 자
동종료하므로(민법 690조) 위임계약에서 도산해지조항은 원칙적으로627) 유
효하다.628) 조합계약의 경우 조합원에 대하여 파산선고가 있으면 해당 조합

---

625) 민법을 보면, 일방당사자에게 **'부득이한 사유'**가 생긴 경우 그 일방당사자 또는 상대
  방당사자가 계약을 해지하거나 계약관계로부터 벗어날 수 있다고 규정한 경우가 있
  다{고용계약(민법 661조), 여행계약(민법 674조의4), 임치계약(민법 698조), 조합계
  약(민법 716조 2항)}. 자신의 부득이한 사유를 이유로 스스로 계약관계로부터 벗어
  날 수 있는 경우(임치계약, 조합계약, 고용계약, 여행계약)에는, 일방당사자의 도산이
  부득이한 사유에 포함된다고 보기 어렵다. 그러나 상대방의 부득이한 사유를 이유로
  계약을 해지할 수 있는 경우(고용계약, 여행계약)라면, 도산을 부득이한 사유로 볼
  여지가 있다. 상대방의 경제사정 악화로 인해 계약당사자가 중대한 인적, 경제적 손
  해를 입을 위험이 있는 경우, 부득이한 사유로 인한 계약해지를 허용할 수 있다고
  사료된다. 본문 제2장 제3절 II. 3. 나. 참조.
626) '파산절차개시 신청'을 이유로 한 도산해지조항도 원칙적으로 유효라고 보아야 한다.
627) '파산절차개시 신청'을 이유로 한 위임계약 해지조항도 원칙적으로 유효라고 보아야
  한다.
628) 참고로 프랑스는 도산법의 강행규정성을 강조하여 위임계약의 종료를 규정한 프랑
  스민법 규정에도 불구하고, 도산절차에서 위임계약은 유효하다고 본다. 즉 프랑스민
  법 2003조가 규정한 지급불능에 따른 위임계약의 해지는 프랑스상법상 관리인의 선
  택권이 공서(公序)로서의 성격을 갖기 때문에 무효화되고, 보호절차·회생절차·파산
  절차에서 위임계약은 유효하게 존속한다. Jocelyne Vallansan, "SAUVEGARDE,
  REDRESSEMENT ET LIQUIDATION JUDICIAIRES ‑ Continuation des contrats en
  cours ‑ Généralités", JurisClasseur Procédures collectives Fasc.2335, n°37, (2018). 그
  러나 회생의 경우와 달리 파산의 경우에는 위임계약이 당연종료되는 것은 나름의
  합리성이 있다. 따라서 도산해지조항은 유효로 봄이 타당하다. 본문 제3장 제10절

원은 탈퇴되므로(민법 717조 2호), 이러한 내용의 도산해지조항도 유효하다.

다만 입법론의 관점에서 위 민법 규정들 중 상당수는 폐지되어야 한다(이 부분은 각론에서 살펴본다). 위 민법 규정들이 폐지된다면 해당 계약유형에서 도산해지조항의 효력은 다른 계약유형과 마찬가지의 기준에 따라 판단해야 한다. 학설 중에는 위 민법조항을 회생절차에도 유추하자는 견해가 있다.[629] 이 견해에 따르면 회생절차에서도 위 계약유형에서 도산해지조항의 효력은 인정될 것이다. 그러나 위 민법조항들의 입법론적 타당성에 의문이 있으므로 확대적용은 바람직하지 않다. 따라서 회생절차에서 위 계약유형에 관한 도산해지조항은 원칙적으로 무효라고 보아야 한다. 위 계약유형의 경우 채무자의 지급불능, 지급정지를 이유로 한 도산해지조항도 원칙적으로 무효로 보아야 한다. 판례는 조합계약의 일종인 합작투자계약은 (a) 쌍방미이행 쌍무계약이 아니고 (b) 일반적인 재산상의 계약과 달리 서로 간의 고도의 신뢰관계를 전제로 한다는 점을 근거로, 조합원 일방이 회생절차에 들어간 경우 도산해지조항의 효력을 긍정한다.[630] 그러나 쌍무계약과 그 밖의 계약을 차별취급할 합리적 이유가 없으므로 (a)논거는 부적절하다. 조합계약의 경우에도 원칙적으로 도산해지조항은 무효이고, 그렇게 볼 경우 잔존 조합원들에게 중대한 인적, 경제적 손해가 발생하는 경우에만 도산해지조항을 유효로 보아야 한다.

가맹사업거래의 공정화에 관한 법률 14조 1항은 "가맹본부는 가맹계약을 해지하려는 경우에는 가맹점사업자에게 2개월 이상의 유예기간을 두고 계약의 위반 사실을 구체적으로 밝히고 이를 시정하지 아니하면 그 계약을 해지한다는 사실을 서면으로 2회 이상 통지하여야 한다. 다만, 가맹사업의 거래를 지속하기 어려운 경우로서 대통령령이 정하는 경우에는 그러하지

Ⅰ. 참조.

629) 권영준, "도산해지조항의 효력", 민법과 도산법, (2019), 38-39.

630) 대법원 2007. 9. 6. 선고 2005다38263 판결. 임치용, "건설회사에 대하여 회생절차가 개시된 경우의 법률관계", 파산법연구4, (2015), 36은 판례에 찬성한다.

아니하다."고 규정하고 있고, 14조 2항은 "제1항의 규정에 의한 절차를 거치지 아니한 가맹계약의 해지는 그 효력이 없다."고 규정하고 있다. 가맹사업거래의 공정화에 관한 법률 시행령 15조 1호는 위 14조 1항 단서에서 말하는 "가맹사업의 거래를 지속하기 어려운 경우" 중 하나로 "가맹점사업자에게 파산 신청이 있거나 강제집행절차 또는 회생절차가 개시된 경우"를 들고 있다. 따라서 가맹계약의 경우 가맹점사업자에 대한 파산신청이나 회생절차개시를 이유로 한 도산해지조항은 유효이다.631) 그러나 도산해지조항의 효력을 원칙적으로 부정하는 입법을 마련한다면, 가맹계약에 대해서만 유독 위와 같은 특례를 법으로 인정함이 바람직한지 의문이다.632) 가맹점사업자의 도산으로 **가맹본부의 시장에서의 평판이나 이미지가 훼손**되었다면, 계약상대방의 중대한 손해를 이유로 도산해지조항의 효력을 인정할 수는 있을 것이다.633)

금전소비대차계약의 경우 도산해지조항은 기한의 이익상실조항과 그 실질이 동일하다. **차주가 도산하였다면,** 이미 이루어진 대출금은 즉시 반환되어야 하고, 아직 대출이 이루어지지 않았다면 계약관계는 종료되어야 한다. 필자는 기한의 이익상실조항은 원칙적으로 유효로 보아야 한다는 입장이므로, 금전소비대차계약에서 도산해지조항도 '원칙적으로' 유효로 봄이 타당하다.634)635)

---

631) 같은 취지 김경욱, "가맹계약 당사자의 도산과 도산해지조항의 효력", 유통법연구 6-2, (2019), 194-196.

632) 가맹계약에서 가맹점사업자 도산시 도산해지조항을 무효로 보는 일본학설로는 服部明人, 佐藤潤, 勝亦康文, 牧恭弘, "フランチャイズ契約と倒産", 現代型契約と倒産法, (2015), 252-255.

633) 라이선시 도산으로 라이선서의 시장 이미지가 훼손된 경우도 마찬가지이다. Patrick Keinert, Vertragsbeendigung in der Insolvenz, (2018), 293-294.

634) 미국연방도산법 365(e)(2)(B)과 오스트리아도산법 25a조 2항 2호는 이러한 취지를 명시적으로 밝히고 있다. 다만 위 두 조문은 모두 '쌍방미이행 쌍무계약'인 금전소비대차계약(아직 대출금이 지급되지 않은 경우)을 염두에 둔 조문이다.

민법 673조(완성전의 도급인의 해제권)는 "수급인이 일을 완성하기 전에
는 도급인은 손해를 배상하고 계약을 해제할 수 있다."고 규정하고 있다.
이처럼 도급계약의 경우 도급인의 계약해제가 자유로우므로 수급인에 대
한 도산절차개시(신청)를 이유로 한 도산해지조항도 유효라고 봄이 타당한
가? 민법 673조에 의한 해제시 도급인은 계약해제로 수급인이 입은 손해를
배상해야 한다. 만약 도산해지조항을 근거로 도급인이 **손해배상책임을 부
담하지 않고** 자유롭게 계약을 해지할 수 있다면, 이러한 도산해지조항의
효력은 인정될 수 없다. 다만 도급계약이 계속적 계약인 경우 계약의 존속
을 기대하기 어려운 중대한 사유의 존재를 이유로 도급인이 계약을 해지하
는 것은 ― 다음 문단에서 보는 바와 같이 ― 여전히 가능하다.

계속적 계약의 경우 상대방의 채무불이행이 없고, 사정변경 원칙이 적용
될만한 사정이 없더라도, 개별 사안의 특성과 양 당사자의 이익을 고려할
때 계약의 존속을 기대하기 어려운 중대한 사유가 존재한다면 일방 당사자
의 계약해지권을 허용함이 타당하다.636) 대법원 2013. 4. 11. 선고 2011다

미국의 경우 **쌍방미이행 쌍무계약(executory contract)**이 아닌 금전소비대차계약(대
주가 이미 대출금을 지급한 경우)에서 차주도산 등을 이유로 한 기한의 이익상실
조항이 유효한지에 대해 연방도산법에 명문규정이 없고, 판례의 입장은 나뉜다. ㉠
법문언을 중시하여 기한의 이익 상실조항을 유효라고 본 판례{In re AMR Corp.,
730 F.3d 88, C.A.2 (N.Y. 2013)}도 있지만 ㉡ 도산채무자 회생을 위해 기한의 이익
상실조항을 무효로 보는 판례{In re W.R. Grace & Co., 475 B.R. 34, D. Del.
(2012)}도 있다.

635) 대주가 아직 대출금을 지급하지 않은 상태에서 도산한 경우에도 도산해지조항은 유
효이다. 그러나 **대주가 이자부 소비대차계약에 따른 대출금을 지급한 후 도산**한 경
우, 도산해지조항(또는 기한의 이익 상실조항)을 유효로 보아 대주의 대출금 조기회
수를 허용하는 것은 바람직하지 않다고 생각한다. 각주 668 참조.

636) 2013년 법무부 민법개정안은 계속적 계약관계의 해지에 관하여 다음과 같은 조항을
제안하고 있다.
제554조의2(계속적 계약관계와 해지)
① 계속적 계약관계에서 당사자 일방이 채무의 내용에 좇은 이행을 하지 아니한 때

59629 판결은 다음과 같이 판시하고 있다.

> "계속적 계약은 당사자 상호간의 신뢰관계를 기초로 하는 것으로서, 당해 계약의 존속 중에 당사자 일방의 부당한 행위 등으로 인하여 계약의 기초가 되는 신뢰관계가 파괴되어 계약의 존속을 기대할 수 없는 중대한 사유가 있는 때에는 상대방은 계약을 해지함으로써 장래에 향하여 효력을 소멸시킬 수 있다. 한편 계속적 계약 중 계약의 이행을 위하여 일정 규모의 설비가 필요하고 비교적 장기간의 거래가 예상되는 계속적 공급 계약 해지의 경우, 계약의 존속을 기대할 수 없는 중대한 사유가 있는지는 계약을 체결하게 된 경위, 공급자와 수요자 사이의 관계, 공급계약의 내용, 공급자가 계약의 이행을 위하여 설치한 설비의 정도, 설치된 설비의 원상복구 가능성, 계약이 이행된 정도, 해지에 이르게 된 과정 등 제반 사정을 종합적으로 고려하여 판단하여야 한다."

당사자 일방이 도산절차에 들어간 경우 상대방 계약당사자는 위와 같은 판례법리를 기초로 계약해지를 주장할 수 있다. 당사자 일방의 재무사정 악화, 도산신청, 도산절차개시는 계속적 계약의 존속을 기대하기 어려운 중대한 사유에 해당할 수 있으므로, 이러한 사정이 인정된다면 도산해지조항은 유효로 보아야 한다.[637] 다만 해당 계속적 계약에서 당사자 일방의 도산 등이 계약을 존속하기 어려운 중대한 사유에 포함되는지 여부는, 도산채무자과 계약상대방의 이해관계를 균형있게 형량하여 신중히 결정해야 한다. 계속적 계약이므로 계약당사자 간 신뢰가 중요하고 일방 당사자의 도산으로 그러한 신뢰가 파괴되었으므로 도산해지조항은 원칙적으로 정당

에는 상대방은 계약을 해지할 수 있다. 이 경우에는 제544조 제1항 단서 및 제2항 내지 제4항을 준용한다.

② 제1항 이외의 중대한 사유로 계약의 존속을 기대할 수 없는 때에는 당사자 일방은 계약을 해지할 수 있다.

[637] 같은 취지 장보은, 계속적 공급계약 연구, (2020), 150-151.

화된다는 식의 도식적 논리는 타당하지 않다.[638] 계속적 계약의 존속으로
인해 계약상대방에게 중대한 인적, 경제적 손해가 발생하였거나 발생할 것
으로 예상되는 경우에 한하여 도산해지조항의 효력을 인정함이 타당하다.
도산해지조항을 원칙적으로 무효로 보는 입법을 마련한다면, 도산해지조항
을 유효로 보는 예외사유로서 "계약상대방이 중대한 인적, 경제적 손해를
입는 경우"를 두고, 계속적 계약의 상대방보호는 위 요건충족 여부를 판단
하는 단계에서 검토함이 적절하다. **위 법률요건과 별개로** 계속적 계약의
해지에 관한 위 판례법리를 근거삼아 계약해지 가능성(+도산해지조항이 유
효가 될 가능성)을 열어두는 것은 바람직하지 않다고 생각한다.

계약의 존속으로 인해 공익이나 계약상대방 이외의 제3자의 이익을 중
대하게 침해할 우려가 있는 경우에도 도산해지조항의 효력을 인정할 필요
가 있다. 참고로 호주 회사법 시행령(Corporations Amendment Regulations
2018) 5.3A.50은 도산해지조항의 효력이 자동중지(stay)되지 않는 계약유형
을 상세히 규정하고 있는데, 그 중에는 ㉠ 국가나 지방자치단체가 발행한
면허, 허가, 인가 계약{(2)항 (b)호}(a contract, agreement or arrangement that
is a licence, permit or approval issued by the Commonwealth, a State or a

---

638) 도산해지조항을 무효로 보면 장기적 계약관계의 지속을 상대방에게 강요한다는 논
리가 항상 타당한지 의문이다. 도산해지조항을 무효로 보더라도 도산채무자의 채무
불이행을 이유로 한 계약상대방의 법정해지권 행사는 얼마든지 가능하다. 장기적 계
약관계라 할지라도, 계약기간 진행 도중에 도산채무자의 변제기를 촘촘하게 지정하
여 채무불이행을 이유로 한 계약해지의 가능성을 각 문턱마다 마련한다면, 계약상대
방은 장기적 계약관계로부터 손쉽게 벗어날 수 있다. 또한 채무자의 재무상황 악화
를 이유로 한 기한의 이익 상실조항을 마련함으로써 채무자가 이른 시기에 채무불이
행에 빠지게 할 수도 있다. 장기적 계약관계에 일방적으로 구속되는 것이 두렵다면
계약서 작성단계에서 이에 대비할 수 있는 것이다. 나아가 채무자의 변제기 전에 상
대방이 신뢰투자를 해야 하는 경우에는, 헛된 투자로 인해 손해를 입을 상황에 대비
하여 이행선택을 하는 법원을 통해 관리인에게 장래이행의 보장을 요구할 수도 있
다. 본문 제2장 제2절 III. 8. 참조.

Territory), ㉡ 국가안보 국경보호, 방위능력과 관련된 계약{(2)항 (c)호}, ㉢ 공공병원, 공공건강서비스에 대한 물품이나 용역공급계약{(2)항 (d)호}, ㉣ 공공병원, 공공건강서비스에 의한 물품이나 용역공급계약{(2)항 (e)호}, ㉤ 국가나 지방자치단체에 대한 필수적(essential)이거나 핵심적(critical)인 정보기술·커뮤니케이션기술·생산물이나 용역의 공급계약{(2)항 (f)호}이 포함된다. 싱가포르도산법(Insolvency, Restructuring and Dissolution Act 2018)도 ㉠ 정부나 법정(法定)공공기관이 발행한 면허, 허가, 인가 계약{440조 (5)항 (b)호}, ㉡ 국가이익(국방, 국가안보, 공공안보, 필수서비스 유지)이나 싱가포르의 경제적 이익에 영향을 미칠 수 있는 계약{440조 (5)항 (c)호}, ㉢ 싱가포르가 체결한 조약의 대상이 되는 계약{440조 (5)항 (f)호}에 대해서는 도산해지조항이 유효라고 규정한다.

나. 계약상대방의 인적/경제적 손해가 중대한 경우

계약유형을 불문하고 계약의 존속을 인정함으로써 계약상대방에게 중대한 인적/경제적 손해가 발생하거나 발생할 수 있다면(가령, 도산채무자가 아니라 제3자가 의무를 이행하는 것은 계약상대방에게 의미가 없는데 도산채무자가 의무를 이행할 가능성이 높지 않은 경우, 도산채무자가 부담하는 서비스제공의무가 잠시라도 중단되면 계약상대방의 사업에 중대한 타격이 있는 경우), 도산해지조항을 유효로 보아야 한다. 이 요건은 계속적 계약에서 계약의 존속을 기대하기 어려운 중대한 사정과 그 내용이 상당부분 겹친다. 이러한 요건은 관리인이 아직 이행을 선택하지 않아 계약이 존속될 것인지 불확실한 단계에서도 충족될 수 있다. 도산채무자 측의 불확실성 자체가 계약상대방에게 감내하기 어려운 큰 손해를 야기할 수 있기 때문이다.

외국의 입법례를 보면 계약상대방의 사정 등을 반영하여 도산해지조항의 효력을 결정하는 경우가 많다. 가령 캐나다의 경우{Bankruptcy and Insolvency Act, RSC 1985 s.65.1(6) 및 Companies' Creditors Arrangement

Act s.34(6)} 도산해지조항의 무효로 계약상대방 등에게 중대한 재정적 어려움("significant financial hardship")을 발생시키면 도산해지조항을 유효로 볼 수 있다. 싱가포르 도산법{Insolvency Act s.440(4)}도 계약상대방의 중대한 재정적 어려움("significant financial hardship")이 있는 경우 도산해지조항의 효력을 인정하고, 영국 도산법{Corporate Insolvency and Governance Act 2020 s.233B(5)(c)}도 계약의 지속이 공급자에게 어려움("hardship")을 야기하는 경우 도산해지조항의 효력을 인정한다. 또한 호주 회사법(Corporations Act 2001 451F)은 정의를 고려할 때 적절한 경우("appropriate in the interests of justice") 도산해지조항의 효력정지를 취소(lifting the stay)할 수 있다고 규정한다.

관리인의 이행선택이 계약상대방에게 지나치게 불리하여 도산해지조항을 유효로 볼 수 있는 상황인지 검토할 때에는 **계약상대방이 통상적으로 입는 불이익과 당해 사안에서 계약상대방이 입는 불이익을 비교**해야 하고, 도산재단의 이익과 계약상대방의 손해를 비교해서는 안된다. 도산재단의 이익이 크다고 해서 계약상대방의 막대한 손해가 정당화되는 것은 아니기 때문이다. 계약의 유지로 도산재단의 막대한 이익이 예상된다면 관리인은 계약상대방의 위험을 최소화하기 위해 더 많은 노력을 해야 한다. 그러한 노력을 하지 않아 계약상대방이 중대한 위험에 노출된 상황이라면, 계약상대방을 배려하여 도산해지조항을 유효로 봄이 타당하다.[639]

이처럼 도산해지조항의 효력이 예외적으로 인정되는 경우 계약상대방의 해지권 행사는 자신에게 중대한 손해가 발생하였거나 발생할 것으로 예견되는 즉시 이루어져야 한다. 그렇지 않으면 도산채무자 측에서 헛된 신뢰투자를 할 위험이 있고 그에 따라 다른 도산채권자들이 손해를 입을 수 있다.[640]

---

639) KPB/Tintelnot InsO, §119 Rn.133도 참조.
640) KPB/Tintelnot InsO, §119 Rn.66.

다. 유효로 보는 것이 도산재단에 더 유리한 경우

도산해지조항을 무효로 보는 것보다 유효로 보는 것이 도산재단에 더 유리할 수도 있다. 이 경우에는 계약자유원칙으로 돌아가 도산해지조항을 유효로 보아야 한다. 가령 매수인이 등기청구권을 확보하기 위해 가등기를 해 두었는데 매매계약서에 매도인에 대한 도산신청 시 자동해제조항이 있다고 가정해 보자. 청구권보전을 위한 가등기권자인 매수인은 물권자에 준하여 보호할 필요가 있으므로, 매도인에 대한 도산절차가 개시되면 매도인의 관리인은 **선택권을 갖지 못하고**, 매매계약을 이행해야 한다. 그런데 부동산 시가가 매매계약 체결 후 상승하였거나 부동산을 시가보다 싸게 판 경우라면, 매도인의 관리인은 도산해지조항이 효력을 발생하여 매매계약이 해제되기를 원할 것이다. 이러한 경우까지 도산해지조항을 일률적으로 무효로 보는 것은 타당하지 않다. 위 사례에서 계약상대방인 매수인은 자신이 가등기권자임에도 불구하고 도산해지조항을 둠으로써 스스로 우선권(= 소유권이전등기가 이루어지는 것을 확실히 보장받을 기회)을 포기하였다. 이러한 계약상대방을 보호하기 위해 도산해지조항을 무효로 볼 이유는 없다. 매도인이 매수인에게 부동산 소유권을 미리 이전해 준 뒤 매매대금을 지급받지 못한 상황에서 매도인이 도산하였는데, 도산해제조항에 따라 자동해제약정의 효력이 발생하는지 문제되는 경우에도 문제상황은 똑같다. 매도인의 관리인의 입장에서 계약이 해제되는 것을 원한다면, 도산해제조항을 굳이 무효로 볼 이유가 없다.

라. 도산해지조항으로 인해 계약상대방에게 정당한 권리가 원상회복되는 경우

도산해지조항으로 인해 계약상대방에게 정당한 권리가 원상회복되는 경우라면 도산해지조항의 효력을 인정함이 타당하다. ① 회복되는 해당권리에 대하여 도산절차개시 전 정지조건부 처분을 통해 계약상대방이 이미

'확고한 법적 지위'를 취득하였다고 볼 수 있는 경우에는, 도산절차개시 후 비로소 정지조건이 성취(해지권 행사)되었더라도 계약상대방의 권리취득효과를 인정해야 한다.[641] 다만 매도인이 매수인에게 부동산 소유권을 이전해 주는 대신 매수인 도산시 매매계약이 자동해제된다고 약정하였고 해제에 따른 장래의 원상회복청구권을 보전하기 위해 매수인 명의 부동산에 청구권보전의 가등기를 한 경우, 매도인이 가등기권자라는 이유로 자동해제약정을 유효로 볼 수는 없다고 사료된다. 비록 매도인이 가등기권자라 하더라도 해당 매매목적물이 채무자회생을 위해 필요하다면 채무자가 소유권을 보유하면서 계속 이를 사용, 수익할 수 있어야 하기 때문이다. 비록 가등기로 매도인의 우선권이 공시되었더라도 매도인의 우선권 발생의 기초가 매수인의 채무불이행이 아니라 **오로지 채무자의 자력악화라는 객관적 사정뿐이라면**, 매도인의 우선권을 쉽사리 인정할 수 없다. ② 또한 도산절차 밖 구조조정 과정에서 채권자가 채무자 회생을 위해 채권을 감면해주면

---

641) 프로그램 사용, 재개발, 운용계약서 상 계약당사자 일방에 중대한 사유가 있는 경우 계약상대방은 계약을 해지할 수 있다는 규정이 있었고, 계약이 해지되면 프로그램의 소스코드와 그 사용, 운용권은 사용회사(라이선시)로 이전하고 사용회사(라이선시)는 그에 대한 대가를 지급해야 한다는 규정이 있었다. 프로그램 개발회사이자 라이선서가 도산하였고 관리인이 이행거절을 한 경우, 계약상대방인 사용회사(라이선시)는 중대한 사유(관리인의 이행거절)를 이유로 위 약정해지권을 행사하여 자신이 계속 프로그램을 사용을 할 수 있다. BGH, 17.11.2005 - IX ZR 162/04, NJW 2006, 915. 위 사례의 경우 **계약이 유효하게 존속하든, 약정해지권 행사에 따라 적법하게 해지되든 불문하고** 라이선시는 프로그램을 사용할 수 있다. 그렇다면 라이선시는 **계약해지 전부터 사용권에 관하여 확고한 법적 지위를 취득하였다**고 볼 수 있다. 라이선서 측 관리인이 이행거절을 하면 - 그 자체로 계약이 해지되지는 않지만 - 라이선시는 더 이상 프로그램을 사용할 수 없고 그에 따른 손해배상은 도산채권으로 청구하는 것이 원칙이다. 위 사례에서 라이선시는 이러한 불이익에서 벗어나기 위해, 즉 프로그램을 계속 사용하기 위해 도산해지조항에 따른 약정해지권을 행사하였다. 도산해지조항은 원칙적으로 무효로 보아야 하지만, 위 사례의 경우 도산해지조항의 효력발생에 따라 라이선시가 취득할 권리는 **계약이 해지되기 전부터 라이선시가 이미 보유하고 있는 것과 다름없었다**. 이러한 경우에는 예외적으로 도산해지조항의 효력을 인정해야 한다.

서, 그 대신 채무자에 대하여 도산절차가 개시된 경우 채권감면의 효력을 무효로 하기로 약정하였다면, 도산절차개시라는 정지조건 성취로 인해 채권자는 기존 권리를 회복한 것일 뿐이고 다른 채권자들과 비교해 부당한 이익을 누린 것이 아니다.642)

이러한 정지조건 성취를 인정함으로써 결과적으로 관리인의 선택권 행사 취지가 몰각되더라도 그러한 이유만으로 도산해지조항의 효력을 부정해서는 안된다.

마. 해당 계약의 존속이 도산채무자의 회생을 위해 더 이상 필요하지 않은 경우

해당 계약의 존속이 도산채무자의 회생을 위해 더 이상 필요하지 않은 경우, 도산채무자가 회생할 가능성이 희박해진 경우에는 도산절차 내에서 도산해지조항의 효력을 인정해야 한다.

4. 도산해지조항의 규제방법

도산해지조항을 규제하는 방법은 크게 두 가지로 나눌 수 있다. ① 도산해지조항을 무효로 보는 방법(프랑스, 오스트리아, 이태리, 스페인)과 ② 도산절차 내에서 실행이 불가능하다(unenforceable)고 보는 방법(미국, 영국, 캐나다, 싱가포르, 호주). 전자와 같이 보면 도산해지조항은 확정적으로 효력을 잃는다. 후자와 같이 보면 도산해지조항은 해당 도산절차 '외부'에서는 효력이 인정될 수 있다. 가령 2차 도산절차에서 효력이 인정될 수 있고, 1차 도산절차가 도중에 폐지된 경우에도 도산해지조항의 효력이 인정될 수 있다.643) 또한 후자와 같이 보면 해당 도산절차 내부에서도 법원이 재량껏

---

642) OGH 21.11.2013 - 1 Ob 157/13i.
643) Patrick Keinert, Vertragsbeendigung in der Insolvenz, (2018), 188.

도산해지조항의 효력을 인정할 여지가 생긴다. 가령 호주는 도산해지조항의 효력발생을 중지(stay)시키되 법원이 그 중지를 취소(lift)할 수 있다는 입장을 취한다{미국도 도산해지조항에 따른 해지권 행사는 자동중지(automatic stay)의 대상이 되고, 법원이 이를 변경(modification)·취소(lift)할 수 있다}. 캐나다, 싱가포르도 계약상대방의 중대한 재정적 어려움을 들어 법원이 법적용 중지를 선언(declare)할 수 있다. 영국도 공급자의 어려움을 근거로 법원이 계약종료를 허가할 수 있다(grant permission). 일단 효력발생이 중지[644]된 도산해지조항이더라도 **시간의 흐름에 따라 사후적으로 그 효력이 발생**할 수 있는 것이다.[645]

후자와 같이 보면 도산해지조항의 효력에 관한 문제는 도산실체법의 문제가 아니라 도산절차법의 문제임이 뚜렷해진다. 따라서 도산해지조항의 효력에 관한 준거법은 도산법정지법이라는 점이 보다 명확해진다.[646] 또한 후자와 같은 방식으로 진행된 국내도산절차는 외국재판의 승인·집행 경로에 의해 외국법원에서 그 효력이 인정될 여지가 있다. 도산해지조항 관련 문제를 계약의 유무효라는 실체적 문제가 아니라 도산절차 내에서의 잠정적 효력발생 중지라는 절차적 문제로 취급한다면,[647] 도산해지조항에 관한

---

644) 도산절차개시로 당연히 효력발생이 중지된다고 규정할 수도 있고, 관리인/채무자의 신청에 따른 법원의 결정으로 효력발생이 중지된다고 규정할 수도 있다.

645) 가령 관리인이 쌍방미이행 쌍무계약의 이행을 선택하였는데 관리인이 이행선택에 따른 의무이행을 할 가능성이 높지 않은 경우에는 – 설령 아직 도산채무자의 채무불이행이 발생하지 않았어도 – 계약상대방이 법원에 중지명령의 취소를 청구하여 도산해지조항에 따라 계약을 종료시킬 수 있다.

646) 물론 전자와 같이 보더라도 도산해지조항의 효력에 관한 준거법은 도산법정지법이라고 볼 수 있고, 그렇게 봄이 타당하다. 권영준, "도산해지조항의 효력", 민법과 도산법, (2019), 47-48.

647) 법원은 원칙적으로 계약내용을 변경할 수 없다. 계약이 실체법적으로 무효라면 무효임을 확인해야 하고, 유효이면 유효임을 확인해야 한다. 그러나 입법론으로는 비송(非訟)의 성격도 갖는 도산절차의 특수성을 고려하여 법원이 계약의 효력발생을 잠정적으로 중지시키는 것 – **무효개념의 동적(動的) 재구성!** – 도 충분히 고려해볼 수 있다.

문제를 준거법의 선택이라는 국제도산사법의 문제가 아니라 외국도산절차
에 대한 승인 및 지원이라고 하는 국제도산절차법의 문제로 취급할 여지가
생기기 때문이다.[648]

후자와 같은 입장을 취하면서, 효력발생이 정지되기 전에 이미 도산해지
조항의 효력이 발생한 경우에도, 예외적으로 **효력발생 정지시점부터는 해
지의 효력을 무효화**하는 입법이 바람직하다고 사료된다. 정리하면 ① 도산
절차개시 신청 후 도산절차개시 전까지는 채무자 또는 이해관계인의 신청
에 따라 법원이 결정으로 도산해지조항의 효력을 중지(& 이미 효력이 발생
한 도산해지조항에 근거하여 이루어진 권리행사나 법률관계의 무효화)시킬
수 있게 하고,[649] ② 도산절차개시 이후부터 종료시까지는 도산해지조항
(기한의 이익상실 약정 제외[650])의 효력발생을 자동중지시키며(& 이미 효
력이 발생한 도산해지조항에 근거하여 이루어진 권리행사나 법률관계도
자동적으로 무효화), ③ 법원의 결정이나 자동으로 도산해지조항의 효력발
생이 중지된 경우에도 계약상대방의 신청에 따라 또는 직권으로 법원이 그
중지의 효력을 취소할 수 있게 함이 타당하다. 법률에 당연히 적용이 배제
되는 것으로 규정된 계약유형의 경우에는 위 ① 내지 ③과 무관하게 도산

---

648) 한민/최준규, "도산제도의 현대적 과제 연구(Ⅰ) – 도산실체법의 개선방안 –", 2019
년 법무부 연구용역과제 보고서, 111-112. 다만 이 문제에 대해서는 보다 심도깊은
논의가 필요하다.
649) 도산절차가 종료하면 도산해지조항에 따라 계약상대방이 다시 해지권을 행사할 수
있는가? 이는 불허함이 타당하다. 이를 허용하면 회생절차 (조기)종료 후 채무자가
다시 위기상황에 빠질 위험이 있다. 다만 도산절차 종료 후 발생한 '새로운' 원인(채
무자가 다시 지급불능에 빠진 경우)으로 도산해지조항의 효력이 발생할 수는 있다.
650) 기한의 이익 상실조항의 경우에는 도산절차개시 후/또는 개시신청 후 신청에 따른
법원의 결정으로 중지여부를 결정함이 타당하다. 기한의 이익 상실 조항을 무효로
볼 것인지 여부는 계약상대방의 이익과 도산채무자의 회생가능성을 고려하여 법원
이 사안별로 고려할 수밖에 없다고 사료된다. 다만 법원이 기한의 이익 상실 조항의
효력을 쉽게 부정하는 것은 타당하지 않다.

해지조항의 효력이 인정된다.[651]

5. 소결

 지금까지의 검토결과를 반영하여 필자가 제안하는 도산해지조항 입법안은 다음과 같다.

회생파산법 제○○○조 (도산해지조항의 효력)

(1) 당사자 일방에게 중대한 재산상황의 변경, 지급불능, 지급정지 등의 재무사정, 회생절차 개시신청, 회생절차개시 등 회생절차에 이르는 과정상의 일정한 사실이 발생한 경우에 상대방에게 당해 계약을 해제, 해지, 종료 또는 변경할 수 있는 권리가 발생하는 것으로 정하거나 또는 당해 계약의 당연 해제, 해지, 종료, 변경 사유로 정한 계약조항(이하 '도산해지조항'; 당사자 일방의 채무 이행기에 관하여 그 기한의 이익을 상실시키는 조항(이하 '기한의 이익 상실조항')은 제외)은 회생절차개시 후 그 효력발생이 정지된다.

(2) 도산채무자 또는 이해관계인은 회생절차개시 신청 후 도산해지조항 또는 기한의 이익 상실조항의 효력발생 정지를 법원에 신청할 수 있다.

(3) 위 1, 2항에 따라 계약조항의 효력발생이 정지되면 계약상대방은 더 이상 그 계약조항을 근거로 권리행사를 할 수 없다. 효력발생이 정지되기 전에 도산해지조항이나 기한의 이익 상실조항에 근거하여 이루어진 법률관계의 변동이나 계약상대방의 권리행사는 효력발생 정지 이후부터 무효이다.

(4) 효력정지로 인해 도산재단이 불이익을 입거나 입을 것이 예상되는 경우, 계약상대방이 중대한 손해를 입거나 입을 것이 예상되는 경우, 공익이나 제3자의 이익이 중대하게 침해되거나 침해될 것으로 예상되는 경우, 도산해지조항으로 인해 계약상대방의 정당한 이익이 원상회복되는 경우, 기업의 회

---

651) 한민/최준규, "도산제도의 현대적 과제 연구(Ⅰ) - 도산실체법의 개선방안 -", 2019년 법무부 연구용역과제 보고서, 132-134 참조.

생을 위해 해당 계약의 존속이 더 이상 필요하지 않은 경우, 법원은 도산채무자, 계약상대방 또는 이해관계인의 신청이나 직권으로 위 1, 2항에 따른 효력정지의 취소를 명할 수 있다.

제3장

각론 : 계약유형별 쟁점 검토

제1절 증여계약

증여계약 후 증여자의 재산상태가 현저히 변경되고 그 이행으로 인하여 생계에 중대한 영향을 미칠 경우에는 증여자는 증여를 해제할 수 있다(민법 557조). 증여자에 대하여 도산절차가 개시된 경우 위 요건을 충족할 가능성이 많다. 증여자가 법인인 경우에도 위 조항을 유추함이 타당하다.

수증자에 대하여 도산절차가 개시된 경우 증여계약에 따른 수증자의 청구권은 도산재단에 포함되고, 도산채권자들의 채권만족을 위해 사용된다. 이러한 결과는 증여자 입장에서 불만스러울 수 있다. 증여자는 수증자 개인의 이익을 특별히 고려해 재산의 무상이전을 약속한 것이고 만일 자신의 출연(出捐)이 수증자의 일반채권자들의 만족을 위해 사용되리라는 점을 알았다면 증여를 약속하지 않았을 수 있기 때문이다. 그러나 이 경우 증여자가 착오를 이유로 증여계약을 취소하기는 쉽지 않고(∵동기의 착오), 달리 증여계약을 해제할 법적 근거는 없다. 입법론으로 수증자 도산 시 증여자의 해제권을 인정함이 타당한가? 증여의 동기는 제각각인 점, 일단 무상출연을 받으면 이를 어떻게 사용할지는 전적으로 수증자의 자유의사에 달린 점, 증여자로서는 수증자의 도산을 해제사유로 증여계약에 명시할 수 있는 점을 고려할 때, 굳이 증여자의 해제권을 법으로 인정할 필요는 없다고 사료된다.652)

---

652) 그러나 일본에서는 증여계약의 실효를 보다 적극적으로 인정하자는 입법론이 있다. 증여계약 체결 후 그 이행 전에 당사자 일방에 대하여 파산절차가 개시된 경우, 서면에 의한 증여를 포함하여 미이행 부분이 실효된다는 조항을 두자는 제안으로는 中井康之, "民法改正と倒産法－双務契約の一方当事者に倒産手続が開始した場合の規律について－" 続·提言 倒産法改正, (2013), 166. 당사자 일방이 증여계약을 장래를 향하

부담부증여의 경우 쌍무계약에 관한 규정이 준용되지만(민법 561조), 증여자의 의무와 수증자의 의무 사이에 고유한 의미의 견련성은 존재하지 않는다. 따라서 이 경우 쌍방미이행 쌍무계약 관련 규정을 준용하는 것은 부적절하고, 관리인의 선택권은 인정될 수 없다. 증여자 도산 시 관리인은 민법 557조에 따라 증여계약을 해제하면 된다. 수증자 도산 시 증여자의 수증자에 대한 부담이행청구권은 도산채권이다. 관리인은 수증자의 채권을 행사하여 그 이익을 도산재단에 귀속시킬 수 있다. 다만 이 경우 증여자는 착오를 이유로 증여계약을 취소할 여지가 있다(민법 109조 1항). 증여자는 부담이 이행되지 않는 것을 알았다면 증여를 하지 않았을 것이고, 증여자 개인이 아니라 합리적 제3자의 관점에서도 그러한 증여는 하지 않았을 것이기 때문이다. 부담부 증여의 의사표시를 한 증여자에게 착오취소를 불허할만한 중과실이 있다고 보긴 어렵다.

여 해지할 수 있도록 하자는 제안으로는 木村真也, "各種契約類型と当事者の倒産に関する規律", 続々·提言 倒産法改正, (2014), 28.

제2절 계속적 공급계약

회생채무자에 대하여 계속적 공급의무를 부담하는 쌍무계약의 상대방은 회생절차개시신청 전의 공급으로 발생한 회생채권 또는 회생담보권을 변제하지 아니함을 이유로 회생절차개시신청 후 그 의무의 이행을 거부할 수 없다(회생파산법 122조 1항). 계속적 공급계약에서 채무자가 기존에 공급된 물품관련 대금을 지급하지 않은 경우 공급자는 향후 물품의 공급을 − 설령 물품공급의무가 선이행 의무이더라도 − 거절할 수 있다(민법 536조 2항: 불안의 항변권).653) 회생파산법 122조 1항은 회생채무자가 공급자로부터 물품을 계속 공급받아 사업을 계속할 수 있도록 하기 위해, 공급자의 불안의 항변권 행사를 제한한다.654) 다만 공급자 입장에서 회생절차개시신청 후 또는 회생절차개시 후 공급분과 관련하여 물품대금이 지급되지 않을 우려가 있다면 − 이러한 채권은 공익채권이지만655) 도산재단이 공익채권

---

653) 대법원 1995. 2. 28. 선고 93다53887 판결.

654) 회생파산법 122조 1항이 없다면 법률관계가 어떻게 전개될 것인가? 이는 122조 1항이 적용되지 않는 파산절차에서의 법률관계를 생각해 보면 된다. 아래 각주 662 참조.

655) ① 회생절차개시신청 후 회생절차개시 전까지의 공급으로 인한 공급자의 채권은 회생파산법 179조 1항 8호에 따라 공익채권이 된다. ② 또한 회생절차개시 신청 전 20일 이내에 채무자가 계속적이고 정상적인 영업활동으로 공급받은 물건에 대한 대금청구권도 공익채권이다(회생파산법 179조 1항 8의2호). ③ 회생절차개시 이후의 공급부분은 관리인의 이행선택에 따른 결과이므로 물론 공익채권이다(회생파산법 179조 1항 7호). 위 ①, ②의 공익채권은 **관리인이 나중에 이행을 선택하든, 해지를 선택하든 상관없이** 공익채권으로 인정되는 것이다. 회생절차개시 전에 공급자가 채무불이행을 이유로 적법하게 계약을 해지한 경우에도 해지 전에 공급이 이루어졌다면 ①, ②의 공익채권은 발생할 수 있다.

을 모두 변제하기에도 부족한 경우가 발생할 수 있다 － 이를 이유로 불안의 항변권을 행사하는 것은 가능하다.

회생파산법 122조 1항은 회생절차 개시신청 전의 미지급을 이유로 계약상대방이 회생절차 개시신청 후의 공급을 거절할 수 없다고 규정하고 있다. 이에 대하여 입법론으로 회생절차 개시 후의 공급을 거절할 수 없도록 하고,656) 신청 후 개시 전의 공급에 관해서는 공급자의 거절권을 인정하자는 견해가 있다.657) 이 견해는 공공서비스 공급자와 같이 도산절차개시신청 후에도 '항상' 급부를 계속 제공하도록 강제함이 바람직한 경우에는 그러한 공공서비스에 한정하여 개시신청 전의 미지급에도 불구하고 개시신청 후 급부제공을 거절할 수 없다고 규정함이 타당하다고 본다.658) 현행법처럼 보면 공급자의 이익이 과도하게 침해되는 측면이 있다. 그러나 신규공급을 거절하면서 도산채무(신청 전 미지급 분)의 선(先)변제를 사실상 강요하는 것을 용인한다면, 다른 도산채권자와의 형평이 깨지는 측면도 있다.659) (a) 신청 후 개시 전 공급분을 공익채권으로 보호하고, (b) 만약 이 공익채권마저도 제대로 지급되지 않을 위험이 있는 경우 공급자의 공급거절을 허용하며, (c) 도산채권 부분(신청 전 공급분에 대한 대금채권)에 대해

---

656) 일본법이 이러한 입장을 취하고 있다. 파산법 55조 1항, 민사재생법 50조 1항, 회사갱생법 62조 1항 참조.

657) 한민, "미이행쌍무계약에 관한 우리 도산법제의 개선방향", 선진상사법률연구 53호, (2011), 84.

658) 한민, "미이행쌍무계약에 관한 우리 도산법제의 개선방향", 선진상사법률연구 53호, (2011), 83. 참고로 2019년 EU의 예방적 구조조정에 관한 지침은 **필수적 미이행 쌍무계약**(=채무자의 일상적 영업계속에 필요한 계약으로서 그 계약에 따른 공급이 중단되면 채무자의 활동도 중단되는 계약)이라는 개념을 설정하고 필수적 미이행 쌍무계약에 따른 계약상대방의 급부제공을 보장하고 있다(지침 제7조 제4항).

659) 공급자가 신청 후 개시 전의 공급을 거절할 수 있다면, 채무자가 공급을 받으려고 부득이하게 신청 전 미지급 분을 변제하더라도 이는 편파행위 부인의 대상이 되지 않는다고 보아야 한다. 그러나 도산채권의 편파변제를 부인대상에서 제외하는 것에는 신중할 필요가 있다.

서는 공급자가 열악한 상황에 놓여있거나 이 부분 변제가 없으면 공급계속
이 어렵다는 등의 사정을 고려해[660] 예외적으로 법원의 허가를 받아 변제
하는 방안(회생파산법 132조)이 타당하다고 사료된다.[661] 즉 필자는 굳이
현행법을 개정할 필요는 없다고 생각한다.

　파산절차의 경우 회생파산법 122조 1항과 같은 조항이 없다. 그러나 사
업의 종료가 예정되어 있는 파산절차에서도 사업이 실질적으로 청산되기
전까지 일부나마 채무자의 사업이 계속될 수 있고, 그러한 한도에서는 계
속적 계약에 대한 특칙을 둘 필요성이 있다. 따라서 파산절차에도 회생파
산법 122조 1항과 같은 취지의 규정을 마련할 필요가 있다. 일본 파산법 55
조는 파산절차에서도 계속적 계약에 대한 특칙을 두고 있다.[662]

---

660) 최준규, "물적담보 제공행위의 사해성 판단기준", 법학논총33-4, (2016), 270-271.

661) 기존 공급분 관련 대금과 새로운 공급분 사이에는 원칙적으로 **고유의 견련관계**가
　　존재하지 않는다!

662) 현행법 해석론으로는 쌍방미이행 쌍무계약의 '일반법리'에 따라 법률관계가 정리된
　　다. 파산절차개시 전까지 공급자는 불안의 항변권을 행사할 수 있다. 파산관재인이
　　이행을 선택한 경우 ① 계약의 분할을 인정할 수 있다면 파산절차개시 후 공급분
　　관련 채권만 재단채권이 되고, ② 계약을 일체로 보아야 한다면 파산절차개시 전 공
　　급분 관련 채권을 포함한 일체의 채권이 재단채권이 된다. 본문 제2장 제2절 Ⅲ. 5.
　　참조. 위 ①의 경우 공급자는 **파산절차 내에서 더 이상 불안의 항변권을 행사할 수**
　　없다! 엄밀히 말하면 기존 공급대금을 도산채권으로 변제받음과 동시에 새로운 공급
　　의무를 이행해야 한다. 본문 제2장 제2절 Ⅱ. 6. 다. 참조. 다만 각주 262도 참조.
　　이 쟁점에 관한 기존 논의는 위 ①상황(계약의 분할을 인정할 수 있는 경우)과 ②상
　　황(계약을 일체로 보아야 하는 경우)을 구분하지 않았다는 점에서 문제가 있다. 기존
　　논의로는 박병대, "파산절차가 계약관계에 미치는 영향", 재판자료82, (1999), 466;
　　임종헌, "파산절차가 쌍방 미이행계약관계에 미치는 영향", 고려대석사논문, (2001),
　　32; 김영주, 도산절차와 미이행 쌍무계약 - 민법·채무자회생법의 해석론 및 입법론
　　-, (2020), 184-185.

제3절 소유권이전등기청구권 보전의 가등기가 경료된 매매계약

아래에서는 소유권이전등기청구권 보전의 가등기가 경료된 매매계약에서 매도인이 도산한 경우의 법률관계를 검토한다.

I. 논의상황 개관663)

구 회사정리법 58조 1항은 다음과 같이 규정하고 있었다.

> **제58조(개시후의 등기와 등록)**
> ① 부동산 또는 선박에 관하여 정리절차개시 전에 생긴 등기원인으로 정리절차 개시 후에 한 등기 또는 부동산등기법 제3조의 규정에 의한 가등기는 정리절차의 관계에 있어서는 그 효력을 주장하지 못한다. 그러나 등기권자가 정리절차개시의 사실을 알지 못하고 한 등기 또는 가등기는 그러하지 아니하다.

이에 관하여 판례는 다음과 같이 판시한 바 있다.

> "회사정리법 제103조 제1항에는 정리회사의 관리인은 정리회사와 상대방이 회사정리절차 개시 당시 아직 그 이행을 완료하지 않은 쌍무계약

---

663) 구 회사정리법 58조 1항과 동일한 내용의 조문을 갖고 있는 일본 파산법에서도 이에 관한 복잡한 논의가 있다. 伊藤眞, 破産法·民事再生法, 4版, (2018), 371-373.

에 대하여는 이를 해제할 수 있다고 규정하고 있으나 한편 동법 제58조 제1항의 본문의 반대해석에 의하면 **정리절차개시전의 등기원인으로 정리절차개시 전에 부동산등기법 제3조에 의하여 한 가등기는 정리절차의 관계에 있어서 그 효력을 주장할 수 있다고 할 것이고 따라서 위와 같은 가등기권자는 정리회사의 관리인에게 대하여 본등기 청구를 할 수 있다고** 보아야 하므로 유효한 가등기가 경료된 부동산에 관한 쌍무계약에 대하여는 회사정리법 제103조의 적용이 배제된다 할 것이니, **정리절차 개시당시 아직 매매계약이 이행완료되지 않았으나 이 사건에서와 같이 정리회사 소유인 매매목적 부동산에 관하여 순위보전의 가등기가 경료되어 있는 경우에는 관리인은 동법 제103조 제1항에 의하여 그 매매를 해제할 수 없다.**" (대법원 1982. 10. 26. 선고 81다108 판결)

회생파산법 66조 1항은 "부동산 또는 선박에 관하여 회생절차개시 전에 생긴 등기원인으로 회생절차개시 후에 한 등기 및 가등기는 회생절차와의 관계에 있어서는 그 효력을 주장하지 못한다. 다만, 등기권리자가 회생절차개시의 사실을 알지 못하고 한 본등기는 그러하지 아니하다."고 규정하고 있다. 본문은 사실상 동일하고 단서는 약간 바뀌었다.

회생파산법 66조 1항 본문을 반대해석하면 위 판례와 같은 결론이 도출된다. 그러나 위 판례에 비판적인 입장에서는 설령 가등기권자가 선/악의 불문하고 본등기를 청구할 수 있더라도, 관리인이 쌍방미이행쌍무계약 규정에 근거하여 '해제권'을 행사하는 것은 '별개'의 문제이고, 따라서 해당 매매계약이 쌍방미이행쌍무계약에 해당하면 관리인은 매매계약을 해제할 수 있다는 입론도 가능하다. 학설로는 이러한 견해가 다수설이다.[664]

한편 회생파산법 66조 1항 단서는 ― 구 회사정리법 58조 1항 단서와 달

---

664) 박병대, "파산절차가 계약관계에 미치는 영향", 재판자료82, (1999), 488-489; 임종헌, "파산절차가 쌍방 미이행계약관계에 미치는 영향", 고려대석사논문, (2001), 19-20; 김영주, 도산절차와 미이행 쌍무계약 ― 민법·채무자회생법의 해석론 및 입법론 ―, (2020), 100-102.

리 — "등기권리자가 회생절차개시의 사실을 알지 못하고 한 본등기는 그
러하지 아니하다."고 규정하고 있다. 여기서 '본등기'가 무슨 뜻인지에 따
라 해석결과가 달라진다. 만약 ① '가등기에 기한 본등기'를 제외한 '단순
본등기'만 의미한다면 위 81다108 판결의 결론이 현재에도 유효하다고 볼
여지가 있다(물론 위 판결에 비판적 입장에 따르면 이 경우에도 관리인의
해제권 행사가 가능하다고 볼 수 있다). 그러나 ② '본등기'가 '단순 본등
기'와 '가등기에 기한 본등기'를 포함한다면 가등기권자의 보호범위는 좁
아진다. 가등기권자가 아직 유효하게 본등기를 경료하지 못한 상황에서 매
도인에 대하여 도산절차가 개시된 경우 그 후 '가등기권자가 선의로 본등
기까지 마치지 않는 한' 관리인은 쌍방미이행 쌍무계약임을 이유로 선택권
을 행사할 수 있게 된다.

II. 검토

우선 회생파산법 66조 1항 단서의 본등기가 도산절차개시 전 가등기가
경료되고 그에 기초하여 도산절차개시 후 본등기가 경료된 경우까지 포함
하는 뜻이라고 해석하는 것은 타당하지 않다. 회생파산법 66조는 도산절차
개시 후 비로소 등기가 경료된 상황을 염두에 둔 조항이기 때문이다. 도산
절차개시 전 가등기가 경료되고 그에 기초하여 도산절차개시 후 본등기가
경료된 경우 가등기권자의 선/악의와 상관없이 그 본등기의 효력이 인정됨
이 타당하다.

문제는 설령 이와 같이 보더라도 해당 매매계약이 쌍방미이행쌍무계약
에 해당한다면 관리인이 해제권 행사를 이유로 가등기권자의 본등기 청구
에 대항할 수 있는지 여부이다. 매수인이 일단 '가등기'를 취득한 이상 그
를 — 대항력을 갖춘 임차인과 마찬가지로 — 물권자에 준하여 보호하는

것이 타당하다고 생각한다(판례찬성). 즉 매수인은 관리인에게 매매대금을 지급하고 가등기에 기한 본등기를 하여 매매목적물을 환취할 수 있다. 관리인은 이를 거절할 수 없다. 매수인이 매매대금을 미리 지급한 후 도산절차가 개시된 경우에는 가등기권자를 보호하고, 매매대금을 지급하지 않아 쌍방미이행 쌍무계약에 해당하는 경우에는 관리인이 해제권을 행사하여 가등기를 무력화시킬 수 있다고 보는 견해665)는 타당하지 않다. 전자의 상황에서 가등기가 도산절차의 구속을 받지 않는다면, 후자의 상황에서도 도산절차의 구속을 받지 않아야 한다. 매수인은 자신의 등기청구권을 확실히 보장받으려고 가등기를 하는 것이고, 매도인 도산은 가등기의 효용이 절실히 요청되는 대표적 상황이다. 입법론으로는 이 경우 쌍방미이행 쌍무계약에 관한 규정이 적용되지 않는다는 취지의 규정666)을 두어 논란의 소지를 차단하는 것이 바람직하다.

다만 매수인의 채권 중 일부만 가등기가 되었고 나머지는 일반채권인 경우라면, 계약이 1개인 이상 매도인의 관리인이 해제권을 행사하여 매수인의 가등기된 권리를 무력화시킬 수 있다고 보아야 한다.667)

---

665) 박병대, "파산절차가 계약관계에 미치는 영향", 재판자료82, (1999), 490.

666) 독일도산법 106조 1항 참조.

667) 가령 매수인이 1개의 매매계약에 기초하여 토지에 대한 소유권이전등기청구권과 건물에 대한 소유권이전등기청구권을 가지고 있는데, 토지에 대한 등기청구권만 가등기한 상태에서 매도인이 도산하였다면, 매도인의 관리인은 1개의 매매계약 전체를 해제할 수 있다.

제4절 소비대차계약

소비대차계약은 대주가 금전 기타 대체물의 소유권을 상대방에게 이전할 것을 약정하고 상대방은 그와 같은 종류, 품질 및 수량으로 반환할 것을 약정함으로써 그 효력이 생긴다(민법 598조). 소비대차계약 상 대주의 대여의무와 차주의 반환의무는 대가관계에 있지 않다. 따라서 무이자부 금전소비대차는 쌍무계약이 아니다. 그러나 이자부 금전소비대차의 경우 차주가 금전을 사용·수익하게 할 대주의 의무와 차주의 이자지급의무는 대가관계에 있다. 따라서 대주가 아직 돈을 빌려주기 전이라면 쌍방미이행 쌍무계약이다. 그러므로 대주에 대한 회생절차개시 시 대주의 관리인은 소비대차계약의 해제를 선택할 수 있고, 차주에 대한 회생절차개시 시 차주의 관리인은 이행 또는 해제를 선택할 수 있다. 차주의 관리인이 이행을 선택하여 대주가 대출을 해 준 경우, 해당 차용금 반환채무는 공익채무이다.

대주가 돈을 빌려준 이후에는 대주는 자신의 의무를 모두 이행하였으므로 일방미이행 쌍무계약이 된다.[668] 따라서 회생파산법 119조, 335조는 적용되지 않는다. 대주가 돈을 빌려 준 이후 대주 또는 차주의 도산 시 관리

---

[668] 반대 김영주, 도산절차와 미이행 쌍무계약 – 민법·채무자회생법의 해석론 및 입법론 –, (2020), 324(대주가 차주에게 목적물을 인도한 이후에도 대주는 일정기간 동안 차주가 목적물을 이용할 수 있도록 할 의무를 부담하고 목적물에 하자가 있는 경우 담보책임을 부담한다는 점을 근거로 든다). 그러나 '금전'소비대차의 경우에는 목적물 인도 후 대주의 추가 의무를 관념하기 어렵다. 정책적 관점에서도 대주 관리인의 해제권은 허용하지 않는 것이 바람직하다. **대주 도산을 이유로 대출금을 회수할 수 있다면 금융거래의 안정성을 저해할 수 있기 때문**이다. 독일도산법 108조 2항은 이러한 점을 고려하여 대주가 돈을 빌려준 후 도산한 경우 소비대차계약은 유효하게 존속한다고 명시한다.

인은 소비대차계약의 해제를 선택할 수 없고, 기존 계약이 도산절차 내에
서도 계속 유효하다. 다만 대주는 차주의 도산상황을 대비하여 소비대차계
약에 기한의 이익상실 조항을 둘 수 있다. 도산해지조항을 원칙적으로 무
효로 보는 입법을 하더라도, 차주에 대한 도산절차개시 신청이나 도산절차
개시 등을 이유로 소비대차계약의 해지를 허용하는 약정은 유효라고 보아
야 한다. 같은 관점에서 기한의 이익상실 조항도 유효하다. 또한 차주 '파
산' 시에는 회생파산법 425조에 따라 파산채권인 소비대차채권의 변제기가
도래한다.

대주가 목적물을 차주에게 인도하기 전에 당사자 일방에 대하여 파산절
차가 개시되면 소비대차는 그 효력을 잃는다(민법 599조). 입법론으로는 당
사자 일방의 파산 시 계약이 당연실효되는 것이 아니라 계약을 해지할 수
있다고 규정함이 타당하다는 주장이 있다.[669] 소비대차계약이 위임계약만
큼 당사자 사이의 '인적' 신뢰가 중요한 계약은 아닌 점, 당사자 사이의 인
적 신뢰가 중시되는 고용의 경우에도 사용자의 파산은 계약의 해지사유인
점(민법 663조)을 고려할 때, 위 주장에 공감한다. 이처럼 당사자 일방의
파산으로 소비대차계약이 실효되거나 해지된 경우, 이로 인해 손해를 입은
계약당사자가 있다면[670] 상대방에게 손해배상청구를 할 수 있다고 봄이 타
당하다(입법론 및 해석론[671]).

대주가 목적물을 차주에게 인도하기 전에 당사자 일방에 대하여 회생절
차가 개시된 경우 민법 599조는 적용되지 않는다. 유추적용할 이유도 없다.

---

669) 김영주, 도산절차와 미이행 쌍무계약 - 민법·채무자회생법의 해석론 및 입법론 -,
    (2020), 328.
670) 가령 대주의 파산으로 차주가 사업자금을 적시에 조달할 수 없게 되어 손해를 입은
    경우.
671) 계약이 실효되었으므로 더 이상 채무가 존재하지 않고, 따라서 채무불이행으로 인한
    손해배상은 성립되지 않는다고 생각할 수도 있다. 그러나 지나친 '형식론'이 아닐까?

따라서 차주에 대하여 회생절차가 개시되었더라도 ― 소비대차계약에서 달리 약정하지 않는 한 ― 계약은 유효하고 차주의 관리인이 이행을 선택하면 대주는 차주에게 금전을 인도해야 한다. 차주의 금전반환의무는 공익채무이다. 이 경우 대주보호를 위해 민법 599조와 같은 조항을 입법할 필요성이 있는가? 당사자들의 약정에 맡기면 충분하고 굳이 임의규정을 마련할 필요는 없다고 사료된다. 차주에 대한 회생신청을 이유로 대주가 소비대차계약을 해지할 수 있도록 하는 조항은 유효라고 보아야 한다.

제5절 사용대차계약

　사용대차는 당사자 일방이 상대방에게 무상으로 사용, 수익하게 하기 위하여 목적물을 인도할 것을 약정하고 상대방은 이를 사용, 수익한 후 그 물건을 반환할 것을 약정함으로써 그 효력이 생긴다(민법 609조).

　민법 614조에 따르면 차주가 파산선고를 받은 경우 대주는 계약을 해지할 수 있다. 사용대차는 무상계약으로서 대주와 차주 사이의 인적 신뢰관계에 기초한 것이고 차주가 파산선고를 받으면 이러한 인적 신뢰관계가 훼손될 수 있으므로, 대주에게 해지권을 부여한 것이다. 그러나 차주가 파산선고를 받았다고 해서 사용대차계약의 당사자들 사이에 인적신뢰관계가 훼손되었다고 의제하는 것은, 도산절차의 낙인효과를 법으로 승인하는 측면이 있어 부적절하다. 차주가 파산선고를 받았다고 해서 차주의 의무(목적물을 정해진 용법에 따라 사용수익할 의무, 계약종료 시 원상회복 의무 등)이행이 위태로워진다고 단정하기 어렵기 때문이다. 차주의 파산으로 인해 대주와 차주 사이에 신뢰관계가 파괴되었다고 인정할만한 '객관적이고 구체적 사정'(차주가 목적물을 제 때 반환하지 않을 위험, 차주가 목적물을 함부로 사용할 위험 등)이 인정되는 경우에 한해 신의칙 또는 민법 613조 2항 단서 유추를 근거로 대주의 계약해지를 인정함이 타당하다. 즉 입법론으로는 민법 614조를 삭제함이 타당하다. 민법 614조는 부적절한 조항이므로 확대적용되면 안된다. 따라서 차주가 회생절차에 들어간 경우 민법 614조를 유추할 수 없다. 차주가 무상의 이익을 얻는다고 해서 차주의 이익을 함부로 박탈하는 것은 타당하지 않다고 사료된다.[672]

　사용대차계약은 편무계약이므로 쌍방미이행 쌍무계약 관련 규정이 적용되지 않는다. 그렇다면 대주 도산 시 대주의 관리인이 사용대차계약을 해지할 수 없다고 보아야 한다. 차주가 사용대차계약을 해지할 법적 근거도 없다. 그런데 대주의 관리인이 사용대차계약을 해지할 수 없다는 결론이 타당한가? 사용대차계약에 따른 차주의 대주에 대한 권리, 즉 목적물의 사용수익 용인청구권은 채권에 불과하고, 채권은 도산절차에 복종하는 권리이다. 도산채권자에 불과한 차주가 자신의 채권을 100% 만족받는 것은 타당하지 않다.673) 도산재단의 확충을 위해 대주의 관리인은 사용대차계약을 해지할 수 있고, 그로 인한 차주의 손해는 도산채무로 변제함이 타당하다.674)675) 설령 사용대차계약을 해지할 수 없더라도 대주 측에서 본권에 기해 점유이전을 청구하면, 차주는 사용대차계약을 이유로 점유할 권한을 주장할 수 없다고 보아야 한다.

---

672) 그러나 편무계약의 당사자 일방 도산시 계약의 구속력을 부정하는 입법론에 찬성하는 견해로는 木村真也, "各種契約類型と当事者の倒産に関する規律", 続々・提言 倒産法改正, (2014), 28.

673) 同旨 Kayser·Thole, InsO 8Aufl. (2016)/Marotzke §108 Rn.6; Münchener Kommentar zur Insolvenzordnung 4.Aufl. (2019)/J.F. Hoffmann §108 Rn.46.

674) 본문 제2장 제2절 IV. 3. 바. 참조.

675) 무이자 소비대차에서 대주가 도산한 경우도 마찬가지이다. 무이자 소비대차계약은 쌍무계약이 아니므로 대주 도산 시 관리인이 해지권을 행사할 근거는 없다. 그러나 이자없이 금전을 빌린 차주의 보호가치는 낮다. 따라서 대주의 관리인은 소비대차계약을 해지하고 대출금의 조기상환을 청구할 수 있다고 보아야 한다. 대출금 조기상환으로 차주가 손해를 입는 경우 이를 도산채무로서 배상해야 한다. 다만 차주는 반환할 대출금에서 위 손해를 공제할 수 있다고 봄이 공평하다.

제6절 임대차계약

임대차는 임대인이 임차인에게 목적물을 사용, 수익하게 할 것을 약정하고 상대방이 이에 대하여 차임을 지급할 것을 약정함으로써 그 효력이 생긴다(민법 618조). 목적물을 사용, 수익하게 할 임대인의 의무와 차임을 지급할 임차인의 의무는 쌍무계약 상 대가관계에 있으므로, 임대차계약은 - 임차인이 차임 전부를 선납(先納)한 경우가 아닌 한 - 쌍방미이행 쌍무계약 관련 규정이 적용된다. 아래에서는 임대인이 도산한 경우와 임차인이 도산한 경우로 상황을 나누어 법률관계를 살펴본다.

Ⅰ. 임대인 도산

1. 회생절차가 개시된 경우

임차인이 주택임대차보호법 또는 상가건물 임대차보호법에 따른 대항요건을 갖춘 경우,[676] 쌍방미이행 쌍무계약 관련 규정이 적용되지 않는다(회생파산법 124조 4항). 따라서 계약은 유효하게 존속하며 관리인이 이를 해지할 수 없다. 이 경우 임차인의 사용수익청구권은 공익채권이다.[677] 필요

---

[676] 원칙적으로 임대인에 대한 회생절차개시 전에 대항요건을 갖추어야 한다. 다만 회생절차개시 후 그 사실을 모른 채 대항요건을 갖춘 임차인은 보호대상에 포함된다. 같은 취지 伊藤眞, 破産法・民事再生法, 4版, (2018), 396.

[677] 임차인이 임대인에 대하여 갖고 있는 계약상 채권 '일체'가 공익채권이 되는지는 의문이다. 본문 제2장 제1절 Ⅱ. 2. 참조.

비 및 유익비청구권은 도산절차개시 후 지출로 발생한 부분에 한하여 공익
채권이 되나, 회생채권인 필요비상환청구권은 차임채권과 상계할 수 있
다.678) 주택임대차보호법이나 상가건물 임대차보호법에 따라 우선변제권을
갖고 있는 임차인은 임대차계약 종료 시 보증금반환청구권과 관련하여 회
생담보권자(회생파산법 141조 1항의 "우선특권으로 담보된 범위의 것")로
보아야 한다.

임차인이 대항요건을 갖추었지만 임차인보다 선순위 저당권자가 있는
경우에도 회생파산법 124조 4항은 적용되는가? 법문언상 적용을 배제할 이
유는 없다. 다만 이 경우 관리인이 임대차계약을 해지할 수 없다면, 회생절
차에서 임대목적물인 부동산을 고가(高價)로 매각함으로써 회생담보권 등
을 조기변제하려고 하는 관리인의 의도가 좌절될 수 있다. 임대차계약의
부담이 있는 부동산을 고가로 매수하려는 자는 없을 것이기 때문이다.679)
담보권소멸청구제도를 별도로 입법하면서 이러한 임차인의 임차권도 ─
관리인이 일정범위의 보증금을 지급함으로써 ─ 소멸시킬 수 있는 제도를
마련해야 한다. 저당권보다 후순위인 임차인을 과보호할 이유가 없기 때문
이다. 다만 이러한 임차인에 한하여 관리인의 해지권을 인정하는 규정을
쌍방미이행 쌍무계약 관련 규정에 추가할 필요는 없다고 사료된다.

임차인이 대항력을 갖추지 않은 경우 쌍방미이행 쌍무계약 관련 규정이
적용된다. 관리인은 이행을 선택하거나 해지를 선택할 수 있다. 관리인이
해지를 선택한 경우 계약상대방의 원상회복채권은 공익채권이므로(회생파
산법 121조 2항), 임차인의 보증금반환채권도 공익채권인가? 그렇게 보는
것이 일견 논리적으로 보이지만, 학설은 대항력을 갖추지 않은 임차인을

---

678) 堂薗幹一郎, "賃貸借", 破産法大系2, (2015), 311-312. 유익비청구권과 차임채권의 상
　　계도 상계의 요건(회생파산법 144조 1항)이 충족된다면 허용될 여지가 있다.
679) 서울회생법원 재판실무연구회, 회생사건실무(상), 5판, (2019), 175-176.

보호할 필요가 없다는 점을 들어 회생채권으로 본다.680) 필자는 원상회복
채권을 공익채권으로 보는 법규정 자체에 문제가 있다는 입장이다. 임차인
의 보증금반환채권은 도산절차개시 당시 채권발생의 법적 원인이 존재하
므로, 전형적인 회생채권이다. 이 경우 보증금반환의무와 목적물반환의무
사이의 관계에 대해서는 아래 문단에서 한꺼번에 살펴본다.

도산절차진행 중 임대차계약이 － 기간만료 등을 이유로 종료하면 －
원상회복의 법률관계는 어떻게 전개되는가? 평시라면 임차인의 목적물반
환의무와 임대인의 보증금반환의무가 동시이행관계에 놓인다. 이러한 동시
이행관계는 두 의무 사이의 고유한 견련성을 근거로 한 것이 아니고 공평
의 관념에 기초한 것이다. 공평의 관념에 기초한 동시이행관계가 도산절차
에서도 관철될 수 있는가? 임차인이 대항요건을 구비하였다면 관철될 수
있다. 그렇게 봄이 대항력을 구비한 임차인을 보호하는 회생파산법의 취지
에 부합하기 때문이다. 이렇게 보면 임차인은 보증금 전액이 변제될 때까
지 목적물 반환을 거절할 수 있다. 따라서 보증금반환채권은 회생채권이지
만, 공익채권과 다를 바 없다.

그러나 **임차인이 대항요건을 구비하지 않았다면 관철될 수 없다**고 생각
한다.681) 보증금반환채권과 관련하여 임차인이 회생담보권자인 경우를 제
외하면, 임차인은 원칙적으로 회생채권자이다.682) 임차인은 보증금미변제

---

680) 김영주, 도산절차와 미이행 쌍무계약 － 민법·채무자회생법의 해석론 및 입법론 －,
　　(2020), 210; 임종헌, "파산절차가 쌍방 미이행계약관계에 미치는 영향", 고려대석사
　　논문, (2001), 55; 서경환, "회사정리절차가 계약관계에 미치는 영향", 재판자료86,
　　(2000), 659.
681) 같은 취지 임종헌, "파산절차가 쌍방 미이행계약관계에 미치는 영향", 고려대석사논
　　문, (2001), 55. 반대 임치용, "파산절차의 개시와 임대차계약", 파산법연구2, (2006),
　　134{동시이행관계를 강조하여 재단(공익)채권으로 본다}.
682) 관리인이 임대차계약의 이행을 선택한 후 임대차계약이 기간만료로 종료되었더라도,
　　보증금반환채권은 회생채권이다. 본문 제2장 제2절 II. 6. 나. 堂蘭幹一郎, "賃貸借",
　　破産法大系2, (2015), 312는 보증금계약은 임대차계약과 밀접한 관련이 있지만 별개

를 이유로 임차목적물반환을 거절할 수 없고, 회생채권자로서 보증금을 변제받을 수 있을 뿐이다. 다만 회생채권자로서의 변제와 임차목적물반환 사이의 동시이행관계는 - 임차인에게 큰 도움은 되지 않겠지만 - 인정할 수 있다.683)

저당권이 설정되어 있는 임대인 소유 임대목적물(부동산) 관련 차임채권으로서 "압류 후" 발생한 부분은 저당권의 효력이 미친다(민법 359조). 여기서 압류는 "담보권 실행을 위한 경매절차 개시결정 기입등기"를 뜻한다.684) 그런데 회생절차에서 담보권자는 독자적으로 담보권실행을 할 수 없으므로 이러한 압류등기를 할 수 없고, 따라서 차임채권을 담보권의 목적물로 포함시키는 것이 원천봉쇄되는 결과에 이른다. 이러한 결론이 타당한지는 의문이다. 저당부동산만으로 피담보채권 전액을 변제하기 부족하다면, 담보권자의 회생담보권 가액을 평가함에 있어 회생절차개시 후 발생한 차임채권도 반영하는 것이 공평하지 않을까?

2. 파산절차가 개시된 경우

임차인이 주택임대차보호법 또는 상가건물 임대차보호법에 따른 대항요건을 갖춘 경우, 쌍방미이행 쌍무계약 관련 규정이 적용되지 않는다(회생파산법 340조 4항). 그 밖의 법률관계는 회생절차에서 검토하였던 것과 동일하다. 임차인의 사용수익청구권은 재단채권이다. 주택임대차보호법이나 상가건물 임대차보호법에 따라 우선변제권을 갖고 있는 임차인은 임대차

의 계약이므로, 관리인이 임대차계약의 이행을 선택하였다고 해서 보증금반환채권이 재단(공익)채권이 되는 것은 아니라고 설명한다.
683) 김영주, 도산절차와 미이행 쌍무계약 - 민법·채무자회생법의 해석론 및 입법론 -, (2020), 211. 다만 이러한 동시이행항변도 항상 인정된다고 단정하긴 어렵다. 각주 262 참조.
684) 주석민법 물권(4) 4판 (2011)/김재형 147.

계약 종료 시 보증금반환청구권과 관련하여 파산절차 상 우선변제권을 갖는다(회생파산법 415조). 임차인보다 선순위 저당권자가 별제권을 행사하여 임차권이 소멸한 경우, 임차인이 파산관재인에 대하여 주장할 수 있는 채무불이행(임차인이 목적물을 사용, 수익할 수 있는 상태로 유지할 의무)을 원인으로 한 손해배상청구권은 파산채권인가? 아니면 재단채권인가? 재단채무의 불이행으로 임차인이 손해를 입었으므로 재단채권으로 볼 여지도 있다. 그러나 이러한 위험은 임차인이 계약체결 시부터 각오한 위험으로서 파산절차개시 당시 채권발생의 법적 원인이 존재하고 있었다고 보아, 파산채권으로 봄이 타당하다.[685]

저당권이 설정되어 있는 임대인 소유 임대목적물(부동산) 관련 차임채권으로서 "압류 후" 발생한 부분은 저당권의 효력이 미친다(민법 359조). 저당권자는 별제권자로서 파산절차 내에서 저당권을 실행할 수 있고, 이에 따라 압류등기가 경료된 후의 차임채권을 담보물로 파악할 수 있다. 압류등기가 경료되기 전의 차임채권은 파산관재인이 추심하여 파산채권의 변제에 사용할 수 있다.

II. 임차인 도산

1. 회생절차가 개시된 경우

쌍방미이행 쌍무계약에 관한 일반규정이 적용되므로, 관리인은 이행 또는 해지를 선택할 수 있다. 관리인이 이행을 선택하면 ― 반대견해[686]도 있지만 ― 도산절차개시 후 차임부분에 한하여 공익채권이 된다. 임차인

---

685) 같은 취지 堂薗幹一郎, "賃貸借", 破産法大系2, (2015), 314-315.
686) 임치용, "파산절차의 개시와 임대차계약", 파산법연구2, (2006), 141-142.

파산 시 특칙인 민법 637조는 임차인에 대하여 회생절차가 개시된 경우 유추될 수 없다. 민법 637조는 불합리한 조항이므로 그 적용범위를 확대하는 것에는 신중할 필요가 있다.

임차인의 관리인이 해지를 선택하면 임대인의 원상회복채권{수거(收去) 및 보수(補修)청구권}은 공익채권이다(회생파산법 121조 2항). 현행법 규정상 부득이한 측면이 있지만, 도산채무자의 원상회복의무를 공익채권으로 보는 것은 타당하지 않다. 도산절차개시 전에 이미 발생의 법적 근거가 존재하므로 회생채권으로 봄이 타당하다.[687)

임차인이 계약기간 중 해지를 하려면 예고기간을 거쳐야 한다는 계약조항이 있더라도, 임차인의 관리인이 해지권을 행사하는 경우에는 이러한 해지예고기간 조항의 구속을 받지 않는다. 관리인에게 해지권을 부여한 도산법의 취지와 배치될 수 있기 때문이다.

2. 파산절차가 개시된 경우

임차인이 파산선고를 받으면 쌍방미이행 쌍무계약 관련 일반규정이 적용되지 않고 민법 637조의 특칙이 적용된다. 즉 임차인이 파산선고를 받은 경우 임대차기간의 약정이 있는 때에도 임대인 또는 파산관재인은 민법 635조에 따라 계약해지를 통고할 수 있다(민법 637조 1항). 이 경우 각 당사자는 상대방에 대하여 계약해지로 인하여 생긴 손해의 배상을 청구하지 못한다(민법 637조 2항). 이 규정은 일본 구 민법 621조를 모방한 것이고, 위 일본민법 규정은 일본 구 상법 파산편 993조 1항을 확인적으로 승계한 것이다.[688)689) 일본은 민법개정을 통해 위 조항을 삭제하였다. 한편 네덜란

---

687) 일본의 논의상황은 伊藤眞, 破産法·民事再生法, 4版, (2018), 394의 각주 83 참조.

688) 松下淳一, "契約関係の処理", 倒産実体法, 別冊NBL69, (2002), 56.

689) 참고로 스위스채무법 297a조 1항은 용익임대차와 관련하여, 임차인이 목적물 인도를 받은 후 파산한 경우, 임대차계약은 종료한다고 규정하고 있고, 2항은 그러나 임대

드 도산법 39조 1항은 우리 민법 637조와 비슷한 규정을 두고 있다.[690] 네덜란드에서도 위 조항은 폐지되어야 한다는 견해가 주장되고 있다.[691]

임차인이 파산선고를 받았다는 이유만으로 계약상대방인 임대인에게 계약해지권을 부여하는 것은 임차인에게 일방적으로 불리한 것으로서 타당하지 않다. 또한 파산관재인의 해지권은 회생파산법에 의해서도 인정될 수 있는 것인데, 민법에 의할 경우 임대인이 계약해지에 따른 손해배상청구를 할 수 없다는 점이 특징적이다. 그러나 이 경우 임대인의 손해배상청구권을 부정할 합리적 이유가 없다. 임차인 파산 시 법률관계는 회생파산법의 일반규정에 의해 처리하면 충분하다. 민법 637조는 전부 삭제함이 타당하다.[692] 주택임대차보호법에 따라 임차인을 위해 일정기간의 계약기간이 보장된 경우에도, 임차인이 파산하면 임대인은 민법 637조에 따라 임대차계약을 해지할 수 있는가? 법문언상 임대인의 해지권을 부정할 이유는 없어 보인다. 그러나 민법 637조는 불합리한 조항으로서 가급적 그 적용범위를 좁혀야 하고, 주택임대차보호법의 강행규정으로서의 성격을 존중해야 하므

인이 잔존 차임에 대하여 담보를 취득한 경우, 약정기간까지 임대차관계를 계속해야 한다고 규정하고 있다. 제1항에 따라 임대차계약이 종료된 경우 임대인은 임대차계약 위반을 이유로 한 손해배상채권을 취득하지 못한다. 임대차계약이 자동으로 종료하였기 때문이다. KUKO OR-Maja L. Blumer/IN, Art.297a N.4.

또한 스위스채무법 266h조 1항은 사용임대차와 관련하여, 임차인이 목적물 인도를 받은 후 파산한 경우, 임대인은 장래차임에 대하여 서면으로 적정한 기간을 정하여 담보를 요구할 수 있다고 규정하고 있고, 2항은 임대인이 위 기간 내에 담보를 취득하지 못하면 임대차계약을 즉시해지할 수 있다고 규정하고 있다.

690) 다만 ① 관리인과 임대인 모두 3개월의 예고기간을 두고 임대차계약을 해지할 수 있고, ② 임대인은 위 3개월 분 차임 이외에 별도의 손해배상청구를 할 수 없으며, ③ 위 3개월 분 차임채권은 재단채권인 점은 우리법과 다르다. Jason Chuah/Eugenio Vaccari (ed), Executory Contracts in Insolvency Law : A Global Guide, (2019), 23.15-23.16.

691) Jason Chuah/Eugenio Vaccari (ed), Executory Contracts in Insolvency Law : A Global Guide, (2019), 23.20.

692) 같은 취지 임치용, "파산절차의 개시와 임대차계약", 파산법연구2, (2006), 146.

로, 이 경우 임대인의 해지권은 인정될 수 없다.[693]

파산선고 후 임대차계약해지 시점까지의 미지급 차임은 회생파산법 473조 8호("파산선고로 인하여 쌍무계약이 해지된 경우 그 때까지 생긴 청구권")의 재단채권이고, 임대차계약 해지 후부터 임차목적물 인도 시까지의 차임상당 부당이득은 회생파산법 473조 5호("사무관리 또는 부당이득으로 인하여 파산선고 후 파산재단에 대하여 생긴 청구권")의 재단채권이다. 민법 637조는 임대인이 '손해배상청구'를 할 수 없다고 규정하고 있을 뿐이므로, 위와 같은 재단채권의 행사는 가능하다.

---

693) 같은 취지 임치용, "파산절차의 개시와 임대차계약", 파산법연구2, (2006), 144.

제7절 라이선스계약

　라이선스계약은 라이선서가 라이선시에게 권리나 법률상 이익을 사용할 권리를 설정하고 라이선시는 이에 대한 대가로 로열티를 지급하는 것을 내용으로 한다. 권리나 법률상 이익을 사용·수익하게 할 라이선서의 의무와 라이선시의 로열티 지급의무는 대가관계에서 있으므로, 라이선스계약에 대해서는 쌍방미이행 쌍무계약 관련 일반규정이 적용될 수 있다. 라이선스계약은 목적물의 사용·수익을 허락하고 그에 대한 대가를 지급받는 계속적 계약이라는 점에서 임대차계약과 유사하다. 임대차계약에서 임대인 도산 시 임차인 보호를 위해 대항력을 갖춘 임차인에 대해서는 임대차계약이 유효하게 존속한다고 법으로 규정한 것처럼, 라이선스계약에서도 라이선서 도산 시 라이선시를 보호할 필요성이 있다. 라이선스의 대상인 상표권이나 특허권 등을 이용해 거액의 초기투자를 거쳐 사업을 지속해온 라이선시 입장에서, 자신과 무관한 라이선서 도산이라는 사정으로 인해 라이선스계약이 해지되어 상표권이나 특허권을 더 이상 사용할 수 없게 되고, 그에 따라 사업자체를 더 이상 할 수 없게 되는 것은 가혹하기 때문이다.[694]

　입법론으로는 라이선스 등록제도와 대항요건 제도를 정비하고 등록 또는 그 밖의 대항요건을 갖춘 라이선시의 경우 라이선스계약이 존속한다고 규정하는 방법을 생각해 볼 수 있다(회생파산법 124조 4항, 340조 4항 참조). 해석론으로는 관리인의 해지권 행사를 신의칙을 근거로 제한하는 방법을 생각해 볼 수 있다.[695] 관리인의 해지권 행사가 허용되지 않아 결과

---

694) 伊藤眞, 破産法·民事再生法, 第4版, (2018), 402.
695) 계약체결의 경위, 라이선스 계약에서 정한 로열티의 규모와 기간, 당해 지적재산권이

적으로 라이선스 계약이 라이선서 도산절차 내에서 존속된다면, 라이선스 계약 상 모든 의무를 라이선서가 재단(공익)채무로서 부담하는지, 라이선서의 핵심의무로서 라이선시의 로얄티 지급의무와 대가관계에 있는 의무만 재단(공익)채무가 되는지 논란이 있을 수 있다. 필자는 기본적으로 후자의 입장에 찬동한다.[696] 다만 관리인 스스로 이행선택을 하였다면, 도산절차 개시 후 새롭게 라이선스 계약이 체결된 것과 마찬가지로 모든 계약상 의무가 재단(공익)채무가 된다. 필자와 같이 보면 라이선서는 핵심의무 이외의 의무에 대해서는 도산채무를 부담할 뿐이고, 그 의무위반에 따른 손해배상채무도 도산채무이다. 다만 로얄티채권과 위 손해배상채권의 공제 내지 상계는 허용함이 공평하다고 사료된다.

채무자와 채권자에 가지는 각 경제적 가치, 해제권의 인정으로 얻게 되는 도산재단의 이익과 그로 인한 라이선시의 도산위험 등을 종합적으로 참작하여 해제권을 제한하자는 견해로는 권창환, "도산절차에서의 쌍방미이행 쌍무계약과 지적재산권 라이선스 계약의 관계", 사법50, (2019), 415.

696) 본문 제2장 제1절 II. 2. 참조. 이에 관한 일본의 논의는 樋口收, 佐藤三郎, 佐々木英人, 松本卓也, 赤堀有吾, "ライセンス契約と当然対抗制度の限界についての一考察", 現代型契約と倒産法, (2015), 310-315. 후자의 입장을 따르더라도, 로얄티 지급의무와 고유한 견련관계에 있는 라이선서의 핵심의무를 어디까지로 볼 것인지는 쉽지 않은 문제이다.

제8절 고용계약

고용은 노무자가 사용자에 대하여 노무를 제공할 것을 약정하고 사용자가 이에 대하여 보수를 지급할 것을 약정함으로써 그 효력이 생긴다(민법 655조). 노무자의 노무제공의무와 사용자의 보수지급의무는 대가관계에 있으므로 고용계약은 쌍방미이행 쌍무계약 관련 규정이 적용될 수 있다. 아래에서는 사용자에 대하여 회생절차가 개시된 경우와 파산절차가 개시된 경우의 법률관계를 살펴본다.

I. 사용자에 대한 회생절차 개시

관리인이 쌍방미이행 쌍무계약 관련 일반규정에 따라 고용계약을 해지하더라도 근로기준법 23조 이하의 해고요건을 갖추어야 한다.[697] 또한 기존 단체협약이 회생절차에 있어서도 구속력을 가지므로(관리인은 단체협약을 쌍방미이행 쌍무계약으로서 해제 또는 해지할 수 없다. 회생파산법 119조 4항), 단체협약에 해고엔 관하여 정함이 있으면 이를 따라야 한다.[698]
계속적 급부를 목적으로 하는 쌍무계약에 관한 특칙인 회생파산법 122

---

697) 대법원 2014. 11. 13. 선고 2014다20875 판결.
698) 입법론으로는 채무자 회사의 회생을 위해 필요한 경우 법원의 허가를 받아 단체협약 일부 또는 전부를 해지하는 것을 허용할 필요가 있다. 회생개시 직전에 채무자 회사의 대표이사가 노동조합에 편파적인 내용의 단체협약을 체결하는 경우에 대비할 필요가 있기 때문이다. 임치용, "회생절차의 개시가 근로관계에 미치는 영향", 파산법연구 5, (2020), 203.

조 1항은 단체협약에 관하여는 적용되지 않는다(회생파산법 122조 2항). 따라서 단체협약의 적용을 받는 근로자는 체불임금 미지급을 이유로 근로의 제공을 거절할 수 있다.[699]

근로자의 임금채권은 도산절차 개시 전후(前後)를 불문하고 모두 공익채권이므로(회생파산법 179조 10호), 관리인이 적법하게 근로자를 해고한 경우에도 기존 미지급 임금채권 일체는 공익채권이 된다. 회생파산법 179조 10호에 따르면 근로자의 퇴직금과 임금채권 일체가 공익채권이 되는데, 입법론의 관점에서 이는 과도하다고 사료된다.[700]

한편 회생파산법 180조 7항은 도산재단으로 공익채권을 변제하기도 부족한 경우 변제순서 및 방법에 대하여 규정하고 있는데, 이 경우에도 "공익채권을 위한 우선특권"의 효력은 유지된다(회생파산법 180조 7항 단서). 여기서 공익채권을 위한 우선특권이 무엇을 뜻하는지 분명하지 않다. 근로자의 임금, 퇴직금채권 같은 **'일반'우선특권**(근로기준법 38조 1항)이 포함된다고 보면 다른 공익채권에 비해 임금채권을 과보호하는 것이다. 만약 **'개별'우선특권**만 포함된다고 보면, 근로자의 최종 3개월 분 임금채권이나 퇴직금채권처럼 담보권보다도 앞서는 채권(근로기준법 38조 3항, 근로자퇴직급여 보장법 12조 2항)임에도 불구하고 우선권을 인정받지 못하는 결과가 되는데,[701] 이는 해당 채권을 과소보호하는 것이다. 입법론으로는 "공익채

---

699) 서울회생법원 재판실무연구회, 회생사건실무(상), 5판, (2019), 173. 그러나 회생파산법 122조 2항은 부적절한 조항이라고 사료된다. 그 이유는 다음과 같다. ① 근로자의 임금채권은 공익채권으로서 수시변제되므로, 근로자의 근로제공 거절이 정당화되는 상황은 잘 발생하지 않을 것이다. ② 공익채권인 임금채권이 변제될지 불확실한 상황이라면, 근로자는 단체협약의 적용을 받는지 여부와 상관없이 근로제공을 거절할 수 있어야 한다.

700) 임치용, "회생절차의 개시가 근로관계에 미치는 영향", 파산법연구 5, (2020), 190.

701) 회생절차의 경우 파산절차(회생파산법 415조의2)와 달리 임금채권자의 최우선변제권을 보장하는 규정이 없다. 임치용, "개정된 채무자 회생 및 파산에 관한 법률 제415조의2 및 제477조에 대한 관견", 회생법학21, (2020), 42는 굳이 파산절차에서만 근로자를 보호하고 회생절차에서는 특칙을 두지 않은 이유를 납득하기 어렵다고 한다.

권을 위한 개별우선특권"으로 회생파산법 180조 7항 단서를 개정하고, 최우선변제권이 인정되는 3개월 분 임금채권과 퇴직금채권에 대해서는 공익채권들 내부에서도 — 신규자금채권자와 동순위의 — 우선권을 인정함이 공평하다. 다만 임금채권보장법에 따라 근로자의 임금채권 등을 대위행사하는 경우에는 이러한 우선권을 인정할 필요가 없이 다른 공익채권과 동일하게 취급함이 타당하다(회생파산법 415조의2 참조).

관리인은 부당노동행위의 주체인 사용자에 해당하고, 관리인이 한 해고에 대해서는 부당노동행위 법리가 적용된다.[702]

Ⅱ. 사용자에 대한 파산절차 개시

민법 663조 1항에 따라 근로자 또는 파산관재인은 계약을 해지할 수 있다.[703][704] 이 경우 각 당사자는 계약해지로 인한 손해의 배상을 청구하지 못한다(민법 663조 2항). 위 규정은 쌍방미이행 쌍무계약 관련 일반규정의 특칙이다. 사용자 파산 시 근로계약을 유지할 수 없는 경우가 대부분이므로 쌍방 계약당사자에게 모두 해지권을 부여하는 것은 합리적이다. 다만 근로계약해지로 인해 근로자가 손해를 입은 경우 근로자가 파산채권으로

---

702) 임치용 "회생절차의 개시가 근로관계에 미치는 영향", 파산법연구 5, (2020), 195-196. 반대 서경환, "회사정리절차가 계약관계에 미치는 영향", 재판자료86, (2000), 663(관리인은 경영자라기보다 회사·주주·채권자 등 이해관계인의 이익을 조정하는 지위에 있다는 점을 근거로 든다).

703) 제663조(사용자파산과 해지통고)
① 사용자가 파산선고를 받은 경우에는 고용기간의 약정이 있는 때에도 노무자 또는 파산관재인은 계약을 해지할 수 있다.
② 전항의 경우에는 각 당사자는 계약해지로 인한 손해의 배상을 청구하지 못한다.

704) 참고로 스위스채무법 337a조는 사용자가 지급불능이 된 경우, 근로계약관계로부터 발생하는 근로자의 채권에 대하여 적정한 기간 내에 담보가 제공되지 않으면, 근로자는 근로계약을 즉시해지할 수 있다고 규정한다.

손해배상채권을 주장할 수 없도록 하는 부분은 삭제함이 타당하다는 입법론이 있다.705) 위 규정은, 파산관재인이 근로계약을 해지하더라도 근로자는 다른 근로계약을 체결하여 노무를 제공하고 보수를 지급받을 수 있고, 노동관계 법률에 의해 퇴직금, 임금, 해고예고수당 등을 받을 수 있으므로 굳이 근로자에게 손해배상청구권까지 허용할 필요가 없다는 취지인데, 사용자의 파산으로 해고된 근로자가 빠른 시일 내에 종전의 근로조건과 동일한 조건으로 근로계약을 체결하기 어려울 수 있고, 노동관계 법률에 따라 지급이 보장되는 범위를 초과하는 손해가 발생할 가능성도 배제할 수 없다는 것이다. 굳이 손해배상청구를 원천봉쇄할 필요가 있는지 의문이 들기는 한다. 그러나 사용자 파산 시 파산관재인은 근로자 전원을 즉시 해고하고 파산절차 수행을 위해 필요한 인원만 재고용하는 것이 통상인데, 이러한 손해배상청구를 허용하면 손해액을 둘러싼 다툼으로 인해 파산절차의 신속하고 원활한 진행에 장애가 될 수 있다. 또한 별도의 손해배상청구권을 인정하더라도 실제 파산배당률이 낮다면 인정할 실익이 크지 않다. 따라서 현행 규정도 나름의 합리성이 있다고 사료된다.706)

파산관재인이 민법 663조 1항에 따라 근로계약을 해지하더라도, 근로기준법이 적용되는 경우에는 근로기준법 26조에서 정한 해고예고기간(또는 해고예고수당 지급의무)은 준수해야 한다.707) 채무자의 자금 사정 때문에 해고예고수당을 해고와 동시에 지급하지 못하는 경우에도 해고는 유효하다.708)

기업이 파산선고를 받아 사업의 폐지를 위하여 그 청산과정에서 근로자

---

705) 김영주, 도산절차와 미이행 쌍무계약 – 민법·채무자회생법의 해석론 및 입법론 –, (2020), 266-267.
706) 참고로 일본민법은 – 최근 대규모의 일본민법 개정 후에도 – 우리 민법 663조와 동일한 취지의 규정(631조)을 계속 유지하고 있다.
707) 임치용, "파산절차의 개시가 고용계약에 미치는 영향", 파산법연구 2, (2006), 150-151.
708) 대법원 2007. 5. 31. 선고 2006다36103 판결.

를 해고하는 것은 위장폐업이 아닌 한 기업경영의 자유에 속하는 것으로
서, 파산관재인이 파산선고로 인하여 파산자 회사가 해산한 후에 사업의
폐지를 위하여 행하는 해고는 정리해고가 아니라 통상해고이다. 이 경우
단체협약에 정리해고에 관하여 노동조합과 협의하도록 정하여져 있더라도
파산관재인은 이에 구속되지 않는다.709) 파산관재인에 의한 근로계약해지
(해고)는 원칙적으로 부당노동행위에 해당하지 않는다.710) 그러나 오로지
해고를 위하여 사용자가 파산을 이용하는 것은 부당노동행위가 된다.

파산관재인이 단체협약을 해지할 수 있는지에 대하여 견해대립이 있으
나, 쌍방미이행 쌍무계약에 해당하므로 해지할 수 있다고 봄이 타당하
다.711) 다만 파산절차 내에서 개별 근로계약이 존속되는 때에는 파산관재
인의 단체협약 해지권 행사를 제한할 필요가 있다는 견해도 있다.712)

근로자의 임금, 퇴직금, 재해보상금 채권 일체는 재단채권이다(회생파산
법 473조 10호). 파산재단으로 재단채권을 변제하기에도 부족한 경우, 신규
차입자금 관련 채권(회생파산법 179조 1항 5호 및 12호의 청구권 중에서
채무자의 사업을 계속하기 위하여 법원의 허가를 받아 차입한 자금으로서
회생파산법 6조 4항, 9항 및 7조 1항에 따라 재단채권이 되는 것)과 근로자
의 임금, 퇴직금 채권 일체는 다른 재단채권보다 우선한다(회생파산법 477
조 3항). 신규차입자금 관련 채권이 없으면 임금, 퇴직금 채권은 회생파산
법 473조 1호 내지 7호의 재단채권과 동순위이다(회생파산법 477조 2항).

저당권자보다 앞서는 3개월 분의 임금채권과 퇴직금채권에 관해서는 파

---

709) 대법원 2003. 4. 25. 선고 2003다7005 판결.
710) 대법원 2004. 2. 27. 선고 2003두902 판결.
711) 임치용, "파산절차의 개시가 고용계약에 미치는 영향", 파산법연구 2, (2006), 157;
　　　서울회생법원 재판실무연구회, 법인파산실무, 5판, (2019), 219.
712) 김영주, 도산절차와 미이행 쌍무계약 - 민법·채무자회생법의 해석론 및 입법론 -,
　　　(2020), 270.

산절차에서도 최우선변제권이 유지된다(회생파산법 415조의2 본문). 다만 임금채권보장법에 따라 위 임금채권 등을 대위하는 경우에는 최우선변제권이 인정되지 않는다(회생파산법 415조의2 단서).

근로관계로 인한 근로자의 채권 중 회생파산법 473조 10호, 11호에 따라 재단채권으로 인정되는 것을 제외한 나머지는 우선권 있는 파산채권이다(회생파산법 441조, 근로기준법 38조 1항).

제9절 도급계약

도급은 수급인이 어느 일을 완성할 것을 약정하고 도급인이 그 일의 결과에 대하여 보수를 지급할 것을 약정함으로써 그 효력이 생긴다(민법 664조). 수급인의 일의 완성의무와 도급인의 보수지급의무는 대가관계에 있으므로, 도급계약에 대해서는 쌍방미이행 쌍무계약 관련 규정이 적용될 수 있다. 한편 건축공사 도급계약에서 이미 공사가 완성되었다면 특별한 사정이 있는 경우를 제외하고는 더 이상 공사도급계약을 해제할 수 없으므로(민법 668조 단서, 대법원 1995. 8. 22. 선고 95다1521 판결 참조), 수급인이 건물을 완공하여 인도함으로써 도급계약을 해제할 수 없게 된 이상, 쌍방미이행 쌍무계약에 해당하지 않는다는 것이 판례의 입장이다.[713] 그러나 이러한 논리는 타당하지 않다. 위 판례는 수급인 파산 당시 완성된 건물에 하자가 있어 수급인의 하자보수의무가 존재하고, 도급인의 대금지급의무도 존재하던 사안이다. 따라서 쌍방미이행 쌍무계약에 해당한다. 이 경우 **수급인의 파산관재인은 도급계약을 '해제'할 수 없지만 '해지'할 수 있다.** 파산관재인이 이행을 선택하면 재단채무로서 하자보수의무(또는 하자보수비 지급의무)를 이행해야 하고 도급인은 공사대금을 지급해야 한다. 하자보수비와 공사대금은 상계가 가능하다. 상계하고 남은 하자보수비 채권이 있다면 이는 재단채권이다. 파산관재인이 해지를 선택하면 하자보수의무 불이행에 따른 도급인의 손해를 파산채무로서 이행해야 하는데, 도급인은 자신이 지급할 공사대금과 해당 손해액을 상계 또는 공제할 수 있다. 상계하고 남은

---

713) 대법원 2001. 10. 9. 선고 2001다24174, 24181 판결.

손해배상채권은 파산채권이다. 파산관재인으로서는 이행을 선택하는 것보다 **해지를 선택하는 것이 항상 파산재단에 유리**하다. 위 판례에 따르면 파산채권인 도급인의 하자보수에 갈음하는 손해배상청구권과 수급인의 공사대금청구권은 상계할 수 있다.714) 따라서 쌍방미이행 쌍무계약으로 보고 파산관재인이 해지를 선택하는 경우와 결과는 같다.

아래에서는 도급인이 도산한 경우와 수급인이 도산한 경우로 상황을 나누어 법률관계를 살펴본다.

Ⅰ. 도급인 도산

1. 도급인에 대한 파산절차개시

도급인이 파산선고를 받은 때에는 수급인 또는 파산관재인은 계약을 해제715)할 수 있다(민법 674조 1항 본문). 이 경우에는 수급인은 일의 완성된 부분에 대한 보수 및 보수에 포함되지 아니한 비용에 대하여 파산재단의 배당에 가입할 수 있다(민법 674조 1항 단서).716) 그러나 각 당사자는 상대방에 대하여 계약해제로 인한 손해의 배상을 청구하지 못한다(민법 674조 2항). 민법 674조는 쌍방미이행 쌍무계약 관련 일반규정의 특칙이다.717)

---

714) 이균용, "수급인의 파산과 파산법 제50조의 적용여부", 대법원판례해설38, (2002), 500.
715) 판례는 이를 소급효가 없는 '해지'로 새긴다. 대법원 2002. 8. 27. 선고 2001다13624 판결. 그러나 도급계약의 목적물이 불가분이고 일부 완성된 목적물이 도급인에게 별다른 가치가 없는 경우에도 '해지'로 볼 수 있는지는 의문이다.
716) 수급인이 이러한 파산채권 확보를 위해 파산절차개시 전에 민법상 유치권/상법상 유치권을 취득하는 것도 가능하다.
717) 수급인이 동시이행항변권이나 불안의 항변권을 포기하고 일의 완성과 완성물의 인도를 약속하면, 도급인의 파산관재인은 민법 상 해제권을 행사할 수 없다는 견해도 있다. 伊藤眞, 破産法·民事再生法, 4版, (2018), 408의 각주 109 참조. 쌍방미이행 쌍

도급인 파산 시 수급인에게 해제권 - 더구나 상대방 도급인은 수급인에게 손해배상청구권을 행사할 수도 없다 - 을 부여하는 것은 타당하지 않다. 임차인 파산 시 임대인에게 해지권을 부여하는 것이 부당한 것과 마찬가지로 도급인 파산 시 수급인에게 해제권을 부여하는 것도 도급인에게 일방적으로 불리한 것으로서 부당하다. 이에 대하여 단지 임차목적물을 사용수익 가능한 상태로 유지시켜줄 의무를 부담하는 임대인과 달리 수급인은 자신의 노동력이나 자본을 투자하여 일을 완성해야 하므로, 도급인 파산 시 계약관계로부터 이탈할 자유를 수급인에게 부여하는 것이 타당하다 (마치 사용자 파산 시 근로자에게 근로계약 해지권을 인정하는 것처럼)는 반론도 가능하다.718)719) 그러나 지배종속관계에 놓인 근로자와 (개인)수급인을 동일한 평면에서 볼 수 있는지 의문이다. 수급인의 경우 설령 도급계약에 따라 파산한 도급인에 대하여 일을 완성시켜 완성물을 인도할 의무가 선이행의무라 할지라도, 불안의 항변권을 행사하여 (만약 도급인의 파산관재인이 계약이행을 선택하였다면, 재단채무인 대금지급의무가 재단부족으로 인해 제대로 이행되지 못할 위험이 있다는 점을 주장, 증명하여) 자신의 선이행의무 이행을 거절할 수 있다. 수급인은 신속히 파산관재인에게 이행선택 여부를 최고하고, 파산관재인이 이행을 선택한 경우 법원이 도급대금지급이 가능한지 충실히 심사하여 자력(資力)이 있는 경우에만 이를 허가

무계약의 경우 계약상대방의 선(先)이행으로 도산재단에 대한 변제효가 발생하면, 일방미이행 쌍무계약이 되어 관리인은 해제권을 행사할 수 없다. 본문 제2장 제2절 II. 3. 라. 참조. 위 견해는 쌍방미이행 쌍무계약 관련 법리를, 민법에 따라 파산관재인이 해제권을 행사하는 경우에도 적용하자는 취지이다. 타당한 주장이라고 사료된다.

718) 일본민법은 - 최근 개정과정에서 - 이러한 이유를 들어 임차인 파산 시 임대인 해지권은 삭제한 반면, 도급인 파산 시 수급인 해제권은 그대로 유지하였다(일본민법 642조 1항).

719) 개인수급인에 대해서는 보수지급의 불안함이 추상적 단계에 머물러 있는 경우에도 계약관계 이탈의 자유를 인정함이 타당하기 때문에 개인수급인에 한해 해제권을 부여하자는 주장으로는 松下淳一, "契約関係の処理", 倒産実体法, 別冊NBL69, (2002), 59.

한다면, 수급인이 **불안정한 계약에 오랜 기간 부당하게 구속되는 상황**[720)
은 막을 수 있다. 수급인에게 해제권을 부여하지 않는다고 해서 수급인이
부당하게 불리해진다고 단정할 수 없다. 수급인에 의한 해제권을 불허하고
쌍방미이행 쌍무계약 관련 일반규정으로 해결하면 족하다.

도급인의 파산관재인이 도급계약을 해제한 경우 수급인이 파산채권으로
서 손해배상청구권을 행사할 수 없도록 한 것도 그 정당성을 인정하기 어
렵다.[721)

결론적으로 민법 647조는 전부 삭제함이 타당하다.

2. 도급인에 대한 회생절차개시

쌍방미이행 쌍무계약 관련 일반규정이 적용된다. 따라서 도급인의 관리
인은 이행 또는 계약해제를 선택할 수 있다.

관리인이 이행을 선택한 경우 수급인이 회생개시 전 완성한 부분에 대한
보수채권도 공익채권이 되는지에 대하여 판례는 긍정한다.[722) 이는 계약의
분할을 인정할 것인지와 관련된 중요하고도 어려운 문제이다. 앞서 상세히
살펴본 것처럼 필자는 건설도급계약의 경우 원칙적으로 계약의 분할을 인
정할 수 있다고 생각한다.[723)

판례는 도급인에 대하여 회생절차가 개시된 경우에도 민법 674조 1항을
유추할 수 있다는 입장이다[724) 판례는 '계약의 분할'을 인정하기 위해, 즉

---

720) 가령 도급인이 도급대금을 지급할지 불확실함에도 불구하고, 파산관재인의 이행선택
에 대비하여 납기를 맞추기 위해 작업준비를 미리 해야 하는 상황.

721) 우리법의 모태가 되는 일본 구 민법 642조는 개정되어 도급인의 파산관재인이 도급
계약을 해제하는 경우 수급인이 파산채권으로서 손해배상청구권을 행사할 수 있게
되었다(일본민법 642조 3항).

722) 대법원 2004. 8. 20. 선고 2004다3512, 3529 판결 등.

723) 본문 제2장 제2절 Ⅲ. 5. 참조.

724) 대법원 2017. 6. 29. 선고 2016다221887 판결.

도급인의 관리인이 해제를 선택한 경우 수급인의 기이행부분 관련 보수채
권을 회생채권으로 보기 위해 민법 674조 1항을 유추하였다. 민법 674조 1
항을 유추한다고 해서 도급인의 관리인뿐만 아니라 수급인도 계약을 해제
할 수 있다는 취지는 아니다. 필자는 설령 민법 674조 1항이 없더라도 ―
관리인의 해제선택 시 ― 도급계약에서 계약의 분할은 인정함이 공평하다
고 생각한다. 수급인이 기이행한 일부를 도급인으로 하여금 원상회복케 하
는 것은, (해당 부분이 범용성이 있어 경제적 가치가 큰 경우를 제외하고
는) 수급인 입장에서 별 이득이 아니고 사회전체적으로도 비효율일 가능성
이 크기 때문이다. 관리인에게 해제권이 아니라 이행거절권을 부여한다면
이러한 쟁점은 애초부터 등장하지 않는다.

II. 수급인 도산

1. 수급인에 대한 파산절차개시

판례는 "수급인이 파산선고를 받은 경우에도 당해 도급계약의 목적인
일이 파산자 이외의 사람이 완성할 수 없는 성질의 것이기 때문에 파산관
재인이 파산자의 채무이행을 선택할 여지가 없는 때가 아닌 한" 쌍방미이
행 쌍무계약의 일반규정이 적용되어 파산관재인이 이행 또는 해제를 선택
할 수 있다고 한다.[725] 일의 성격 상 수급인 '개인'의 역할이 결정적 중요
성을 갖는 경우라면(ex. 미술작품 제작 및 공급의무), 수급인이 아닌 파산
관재인이 그 일을 이행할 것인지, 이행하지 않고 계약을 해제할 것인지를
선택하는 것은 타당하지 않다. 이는 비단 도급계약뿐만 아니라 다른 유형
의 계약(ex. 고용계약에서 근로자 도산 시)에도 적용될 수 있는 법리이

---

[725] 대법원 2001. 10. 9. 선고 2001다24174 판결.

다.726) 수급인이 파산한 경우뿐만 아니라 수급인이 회생절차에 들어간 경우에도 일의 성격 상 수급인의 인적 특성이 중요하다면, 제3자 관리인이 도산채무자인 수급인이 일을 할 것인지 여부를 결정할 수 없다.

채무자가 도급계약에 의하여 일을 할 의무가 있는 때에는 파산관재인은 필요한 재료를 제공하여 채무자로 하여금 그 일을 하게 할 수 있다(회생파산법 341조 1항 1문). 이 경우 그 일이 채무자 자신이 함을 필요로 하지 아니하는 때에는 제3자로 하여금 이를 하게 할 수 있다(회생파산법 341조 1항 2문). 이 경우 채무자가 그 상대방으로부터 받을 보수는 파산재단에 속한다(회생파산법 341조 2항). 위 규정은 파산관재인이 이행을 선택한 경우 구체적 이행방법을 설명한 것에 불과하므로 군이 조문화할 실익이 있는지 의문이다. 회생파산법 341조는 삭제함이 타당하다. 위 조항은 일본 구 파산법 64조를 수입한 것인데 일본에서 위 조항도 같은 이유에서 삭제되었다.727)

수급인의 파산관재인이 이행을 선택하더라도 도급인은 민법 673조에 따라 도급계약을 해제728)할 수 있고,729) 이 경우 도급인은 손해배상책임을 부담한다.

2. 수급인에 대한 회생절차개시

쌍방미이행 쌍무계약 관련 일반규정이 적용된다. 수급인의 관리인이 이행을 선택하더라도 도급인은 민법 673조에 따라 도급계약을 해제할 수 있고, 이 경우 도급인은 손해배상책임을 부담한다. 그 밖에 특별히 언급할만한 사항은 없다.

---

726) 본문 제2장 제2절 II. 4. 참조.
727) 伊藤眞, 破産法·民事再生法, 4版, (2018), 412.
728) 건설도급계약이나 계약상 급부가 가분으로서 일부급부도 도급인에게 효용이 있는 도급계약의 경우에는 '해지'할 수 있다.
729) 주석민법 채권각칙(4) 4판 (2016)/이준형 411.

제10절 위임계약

위임은 위임인이 수임인에 대하여 사무의 처리를 위탁하고 수임인은 이를 승낙함으로써 그 효력이 생긴다(민법 680조). 유상위임의 경우 수임인이 위임사무를 완료한 후가 아니면 보수를 청구하지 못한다(민법 686조 2항 본문). 다만 기간으로 보수를 정한 때에는 그 기간이 경과한 후에 이를 청구할 수 있다(민법 686조 2항 단서). 수임인의 사무처리 의무와 위임인의 보수지급의무는 대가관계에 있다. 따라서 위임계약의 경우 쌍방미이행 쌍무계약에 관한 규정이 적용될 수 있다.

I. 당사자에 대하여 파산절차가 개시된 경우

위임인 또는 수임인의 파산으로 위임은 종료된다(민법 690조). 그런데 위임종료의 사유는 이를 상대방에게 통지하거나 상대방이 이를 안 때가 아니면 이로써 상대방에게 대항하지 못한다(민법 692조). 위임인이 파산선고를 받았는데 수임인이 이를 알지 못하고 위임사무를 처리한 때에는, 이로 인하여 파산선고를 받은 자에게 생긴 채권에 관하여 수임인은 파산채권자로서 그 권리를 행사할 수 있다(회생파산법 342조). 민법 690조는 임의규정이다.730) 문제는 이 규정들이 '입법론'의 관점에서 바람직한지 여부이다.

---

730) 민법주해15 (1997)/이재홍 602. 그러나 민법 690조가 임의규정이라고 해서 그와 다른 내용의 특약이 유효라고 단정할 수 없다. 가령 위임계약 당사자 일방의 도산시 위임계약이 존속한다는 특약으로 인해 **관리인이 해지권을 행사할 수 없게 되면**, 이

유상위임과 무상위임, 위임인 파산과 수임인 파산으로 상황을 나누어 검토
한다.

1. 유상위임 & 위임인 파산

유상위임으로서 위임인이 파산한 상황부터 본다. 이 경우 굳이 특칙을
둘 필요가 없고, 쌍방미이행 쌍무계약 관련 일반규정으로 해결하면 족하다
고 생각할 수 있다. 그러나 위임계약의 경우 당사자 사이의 인적 신뢰가 특
히 중요하므로 ― 고용계약과 마찬가지로(민법 663조) ― 계약당사자 모두
계약관계에서 벗어날 수 있도록 함이 합리적이다. 다만 그렇더라도 해지권
을 부여하면 충분하지 계약을 '당연종료'시키는 것은 지나치다고 생각할
수 있다. 그러나 계약이 당연종료되지 않으면 파산절차개시 후 파산관재인
이 위임계약을 파악하여 해지권을 행사하기까지 시간이 걸릴 수 있고, 그
기간 동안 수임인이 사무처리를 하여 보수청구권을 취득하면 이는 파산재
단에 부담이 된다.[731] 위임계약의 당연종료를 규정한 현행법의 태도는 합

는 관리인에게 선택권을 부여한 강행규정에 반한다. 참고로 학설은 수임인 파산시
위임계약은 종료하지 않는다는 특약은 유효라고 본다. 민법주해15 (1997)/이재홍
604; 주석민법 채권각칙(4) 4판 (2016)/정현수 651; 박병대, "파산절차가 계약관계에
미치는 영향", 재판자료82, (1999), 481; 서울회생법원 재판실무연구회, 법인파산실
무, 5판, (2019), 217 등. 그런데 특약이 유효더라도 관리인이 위임계약을 해지하는
것은 당연히 허용되어야 한다.
한편 위임인 파산시 위임계약은 종료하지 않는다는 특약은, **파산채무자의 재산에 대
한 관리처분권은 파산관재인에게 전속**하는 점을 고려할 때, 무효로 보아야 한다. 다
만 위임사무의 내용이 위임인의 일신에 전속하는 신분상, 인격상의 권리 등에 관한
것이라면 유효로 보아야 한다. 박병대, "파산절차가 계약관계에 미치는 영향", 재판
자료82, (1999), 481. 후자의 경우 제3자 관리인이 위임계약의 이행여부를 전적으로
결정하는 것은 부적절할 수 있다. 제3자 관리인은 파산채무자의 의견을 참조할 필요
가 있다. 그러나 伊藤眞, 破産法·民事再生法, 4版, (2018), 421은 위임인 파산시 위임
계약이 종료하지 않는다는 특약을 굳이 무효로 볼 필요가 없고, 파산관재인이 선택
권을 행사하면 된다는 입장이다.

리적이라고 사료된다.

다만 회사와 이사 사이의 위임계약이 문제된 경우, 수임인(이사)의 업무가 위임인(회사)의 파산관재인의 업무와 중복되지 않는 경우까지 위임계약을 당연종료시킬 필요가 있는지 의문이다. 회사가 파산하더라도 회사의 조직법적 행위에 관해서는 여전히 종전 대표이사가 수임인의 지위에서 사무처리를 하는 것이 합목적적이다.[732) 이 부분은 당연종료되지 않는 것이 원칙이라고 법으로 명확하게 규정할 필요가 있다.[733)734)

위임계약이 당연종료된 사실을 모르고 사무처리를 한 수임인은 파산채권자로서 보수를 청구할 수 있는 것이 원칙이다(회생파산법 342조). 그러나 경우에 따라서는 위임종료 후의 위와 같은 업무가 수임인이 설령 위임종료를 알았더라도 긴급히 처리할 필요가 있는, 긴급히 처리해야 파산채무자인 위임인에게 도움이 되는 업무일 수 있다(민법 691조). 이러한 객관적 요건이 충족되는 경우에는 수임인이 위임종료 사실을 알았는지 여부와 상관없이 해당 보수청구권을 재단채권으로 취급함이 타당하다(회생파산법 473조 6호). 현행법 해석론으로도 이러한 결론을 도출하는데 무리가 없다. 그러나

---

731) 中井康之, "民法改正と倒産法—双務契約の一方当事者に倒産手続が開始した場合の規律について—" 続·提言 倒産法改正, (2013), 160.

732) 현재 실무는 종전 이사가 파산법인의 조직에 관계되는 사무에 관하여 권한을 행사할 수 있다는 입장에 가깝다. 서울회생법원 재판실무연구회, 법인파산실무, 5판, (2019), 215-216.

733) 회사의 조직에 관한 사항과 재산에 관한 사항은 확연히 구별되기 어려운 경우도 많으므로, 이와 같은 입법을 하면 법률관계의 불명확성을 증가시킬 위험도 있다. 그러나 현실적으로 이루어지는 사무처리를 불법의 영역에 방치시키는 것은 바람직하지 않다.

734) 그러나 파산관재인의 관리처분권과 중복되지 않는 '일체의 위임계약'은 존속한다는 조항을 두는 것은 지나치다. ① 파산관재인의 관리처분권을 침해하지 않더라도 계약 당사자 사이의 신뢰관계 파괴를 이유로 계약관계 종료가 정당화될 수 있다. 또한 ② 파산채무자의 일신전속적 사무처리를 맡은 수임인도 사무처리에 대한 대가를 파산재단으로부터 지급하라고 청구할 수 있으므로, 위임계약을 당연종료시키지 않으면 파산재단의 부담이 늘어날 수 있다.

논란의 소지를 없애는 차원에서 회생파산법 342조의 요건에 해당하더라도 회생파산법 473조 6호에 따라 재단채권을 취득할 수 있음을 명시하는 방안도 고려해 볼 수 있다.

위임인 파산으로 위임계약이 당연종료하면 수임인의 대리권도 소멸한다(민법 128조). 따라서 이후 수임인이 위임인을 대리하여 계약을 체결하였다면 이는 무권대리로서 무효이다. 무권대리인은 상대방이 선의, 무과실인 경우 상대방의 선택에 따라 계약의 이행 또는 손해배상을 할 책임이 있다(민법 135조). 위임인 파산으로 무권대리인이 된 수임인도 이러한 무권대리인의 책임을 부담하는가? 위임인 파산 후 위임인 본인이 계약을 체결한 경우 - 파산선고에 대한 **계약상대방의 선/악의를 불문하고** - 파산재단에 대한 관계에서 해당 계약은 무효이다. 이처럼 본인의 파산절차에서 효력을 주장할 수 없는 계약에 관하여 무권대리인의 책임을 물을 수 있다고 보면, 계약상대방에게 망외의 이득을 주는 것이고, 무권대리인에게 가혹하다. 따라서 계약상대방은 무권대리인에게 민법 135조의 책임을 물을 수 없다고 봄이 타당하다.735) 이 경우 선의의 무권대리인이 보수채권이나 비용상환채권을 파산채권으로 행사하는 것은 물론 가능하다(회생파산법 342조).

2. 무상위임 & 위임인 파산

무상위임의 경우 위임계약의 계속에 대한 수임인의 신뢰를 보호할 필요가 유상위임보다 떨어지므로, 위임인 파산 시 위임계약의 당연종료를 규정한 현행법 규정에 별 문제가 없다.

---

735) 같은 취지 Ludwig Häsemeyer, Insolvenzrecht, 4Aufl. (2007), Rn.20.71.

3. 유상위임 & 수임인 파산

유상위임으로서 수임인이 파산한 경우 굳이 위임계약을 당연 종료시킬
필요는 없고, 수임인의 파산관재인이 이행/해지를 선택할 수 있도록 하면
충분하다고 생각할 수 있다. 이렇게 보더라도 위임인은 민법 689조(위임의
상호해지의 자유)에 따라 언제든지 계약을 해지할 수 있으므로, 위임인 입
장에서 크게 불리할 것이 없다.[736] 파산관재인이 해지를 선택하면 위임인
은 손해배상채권을 파산채권으로 주장할 수 있는 것이 원칙이지만, 위임인
이 손해배상을 하지 않고 자유롭게 계약을 해지할 수 있다면, 파산관재인
도 손해배상 없이 해지를 선택할 수 있다고 보아야 한다.[737]

입법론으로는 위와 같이 보는 것도 충분히 가능하다. 그러나 관리인의
선택권을 인정하더라도 어차피 계약상대방인 위임인이 자유롭게 계약을
해소할 수 있는 상황이라면, 그리고 위임인은 계약해소를 원하는 경우가
대부분일 것이라는 점을 고려하면, 현행법처럼 계약을 당연소멸시키는 것
이 간명하다. 또한 수임인이 개인인 경우 파산관재인이 이행을 선택하여
수임인으로 하여금 사무처리를 하도록 강요할 수 없다. 따라서 이 경우는
어차피 쌍방미이행 쌍무계약 관련 규정을 적용할 수 없다. 그렇다면 굳이
위임인의 해지권 행사를 기다릴 필요없이 위임계약을 당연종료시키는 것
이 간명하다.

대리권을 수여받은 수임인이 파산하면 대리권은 당연소멸한다(민법 127
조 2호).

---

736) 위임인이 부득이한 사유없이 상대방의 불리한 시기에 계약을 해지한 때에는 수임인
　　에게 손해배상을 해야 하지만(민법 689조 2항), 수임인이 파산한 경우라면 부득이한
　　사유는 존재한다고 보아야 한다.
737) 中井康之, "民法改正と倒産法—双務契約の一方当事者に倒産手続が開始した場合の規律
　　について—" 続・提言 倒産法改正, (2013), 161.

4. 무상위임 & 수임인 파산

무상위임의 경우 어차피 쌍방미이행 쌍무계약이 아니므로 관리인의 선택권 행사 여지는 없고, 수임인 입장에서 굳이 위임계약 상 의무를 이행할 이유도 없다. 위임인도 파산한 수임인이 위임계약 상 의무를 이행할 것을 기대하지는 않을 것이다. 따라서 위임계약의 당연종료를 규정한 민법 690조는 합리적이다.

II. 당사자에 대하여 회생절차가 개시된 경우

민법 690조가 적용되지 않고 유추적용될 이유도 없으므로, 쌍방미이행 쌍무계약 관련 일반규정에 따른다. 관리인이 선택권을 가지더라도 도산채무자의 계약상대방은 민법 689조에 의해 위임계약을 자유롭게 해지할 수 있다.

회사에 대하여 회생절차가 개시된 경우 회사와 이사 또는 감사 사이의 위임계약은 관리인의 선택권 행사대상이 아니고, 회생계획에서 정해야 한다(회생파산법 193조 2항 3호).

회생절차개시는 파산절차와 달리 대리권의 소멸원인이 아니다(민법 127조, 690조). 그러나 회생절차개시 후 수임인이 회생채무자(위임인)를 대리하는 행위는 회생채무자의 재산에 관한 법률행위로서 회생절차와의 관계에서 무효이다(회생파산법 64조 1항).

제11절 임치계약

임치계약은 임치인이 수치인에 대하여 금전이나 유가증권 기타 물건의 보관을 위탁하고 수치인이 이를 승낙함으로써 효력이 생긴다(민법 693조). 유상임치에서 수치인의 물건 보관의무와 임치인의 대금지급의무는 대가관계에 있다. 따라서 유상임치에 대해서는 쌍방미이행 쌍무계약 관련 규정이 적용될 수 있다.

소비대차의 경우 대주가 차용물을 차주에게 인도하기 전에 당사자 일방이 파산선고를 받으면 소비대차는 그 효력을 잃는다(민법 599조). 그렇다면 임치의 경우에도 위 규정을 유추하여 임치물의 위탁 전에 당사자 일방이 파산하면 임치계약은 그 효력을 잃는다고 볼 수 있는가? 해석론으로 유추를 하는 것은 무리이다. 입법론으로도 군이 위와 같은 규정을 둘 필요는 없다. 수치인 파산 시에는 임치계약의 당연종료가 합리적일 수 있다. 파산한 수치인이 군이 해당 물건을 보관하려 하지 않을 가능성이 크고, 임치인도 군이 수치인에게 물건을 맡기려 하지 않을 것이기 때문이다. 그러나 물건 보관 자체가 큰 부담이 아니라면 수치인이 대가를 받고 보관을 하는 것을 원할 수도 있다. 임치인 파산 시 임치계약의 당연종료가 합리적인지는 더욱 의문이다. 파산관재인 입장에서 해당 물건을 당장 환가하기 어렵다면, 당분간 수치인에게 보관시키는 것을 원할 수 있기 때문이다.

제12절 조합계약

조합계약은 2인 이상이 상호출자하여 공동사업을 경영할 것을 약정함으로써 그 효력이 생긴다(민법 703조 1항). 조합계약은 쌍무계약이 아니므로, 쌍방미이행 쌍무계약 관련 도산법 규정은 적용되지 않는다.

조합계약의 경우 조합원에 대하여 파산선고가 있으면 해당 조합원은 탈퇴된다(민법 717조 2호). 이는 조합계약 당사자 사이의 강한 인적 신뢰관계를 고려한 규정이다. 민법 717조는 강행규정으로 해석하는 것이 통설이므로,738) 파산선고를 받은 조합원이 조합원 지위를 계속 유지하는 것이 파산재단 확충에 도움이 되는 경우에도 부득이하게 조합원 지위에서 배제되는 결과가 된다. 그러나 판례는 "조합원들이 조합계약 당시 민법 717조의 규정과 달리 차후 조합원 중에 파산하는 자가 발생하더라도 조합에서 탈퇴하지 않기로 약정한다면 이는 장래의 불특정 다수의 파산채권자의 이해에 관련된 것을 임의로 위 법 규정과 달리 정하는 것이어서 원칙적으로는 허용되지 않는다 할 것이지만, 파산한 조합원이 제3자와의 공동사업을 계속하기 위하여 그 조합에 잔류하는 것이 파산한 조합원의 채권자들에게 불리하지 아니하여 **파산한 조합원의 채권자들의 동의를 얻어 파산관재인이 조합에 잔류할 것을 선택한 경우**까지739) 조합원이 파산하여도 조합으로부터 탈퇴하지 않는다고 하는 조합원들 사이의 탈퇴금지의 약정이 무효라고 할 것은 아니다."라고 하여 예외적으로 파산관재인이 파산채권자들을 위해 조합

---

738) 민법주해16 (1997)/김재형 140.

739) 당해 사안에서 파산관재인은 파산채권자의 동의뿐만 아니라 법원의 허가도 얻어 파산 이후에도 계속 공동사업을 수행하였다.

에 잔류할 가능성을 열어두고 있다.[740] 또한 최근 판례는 "파산한 조합원의 채권자들의 동의"를 언급하지 않고 "파산한 조합원이 조합에 잔류하는 것이 파산한 조합원의 채권자들에게 불리하지 않으면" 파산관재인은 다른 조합원과 함께 종전의 공동사업을 계속할 수 있다고 판시하였다.[741] 결과적으로 민법 717조의 강행규정으로서의 성격은, **파산재단과 조합원 모두의 이익을 위해 유연하게 제한**될 수 있다. 파산자가 조합원으로 잔류하는 것이 파산재단의 이익이나 조합원의 이익과 배치된다면, 원칙적으로 돌아가 민법 717조의 강행규정성이 관철되어야 한다.

조합원에 대하여 회생절차가 개시된 경우 해당 조합원이 당연 탈퇴된다는 규정은 없다. 조합계약이 조합원에 대한 회생절차개시(또는 회생절차개시 신청 등)를 당연탈퇴 사유로 규정한 경우, 이는 도산해지약정으로서 무효로 보아야 하는가? 당연탈퇴시키지 않으면 잔여 조합원들에게 중대한 인적·경제적 불이익을 가져오는 경우가 아닌 한 원칙적으로 효력을 부정함이 타당하다.[742] 조합계약이 쌍무계약이 아니라고 해서 도산해지조항의 효력을 인정할 합리적 이유는 없다. 입법론으로 도산해지조항의 효력을 별도 규율한다면, 조합원 당연탈퇴 조항도 규제대상에 포함되어야 한다.

---

740) 대법원 2004. 9. 13. 선고 2003다26020 판결.

741) 대법원 2013. 10. 24. 선고 2012다51912 판결(파산으로 일단 탈퇴하였던 조합원의 파산관재인이 파산 직후 종전의 공동사업을 계속하는 것이 유리하다는 판단에 따라 다른 조합원과 종전과 동일한 내용의 공동사업관계를 다시 창설함으로써 파산 전후의 조합이 사실상 동일한 사업체로 유지되고 있다고 평가할 수 있는 사안이다).

742) 加々美博久, 粟田口太郎, 志甫治宣, "ジョイント·ベンチャー契約を巡る現状と課題", 現代型契約と倒産法, (2015), 175 참조.

제13절 보험계약

보험계약에서 보험계약자의 보험료지급의무와 보험회사의 보험금지급의무는 대가관계에 있다. 따라서 보험계약에 대해서도 원칙적으로 쌍방미이행 쌍무계약 관련 도산법 규정이 적용될 수 있다. 그러나 보험계약의 특성상 위와 같은 원칙이 관철되는 것이 부적절할 수 있다.

상법은 보험자 파산 시 특칙을 두고 있다. 즉 보험자가 파산선고를 받은 때에는 보험계약자는 계약을 해지할 수 있다(상법 654조 1항). 이에 따라 보험계약자가 보험계약을 해지하지 않으면 보험계약은 파산선고 후 3월을 경과하면 그 효력을 잃는다(상법 654조 2항). 이 조항은 보험계약자가 보험계약으로부터 벗어날 수 있도록 허용하고, 보험계약 상 법률관계를 신속히 종료시키기 위해 마련된 것이다.[743] 보험계약자가 계약을 해지하면 더 이상 보험료지급의무를 부담하지 않고 보험회사로부터 해약환급금을 받을 수 있다. 해약환급금 중 파산 전 지급한 보험료에 상응하는 부분은 파산채권, 파산 후 지급한 보험료에 상응하는 부분은 재단채권이라는 견해가 있다.[744] 타당한 견해라고 사료된다. 다만 보험업법 32조 1항은 보험계약자나 보험금을 취득할 자는 피보험자를 위하여 적립한 금액을 다른 법률에 특별한 규정이 없으면 주식회사의 자산에서 우선하여 취득한다고 규정하고 있고, 보험업법 33조 1항은 보험계약자나 보험금을 취득할 자는 피보험

---

[743] 다만 보험업법 140조 이하는 보험자 파산 시 책임준비금 산출의 기초가 같은 보험계약 전부를 포괄하여 다른 보험회사에 이전하는 제도를 마련해 두고 있다. 이를 통해 보험계약자는 보험의 이익을 계속 누릴 수 있다.

[744] 伊藤眞, 破産法·民事再生法, 4版, (2018), 414; 임종헌, "파산절차가 쌍방 미이행계약 관계에 미치는 영향", 고려대석사논문, (2001), 110.

자를 위하여 적립한 금액을 주식회사가 이 법에 따른 금융위원회의 명령에 따라 예탁한 자산에서 다른 채권자보다 우선하여 변제를 받을 권리를 가진 다고 규정하고 있으므로, 위 규정이 적용되는 범위에서는 파산채권이더라 도 '우선변제권'이 인정될 것이다. 보험계약자가 3개월 간 보험료를 납입하 여 보험계약이 존속하는 동안 보험사고가 발생하면 보험계약자는 재단채 권으로서 보험금청구권을 행사할 수 있다. 이 경우에도 위 보험업법 규정 에 따라 보험계약자는 우선변제권을 갖는다. 보험계약자의 보험금청구권을 보장하기 위해 그 밖에 다른 제도들도 마련되어 있다(손해보험에서 피해자 에 대한 보험금 지급보장을 위한 장치: 보험업법 165조 이하, 예금보험공사 에 의한 보험금지급 보장: 예금자보호법 31, 32조).

보험회사에 대하여 회생절차가 개시된 경우는 위와 같은 특칙이 존재하 지 않는다. 따라서 쌍방미이행 쌍무계약의 일반규정이 적용된다. 그런데 관 리인이 보험회사의 회생을 위해 이행 또는 해지를 선택할 수 있다고 하면, 보험회사의 재무상태를 개선하기 위해 보험사고 발생의 위험이 높은 보험 계약만 골라 해지할 수 있다. 이러한 선별적 해지는 보험제도의 효용훼손 으로 연결될 수 있으므로 법원이 이를 허가할 때에는 신중한 심사가 필요 하다.

다만 보험회사와 같은 금융기관의 도산은 사회적 파급효과가 크기 때문 에, 회생이나 파산절차에 들어가기 전 단계에서 특별법(ex. 금융산업의 구 조개선에 관한 법률)에 의해 법률관계가 정리될 가능성이 높다. 따라서 쌍 방미이행 쌍무계약 관련 법리를 검토할 실익은 낮다.[745]

보험계약자가 파산하거나 회생절차에 들어간 경우에도 쌍방미이행 쌍무 계약 관련 일반규정이 적용된다.[746] 관리인이 이행을 선택한 경우 도산절

---

745) 서경환, "회사정리절차가 계약관계에 미치는 영향", 재판자료86, (2000), 667.
746) 다만 민사집행법 246조 1항 7호에 따라 압류가 금지되는 해약환급금은 도산재단에

차개시 전 미지급보험료는 파산(회생)채권인가? 재단(공익)채권인가? 보험회사 입장에서 보험료지급의무는 가분급부라고 보기 어렵다. 또한 종전 미지급보험료를 도산채무로 보아 계약의 분할을 인정하면, 보험계약자는 보험료를 완납하지 않고서도 보험보호를 받을 수 있게 되는데 이는 **보험의 단체성에 반한다.** 도산절차개시 전 미지급보험료는 재단(공익)채권으로 보아야 한다.747) 관리인이 이행을 선택한 후 보험사고가 발생한 경우 보험금청구권은 관리인이 행사한다. 다만 민사집행법 246조 1항 7호에 따라 압류가 금지되는 보험금청구권은 도산재단에 귀속되지 않고, 도산채무자 개인이 행사할 수 있다.

포함되지 않으므로, 파산관재인이나 관리인이 해지를 선택하여 해당 해약환급금을 도산채권자들의 채권만족을 위해 사용하는 것은 가능하지 않다. 해약환급금에서 압류금지채권 액수를 제외하고도 남는 금원이 있을 것으로 예상되는 경우, 파산관재인은 원칙적으로 해약환급금의 환가를 시도한다. 다만 피보험자 및 근친자가 현재 가료 중임을 이유로 보험계약의 계속을 희망하는 경우, 피보험자 또는 근친자로부터 해약환급금 상당액을 제공받고 보험계약상 권리를 양도하는 방법도 고려할 수 있다고 한다. 서울회생법원 재판실무연구회, 개인파산·회생실무, 5판, (2019), 218. 또한 파산채무자의 사정(의료처치 필요성)과 파산채권자들이 입는 손실을 고려하여 파산관재인이 보험해약환급금을 포기하는 것도 고려할 수 있다고 한다. 서울회생법원 재판실무연구회, 개인파산·회생실무, 5판, (2019), 224.

747) 반대 서경환, "회사정리절차가 계약관계에 미치는 영향", 재판자료86, (2000), 668(회생절차개시 전 이미 발생한 보험료청구권은 회생채권이라고 본다).

제14절 금융리스(financial lease) 계약[748]

　금융리스는 "리스이용자가 선정한 특정 물건을 리스회사가 새로이 취득하거나 대여받아 리스물건에 대한 직접적인 유지·관리 책임을 지지 아니하면서 리스이용자에게 일정 기간 사용하게 하고 대여 기간 중에 지급받는 리스료에 의하여 리스물건에 대한 취득 자금과 이자, 기타 비용을 회수하는 거래관계"로서 그 "본질적 기능은 리스이용자에게 리스물건의 취득 자금에 대한 금융 편의를 제공하는 데에 있다."[749] "금융리스 이용자가 도산한 경우 리스계약의 법률관계는 어떻게 전개되는가?"라는 주제는, 이 책에서 검토한 핵심 쟁점들을 망라하고 있다. **계약법과 도산법 사이의 관계가 응축된 핵심 문제유형**인 것이다. 따라서 아래에서 자세히 살펴본다. 우선 논의전개에 필요한 범위 내에서 금융리스의 법률관계 일반을 개관하고(Ⅰ), 기존 논의(담보권설과 쌍방미이행 쌍무계약설)를 소개한다(Ⅱ). 이어서 문제가 놓인 위치를 명확히 하기 위해 두 견해대립의 실익은 무엇인지 살펴보고(Ⅲ), 필자가 생각하는 바람직한 해석론을 제시한다(Ⅳ).

---

748) 아래 내용은 최준규, "금융리스와 도산절차 - 재론(再論) -", 저스티스183, (2021), 413이하를 요약한 것이다.
749) 대법원 2013. 7. 12. 선고 2013다20571 판결 등.

I. 금융리스의 법률관계

1. 금융리스와 운용리스의 구별

운용리스는 동산 임대차와 다를 것이 없다. 이에 반해 금융리스는 형식적으로는 동산 임대차와 유사하지만, 실질적으로는 리스물건을 리스이용자가 구입하면서 그 구입대금을 리스회사가 대신 지급하고 리스회사는 사용료를 받아 그 구입대금을 회수함과 동시에 자신의 채권을 담보하기 위해 소유권을 보유하는 것으로 볼 수 있다.750)

운용리스는 이용자가 필요한 물건을 리스회사가 조달하여 리스회사가 이를 관리하는 형태이므로, 범용(汎用)성이 있는 물건에 대해서만 이루어진다. 이에 반해 금융리스는 범용성이 없는 물건에 대해서도 이루어진다. 금융리스의 경우 물건의 내용, 공급자, 구매조건은 모두 리스이용자가 결정하고 리스회사는 그 결정에 따라 물건을 조달할 뿐이며 물건에 대한 관리도 리스이용자가 한다.751)

전형적 금융리스와 전형적 운용리스는 구분하기 쉽다. 그러나 두 유형(category)의 경계선 위에 놓인 사례의 경우 구별이 어렵다. 리스기간 만료 시 리스물건의 잔존가치가 없는 것으로 보고 리스회사가 리스물건의 취득원가 등 투하자본 전액을 회수할 수 있도록 리스료 총액이 산정되는 전부상각리스(full payout lease)의 경우 금융리스라고 보는 데 이론(異論)이 없다. 그러나 리스기간 중 리스료 지급에 의해 리스물건 취득원가 등 투하자본 일부만 회수할 수 있는 부분상각리스(partial payout lease)의 경우 항상 운용리스로 보아야 하는지, 금융리스로 볼 수 있다면 어느 경우에 금융리

---

750) 송옥렬, 상법강의, 10판, (2020), 211. 위 설명은 금융리스의 '기능'에 주목한 것이다. 그러나 '법리적' 측면에서 보면 리스회사가 리스물 소유권을 보유하는 '주된 목적'은 리스료 만족이 아니라, 리스물 반환이다.

751) 송옥렬, 상법강의, 10판, (2020), 211.

스로 볼 수 있는지(ex. 리스기간 중 어느 정도의 취득원가가 회수되어야 금융리스로 볼 수 있는지) 불명확하다.[752] 아래에서는 논의의 편의상 전부상각리스만 염두에 두고 검토를 진행한다.

2. 금융리스의 중도해지 후 법률관계

리스이용자가 리스료 지급을 연체하여 리스회사가 금융리스계약을 중도해지한 경우 양자 간 법률관계는 어떻게 전개되는가? 평시 민사실체법과 도산실체법 사이의 관련성을 중시하는 필자로서는 위 쟁점이 담보권설과 쌍방미이행 쌍무계약설 중 무엇이 타당한지를 결정하는 핵심 기준이라고 생각한다. 따라서 아래에서는 이 쟁점을 상세히 검토한다.

가. 잔존 리스료 채권의 존속?

금융리스계약의 중도해지 시 리스회사는 잔존 금융리스료 상당액의 일시지급 또는 금융리스물건의 반환을 청구할 수 있다(상법 168조의5 1항). 이와 별도로 리스회사는 리스이용자의 채무불이행으로 인한 손해배상을 청구할 수 있다(상법 168조의5 2항). 리스계약이 해지되었으므로 리스이용자는 더 이상 리스물건을 사용·수익할 권한이 없고 리스회사의 리스물 반환청구에 응해야 한다.

리스계약이 해지되었다면 해지 후 리스기간에 상응하는 리스료채권은 그 발생근거가 되는 계약이 소멸하였으므로 함께 소멸한다고 봄이 타당하다. 그럼에도 불구하고 상법 168조의5 1항은 리스계약 해지 후 리스회사는 잔존 금융리스료 상당액의 일시지급을 청구할 수 있다고 규정한다. 이 조

---

752) 박준·한민, 금융거래와 법, 2판, (2019), 862-863(부분상각리스의 경우에도 리스이용자에게 부여된 리스물의 염가 매입선택권 또는 재리스선택권으로 인해 리스물건의 반환가능성이 낮거나, 반환되는 경우에도 리스회사에게 경제적으로 의미있는 가치가 없는 때에는 금융리스로 취급하자고 주장한다).

항은 금융리스의 실질에 주목하여, 리스료채권이 마치 해지된 리스계약과
는 별개의 독립된 원인(금전소비대차계약)에 기초하여 발생한 것처럼 본다.
리스이용자의 채무불이행을 원인으로 한 리스회사의 계약해지 의사표시에
따라, 위 금전소비대차계약 상 채무의 기한의 이익은 상실된 것이다.

　리스계약 해지 후 리스회사가 리스물 반환을 청구한 경우 여전히 잔존
리스료채권이 존속하고 반환된 리스물은 위 잔존 리스료채권 만족을 위해
활용되어야 하는가?(1유형) 아니면 리스계약이 해지되었으므로 잔존 리스
료채권은 더 이상 존재하지 않는가?(2유형)753) 1유형 하에서는 리스물의
잔존가치(제3자에게 재리스가 가능하다면 그로 인해 리스회사가 얻는 이익
도 포함)가 잔존 리스료채권에 미달되는 경우, 리스회사는 리스이용자에게
부족분 리스료를 청구할 수 있다. 그러나 2유형 하에서는 리스회사가 부족
분 리스료를 당연히 청구할 수는 없다. 리스회사는 리스계약의 조기해지에
따른 손해 등을 리스이용자의 채무불이행을 이유로 한 손해배상책임으로
청구할 수 있을 뿐이다.

　이 문제는 개별 금융리스 약정의 해석에 달린 문제로서 하나의 정답이
있다고 일반화할 수 없다. 금융리스의 실질을 고려하면 1유형이 계약당사
자의 합리적 의사에 부합한다. 종래 판례의 입장도 1유형을 전제로 하고
있다.754) 상법 168조의5 1항은 리스회사가 잔존 리스료 지급 또는 리스물

---

753) 해지시점까지 이미 발생하였으나 미변제된 리스료채권이 존속함은 물론이다.
754) 가령 대법원 1995. 9. 29. 선고 94다60219 판결은 다음과 같이 판시한다.
　　"금융리스에 있어서 리스업자는 리스기간의 도중에 이용자로부터 리스물건의 반환
　　을 받은 경우, 그 원인이 이용자의 채무불이행에 있다고 하여도 특단의 사정이 없는
　　한 그 반환에 의하여 취득한 이익을 반환하거나 또는 리스채권의 지불에 충당하는
　　등으로 이를 청산할 필요가 있다 할 것인바, 이는 리스계약에 있어서 리스업자가 이
　　용자의 채무불이행을 원인으로 하여 **리스물건을 반환받을 때라도 리스기간 전부에
　　대한 리스료 채권을 상실하는 것이 아니므로** 리스료 채권을 지불받는 외에 리스물건
　　의 중도반환에 의한 이익까지도 취득하는 것은 리스계약이 약정대로 존속하여 기간
　　이 만료된 경우와 비교하여 과대한 이익을 취득하는 것으로 되어 형평의 원칙에 반
　　하기 때문인데, 이 때 청산의 대상이 되는 것은 리스물건의 반환시에 그 물건이 가지

반환을 청구할 수 있다고 규정하고 있어서, 리스회사가 일단 리스물 반환을 선택하면 더 이상 잔존 리스료 지급은 문제되지 않는다고 읽히기도 하지만,[755] 입법자료를 보면 위와 같은 생각으로 상법 168조의5 1항이 마련된 것은 아니라고 사료된다.[756]

그러나 리스계약이 해지된 이후의 기간에 상응하는 리스료 채권이 리스계약 해지 후에도 존속한다고 보는 것은 - 계약서에서 그와 같이 명시하지 않는 한 - 어색하므로 2유형도 일리가 있다. 금융감독원의 자동차리스표준약관(2019. 8. 14. 개정) 22조 5항은 리스계약이 중도해지된 경우 고객은 **계약해지일 현재 미납된** 리스료를 변제해야 한다고 규정하고 있다. 이는 계약해지일 기준으로 기발생한 리스료로서 계약해지일 현재 미납된 리스료를 변제해야 한다는 취지이지, 전체 리스료 중 계약해지일 현재 미납된 리스료를 모두 변제해야 한다는 취지는 아니다. 위 조항은 **금융리스와 운용리스를 불문하고** 적용되는 조항이기 때문에 위와 같이 해석하는 것이 합리적이다. 만약 위 조항이 전체 리스료 중 미납된 리스료를 모두 변제해야 한다는 취지라면, 운용리스에 대해서는 적용될 수 없는 조항이 되기 때문이다. 금융감독원의 자동차리스표준약관은 운용리스 중도해지 시 리스이용자의 중도해지손해배상금에 대하여 규정하고 있지만(24조), 금융리스 중도해지 시에는 이러한 규정이 없다. 금융리스가 중도해지되고 리스이용자가 자동차를 매입하려는 경우에만 규정손해배상금을 정하고 있을 뿐이다

고 있던 가치와 본래의 리스기간의 만료시에 있어서 가지는 리스물건의 잔존가치의 차액이라 함이 상당하다."

755) 두 청구권이 - 청구권경합관계처럼 - 동시존재할 수 있지만 중복해서 만족을 얻을 수 없는 관계에 놓인 것이 아니라, 동시존재할 수 없는 모순관계에 있다는 뜻이다.

756) 조동관, "상법 총칙·상행위편 개정 과정과 주요 쟁점 - 국회 법제사법위원회 심사 과정을 중심으로 -", 선진상사법률연구51, (2010), 153은 상법 168조의5 1항이 "**기존 판례와 결과는 같지만** 그 과정만 다른 방법을 사용한 것"이라고 설명하고 있다. 서술취지를 정확히 이해하긴 어렵지만, 적어도 리스계약해지 후에도 잔존 리스료 채권이 존속한다는 판례법리를 부정하는 전제 하에 상법 168조의5 1항이 입법된 것이 아님은 분명하다.

(23조). 이러한 표준약관은 2유형에 가깝다. 다만 2유형 하에서도 리스회사는 별도의 위약금 약정(이른바 '규정손실금')을 함으로써 1유형과 동일한 결과에 이를 수 있다. 리스물의 잔존가치로 충당할 수 없는 미지급 리스료 상당액을, 리스이용자가 채무불이행에 따른 손해배상의무로서 부담한다고 미리 정하면 되기 때문이다.

리스계약 대부분은 상사계약인 점, 리스계약은 약관의 형태로 체결되는 경우도 많은 점을 고려할 때, 계약해석 시 계약문언을 중시할 필요가 있다. 따라서 필자는 계약서에 명시적 규정이 있는 등의 이유로 달리 해석할 수 있는 경우를 제외하고는, 원칙적으로 2유형이 타당하다고 생각한다. 그러나 개별계약 내용을 고려할 때 1유형이 타당할 수도 있으므로, 아래에서는 1유형과 2유형에 따른 법률관계를 모두 검토한다.

나. 잉여금이 존재하는 경우 법률관계

리스회사가 반환받은 리스물의 가치가 해지 후 잔존기간에 상응하는 리스료 총액보다 큰 경우는 어떠한가? 리스회사는 잉여금(리스물 가치 중 잔존 리스료 채권을 초과하는 부분)[757]을 리스이용자에게 반환해야 하는가? 금융리스의 목적물은 범용성이 없는 경우가 많고 리스기간이 경과할수록 감가상각이 현저해지기 때문에, 실제로 잉여금이 발생할 가능성은 낮다. 그러나 이는 금융리스의 법률관계를 해명하는데 중요한 문제이다.

1유형 하에서 잔존 리스료 채권은 존속하고 반환받은 리스물은 이러한 리스료 채권의 만족을 위해 활용되어야 한다. 1유형은 리스회사가 리스이용자에게 리스물건 구입대금을 실질적으로 빌려준 것이라는 사정을 충실히 반영하고 있다. 따라서 **리스회사는 잉여금 반환의무를 부담**한다고 봄이 타당하다(민법 607조, 608조도 참조).[758]

---

757) 논의의 편의상 리스회사의 리스이용자에 대한 채무불이행으로 인한 손해배상채권은 존재하지 않는다고 가정한다.

리스회사의 리스물 반환청구에 대하여 리스이용자는 잉여금반환과의 동시이행항변을 주장하며 리스물 인도를 거절할 수 있는가? 리스회사는 리스물을 반환받는 시점에서 비로소 리스물로 인한 경제적 이익을 누릴 수 있고, 리스회사의 리스물 반환청구 시점부터 리스물이 실제 반환되기 전까지 사이에 리스물의 가치는 현저히 낮아질 수도 있다.759) 따라서 리스회사가 반환할 잉여금은 리스물 **반환시점**을 기준으로 산정함이 공평하다.760)761) 이러한 생각에 따르면 리스이용자가 리스물을 반환해야 비로소 리스회사의 잉여금반환의무가 발생한다. 따라서 논리적으로만 보면 리스회사의 리스물 반환청구에 대하여 리스이용자가 잉여금반환과의 동시이행항변을 하는 것은 허용할 수 없다. 아직 잉여금반환청구권이 존재하지 않기 때문이다. 그러나 잉여금이 지급되면 리스이용자가 리스물건을 즉시 반환할 것이 합리적으로 예견되고 리스물건 반환 전에도 잉여금을 합리적으로 산정할 수 있는 경우까지 이러한 논리를 들어 동시이행항변권을 부정하는 것은, 지나친 형식논리로서 리스이용자에게 가혹할 수 있다.762)

리스회사가 잉여금 반환의무를 부담함에도 불구하고 아직 잉여금을 지급하지 않는 동안 리스이용자는 미지급 리스료를 지급함으로써 리스물을

---

758) 같은 취지 山本和彦, "倒産手続におけるリース契約の処遇", 金融法務事情1680, (2003), 13.

759) 이 점에서 담보목적물이 부동산인 경우와는 차이가 있다.

760) 같은 취지 조용호, "리스거래의 법률문제", 사법논집16, (1985), 199-200; 민법주해16 (1997)/김건식 361.

761) 그러나 리스회사가 리스료 채권을 담보하기 위해 리스목적물 소유권에 담보권을 설정한 것이 아니고, 리스이용자가 갖고 있는 이용권에 담보권을 설정한 것이라고 보면 리스회사가 리스계약을 해지하는 즉시 리스이용자의 이용권이 소멸하고 리스회사는 이용권의 부담이 없는 소유권을 취득하므로, 리스계약 해지시점을 기준으로 잉여금을 산정해야 한다.

762) 동산양도담보에서 양도담보권자가 담보권 실행을 위해 양도담보설정자에게 담보물 인도를 청구한 경우, 양도담보설정자는 정산금청구권에 기하여 동시이행항변을 할 수 있다는 견해로는 양창수·김형석, 민법III 권리의 보전과 담보, 3판, (2018), 526.

환수할 수 있는가? 동산양도담보에서 귀속청산이 이루어지는 경우 양도담보권자가 청산의무를 완료하지 않아 아직 담보권 실행절차가 종료되지 않은 상태라면, 채무자가 피담보채무를 변제함으로써 담보물을 환수할 수 있다.763) 그러나 금융리스에서 리스이용자에게 이러한 환수권을 인정하기에는 주저되는 점이 있다. **리스계약이 해지됨으로써** 리스이용자가 리스계약에 따라 리스물을 사용, 수익할 권리도 소멸하였는데, 리스이용자의 일방적 리스료 지급에 의해 리스계약이 다시 부활하는 것이 가능한지 의문이기 때문이다. 리스계약의 해지에도 불구하고 잔존 리스료 채권이 존재하는 것으로 본다고 해서, 리스이용자의 리스계약에 따른 사용, 수익권까지 존속한다고 볼 수 없다. 리스회사가 동의하여 종전과 동일한 내용의 새로운 리스계약이 체결되지 않는 한, **리스이용자의 환수권은 인정될 수 없다.**

2유형의 경우 잔존 리스료 채권은 더 이상 존재하지 않으므로, 반환된 리스물을 잔존 리스료 채권 만족을 위해 활용한다는 명제 자체가 성립할 수 없다. 따라서 리스회사는 잉여금을 반환할 의무가 없다. 신의칙이나 공평의 원칙에 근거하여 리스회사의 잉여금 반환의무를 인정할 수 있을까? 리스회사가 리스물의 소유자라는 점을 고려할 때, 위와 같이 막연한 근거를 들어 잉여금 반환의무를 인정하는 것은 타당하지 않다.

다. 리스물 반환 시 리스이용자가 부담하는 채무의 소멸시점

우선 1유형 하에서 법률관계를 살펴본다. 리스계약이 해지되었고 리스회사가 리스물 반환을 청구한 경우 **잔존 리스료 채무가 소멸되는 시점**은 언제인가?

리스회사가 리스물을 인도받기 전에는 리스물로부터 경제적 이익을 얻기 어려우므로, 리스물 반환시점에서 리스물의 가치만큼 리스료 채무가 소

---

763) 대법원 1977. 11. 22. 선고 77다1513 판결.

멸한다고 봄이 타당하다(일종의 "귀속청산").764) 따라서 리스물이 인도되지 않은 상태라면 ─ 리스회사와 리스이용자 사이에 대물변제 합의가 별도로 존재하지 않는 한 ─ 리스료 채무는 여전히 존속한다. 이 경우 리스이용자가 잔존 리스료를 지급함으로써 리스계약의 존속을 주장할 수 있는가? 리스계약이 이미 해지되었다는 점을 고려할 때, 리스이용자의 일방적 변제로 인한 리스계약의 부활은 ─ 리스회사가 이에 동의하지 않는 한 ─ 인정할 수 없다.

2유형에서는 위와 같은 문제자체가 제기될 수 없다. 리스회사는 소유자로서 리스물건을 반환받은 것이고, 리스이용자에 대한 손해배상채권 등의 변제에 활용하기 위해 리스물건을 반환받은 것이 아니기 때문이다. 2유형의 경우 리스계약이 해지되면 리스이용자는 잔존 리스료 지급채무를 더 이상 부담하지 않는다. 따라서 리스이용자가 잔존 리스료를 지급함으로써 리스계약의 존속을 주장할 수 있는지와 같은 질문자체가 성립할 수 없다.

라. 리스회사가 잔존 리스료 지급만 청구한 경우

리스계약이 해지되었음에도 불구하고 리스회사가 리스물건의 반환을 청구하지 않고 잔존 리스료 지급만 청구하는 경우 리스회사와 리스이용자 사이의 법률관계는 어떻게 되는가? 리스계약이 해지되었으므로 리스이용자의 리스물건 사용, 수익권은 일단 소멸한다. 그러나 리스회사가 잔존 리스료 지급만 청구하였다면, 리스회사는 다음과 같은 의사(意思)를 표시하였다고 해석해야 한다: "리스이용자가 리스료를 지급하면 그의 리스물건 사용, 수익을 ─ 리스계약이 해지되기 전과 마찬가지로 ─ 권원에 의한 정당한 사용, 수익으로 취급하겠다."

---

764) 그러나 리스회사가 리스이용자의 이용권에 담보권을 설정하였다고 보면, 리스계약 해지 시점, 즉 담보목적물인 이용권이 소멸하는 순간 이용권의 가치와 동액 한도에서 리스료 채무가 소멸한다고 보아야 한다.

리스회사는 이러한 의사표시를 리스이용자가 잔존 리스료를 완납하기 전까지 - 리스물건 반환을 청구함으로써 - 자유롭게 철회할 수 있다. 리스물건 반환청구를 받은 리스이용자는 잔존 리스료 지급을 통해 해지된 리스계약을 소급적으로 부활시킬 기회를 더 이상 갖지 못한다.765) 2유형 하에서는 잔존 리스료 채무가 더 이상 존재하지 않으므로 이는 당연한 결과이다. 1유형에서도 리스계약이 해지되어 리스이용자의 사용, 수익권이 소멸한 이상 리스이용자의 일방적 의사에 따라 리스계약을 부활시킬 수는 없다.

마. 소결

정리하면 1유형과 2유형 중 어느 쪽을 취하더라도 리스회사는 리스료 지급지체를 이유로 리스계약을 적법하게 해지하고 **리스물건 반환을 청구함으로써 즉시**, 즉 리스물건을 인도받기 전이더라도 그리고, 리스이용자에 대하여 **잉여금 반환의무를 부담하는지와 상관없이**, 리스물건에 대하여 - 리스이용자의 공격(환수권)을 막아 낼 수 있는 - **무적(無敵, invincible)의 소유권**을 취득한다.

1유형과 2유형의 차이는 리스회사의 잉여금 반환의무, 리스이용자의 부족분 리스료 지급의무에 있다. 1유형 하에서 리스회사는 리스물건을 반환받은 후 잉여금이 있다면 이를 반환해야 하고, 리스이용자는 리스물건으로 충당되지 않는 부족분 리스료를 지급해야 한다. 그러나 2유형 하에서 리스회사는 리스물건을 반환받은 후 잉여금이 있더라도 이를 반환할 필요가 없

---

765) 리스회사가 리스계약 해지 후 미지급리스료 청구와 리스물 반환청구를 함께 한 경우는 어떠한가? 리스회사가 미지급리스료 청구를 하였다는 점에 주목하여, 리스이용자가 미지급리스료 상환을 통해 리스계약을 부활시킬 수 있다고 봄이 타당하다. 물론 리스이용자는 리스물을 자진 반환함으로써, 리스회사는 리스물반환청구권의 강제집행을 통해 리스물건을 반환받음으로써, 리스계약을 확정적으로 종료시킬 수도 있다. 또한 리스물건을 반환받기 전까지 리스이용자의 일방적 환수권 행사가 우려되는 리스회사는 미지급리스료 청구를 철회함으로써 리스이용자의 환수권을 소멸시킬 수 있다.

고, 리스이용자의 부족분 리스료 지급의무도 문제되지 않는다. 리스이용자
는 채무불이행에 따른 손해배상책임만 부담한다. 즉 1유형은 리스계약이
해지되면 리스물건을 잔존 리스료 변제에 활용해야 한다는 점을 강조하고,
2유형은 리스계약이 해지되면 잔존 리스료 채권은 소멸하고 리스물건은 소
유자인 리스회사에 반환되어야 한다는 점을 강조한다.

II. 기존 논의의 소개

1. 담보권설766)767)

담보권설은 리스료가 리스물건의 사용대가가 아니고 리스물의 취득에
필요한 비용을 분할하여 지급하는 것이므로, 금융리스는 쌍방미이행 쌍무
계약에 해당하지 않음을 강조한다. 쌍방미이행 쌍무계약에 해당하려면 미
이행 의무 사이에 고유한 의미의 견련성("공여받기 위하여 공여한다": do
ut des)이 존재해야 하는데, 리스이용자의 리스료 지급채무와 리스회사의
리스물 사용수익 보장의무 사이에는 이러한 견련성이 존재하지 않는다는
것이다.768)769) 리스료가 리스물건의 사용대가가 아니고 금융에 대한 원리

---

766) 김정만, "파산절차와 은행·보험·리스관계", 재판자료82, (1999), 583-584; 배현태,
"회사정리절차에 있어서 리스채권의 취급", 법조 521, (2000), 160-164; 우성만, "회
사정리법상 담보권자의 지위", 재판자료86, (2000), 352-353; 임종헌, "파산절차가 쌍
방 미이행계약관계에 미치는 영향", 고려대학교 법학석사 학위논문, (2001), 68; 정
석종, "회생절차에서의 선박금융에 대한 취급 - BBCHP를 중심으로 -", 도산법연구
2-2, (2011), 22-23; 박준·한민, 금융거래와 법, 2판, (2019), 861-864.

767) 일본학설과 하급심 판례에서는 담보권의 목적이 소유권이 아니고 이용권이라는 견
해(이용권 담보권설)가 유력하다. 즉 리스회사는 리스물의 소유자임과 동시에 금융
리스계약에 따라 리스이용자에게 귀속된 '이용권'에 대한 담보권을 취득한다는 것이
다. 山本和彦 編, 倒産法演習 ノート, 3版, (2016), 1212.

768) 배현태, "회사정리절차에 있어서 리스채권의 취급", 법조 521, (2000), 162는 리스이

금지급의무라면 이를 공익채권으로 취급할 이유가 없다.770)

등기 또는 등록의 대상이 되는 자동차, 선박 등의 금융리스에 대해서도 담보권설을 관철할 수 있는지에 대해서는 담보권설 내부에서도 견해가 나뉜다. 관철할 수 있다는 견해는 ⓐ 등기나 등록의 이전이 리스료지급과 대가관계에 있지 않고, ⓑ 리스물건에 대한 리스회사의 소유권은 형식적인 것이며 실질적인 소유권은 이미 리스이용자에게 이전되었다는 점을 근거로 든다.771) 그러나 관철할 수 없다는 견해는 금융리스는 도산절차에서 소유권유보부매매와 동일하게 취급하는 것이 합리적이고, 등기나 등록을 요하는 동산으로서 소유권 등기, 등록이 매도인 명의로 남아있는 경우에는

용자의 리스료 지급채무에 대응하는 리스회사의 의무는 단순히 리스물건의 사용수익을 수인할 의무에 그치고 적극적으로 무엇을 이행해야 하는 것은 아니기 때문에, 위 의무 사이에는 구 회사정리법 103조에서 말하는 "대가관계"가 없다고 한다.

769) 참고로 일본 최고재판소는 전부상각방식에 의한 금융리스에 관하여 다음과 같이 판시하고 있다. 日最判 1995(平成7). 4. 14. (民集 49.4.1063)
"이러한 금융리스계약은 리스계약만료 시 리스물건의 잔존가치가 없는 것으로 보아 리스회사가 리스물건의 취득비 및 그 밖의 투하자본 전액을 회수할 수 있도록 리스료가 산정되는 것으로서, 그 실질은 리스이용자에 대한 금융상의 편의를 제공하는 것이므로, 이러한 금융리스계약의 경우 리스료채무는 계약의 성립과 동시에 그 전액이 발생하고, 리스료의 지급이 매월 일정액으로 약정되었더라도 이는 리스이용자에 대한 기한의 이익을 부여하는 것에 불과하므로, 각 달의 리스물건 사용과 각 달의 리스료 지급 사이에는 대가관계가 성립하지 않는다. 따라서 회사갱생절차 개시시점에서 미지급 리스료채권은 기한미도래 분을 포함하여 그 전액이 회사갱생법에서 말하는 회사갱생절차개시 전의 원인에 기초하여 발생한 재산상 청구권에 포함된다고 보아야 한다. 또한 회사갱생법 제103조 제1항은 쌍무계약의 당사자 간에 서로 견련관계에 있는 쌍방의 채무의 이행이 어느 쪽도 완료되지 않은 경우에 관한 것으로서, 이른바 전부상각방식에 의한 금융리스계약의 경우 리스물건을 인도한 리스회사는 리스이용자에 대하여 리스료 지급채무와 견련관계에 있는 미이행채무를 부담하지 않는다고 보아야 하므로, 위 규정은 적용되지 않고..."
770) 김연미, "도산절차에서 상행위의 취급 - 금융리스를 중심으로", 동북아법1-1, (2007), 82.
771) 정석종, "회생절차에서의 선박금융에 대한 취급 - BBCHP를 중심으로 -", 도산법연구2-2, (2011), 22-23.

회생절차 개시 당시 매수인의 대금지급의무와 매도인의 소유권 등기, 등록
이전의무가 모두 미이행으로서 상호 대등한 대가관계에 있으므로 쌍방미
이행 쌍무계약에 해당한다고 주장한다.772)773)

담보권설에 따르면 리스물건은 감가 폭이 크므로 회생계획 진행 중 담보
가치가 현저히 줄어들어 결국 리스회사의 리스료채권을 보호할 수 없게 되
는 문제가 있다는 쌍방미이행 쌍무계약설의 비판에 대해 담보권설은 다음
과 같이 반론한다. 리스회사는 리스이용자로부터 보증보험증권을 교부받거
나 연대보증인을 세우는 등 리스료채권 확보를 위한 조치를 취하는 것이
일반적이므로 이는 큰 문제가 아니다.774)

담보권설에 따르면 리스이용자에 대한 도산절차 개시시점부터 또는 그
전 어느 시점부터 리스이용자가 리스물건에 대한 소유권을 취득해야 한다.
그래야 리스회사가 리스물에 대한 담보권자가 될 수 있기 때문이다. 그런
데 담보권설은 과연 **언제 리스이용자가 리스물에 대한 소유권을 취득하는
지**에 대해 침묵하고 있다. 또한 담보권설은 **리스회사의 담보권실행절차가
언제 종료하는지**에 대해서도 명확히 밝히고 있지 않다(이 시점을 명확히
해야 리스회사가 리스물에 대하여 환취권을 행사할 수 있는지 여부가 결정
된다).775) 이는 담보권설의 약점으로서 담보권설에 따른 법률관계를 혼란

---

772) 박준·한민, 금융거래와 법, 2판, (2019), 863. 그런데 이런 논리라면 인도(引渡)가 공
　　 시방법인 동산의 소유권유보부매매에서도, 매수인의 대금지급의무와 매도인의 소유
　　 권이전의무가 모두 미이행으로서 상호 대등한 대가관계에 있으므로, 쌍방미이행 쌍
　　 무계약에 해당한다고 보아야 한다. 소유권이전의 공시방법이 등기인지 인도인지에
　　 따라 결론이 달라질 합리적 이유가 없다.

773) 등기, 등록으로 소유권이 이전되는 동산 또는 부동산의 경우 소유권유보부매매 자체
　　 가 성립할 수 없다(대법원 2010. 2. 25. 선고 2009도5064 판결 참조).

774) 김정만, "파산절차와 은행·보험·리스관계", 재판자료82, (1999), 584.

775) 다만 한민, "자산금융과 최근의 도산법 쟁점", 민법과 도산법, (2019), 276-277은 리
　　 스물이 리스회사에 인도되어 청산이 완료되어야만 담보권실행절차가 종료한다는 취
　　 지이다. 일본에서도 리스회사의 담보권이 리스이용자의 소유권을 대상으로 한다고
　　 보는 견해는 대체로, 리스회사가 리스물건을 리스이용자로부터 인도받아 청산이 종

스럽게 만드는 원인이다.

2. 쌍방미이행 쌍무계약설776)

쌍방미이행 쌍무계약설은 리스물건의 평온한 사용을 보장할 리스회사의 의무와 리스이용자의 리스료지급의무는 대가적 관계에 있다고 본다. 또한 리스물건을 인도함으로써 리스회사의 주된 채무는 모두 이행되었고 리스물건의 평온한 사용을 보장할 의무를 단지 리스회사의 종된 채무에 불과하다고 볼 수 없다고 주장한다.777) 리스계약의 쌍무계약성을 부정하는 담보권설은 계약당사자들의 의사를 무시한 것으로서, 대부분의 리스이용자는 사용료를 지불한다고 생각하지 피담보채권을 변제하는 것으로 생각하지 않는다고 지적한다.778) 또한 리스계약에 있어 리스물건의 소유권은 리스기간 내내 리스회사에 있으므로, 리스이용자에게 소유권이 이전되는 것으로 의제하는 것은 리스계약 당사자의 의사에 반한다는 점을 강조한다.779) 담보권설에 따르면 회생계획에 따라 변제가 이루어지지 못하는 경우 리스물

료된 시점에서 담보권실행절차가 종료된다고 본다. 加藤甲斐斗, "ファイナンス・リース契約の法的構成と倒産手続上の処遇", Law&Practice 12, (2018), 146.

776) 이연갑, "리스계약과 도산절차", 민사판례연구28, (2006), 956-975; 김영주, "도산절차상 양도담보계약 당사자의 법적 지위", 사법33, (2015), 25-28; 김형석, "우리 담보제도 발전의 회고", 우리 법 70년 변화와 전망, (2018), 438; 윤덕주, "금융리스와 회생절차: 담보권설의 재검토", 인권과정의482, (2019), 118-125; 권영준, "도산해지조항의 효력", 민법과 도산법, (2019), 40.

777) 이연갑, "리스계약과 도산절차", 민사판례연구28, (2006), 961-962. 김영주, "도산절차상 양도담보계약 당사자의 법적 지위", 사법33, (2015), 27은 여신전문금융업법 2조 10호 및 상법 168조의2에서 리스이용자가 일정 기간 동안 리스물을 사용 또는 이용하게 하는 것을 금융리스의 본질적인 내용으로 명시하고 있는데, 그럼에도 불구하고 리스회사의 이용보장의무가 추상적이고 관념적인 것에 불과하다고 볼 수는 없다고 주장한다.

778) 윤덕주, "금융리스와 회생절차: 담보권설의 재검토", 인권과정의482, (2019), 120.

779) 이연갑, "리스계약과 도산절차", 민사판례연구28, (2006), 969-971.

건의 감가로 인해 리스회사가 손해를 입을 수 있다는 점도 지적한다. 동산
인 리스물은 시간의 경과에 따른 감가의 정도가 큰데 회생계획이 제대로
이행되지 않은 채 중단된 경우 담보권자가 이러한 담보물의 가치 감소분에
대하여 적절한 보상을 받지 못할 위험이 있다는 것이다.[780] 우리 실무는
담보권설에 따라 회생채무자의 청산가치를 산정할 때 리스물의 가치도 반
영하는데, 채무자 소유도 아니고 채무자 파산 시 청산의 대상이 될 수도 없
는 리스물건에 관하여 그 청산가치를 고려하는 것은 타당하지 않다는 비판
도 있다.[781]

쌍방미이행 쌍무계약설에 따르면 리스회사는 리스이용자의 채무불이행
을 이유로 리스계약을 해지함으로써 리스물을 환취할 수 있다. 도산절차개
시 전에 이미 적법하게 계약을 해지한 경우, 도산절차개시 전에 해지권이
발생하였고 도산절차개시 후에 해지권을 행사한 경우 모두 리스물을 환취
할 수 있다. 그런데 금융리스의 실질과 거래현실을 고려할 때 이러한 리스
회사의 환취권 행사가 부당하게 느껴지는 사안이 발생할 수 있다. 쌍방미
이행 쌍무계약설은 **리스회사의 권리(해지권, 환취권)행사를 제한할 수 있는
지, 제한한다면 어느 경우, 어떠한 법리적 근거로 제한할 수 있는지**에 대해
만족스러운 답변을 하고 있지 않다. 이는 쌍방미이행 쌍무계약설의 약점이다.

Ⅲ. 견해대립의 실익

리스이용자 도산 시 금융리스를 담보권[782]으로 취급하는지, 쌍방미이행

---

780) 이연갑, "리스계약과 도산절차", 민사판례연구28, (2006), 973-974. 담보권설을 취하
　　는 山本和彦 교수도 이러한 문제점을 인정하고 입법으로 해결할 것을 주장한다. 山本
　　和彦, "ファイナンス・リース契約と会社更生手続", NBL574, (1995), 12-13.
781) 윤덕주, "금융리스와 회생절차: 담보권설의 재검토", 인권과정의482, (2019), 119-121.
782) 논의의 편의상 리스회사가 리스물 자체에 대한 담보권을 취득한다고 가정하고 검토

쌍무계약으로 취급하는지에 따라 아래와 같이 법률관계가 달라진다. 대체로 담보권설이 리스회사에 불리하고 회생채무자인 리스이용자에 유리하다.

① 담보권설에 따르면 미지급 리스료채권은 도산채권이고, 담보물인 리스물의 가치 한도에서 회생담보권이 될 수 있다. 리스료채권은 도산채권이므로 회생계획에 따른 권리변경의 대상이 된다.

이에 반해 쌍방미이행 쌍무계약설에 따르면 도산절차개시 후 미지급 리스료채권은 ― 관리인이 이행선택을 하면 ― 공익(재단)채권이 된다(회생파산법 179조 1항 7호). 따라서 리스물의 가치나 회생계획과 상관없이 도산재단이 충분하면 리스회사는 관리인으로부터 리스료를 수시변제 받는다. 공익채권인 리스료채권은 회생계획에 따른 권리변경의 대상이 아니다.

② 담보권설에 따르면 회생계획이 인가되기 전에 기존 리스계약에 따른 변제가 제대로 이루어지지 않더라도 리스회사는 담보권을 실행할 수 없다. 회생절차 진행 중 리스기간이 만료되더라도 리스회사가 담보권 실행을 위해 리스물 반환을 청구할 수 없다. 회생담보권자는 회생절차 내에서 독자적으로 담보권실행을 할 수 없기 때문이다(회생파산법 141조 3항). 결국 리스회사가 리스물을 반환받아 제3자에게 재리스를 할 가능성은 봉쇄된다. 또한 리스료 채권은 회생채권이고 회생계획에 의하지 않고 관리인이 회생채권을 임의변제로 소멸시키는 것은 원칙적으로 허용되지 않으므로(회생파산법 131조), 회생계획 인가 전에 기존 리스계약에 따라 정기적으로 리스료 지급이 이루어질 가능성은 높지 않다.

그러나 쌍방미이행 쌍무계약설에 따르면 설령 관리인이 계약해지를 선택하더라도 도산절차개시 후 관리인이 해지권을 행사하기 전까지 발생한 리스료 상당액은 공익채권으로 변제되어야 한다.

를 진행한다. 즉 이용권 담보권설은 검토대상에서 제외한다.

③ 담보권설에 따르면 리스료채무 불이행을 이유로 리스회사가 리스계약을 해지하는 것은 담보권 행사에 해당한다. 따라서 설령 회생절차개시 전에 리스회사가 해지권을 취득하였어도 회생절차개시 후에는 더 이상 해지권을 행사할 수 없다고 봄이 논리적이다.[783] 또한 회생절차개시 전이더라도 리스회사의 해지권 행사는 회생파산법 44조에 따른 중지명령, 45조에 따른 포괄적 금지명령의 대상이 된다.[784] 판례에 따르면 양도담보 설정자의 도산신청 이후 양도담보권자가 담보권을 실행하는 행위는 중지명령과 포괄적 금지명령의 대상이 된다.[785] 리스회사가 리스이용자 소유의 리스물에 대하여 담보권을 갖고 있다고 보면, 리스회사가 계약해지 후 리스물의

---

[783] 배현태, "회사정리절차에 있어서 리스채권의 취급", 법조521, (2000), 165-167. 그러나 실무에서는 담보권설을 지지하면서도 리스회사가 이미 적법하게 취득한 법정해지권을 리스이용자에 대한 도산절차개시 후 행사하는 것은 가능하다고 본다. 서울회생법원 재판실무연구회, 회생사건실무(상), 5판, (2019), 410; 서경환, "회사정리절차가 계약관계에 미치는 영향", 재판자료86, (2000), 672; 김정만, "파산절차와 은행·보험·리스관계", 재판자료82, (1999), 566. 파산절차라면 별제권자의 독자적 권리행사가 가능하므로 리스회사의 해지권 행사가 가능하지만, 회생절차에서는 리스회사의 해지권 행사를 허용하지 않는 것이 담보권설의 논리와 어울린다. 그럼에도 불구하고 담보권설이 이러한 해지권 행사를 긍정하는 배경에는, 채무자의 채무불이행에 대한 리스회사의 정당한 권리행사를 과도하게 제한하지 않으려는 실무적 공평감각이 놓여있다. 그러나 담보권설의 논리와 충돌한다는 점은 부정할 수 없다. 이 문제는 **평시 금융리스가 담보권이 아님에도 불구하고 도산절차에서 무리하게 담보권으로 구성하려다 보니 발생한 난맥상(亂脈相)**의 한 예이다.
[784] 한민, "자산금융과 최근의 도산법 쟁점", 민법과 도산법, (2019), 276. 담보권설을 취하면서도 도산절차개시 전에는 리스회사가 소유자이고 도산절차개시 후에 비로소 리스이용자가 소유자가 되는 것이므로, 도산절차개시 전 리스회사의 해지권 행사를 막을 법적 근거는 없다는 입장도 상정해볼 수 있다. 그런데 이 견해에 따르면 다음과 같은 문제가 발생한다. 중지명령과 포괄적 금지명령 제도는, **도산절차개시 후의 법률관계를 위기시기까지 소급시킴으로써** 도산절차의 목적(도산재단의 보호, 도산채무자의 회생, 공평한 책임재산 분배)을 효과적으로 달성하기 위해 마련된 것이다. 위 견해에 따르면 중지명령 등의 취지가 무색해진다. 또한 장차 회생담보권자로 취급될 리스회사가 회생절차개시 전 자유롭게 리스물을 반환받을 수 있게 되므로, 리스회사를 회생담보권자로 취급하는 의미도 퇴색된다.
[785] 대법원 2011. 5. 26. 선고 2009다90146 판결.

반환을 청구하는 것도 담보권 실행에 해당한다. 따라서 리스회사의 리스물
건 인도청구도 중지명령과 포괄적 금지명령의 대상이 된다.786) 도산절차개
시 전에 리스계약이 적법하게 해지되었더라도 아직 리스물이 반환되지 않
았다면 리스회사는 도산절차개시 후 관리인에 대하여 리스물의 인도를 청
구할 수 없다. 리스회사의 해지권 행사나 리스물 인도청구가 중지명령과
포괄적 금지명령의 대상이 된다면, 리스이용자에 대한 도산절차개시 신청
을 이유로 리스회사의 약정해지권을 부여하는 도산해지조항을 무효로 볼
실익이 줄어든다. 도산해지조항을 유효로 보더라도 중지명령과 포괄적 금
지명령을 통해 리스이용자가 리스물을 계속 사용할 수 있기 때문이다. 다만
도산절차개시 신청 전 지급정지를 이유로 한 도산해지조항이 문제된 경우에
는 도산해지조항을 무효로 보아야 리스이용자를 충실히 보호할 수 있다.787)

쌍방미이행 쌍무계약설에 따르면 리스회사의 해지권 행사는 중지명령과
포괄적 금지명령의 대상이 될 수 없다. 리스회사가 해지권 행사 후 인도를
받기 전에 리스이용자에 대하여 도산절차가 개시된 경우, 리스회사는 환취
권을 행사할 수 있다. 이 경우 리스이용자가 동산을 점유하고 있다고 해서
관리인을 해지에 있어 제3자라고 볼 수도 없다. 또한 리스회사가 도산절차
개시 전 리스이용자의 채무불이행을 이유로 적법하게 법정해지권을 취득
한 경우, 리스회사는 도산절차개시 후에도 이 법정해지권을 행사할 수 있
다. 이로 인해 관리인이 선택권을 행사할 수 없게 되더라도 관리인은 이러

---

786) 한민, "자산금융과 최근의 도산법 쟁점", 민법과 도산법, (2019), 276.
787) 이용권 담보권설에 따르면 리스회사의 담보권 실행절차는 – 잉여금이 없는 경우 –
해지권을 행사하는 즉시 완료한다(다만 가등기담보에 관한 법률 3조를 유추하여, 청
산내역과 잉여금의 부존재를 통지해야 비로소 담보권 실행절차가 종료한다고 볼 여
지도 있다). 따라서 도산절차개시 신청을 이유로 한 도산해지조항의 경우 이를 무효
로 보아야 리스이용자를 충실히 보호할 수 있다. 도산절차개시 신청 후 중지명령이
나 포괄적 금지명령 발령 전에 리스회사가 신속하게 해지권 행사를 해버리면 담보권
실행절차가 그 즉시 종료되므로, 중지명령이나 포괄적 금지명령을 발령할 대상이 더
이상 존재하지 않게 되기 때문이다.

한 결과를 감수해야 한다.

④ 담보권설에 따르면 리스회사가 리스계약을 해지하여 목적물을 반환받음으로써 리스료채권 전부 또는 일부의 만족을 얻은 경우, 이러한 채권만족은 실질적으로 담보권의 사적(私的) 실행에 해당하므로 이후 회생절차에서 부인의 대상이 될 수 있다. 우리 판례는 위기시기의 담보권실행행위가 부인의 대상이 될 수 있다는 입장이기 때문이다.[788) 또한 위기시기에 리스계약을 체결하는 행위에 대해 위기시기에 담보권설정을 한 것처럼 취급하여 부인권을 행사할 수도 있다.

쌍방미이행 쌍무계약설에 따르면 리스회사가 리스계약을 해지하고 리스물을 반환받는 것에 대하여 부인권을 행사할 수 없다. 리스회사는 애초부터 자신이 갖고 있던 소유권에 기초하여 리스물을 반환받은 것이므로 이를 담보권 실행행위로 볼 수 없기 때문이다.[789) 쌍방미이행 쌍무계약설에 따르더라도 위기시기에 체결된 리스계약에 대하여 부인권을 행사할 여지는 있지만, 관리인 입장에서 이러한 리스계약은 해지하면 되므로 굳이 부인권 행사를 할 실익은 크지 않다.[790)

그러나 다음 쟁점에 관해서는 담보권설과 쌍방미이행 쌍무계약설 사이

---

788) 대법원 2011. 5. 26. 선고 2009다90146 판결; 대법원 2011. 11. 24. 선고 2009다76362 판결. 필자는 이러한 판례가 부당하고 변경되어야 한다고 생각하지만, 여기서는 더 이상 검토하지 않는다.

789) 평시 리스계약 중도해지 후 법률관계를 1유형처럼 구성하더라도 결론은 달라지지 않는다. 잉여금 반환이나 부족분 리스료청구는 리스회사와 리스이용자 사이의 약정 채권관계에 불과하고, 리스회사가 계속 리스물의 소유자였다는 결론에 영향을 미치지 않기 때문이다.

790) 다만 리스계약 체결자체를 부인할 수 있다면 관리인으로서는 해지를 선택하는 것보다 부인권을 행사하는 것이 유리하다. 해지를 선택하면 계약상대방인 리스회사의 손해배상채권을 도산채무로 이행해야 하므로 그만큼 도산재단의 부담이 커지기 때문이다.

에 큰 차이가 없다.

① 담보권설에 따르면 리스물건의 가치가 잔존 리스료 채권보다 크면 그 잉여가치는 회생채무자인 리스이용자에게 귀속된다. 쌍방미이행 쌍무계약설에 따르면 ― 관리인이 해지를 선택한 경우 ― 리스회사는 환취권을 행사할 수 있고, 따라서 리스물건의 잉여가치는 리스회사에 귀속되는 것이 자연스럽다. 그런데 위에서 검토한 것처럼 이 경우에도 1유형 하에서는 리스회사의 잉여금반환의무가 인정될 수 있다.

② 쌍방미이행 쌍무계약설에 따르면 리스물건이 도산채무자인 리스이용자의 사업계속에 별다른 필요가 없는 경우 관리인은 리스계약의 해지를 선택하고 리스물을 리스회사에 반환할 수 있다. 리스계약의 조기 종료에 따라 리스회사가 입은 손해에 대해서는 도산재단이 도산채무로서 그 책임을 부담한다. 담보권설에 따르면 관리인은 도산절차 내에서 리스계약을 해지할 수 없다. 그러나 도산재단에 속하는 리스물을 법원의 허가를 받아 포기하거나 조기환가하는 것은 가능하다(회생파산법 61조 1항 1, 7호, 492조 12호, 497조). 관리인이 리스물을 포기하면 리스물은 리스이용자의 책임재산으로 복귀하고 리스이용자는 리스물에 대한 관리처분권을 회복한다. 리스물은 도산재단과 무관한 자유재산이 되고, 리스회사와 리스이용자 사이의 법률관계는 ― 진행 중인 도산절차와 상관없이 ― 평시와 마찬가지로 전개된다. 리스이용자는 리스료를 지급하지 못할 가능성이 크고 이에 따라 리스회사는 리스계약을 중도해지하고 리스물을 반환받을 수 있다. 리스회사의 잔여 리스료채권 또는 채무불이행으로 인한 손해배상채권은 도산재단이 도산채무로서 부담한다. 관리인은 소유권을 일방적으로 포기할 수 있지만, 도산채무자의 기존 계약관계는 그대로 승계하는 것이 원칙이고 이를 일방적으로 포기할 수 없기 때문이다. 결국 도산재단에 필요없는 리스물의

반환과 관련하여 담보권설과 쌍방미이행 쌍무계약설은 법률구성 상 차이
는 있지만 종국적 결과는 크게 다르지 않다.[791]

③ 리스이용자의 회생절차개시 신청 등을 이유로 리스계약을 해지하는
조항(이른바 '도산해지조항')의 유효여부는 담보권설과 쌍방미이행 쌍무계
약설 중 무엇을 선택하는지와 관련이 없다. 즉 쌍방미이행 쌍무계약이라고
해서 그렇지 않은 경우에 비해 도산해지조항을 무효로 볼 당위성이 더 큰
것[792]이 아니다. 쌍방미이행 쌍무계약설을 취하면 도산해지조항이 무효이

---

791) 윤덕주, "금융리스와 회생절차: 담보권설의 재검토", 인권과정의482, (2019), 123-124
와 김형석, "우리 담보제도 발전의 회고", 우리 법 70년 변화와 전망, (2018), 437은
리스이용자(또는 소유권유보부 매수인) 입장에서 불필요한 물건임에도 불구하고 그
보관을 강제당하는 점이 담보권설의 단점이라고 비판하나 꼭 그러한지 의문이다. 관
리인은 도산재단을 포기할 수도 있고, 조기환가할 수도 있기 때문이다.

792) 이러한 생각은 실무에 널리 퍼져 있는 것으로 보인다. 이러한 생각의 배경에는 다음
과 같은 인식이 깔려있다.
"도산해지조항은 관리인에게 선택권을 부여하는 회생파산법 규정(강행법규)에 반하므
로 무효이다. 그런데 쌍방미이행 쌍무계약이 아닌 경우 관리인의 선택권은 인정되지
않는다. 따라서 도산해지조항을 무효로 보더라도 강행법규 위반이 문제되지 않는다."
그러나 이러한 인식은 타당하지 않다. "관리인의 선택권을 미리 배제시키는 약정"은
관리인에게 선택권을 부여한 회생파산법 119조 1항, 335조 1항에 반하여 무효라고
말할 수 있다. 그러나 도산해지조항은 위 강행규정의 목적/취지(도산재단의 보호, 도
산채무자의 회생)를 잠탈할 우려가 있는 조항일 뿐이다. 강행규정의 취지를 잠탈할
우려가 있는 모든 약정이 탈법행위로서 무효라고 단정할 수 없다. **도산해지조항을
무효로 보는 견해도 모든 쌍방미이행 쌍무계약에 대하여 도산해지조항이 무효라고
주장하지 않는다.** 도산해지조항을 무효로 보는 성문법 규정이 없는 한, 도산해지조
항을 무효로 보는 근거는 책임법적 공서위반(민법 103조)에서 찾을 수밖에 없다. 계
약자유의 원칙과 도산재단의 보호·도산채무자의 회생이라는 대립하는 두 가치를 비
교형량하여 후자를 더 강조할 필요가 있는 경우에 한해 도산해지조항을 무효로 보아
야 한다. 쌍방미이행 쌍무계약이라고 해서 후자를 더 강조할 합리적 이유가 없고,
쌍방미이행 쌍무계약이 아니라고 해서 전자를 더 강조할 합리적 이유도 없다.
권영준, "도산해지조항의 효력", 민법과 도산법, (2019), 31-32는 도산해지조항에 관
한 합의는 강행규정인 회생파산법 119조 1항에 정면으로 위반하는 행위라기보다 그
취지에 반하는 탈법행위라고 하면서, 회생파산법 119조 1항을 근거로 도산해지조항

고, 담보권설을 취하면 도산해지조항이 유효라고 말할 수 없다.[793] 또한 모든 금융리스에서 일률적으로 도산해지조항이 무효라고 판단하는 것도 다소 성급하다. 우리는 미국{연방도산법 §365(e)(1), §541(c)(1)}이나 프랑스(상법L.622-13조 1항)처럼 모든 도산해지조항은 원칙적으로 무효라고 선언하는 성문법 규정을 갖고 있지 않다. 따라서 책임법적(또는 도산법적) 공서위반(민법 103조)[794]을 근거로 도산해지조항을 무효로 볼 수밖에 없고, 개별 계약의 구체적 사정을 고려해 무효여부를 결정해야 한다. ⓐ 리스물은 리스이용자의 사업계속을 위해 꼭 필요한 물건인 경우가 많고, ⓑ 금융리스의 경우 리스물의 범용성이 부족하여 리스회사 입장에서 위 물건을 반환받더라도 제3자에게 다시 리스를 해주기 어려운 경우도 많으며, ⓒ 따라서 리스회사 입장에서는 리스물을 돌려받아 이를 재차 자신의 영업에 활용하기 위해 도산해지조항의 유효를 주장하기보다 리스이용자를 압박하여 미지급 리스료를 받아내기 위해 또는 종전보다 리스이용자에게 불리한 조건으로 재계약을 체결하기 위해 도산해지조항을 활용할 여지가 있고, ⓓ **리**

을 원칙적으로 무효로 보아야 한다고 주장한다. 그러나 회생파산법 119조 1항은 **무효인 탈법행위와 유효인 탈법행위를 구분할 수 있는 기준을 제시해주지 않는다.** 따라서 회생파산법 119조 1항을 무효의 근거로 삼는 것은 부적절하고, 오해(쌍방미이행 쌍무계약의 경우 도산해지조항을 무효로 볼 필요성이 더 크다)를 야기할 위험이 있다.

793) 참고로 일본판례는 담보권설을 취하지만 금융리스의 이용자에 대하여 민사재생절차가 개시된 경우 도산해지조항을 무효로 본다. 日最判 2008(平成20). 12. 16(民集 62.10.2561).

794) 채무자의 책임실현절차인 강제집행절차에서 특정 채권자가 법률의 형식적 요건구비를 이유로 '부당하게' 자신의 우선권을 관철시키는 것은 '제도의 남용'으로서 불허될 수 있다. 유치권자나 주택임대차보호법상 최우선변제권의 요건을 갖춘 임차인이 해당 권리를 행사하는 것을 불허한 판례들(대법원 2013. 12. 12. 선고 2013다62223 판결; 대법원 2011. 12. 12. 선고 2011다84298 판결)은 이러한 관점에서 설명할 수 있다. 전체집행절차인 도산절차에서도 채무자의 책임재산은 모든 도산채권자들에게 공평하게 분배되어야 하고, **특정 도산채권자가 형식적 법률요건 구비를 이유로 부당하게 자신의 권리를 앞세우는 것은 허용될 수 없다.** 필자는 이러한 법리를 "책임법적 공서위반"이라는 관점에서 설명할 수 있다고 생각한다.

스계약을 해지하고 별 가치도 없는 리스물을 돌려받는 것보다 리스계약을
유지하면서 늦게라도 리스료를 일부나마 받는 것이 리스회사 입장에서 이
익이므로 설령 도산해지조항이 없었더라도 리스회사는 리스이용자와 리스
계약을 체결하였을 가능성이 높다(따라서 도산해지조항을 무효로 보더라도
리스회사의 사적자치 ― 계약내용 결정의 자유 ― 를 과도하게 침해한다
고 볼 수 없다). 위와 같은 사정이 존재하는 금융리스로서 리스이용자에 대
하여 '회생'절차가 개시된 경우라면, 책임법적 공서위반을 근거로 도산해지
조항을 무효로 봄이 타당하다.

Ⅳ. 검토 : 평시 민사실체법과의 조화

1. 금융리스와 비교할 대상
: 소유권유보부매매 vs. 소유권이전 후 양도담보

아래에서는 동산 소유권유보부매매와 동산 소유권이전 후 양도담보[795]의
평시 및 도산절차 상 법률관계를 분석하고, 금융리스는 이 두 유형(category)
중 어디에 더 가까운지 검토한다. 이는 ⓐ 환가담보와 소유권담보의 공통점과 차
이점을 해명하고, ⓑ 금융리스의 법적 성질을 결정(characterization, Qualifikation)
하는 작업이다.

가. 소유권유보부매매 vs. 소유권이전 후 양도담보

소유권유보부매매의 경우 매매대금이 완납되기 전까지 매도인이 소유권
을 보유하고 있다. 매수인이 매매대금 지급을 지체하면, 매도인은 채무불이

---

795) 양수인에게 소유권이전 후 양도인에게 매매대금 채권 담보를 위해 담보목적으로 다
　　시 소유권을 이전해 준 경우를 말한다.

행을 이유로 매매계약을 해제할 수 있다. 매매계약이 해제되면 매수인의 매매대금 채무는 소급적으로 소멸하고, 매도인은 매수인에게 소유권에 기한 반환청구를 할 수 있다. 매도인은 기지급매매대금에서 매수인의 목적물 사용, 수익이익과 매수인의 채무불이행으로 입은 손해액을 공제한 나머지 금액을 원상회복으로 매수인에게 반환해야 한다. 계약해제에 따른 매도인과 매수인의 각 원상회복의무는 동시이행관계에 있다. 소유권유보부매매는 **소유권담보**로서 매도인의 소유권은 '매도인의 물건반환청구권'을 담보하기 위해 존재한다. 매도인은 인도받은 목적물을 매매대금 채권만족을 위해 환가할 필요가 없다. 매매대금 채권은 매매계약의 해제로 이미 소멸하였기 때문이다. 매도인은 소유권자로서 반환받은 목적물을 자유롭게 사용, 수익, 처분할 수 있다. 매도인은 목적물 소유자로서 약정 매매대금을 초과하는 목적물의 가치(잉여금)를 취득하며, 이를 정산하여 매수인에게 반환할 의무가 없다. 매매계약이 해제된 이상 매수인이 잔존 매매대금을 지급함으로써 해제된 매매계약의 효력을 일방적으로 되살릴 수 없다. 즉 매수인은 환수권이 없다.

판례는 유보매수인 도산 시 유보매도인을 회생담보권자로 본다.796) 그러나 이는 소유권담보권자로서 유보매도인의 권리를 간과한 것이다. 유보매도인은 소유자이고 소유권유보부매매는 쌍방미이행 쌍무계약으로 봄이 타당하다.797)

소유권이전 후 양도담보의 경우 매매대금이 완납되기 전에 일단 매수인에게 소유권이 이전된 뒤 매도인에게 담보목적으로 다시 소유권이 이전된다. 즉 매도인은 소유권을 상실하였다가 매수인으로부터 다시 담보목적으로 취득한다. 매수인은 매도인으로부터 돈을 빌려 매매대금을 완납한 것이

---

796) 대법원 2014. 4. 10. 선고 2013다61190 판결.
797) 같은 취지 김영주, "도산절차상 양도담보계약 당사자의 법적 지위", 사법33, (2015), 29; 김형석, "우리 담보제도 발전의 회고", 우리 법 70년 변화와 전망, (2018), 436-438; 양형우, "회생절차에서 소유권유보와 매도인의 지위", 인권과정의447, (2015), 149-157.

므로 매수인은 매도인에 대하여 매매계약에 따른 대금지급의무를 모두 이
행하였고, 다만 소비대차계약 상 차용금채무를 부담하고 있을 뿐이다.798)
매수인이 차용금채무 이행을 지체하더라도 매도인은 매매계약을 해제할
수 없다. 매매계약은 그 이행이 완료되었기 때문이다. 매도인은 미지급매매
대금 상당액을 변제받기 위해, 즉 환가목적으로 매수인에게 소유권에 기한
반환청구를 할 수 있다. 매도인은 목적물의 시가에서 미지급매매대금 상당액
을 공제한 잉여금을 매수인에게 반환해야 한다(민법 607조, 608조 참조).799)
매도인의 정산의무와 매수인의 인도의무는 동시이행관계에 있다. 양도담보
는 **환가담보**로서 매도인의 매매대금채권을 담보하기 위해 존재한다. 환가
가 종료되어 피담보채권이 소멸하기 전까지 매수인은 미지급매매대금 상
당액을 변제하고 목적물을 찾아올 수 있다. 즉 매수인은 환수권이 있다. 매
수인의 환수권은 매도인 도산절차에 복종하지 않는 권리이다. 즉 매도인이
도산하더라도 매수인은 환수권을 행사하여 목적물을 환취할 수 있다. 환수
권이라는 강력한 권리에 의해 제한을 받는다는 점에서, 양도담보권자의 소
유권은 진정한 소유권이라 보기 어렵다.

　회생파산법 141조 제1항은 양도담보설정자에 대하여 회생절차가 개시된
경우 양도담보권자를 회생담보권자로 본다. 이는 양도담보의 환가담보로서
의 성격을 반영한 것으로 타당하다. 소유권이전 후 양도담보에서 양도담보

---

798) 당사자들의 약정내용에 따라서는 매도인이 매수인에 대하여 매매대금채권을 보유하
　　고 있다고 볼 수도 있다. 그러나 계약서에 명시적 규정이 없다면, 매도인이 동시이행
　　항변권을 포기한 채 먼저 소유권을 넘겨주었다고 구성하기보다 본문과 같이 해석하
　　는 것이, 합리적 계약해석이다.
799) 양도담보의 경우 채권자가 잉여금반환의무를 부담하므로, 채권자 입장에서는 이를 피
　　하기 위해 소유권유보부매매를 '악용(惡用)'할 수 있다. 즉 실질적으로는 대여금 채권
　　을 갖고 있고 매매대금 채권을 갖고 있는 것이 아님에도 불구하고 외관상 채무자로부
　　터 물건 소유권을 이전받고 해당 물건을 다시 소유권유보부로 매도하는 형태를 취함
　　으로써, 잉여금반환의무 부담을 회피할 수 있다. 이 경우 소유권유보부매매는 탈법행
　　위로서 무효이고, 채권자는 채무자로부터 양도담보를 설정받은 것으로 보아야 한다.

설정자인 매수인이 도산하면 매도인은 담보권자로 취급된다.

지금까지 검토내용을 표로 정리하면 다음과 같다.

	소유권유보부매매	소유권이전 후 양도담보
반환받은 목적물 환가 필요성	X (∵ 매매대금 채권 소멸)	O (∵ 미지급매매대금 상당액의 채권 존재)
매도인의 정산의무	O (기지급매매대금 - 매수인의 사용수익 이익 - 매수인의 채무불이행으로 매도인이 입은 손해)	O (매매목적물의 가치 - 미지급매매대금 상당액)
잉여금 귀속주체	매도인	매수인
매수인의 환수권 존재여부	X	O
매수인 도산시 매도인의 지위	담보권자(판례) 소유권자(私見)	담보권자

나. 금융리스의 법적 성질 결정

금융리스의 법률관계는 이미 위에서 살펴보았다. 이를 쟁점별로 표로 정리하면 아래와 같다.

	금융리스	
	1유형	2유형
반환받은 목적물 환가 필요성	O	X
리스회사의 정산의무	O (리스회사의 이중이득방지: 리스회사가 잔존리스료를 모두 지급받음을 전제로[리스계약 중도해지 시 리스물의 잔존가치 - 리스계약 정상종료 시 리스물의 잔존가치를 반환)	O (리스계약해지에 따른 원상회복의무: 초과지급된 리스료 반환의무)

잉여금 귀속주체	리스이용자	리스회사
리스이용자의 환수권 존재여부	X	X
리스이용자 도산시 리스회사의 지위	담보권자(판례) 소유권자(私見)	

　금융리스 중 2유형은 소유권유보부매매와 사실상 동일하다. 1유형은 소유권이전 후 양도담보와 비슷한 측면이 많다. 그러나 리스회사의 리스계약 해지 후 리스이용자가 더 이상 환수권을 주장할 수 없다는 점에서, 소유권 이전 후 양도담보와 결정적 차이가 있다. 즉 금융리스는 1, 2유형을 불문하고 리스계약 해지 후 리스이용자가 환수권을 주장할 수 없다. 이는 리스회사가 리스이용자에게 한 번도 소유권을 이전하지 않았기 때문에 발생하는 결과이다. 필자는 이 점에 주목하여 금융리스는 그 유형에 상관없이 소유권유보부매매처럼 취급해야 한다고 생각한다. 즉 금융리스는 **소유권담보의 일종**으로서 리스회사가 소유권을 유보하는 주 목적은 － 1유형의 경우에도 － 리스물 반환청구권을 확보하기 위함이다. 1유형처럼 리스회사가 잉여금반환의무를 부담하는 경우에도 리스이용자의 환수권이 인정될 수 없는 한, 리스회사의 **계약해지의 주 목적은 자기 소유물인 리스물 확보**에 있다고 보아야 한다. 따라서 리스회사의 계약해지를 담보권실행절차의 일환으로 볼 수 없다.

　타인이 소유자에게 금전을 지급함으로써 소유자의 의사와 상관없이 일방적으로 소유자의 소유권을 빼앗아 올 수 있다면{전형적인 사례가 수용(收用)이다. Calabresi와 Melamed는 이러한 권리보호 방식을 보상규칙(liability rule)이라 부른다[800]}, 이러한 소유권은 진정한 의미의 소유권이 아니다. 양도담보권자는 환가를 위해 담보목적으로 소유권을 갖고 있으므로 환가(귀속청산 또는 처분청산)가 완료되기 전까지 양도담보설정자는 피담보채무를

---

800) Guido Calabresi/A. Douglas Melamed, "Property Rules, Liability Rules, and Inalienability: One View of the Cathedral", 85 Harv. L. Rev. 1089(1972).

변제함으로써 일방적으로 그 소유권을 빼앗아 올 수 있다. 그러나 리스회사가 리스계약을 해지하면 — 리스물이 인도되지 않거나 아직 정산이 이루어지지 않았더라도 — 리스이용자는 리스료를 지급함으로써 일방적으로 리스계약을 되살릴 수 없다. 따라서 전자는 전체집행절차인 도산절차에서 담보권으로 취급하는 것이 정당화되지만,801) 후자는 담보권으로 취급할 수 없다. 후자를 담보권으로 취급한다면 리스계약해지 후 리스물 반환 전 리스이용자에게 도산절차가 개시된 경우, **리스회사의 진정한 소유권이 부진정(不眞正) 소유권으로 바뀐다.** 이는 일종의 수용(收用)으로서 법률의 근거가 없는 한 허용될 수 없다.802) 아래에서는 기타 담보권설에 어떠한 문제가 있는지 항을 바꾸어 살펴본다.

2. 담보권설의 문제점

가. 계약당사자들의 의사 무시, 물권법정주의 위반

계약해석은 1차적으로 계약문언으로부터 출발한다. 그런데 리스계약 어디에도 리스이용자에게 소유권이 이전된다는 조항을 찾아볼 수 없다. 계약문언으로부터 합리적으로 추단할 수 있는 당사자의 의사는 리스기간 내내 리스회사가 리스물 소유자라는 점이다.803) 담보권설은 이러한 계약당사자

---

801) 사해행위 취소소송의 원고인 취소채권자에 대해서도 비슷한 말을 할 수 있다. 사해행위 취소소송의 피고인 수익자는 사해행위 취소소송을 제기하여 승소확정판결을 받은 취소채권자에게 피보전채권 상당액을 변제함으로써, 취소채권자의 원상회복청구권을 일방적으로 소멸시킬 수 있다. 따라서 수익자 도산 시 취소채권자의 원상회복청구권은 환취권이 아니라 회생담보권으로 봄이 타당하다.

802) 다만 이용권 담보권설을 취하면 이러한 비판에서 빠져나갈 수 있다. 그러나 이용권 담보권설은 그 자체로 많은 문제점을 갖고 있다. 본문 제3장 제14절 IV. 2. 라. 참조.

803) 참고로 판례는 구 시설대여법이나 여신전문금융업법에 따라 시설대여이용자 명의로 차량이 등록된 경우에도 차량 소유권은 대외적으로도 시설대여회사에 있다고 본다. 대법원 2000. 10. 27. 선고 2000다40025 판결; 대법원 2018. 10. 4. 선고 2017다244139 판결.

들의 의사를 무시하고 있다.

담보권설은 리스회사의 소유권은 형식적인 것에 불과하고 한다. 그러나 리스목적물이 리스이용자 이외에는 별 가치가 없는 물건이라고 해서, 리스기간 종료 후 리스물의 경제적 가치가 0이라고 해서 리스회사의 소유권을 무(無)로 취급할 수 없다. 소유권은 법적 개념이고 경제적 가치가 0인 고철도 소유권의 대상이 되는데 아무 문제가 없다.

범용성이 없고 리스회사 입장에서 별 가치가 없는 물건이라고 해서, 그러한 사정으로부터 리스회사가 리스물 소유권을 리스이용자에게 이전해주고 담보권을 설정받기를 원했다고 추단할 수 없다. 오히려 그 반대의사, 즉 리스료가 전부 지급되기 전까지 리스물의 소유권을 절대(!) 이전해주지 않고 계속 갖고 있겠다는 리스회사의 의사를 추단함이 타당하다. **합리적 리스회사라면 담보가치가 없는 물건을 굳이 담보로 잡을 이유가 없다.** 이러한 리스물에 대해서는 ─ 환가를 염두에 둔 담보권이 아니라 ─ 소유권을 갖고 있어야 채무자를 압박해서(리스료를 제때 지급하지 않으면 '**언제든지**' 리스물건을 가지고 가서 영업을 계속하지 못하게 하겠다!) 리스료 채권의 만족을 얻을 수 있다. 합리적 리스회사라면 리스물에 대하여 환가담보가 아닌 소유권담보를 취득하는 것이 자연스럽지 않은가?

당사자들이 소유권을 이전하고 이전된 소유권에 대하여 담보권을 설정하려는 의사가 없었음에도 불구하고 법원이 판례를 통해 담보권 성립을 인정하는 것은 물권법정주의에 반한다. 계약당사자의 의사와 상관없이 금융리스를 담보권으로 취급하는 성문법 또는 관습법은 존재하지 않기 때문이다.

나. 기능적 접근법의 한계

담보권설은 금융리스가 금융의 실질과 기능을 갖고 있는 점에 주목한다. 그런데 기능적 관점에서 보면 운용리스도 금융의 실질을 갖는다. 나아가 **모든 임대차는 금융의 실질을 갖는다.** 임차인은 매매대금을 지급할 자력

(資力)이 없거나, 자신의 자력을 매매대금으로 소비하기를 원치 않기 때문에 임차를 하는 것이다. 기능적으로만 보면, 5년간 목적물을 임차한 사람이 임대인에게 지급하는 차임은, 임대인으로부터 매매대금을 빌려 그 물건을 샀다가 5년 후 임대인에게 되파는 과정에서 빌린 원금에 대하여 5년간 지급하는 이자와 별 차이가 없다. 전자의 경우 대여원금을 빌렸다가 되갚는 과정이 생략되었을 뿐이다. 전자의 경우 임차인은 5년간 소유자가 아닌데 반해 후자의 경우 5년간 소유자이지만, 소유자가 부담하는 모든 위험과 부담(가령, 목적물 가격변동에 따른 위험, 소유자로서 부담하는 납세의무 등 공적의무)을 임대차계약을 통해 임차인에게 전가시키면, 전자와 후자는 적어도 기능적으로는 차이가 없다. 부동산처럼 시장가치가 오를 수도 있는 물건이 아니라 설비동산처럼 내용연수에 따라 가치가 떨어질 것이 확실한 동산의 경우에는 목적물 가격변동에 따른 위험을 분배하는 조항을 별도로 두지 않더라도, 임대차와 매매는 명확히 구별되지 않는다. 미국 학설 중에는 운용리스도 도산절차에서 담보권으로 취급하자는 견해가 있는데,804) 기능적/경제적 관점을 일관한다는 측면에서 차라리 이 견해가 논리일관적이고 솔직하다.805)806) 물론 이러한 주장에 동의하는 법률가는 많지 않을 것

---

804) Margaret Howard. "Equipment Lessors And Secured Parties In Bankruptcy: An Argument For Coherence", 48 Wash. & Lee L. Rev. 253(1991). 모든 리스와 담보권(소유권유보부매매)은 실질적으로 차이가 없으므로 동일하게 취급하는 것이 타당하다는 지적으로는 John D. Ayer, "On the Vacuity of the Sale/Lease Distinction", 68 Iowa L. Rev. 667(1983).

805) 이에 대하여 금융리스의 경우 리스이용자가 잔여이익(residual interest)의 귀속자인데 반해, 운용리스의 경우 리스회사가 잔여이익의 귀속자이므로 양자의 차별취급은 정당화된다는 주장이 있다. Daniel Hemel, "The Economic Logis of the Lease/Loan Distinction in Bankruptcy", 120 Yale L. J. 1492(2011). 이 주장의 요지는 다음과 같다. 금융리스(전부상각리스)의 경우 리스기간 종료 시 리스물의 경제적 가치가 더 이상 남아있지 않다. 따라서 리스회사 입장에서 리스이용자가 리스물을 함부로 사용하여 리스물의 가치를 떨어뜨리는 것을 감시하고 방지할 유인(incentive)이 없다. 그런데 무자력 상황에 놓인 리스이용자는 리스물을 ─ 도산에 인접한 상황이 아닌 경우 그가 리스물을 통상적으로 사용·수익하는 것과 비교해 ─ 과다사용(또는 함부로 사

이다. 이렇게 보면 담보권과 소유권이라는 두 개념유형의 경계가 허물어지기 때문이다.

기능적 분석은 사법(私法)상 법률관계를 해명하는데 중요한 역할을 하지만 한계도 있다. 물권법 질서와 관련된 법률관계는 ― 물권의 대세효로 인해

용)할 위험이 있다. 평시라면 리스이용자가 리스물 감가에 따른 손실을 모두 부담하기 때문에, 리스이용자는 이러한 손실을 고려하여 리스물을 최적으로 사용·수익할 것이다(비용의 내부화에 따른 리스물의 효율적 사용). 그러나 도산에 근접한 상황에서는 리스물 감가에 따른 손실을 리스이용자의 일반채권자들이 부담하므로 리스이용자는 리스물을 비효율적으로 과다사용할 유인이 있는 것이다. 리스회사를 담보권자로 취급하여 리스물의 가치만큼만 우선권을 부여하면, 리스회사가 리스이용자를 감독할 유인이 생기므로 위와 같은 문제(도산채무자가 일반채권자들에게 부당하게 손실을 전가하는 문제)를 막을 수 있다. 이에 반해 운용리스의 경우 리스회사가 잔여이익의 귀속자이므로 굳이 운용리스를 담보권으로 취급하지 않더라도, 리스회사는 리스이용자의 리스물 사용을 감독할 유인이 있다.

흥미로운 주장이지만 다음 두 가지 점에서 문제가 있다. ① 금융리스의 경우에도 중도해지되는 상황에서는 약정내용에 따라 리스회사가 잔여이익을 보유할 수 있다(2유형). 따라서 금융리스의 경우 리스회사가 항상 잔여이익을 보유하지 않는다고 단정할 수 없다. ② 물건의 소유자와 임차인 중 누가 물건을 소중히 다룰까? 직관적으로 생각할 때 소유자가 자기 물건이기 때문에 더 소중히 다룰 것이다. 적어도 소유자가 임차인보다 더 험하게 물건을 쓰지는 않을 것이다. 평시를 전제로 금융리스에서 리스이용자는 물건을 함부로 쓰면 바로 자신의 손실로 연결되므로 물건을 소중히 쓸 가능성이 높다. 그러나 운용리스에서 리스이용자는 물건으로 함부로 쓴다고 해서 바로 자신의 손실로 연결되지는 않으므로 물건을 덜 소중히 쓸 것이다. 위 주장은 이러한 측면을 고려하고 있지 않다.

806) United Airlines, Inc. v. HSBC Bank USA, 416 F.3d 609 (7th Cir.2005)에서 Easterbrook 판사는 다음과 같은 이유에서 금융리스와 운용리스의 차별취급을 정당화한다.

관리인이 이행선택을 한 경우 해당 계약은 기존 도산채무자와 체결한 계약이 아니라, 새로운 채무자와 새롭게 체결한 계약처럼 취급함이 타당하다. 운용리스는 진정한 임대차(true lease)로서 그에 따라 발생하는 차임지급의무는 **새로운 회사운영을 위해 발생한 새로운 채무**이다. 이에 반해 금융리스는 가짜 임대차로서 그에 따라 발생하는 리스료지급채무는 **기존 회사와 관련된 기존채무**이다.

그러나 이러한 논증은 동어반복이다. 리스회사가 리스물의 소유자로서 리스료 지급 지체 시 리스물을 환취할 수 있는 이상, 이러한 상황을 막고 영업을 계속하기 위해 관리인이 지출하는 리스료채무는 새로운 회사운영을 위해 발생한 새로운 채무로 볼 수도 있다.

- 획일적이고 명확하게 정해두는 것이 바람직하고 필요하다. 따라서 이러한 영역에서 기능적 분석은 한 발짝 뒤로 물러나야 한다. 때로는 형식(form)이 실질(substance)을 지배할 수 있는 것이다. 법이라는 것 자체가 형식적 개념유형에 기초해 만들어진 규칙(rule) 내지 기성복이라는 성격을 갖고 있다. 담보적 기능을 하는 것과 물권인 담보권으로 인정되는 것은 다른 차원의 문제이다. 상계와 동시이행항변권이 담보적 기능을 하지만 담보권이 아니듯, 금융리스도 담보적 기능을 하지만 그 자체가 담보권은 아니다. 금융리스를 담보권으로 취급하는 것은 계약의 법적 성질 결정을 통해 가능한 문제가 아니다. 금융리스를 담보권으로 보는 강행법규를 만들어야 가능한 문제이다. 담보권설은 입법론은 별론으로 하고807) 해석론으로는 타당하지 않다.

---

807) 필자는 금융리스나 소유권유보부매매를 평시 담보권으로 구성하고, 그에 따라 공시를 요구하는 입법론에 대해서도 주저되는 바가 있다. 양도담보나 소유권유보가 비효율적 제도라고 비난받는 지점은 크게 다음 세 가지이다. ① 후순위 담보권을 설정하지 못하므로 담보물의 효율적 이용이 불가능하다. ② 양도담보권자나 유보매도인이 과잉담보를 설정할 위험이 있다. ③ 권리관계가 공시되지 않으므로 직접점유자인 양도담보설정자(리스이용자)의 일반채권자들로 하여금 직접점유자가 동산소유자로서 자력(資力)이 풍부하다는 오해를 불러일으킬 위험이 있다.
그러나 양도담보나 소유권유보는 - 동산담보권과 다른 - **나름의 특색과 효용**이 있다. 채권자는 우선권 확보보다 타자배제에 주안점을 두고 양도담보권을 취득하거나 소유권유보를 한다. 타자배제를 통해 강제집행 시기를 조절함으로써 채권자는 이득을 얻지만, 채무자는 그에 대한 대가로 더 유리한 조건에 돈을 빌릴 수 있다. 채권자는 강제집행 시기를 조절함으로써 환가가치를 극대화하려고 노력하는 것이 보통이고, 이는 사회전체로도 이득이다. 동산담보권을 설정할 것인지, 양도담보나 소유권유보를 할 것인지는 채권자와 채무자가 각자의 이익을 고려하여 자율적 협상을 통해 정할 문제이다. 과잉담보 문제를 민법 103조, 104조 등을 통해 적절히 통제할 수 있는 한(단순소유권유보의 경우에는 과잉담보 문제자체가 발생할 가능성이 작다), 굳이 양도담보나 소유권유보라는 선택지 자체를 없앨 이유는 없다.
공시의 부재로 인해 일반채권자들이 오인(誤認)할 위험이 있다는 비판은 - 개인채권자가 아니라 은행과 같은 금융기관채권자를 전제로 하는 한 - 오늘날 금융채권자들의 신용평가능력을 과소평가하는 것이다. 유체동산을 채무자가 점유하고 있다는 점만 확인하고 이를 채무자의 책임재산으로 보아 돈을 빌려주는 금융기관은 - 채무자의 적극적 기망이 없는 한 - 없을 것이다. 더구나 채무자의 자력(資力)평가 시에는

다. 대가관계 존재여부

담보권설은 리스료채권은 금전소비대차 채권과 유사하고 리스물 사용·수익의 대가가 아니라고 한다. 그러나 금융리스의 **금융기능과 임대차로서의 성격은 병존**할 수 있다. **리스회사가 리스물의 소유자인 이상** 리스료를 리스물 사용·수익의 대가가 아닌 그 무엇이라고 볼 수 없다. 리스료 산정방법이 통상적인 차임 산정방법과 다르다고 해서, 리스료 총액이 물건 매매대금에 가깝다고 해서 쌍무계약성이 부정될 수도 없다. 차임의 액수가 중요한 것이 아니라 쌍방계약당사자가 부담하는 각 의무 사이에 **법적 의미**에서의 견련성/대가관계가 존재하는지 여부가 중요하기 때문이다.

리스회사의 의무가 소극적 의무에 불과하다는 점과 대가관계 존재여부는 관련이 없다. 임대인의 수선의무가 면제된 임대차계약도 쌍방미이행 쌍무계약으로 보는데 아무런 문제가 없다. 임대인의 임차목적물 사용수익 용인의무와 임차인의 차임지급의무 사이에는 여전히 대가관계에 있다.

리스기간 중 리스물이 멸실되더라도 리스료를 지급해야 한다고 해서 대가관계를 부정할 수 없다. 쌍무계약 안에서도 위험부담의 구체적 내용은 계약당사자들의 합의에 따라 달라질 수 있다. 임대차계약에서 임차인이 목적물 멸실위험을 부담한다고 해서, 매매계약에서 목적물을 선인도받은 매수인이 목적물 멸실위험을 부담한다고 해서, 해당 임대차계약(사용수익 용인의무∞차임 지급의무)이나 매매계약(소유권이전의무∞매매대금 지급의무)의 쌍무계약성이 부정되는 것은 아니다.

채무자의 사업계속에 따라 발생하는 현금흐름(cash-flow)이 중요하지, 채무자의 사업운영을 위해 꼭 필요한 유체동산의 가치는 - 채무자 파산과 같이 극단적 상황이 아닌 한 - 큰 중요성을 갖지 않는다. 공시가 정 필요하다면 **양도담보나 소유권유보 그 자체를 공시**하면 되지, 군이 이를 담보권으로 취급하여 공시할 이유도 없다.

또한 미국의 사례에서 보듯이 금융리스와 운영리스의 구별은 쉽지 않다. 따라서 평시에 금융리스를 담보권으로 취급하고 공시를 요구하면, 양자의 구별과 관련하여 분쟁이 발생할 가능성이 크다. 이러한 거래비용을 감수하면서까지 군이 금융리스를 담보권으로 취급할 이유가 있을까?

라. 이용권 담보권설의 문제점

이용권 담보권설을 취하면 위가, 나, 다.에서 언급한 비판은 상당부분 피할 수 있다. 리스회사는 리스계약 해지로 — 리스회사가 정산할 잉여금이 존재하지 않는 한 — 리스물에 대한 완전한 소유권을 즉시 회복하고 그에 따라 강제집행도 종료된다. 따라서 리스회사의 진정한 소유권이 부진정 소유권으로 변하는 문제는 발생하지 않는다. 이용권 담보권설은 담보권설을 유지하면서 평시 실체법과의 조화도 꾀할 수 있는 탁견(卓見)이다.

그러나 이용권 담보권설은 결정적 약점이 있다. 계약당사자의 의사나 계약문언과 지나치게 동떨어졌다는 점이다. 우리법 상 이용권 담보권은 채권질권 또는 채권양도담보권일 수밖에 없다. 그런데 과연 리스계약 당사자들이 채권질권이나 채권양도담보권을 설정할 의사를 갖고 있는가? 거래계에서 독자적으로 유통되고 있지 않아 시가 산정조차 쉽지 않은 '이용권'이라는 권리 — 리스물 소유권과 구별되는 별도의 권리[808] — 를 당사자들은 인식조차 못하고 있지 않은가? 계약해석이나 계약의 법적 성질 결정은 합리적 제3자의 관점에서 계약내용을 '구성'(construction)하는 측면이 있기는 하다. 그러나 금융리스를 이용권에 대한 담보권 설정계약으로 보는 것은 지나친 의제이다.[809]

---

[808] 이용권 담보권설에 따르면 전부상각리스에서 담보물의 가치는 이용권의 가치이고 피담보채권은 리스료총액(=리스물자체의 가치)이다. 만약 이용권의 가치가 리스물자체의 가치보다 작다면 당사자들은 피담보채권에 미치지 못하는 부족담보를 설정한 것이다. 이렇게 보는 것이 합리적인가? 부족담보가 아니라고 보려면, 리스료총액(피담보채권액)을 줄이거나 이용권의 가치(담보물의 가치)를 늘려야 한다. 그런데 전자와 같이 보면 부분상각리스도 금융리스에 해당한다는 말이 된다. 만약 부분상각리스도 금융리스에 해당한다면 금융리스와 운용리스는 어떻게 구별하는가? 후자와 같이 보면 이용권의 가치가 리스물자체의 가치와 동일해 진다. 그렇다면 굳이 이용권이라는 개념을 설정할 이유가 있는가?

[809] 이용권 담보권설을 취하면 '제3자 대항요건'을 어떻게 구비할 것인지도 문제된다. 일본에서는 ① 확정일자 부 증서를 요구하는 견해, ② 명인방법을 요구하는 견해, ③ 리스물 직접점유자인 리스이용자가 리스회사에게 점유개정의 의사표시를 하는

이용권 담보권설은 소유권유보부매매를 평시에도 담보권으로 취급하는 일본에서 주장된 학설이다. 금융리스는 소유권유보부매매와 달리 계약기간 만료 후 리스이용자의 소유권취득이 예정되어 있지 않으므로, 유보매도인의 담보권처럼 리스회사의 담보권을 인정할 수 없다는 문제점을 극복하기 위해 고안된 것이다. 소유권유보부매매를 평시 담보권으로 취급하지 않는 우리나라와는 논의의 맥락이 다른 것이다. 소유권유보부매매를 정지조건부 소유권이전으로 보는 우리나라에서는, 오히려 **금융리스와 소유권유보의 공통점(양자 모두 환가담보가 아니고 소유권담보이다)에 주목**하여 금융리스의 법률관계를 구성해야 한다. 쌍방미이행 쌍무계약설에 동의하는 까닭이다.

3. 쌍방미이행 쌍무계약설의 단점 및 그 극복방안 : 리스회사의 권리행사 제한

앞서 언급한 여러 법리적 난점에도 불구하고 담보권설이 실무에서 지지를 받는 핵심 이유는 리스회사의 해지권 및 환취권 행사가 부당하게 느껴지는 경우가 많고, 리스회사의 이러한 권리행사가 도산채무자인 리스이용자 회생에 걸림돌로 작용하기 때문이다. 필자도 이러한 문제의식에 공감한다. 그러나 담보권설을 통해 이 문제를 해결해서는 안된다. 리스회사의 해지권 및 소유권을 일단 인정하면서도 이러한 권리행사를 다른 법적 근거를 들어 부정하는 방법, 법리적으로 타당한 정공법을 모색해야 한다. 토지소유자가 소유권 침해를 이유로 부당이득반환청구를 하는 것이 부당해 보인다고 해서 배타적 사용·수익권 포기라는 물권법정주의에 반하는 법리를 동원해 해당 청구를 기각하는 것이 옳지 않듯이,[810] 리스회사의 해지권 및 환

것을 대항요건 구비행위로 보자는 견해가 있다. 卷之內茂, "ユーザーの民事再生申立てとリース契約の解除·継続についての法的考察", 金融法務事情1597, (2000), 30 및 그곳 각주 13의 설명 참조. 그런데 ②와 ③은 새로운 물권을 사실상 창설하자는 것이다. ①은 현재 거래실태와 부합하지 않는다.

취권 행사가 부당해 보인다고 해서 물권법정주의에 반하는 담보권설을 동원해 리스회사의 권리행사를 불허하는 것은 옳지 않다.

아래에서는 도산절차 진행순서에 따라 리스회사의 권리행사를 제한하는 구체적 해석론을 모색해 본다. 리스회사의 권리행사를 제한할 필요성은 리스이용자에 대하여 회생절차가 개시된 경우에 발생하므로, 아래에서는 주로 회생절차를 염두에 두고 검토를 진행한다.

가. 도산신청 후 도산절차개시 전까지

1) 도산해지조항의 효력

앞서 살펴본 것처럼 담보권설을 취하든 쌍방미이행 쌍무계약설을 취하든, 리스이용자에 대한 회생절차개시 신청을 이유로 리스계약의 해지를 허용하는 도산해지조항은 무효로 볼 여지가 많다. 그 이유를 상술하면 다음과 같다.

금융리스는 다음과 같은 특징을 갖는 경우가 많다. 리스회사 입장에서 계약의 중도해지를 통해 리스물을 조기반환받는 장·단점811)과 계약의 존속을 통해 리스료를 지급받는 장·단점812)을 비교해 볼 때, **계약의 존속이 리스회사에게도 이익**인 경우가 많다. 또한 쌍방미이행 쌍무계약설에 따르

---

810) 이에 관해서는 우선 권영준, "배타적 사용수익권 포기 법리에 관한 비판적 검토", 서울대학교법학47-4, (2006), 303이하 및 대법원 2019. 1. 24. 선고 2016다264556 전원합의체 판결 참조.

811) 장점: 감가가 얼마되지 않은 리스물을 반환받음으로써 담보가치를 확보할 수 있고, 재리스가 가능할 수 있다.
단점: 사업에 필요한 리스물을 반환한 리스이용자는 사업계속을 통해 현금흐름을 창출해내기 어려워지므로, 리스이용자로부터 더 이상 현실변제를 받기는 어렵다.

812) 장점: 리스이용자의 사업계속을 통해 리스료를 현실변제받을 수 있다.
단점: 리스이용자가 결과적으로 리스료를 연체하여 뒤늦게 리스물을 반환받은 경우, 이미 감가가 상당히 진행되어 - 조기반환받은 경우와 비교해 - 담보가치가 현저히 감소할 수 있다.

면 관리인의 이행선택 시 리스료채권이 공익채권이 되므로, - 공익채권의 변제가능성이 높다면 - 리스회사가 군이 리스물을 조기반환받을 이유가 없다. 따라서 리스계약에서 도산해지조항은 리스물을 반환받아 리스료채권 만족에 충당하기 위해서가 아니라 ⓐ 리스이용자를 압박하여 리스료채권을 변제받거나, ⓑ 리스회사에 유리하게 리스이용자와 재계약하려는 의도에서 이루어지는 경우가 많다. 리스이용자의 사업계속을 위해서는 리스물이 필요하지만, 리스회사 입장에서는 리스물이 별다른 가치가 없는 경우가 많기 때문이다. 채무자의 자력(資力) 악화에 대비하여 채권자가 미리 조치를 마련하는 것을 비난할 수는 없다. 자기 권리실현을 위해 적극적이고 선제적으로 노력하는 것은 오히려 장려되어야 한다. 그러나 채무자가 도산에 임박한 상황이라면 얘기가 달라진다. 위 ⓐ, ⓑ와 같은 시도는 성공해서는 안된다. 리스회사는 일반채권자에 불과하므로 - 리스이용자의 회생을 돕기 위해 리스회사가 새로운 자금(new money)을 투입한 경우가 아닌 한 - 도산에 임박한 상황에서 '기존채무'와 관련하여 리스회사를 다른 일반채권자보다 유리하게 취급하는 것은 허용될 수 없다. 따라서 도산해지조항을 마련한 리스회사의 의도는 채권자평등주의라는 도산법 원칙에 배치되는 불순한(!) 의도라고 평가할 수 있다.

리스계약에서 도산해지조항의 효력을 인정하면 - 리스계약이 존속하는 경우와 비교해 - 리스회사는 약간의 손해를 보고, 도산채무자인 리스이용자는 큰 손해를 볼 수 있다. 리스물을 반환한 리스이용자는 사업을 계속할 수 없어 회생이 불가능해진다. 리스회사도 별다른 가치가 없는 리스물을 반환받느니 지급이 늦어지더라도 잔존 리스료를 조금이나마 더 받는 것이 나을 수 있다. 리스물이 반환되지 않고 리스이용자의 사업을 위해 사용되는 경우 리스물이 반환되어 리스이용자의 사업이 중단된 경우와 비교해, 리스회사의 채권이 변제될 가능성이 더 높기 때문이다. 그럼에도 불구하고 리스회사의 계약해지를 허용한다면, 이는 도산법에서 실현이 금지된 목적을 달성하지 못할 바에야 내가 조금 손해를 보는 걸 감수하고서라도 남을 완전히 망가뜨리고야 말겠다는 리스회사의 의도를 법이 실현시켜주는 것이다. 타인을 좌지우지할 수 있는 비대칭적 힘(asymmetrical power)을 가진 자는 그 힘을 적정하게 사용할 사회적 의무(!)가 있다.[813] 위와 같은 상황에서 리스회사가 해지권을 행사하는 것은 정의관념에 반한다.

리스계약에서 도산해지조항의 효력을 부정하더라도 리스회사의 사적자치를 침해한다고 단정하기 어렵다. 리스회사 입장에서도 리스계약이 계속되는 것이 이익이기 때문이다. 리스회사는 설령 도산해지조항이 없더라도 리스계약을 체결하였을 가능성이 높다.

정리하면, 금융리스의 경우 리스회사 입장에서 별다른 가치가 없는 리스물을 조속히 반환받는 것보다 계약을 존속시켜 리스이용자가 사업을 계속할 수 있게 함으로써 리스료를 조금이라도 더 받는 것이 유리할 수 있다. 그럼에도 불구하고 당사자들이 도산해지조항을 합의하였다면, 이는 책임법적 공서에 반하는 법률행위로서(민법 103조) 무효라고 보아야 한다. 약정을 체결한 의도 및 약정에 따른 결과가 **도산법의 취지와 배치되고 정의관념에 반하기 때문**이다. 이렇게 본다고 해서 리스회사의 사적자치를 침해하거나 리스회사에 원치않는 계약체결을 강요한다고 볼 수 없다. 리스회사 입장에서도 계약의 조기종료보다 계약의 존속이 더 이익일 수 있기 때문이다.

다만 법률구성의 관점에서는 도산해지조항 자체를 무효로 보는 것보다 도산해지조항에 기초한 리스회사의 해지권(또는 환취권) 행사가 신의칙/권리남용금지 원칙에 반하여 허용되지 않는다고 구성하는 것이 더 적절할 수 있다. 약정의 무효여부는 약정체결시점의 사정을 고려하여 판단하는 것이 원칙인데, 도산해지조항의 경우 해지권 행사시점의 개별·구체적 사정이 중요하게 고려될 필요가 있기 때문이다. 지금 현재는 리스회사의 해지권 행

---

813) Amartya Sen, The Idea of Justice, (2009), 205-207.

사를 허용할 수 없더라도, 회생절차가 진행되는 과정에서 계약당사자들의 이익상황이 변동되어 리스회사의 해지권 행사를 허용하는 것이 필요할 수도 있다. 도산절차가 비송(非訟)의 성격을 갖고 있고 도산해지조항 규제는 도산절차 내부의 규제라는 점을 고려할 때, 유효/무효라는 획일적·확정적 규제보다는 권리행사 중지/허용이라는 유연한 규제가 바람직할 수 있다.

계약의 존속이 리스회사에게도 이익인지 불분명한 경우(이른바 grey area)는 어떠한가? 리스물이 리스이용자 회생에 필요한 경우라면 리스회사의 해지권 행사를 불허하는 방향으로, 즉 회생채무자에 친화적인 해석론을 전개할 수 있다고 사료된다.[814]

파산절차의 경우 회생절차와 달리 리스계약의 존속가능성이 거의 없으므로, — 파산절차개시 후에도 리스계약의 존속이 필요하고 가능한 예외적 상황을 제외하고는 — 군이 도산해지조항을 무효로 볼 필요는 없다.

리스이용자에 대한 회생절차개시신청이나 지급정지를 이유로 리스료채무의 기한의 이익을 상실시키는 조항의 효력은 어떻게 보아야 하는가? 도산해지조항과는 달리 기한의 이익 상실조항은 채권자에게 일방적 해지권을 부여하는 것은 아니므로 유효로 봄이 타당하다. 다만 기한의 이익이 상실됨으로써 리스이용자의 이행지체책임이 발생하여 리스회사가 법정해지권을 취득한 경우, 이러한 법정해지권 행사는 아래 3)에서 보는 것처럼 신의칙이나 권리남용금지 원칙을 근거로 불허될 여지가 있다. 그런데 기한의 이익상실 조항의 효력을 도산절차 내에서 인정하면, 관리인은 리스료 총액

---

814) 리스물의 조기반환이 리스회사에 이익인 것은 분명하지만, **리스물 조기반환으로 회생채무자의 사업계속은 사실상 불가능해지는 반면 리스계약 존속으로 리스회사가 입는 손실은 크지 않은 경우**라면 어떠한가? 이 경우까지 도산해지조항의 효력을 부정한다면 리스회사에 손실을 강요하는 것이고 원치않는 계약내용을 강요하는 것이다. 이 경우 도산해지조항을 무효로 보려면 원칙적으로 '입법'이 필요하다. 다만 **채무자 회생을 돕기 위한 '법형성'** 차원에서 리스회사의 약정해지권 행사를 불허하는 해석론을 적극 고민할 필요가 있다고 사료된다.

에 대한 기한의 이익이 도래하였음을 전제로 이행 또는 해지 여부를 선택
해야 한다. 리스료 전부를 공익채권으로 즉시 변제할 여력이 없으면 리스
계약을 해지하고 리스물을 반환해야 하는 것이다. 이렇게 보면 리스회사의
약정해지권 행사를 불허하는 취지가 잠탈될 수 있다. 따라서 리스회사의
약정해지권 행사가 불허될 수 있는 상황이라면, 도산신청 등을 이유로 한
기한의 이익상실 약정의 효력도 도산절차 내에서는 부정함이 타당하다.

2) 변제금지보전처분과 리스계약의 해지

리스이용자에게 변제금지보전처분이 이루어졌고 이에 따라 리스이용자
가 리스료를 지급하지 않은 경우 리스회사가 리스료 지급지체를 이유로 리
스계약을 해지할 수 있는가? 판례는 변제금지보전처분이 있더라도 계약상
대방이 채무불이행을 이유로 계약해지를 하는 것은 가능하다는 입장이
다.815) 그러나 이렇게 보면 도산절차개시 효과의 선취(先取)라는 변제금지
보전처분의 취지에 반한다. 도산절차개시 후 관리인의 선택권 행사 전에
리스료가 지급되지 않았다고 해서 리스회사가 채무불이행을 이유로 계약
을 해지할 수 없듯이, 변제금지보전처분에 따라 리스료가 지급되지 않은
경우에도 리스회사는 채무불이행을 이유로 한 법정해지권 행사를 할 수 없
다고 보아야 한다.816) 위 판례는 변경되어야 한다.

결과적으로 리스이용자는 일단 변제금지보전처분을 받아두면 그 후의
리스료 미지급으로 인해 리스계약이 해지되는 것을 막을 수 있다.817)

---

815) 대법원 2007. 5. 10. 선고 2007다9856 판결.
816) 근거는 조금씩 다르지만 결론에서 같은 취지 한민, "미이행쌍무계약에 관한 우리 도
산법제의 개선방안", 선진상사법률연구53, (2011), 73-76; 서경환, "회사정리절차가
계약관계에 미치는 영향", 재판자료86, (2000), 672; 김정만, "파산절차와 은행·보
험·리스관계", 재판자료82, (1999), 567; 이연갑, "리스계약과 도산절차", 민사판례연
구28, (2006), 954.
817) 결국 리스회사는 변제금지보전처분 기간 동안의 연체리스료에 관하여 도산채권으로
만족을 얻을 수밖에 없다. 도산절차개시 전 연체부분은 - 이후 관리인이 이행을 선

3) 법정해지권 행사

도산신청 전 리스이용자의 리스료 지급지체로 인해 리스회사의 법정해지권이 발생한 경우, 또는 도산신청 후 변제금지보전처분 발령 전에 리스이용자의 리스료 지급지체로 인해 리스회사의 법정해지권이 발생한 경우, 리스회사는 법정해지권을 행사할 수 있는 것이 원칙이다.[818] 종래 논의의 흐름을 보면 도산해지조항에 근거한 채권자의 약정해지권 행사는 도산법의 목적을 강조해 불허하는 반면, 채무자의 채무불이행에 근거한 채권자의 법정해지권 행사는 특별히 문제삼지 않고 허용하는 경향이 발견된다.[819] 그러나 도산해지조항을 일반적으로 무효료 보는 법률조항이 없는 상황에서, 약정해지권 행사에는 엄격한 잣대를 들이대고 법정해지권 행사에는 너

택하든 해지를 선택하든 상관없이 - 도산채권이 되므로, 리스회사는 **조기에 계약해지를 못해 연체료가 늘어난 만큼 추가 손실을 입게 된다.** 이러한 결과가 부당한가? 부당하지 않다. 리스회사가 리스계약을 신속히 해지하더라도 리스이용자는 여전히 잔존리스료 지급의무를 부담하거나(1유형), 채무불이행으로 인한 손해배상의무를 부담하고(2유형), 이는 모두 도산채권이므로 리스회사 입장에서 추가 손실을 입은 것은 아니기 때문이다. 임대목적물을 조기에 반환받아 다른 목적으로 활용할 수 있는 통상의 임대차와 달리 금융리스의 경우 리스회사가 리스물을 조기에 반환받더라도 이를 **다른 용도로 재활용하기 어려운 경우**가 많다. 따라서 리스계약을 조기해지하지 못함으로 인해 리스회사가 입는 추가손실은 - 통상의 임대차와 달리 - 크지 않다. 반대로 말하면 **통상의 임대차**에서 변제금지보전처분에 따른 임차인의 차임미지급을 이유로 임대인이 계약해지를 하는 것을 불허한다면, **임대인 입장에서 손실을 강요당하는 결과**가 된다. 다만 도산신청 후 도산절차개시 시점까지의 기간이 그리 길지 않다면, 임대인이 강요당하는 손실은 크지 않을 것이다. 도산채무자가 변제금지보전처분을 받기 전부터 이미 차임을 연체하고 있었다면, 임대인이 기존 채무불이행을 이유로 계약해지를 하는 것은 물론 가능하다. 입법론으로는 변제금지보전처분 기간 동안의 연체차임 채권에 대하여, 법원의 허가를 받아 공익채권으로 인정하는 방법도 고려해 볼 필요가 있다.

818) 같은 취지 서경환, "회사정리절차가 계약관계에 미치는 영향", 재판자료86, (2000), 672.
819) 가령 서경환, "회사정리절차가 계약관계에 미치는 영향", 재판자료86, (2000), 672; 김정만, "파산절차와 은행·보험·리스관계", 재판자료82, (1999), 567. 일본 실무의 입장도 마찬가지이다. 대표적으로 日最判 2008(平成20). 12. 16(民集62.10.2561)에서 田原睦夫 재판관의 보충의견 참조.

그러운 잣대를 들이대는 것이 항상 타당한지 의문이다. 후자의 경우 채무자가 채무불이행이라는 '잘못'을 하였으므로 채권자의 권리행사를 허용할 '정당성'이 강하다고 볼 수 있기는 하다. 그러나 전자의 경우 채무자가 위기상황에 빠진 것도 채무자가 채권자에 대한 관계에서 일종의 '잘못'을 한 것이므로, 계약관계 해소를 원하는 채권자의 이익을 보호하는 것이 항상 부당하다고 단정할 수 없다. 전자의 경우 계약관계 해소를 원하는 채권자를 보호할 필요가 없다고 보아 채권자의 권리행사를 부정하는 것이 바람직한 상황이 있다면, 후자의 경우에도 동일한 상황이 존재할 수 있다. 약정해지권과 법정해지권 행사의 가부(可否)를 판단하는 기준들 사이의 간극(間隙)은 지금보다 좁혀야 하지 않을까?

필자는 리스회사의 법정해지권 행사도 저지할 여지가 있다고 생각한다. 즉 리스회사 입장에서 리스물의 조기반환이 리스계약의 존속보다 이익이라는 점이 명백하지 않는 한 리스회사의 해지권 행사를 불허(不許)할 수 있다고 생각한다. 리스계약의 존속이 더 바람직할 수 있음에도 불구하고 리스회사가 법정해지권을 행사하였다면, 그 행사의도나 행사결과 모두 ─ 앞서 살펴본 도산해지조항의 경우와 마찬가지로 ─ 도산법의 취지와 배치되고 정의관념에 반한다고 평가할 수 있다. 이러한 해지권 행사는 해지권 남용으로서 신의칙/권리남용금지 원칙을 근거로 불허(不許)되어야 한다.

리스이용자의 1회 리스료 연체를 이유로 리스료채무 전체의 기한의 이익이 상실되는 조항이 리스계약에 있는 경우, 리스이용자의 채무불이행을 이유로 한 리스회사의 법정해지권 행사를 불허하더라도 기한의 이익 상실 조항의 효력은 인정한다면, 관리인은 리스료를 일거에 변제하는 선택을 하거나 그것이 부담되면 리스계약을 해지할 수밖에 없다. 리스이용자의 채무불이행이 있었던 이상 이 정도의 불이익은 리스이용자 측이 감수해야 한다.

나. 도산절차개시 후 : 도산절차개시 전 취득한 법정해지권 행사

도산절차개시 전 회생채무자의 채무불이행을 이유로 이미 계약상대방이 법정해지권을 취득한 경우, 도산절차개시 후에도 원칙적으로 그 법정해지권을 행사할 수 있다.[820] 그러나 앞서 살펴본 것처럼 리스계약의 특수한 사정을 고려할 때, 리스회사의 (뒤늦은) 법정해지권 행사는 신의칙/권리남용금지 원칙을 근거로 불허할 여지가 있다. 도산절차개시 후 미지급리스료 부분에 관해서는 관리인이 해지를 선택하더라도 공익채권으로 변제되므로, 공익채무를 변제할 도산재단이 충분하다면, 리스회사의 법정해지권 행사를 불허하더라도 리스회사는 별 다른 손해를 입지 않을 수 있다. 리스물의 조기 반환으로 인해 리스회사가 얻을 수 있는 이익이 크지 않은 경우에는(ex. 리스물의 범용성이 떨어져 리스회사 입장에서 재리스가 어려운 경우, 리스물의 감가가 이미 상당부분 진행된 경우) 리스회사의 법정해지권 행사를 제한하는 방안을 적극 검토할 필요가 있다.

다. 도산절차 진행 중 리스기간이 종료된 경우

도산절차 진행 중 리스기간이 종료되면 리스계약에 별다른 정함이 없는 한 리스회사는 리스물을 환취할 수 있다. 다만 리스회사의 약정해지권과 법정해지권 행사를 불허하는 것과 마찬가지 이유에서, 리스기간 종료 후 리스물의 환취권 행사도 제한할 여지가 있다. 리스회사 입장에서 리스물을 반환받아 시장에서 매각하는 것보다 리스이용자가 종전과 동일한 리스료를 공익채권으로 변제하면서 계속 리스물을 활용하는 것이 리스회사에게도 이익일 수 있기 때문이다.[821]

---

820) 이연갑, "리스계약과 도산절차", 민사판례연구28, (2006), 953.
821) 참고로 일본 하급심 판례 중에는 전부상각리스의 경우 리스기간 만료시 리스회사의 투하자본은 전액이 회수되므로 리스물건의 소유권은 형식적으로는 리스회사에 있지만 실질적으로는 리스이용자에게 있다고 볼 수 있으므로, 리스이용자가 재리스를 청구한 경우, **리스료 지급지체 등 계약상 의무위반 사유 등이 없는 한** 리스회사가 이를

4. 소결

지금까지 검토내용을 표로 정리하면 다음과 같다.

	리스회사의 약정해지권 행사 가부(可否)	리스회사의 법정해지권 행사 가부(可否)
상황1 ① (리스회사 입장) 리스물 조기반환 ≤ 리스계약 존속 & ② 리스물 조기반환 시 리스이용자 손실 大	X	X
상황2 ① (리스회사 입장) 리스물 조기반환 〉 리스계약 존속 & ② 리스계약 존속 시 리스회사 손실 小 & ③ 리스물 조기반환 시 리스이용자 손실 大	X	O
상황3 ① (리스회사 입장) 리스물 조기반환 〉 리스계약 존속 & ② 리스계약 존속 시 리스회사 손실 大 & ③ 리스물 조기반환 시 리스이용자 손실 大	O	O

	지급정지, 도산신청 등을 이유로 한 기한의 이익상실 조항의 도산절차 내 효력	이행지체를 이유로 한 기한의 이익상실 조항의 도산절차 내 효력
상황1	무효	유효
상황2	무효	유효
상황3	유효	유효

거절할 수 없다고 본 것이 있다. 名古屋高判 1999(平成11). 7. 22(金融·商事判例 1078.23).

도산해지조항 일반을 무효로 선언하는 성문법 규정이 없는 우리나라에서 '해석론으로' "도산해지조항은 원칙적으로 무효"라는 명제를 도출할 근거는 없다. 계약자유의 원칙과 도산법의 목표(도산재단의 확충, 도산채무자의 회생)를 비교형량하여, 계약상대방의 이익과 도산채무자의 이익을 비교형량하여 후자의 보호필요성이 높은 경우에 한해 책임법적 공서위반을 이유로 민법 103조를 근거로 도산해지조항을 무효화할 수 있을 뿐이다. 즉 도산해지조항의 효력은 사안별로 판단할 수밖에 없다. 이로 인해 법률관계가 불명확해지고 그 예측가능성이 떨어지지만, 이는 일반조항이 갖는 한계로서 불가피한 부분이다.

금융리스는 이러한 필자의 생각에 따르더라도 도산해지조항의 효력을 부정할 여지가 많은 계약유형이다. 리스회사 입장에서도 계약의 존속이 이익인 경우가 많으므로 도산해지조항을 무효로 본다고 해서 계약자유원칙이 침해될 여지가 적고, 계약의 존속을 통해 회생채무자의 회생에 기여할 수 있기 때문이다. 금융리스는 리스물의 범용성이 떨어지므로 위 표에 기재된 상황3이 발생할 가능성은 낮다.

이러한 평가요소는 도산신청 후 또는 도산절차개시 후 리스회사의 법정해지권 행사 시에도 반영되어야 한다. 법정해지권은 채무자의 채무불이행에 대한 채권자의 정당한 권리행사이지만, 해지권 행사가 채권자에게 별 이익이 되지 않고 채무자에게 큰 손실을 가져다준다면 신의칙/권리남용금지 원칙을 근거로 불허되어야 한다.

결과적으로 쌍방미이행 쌍무계약설 하에서도 ― 리스회사가 리스이용자에 대한 도산절차개시 신청 전에 법정해지권을 행사한 경우가 아닌 한 ― 리스계약이 중도해지되어 리스회사의 리스물 반환청구가 허용되기는 쉽지 않다. 관리인의 선택권 행사결과에 따라 리스계약의 법률관계가 정리되는 경우가 대부분일 것이다. 관리인의 이행선택 후 공익채권인 리스료채권이 제 때 변제되지 않았다면, 리스회사가 이를 이유로 해지권과 환취권 행사를 하는 것까지 막을 수는 없다. 아무리 도산채무자의 회생이 중요하더라도 자신에게 주어진 소중한 기회(리스물을 계속 사용할 수 있는 기회)를 제대로 활용하지 못한 도산채무자는 그에 따른 책임을 부담해야 한다. 기회를 두 번이나 줄 수는 없다.

V. 결론

금융리스 이용자 도산시 리스계약의 법률관계를 요약, 정리하면 다음과 같다.

첫째, 금융리스에서 리스회사가 리스물 소유권을 유보하는 주목적은 리스물 반환청구권을 확보하기 위해서이다. 리스료채권의 만족은 부수적 목적에 불과하다. 따라서 금융리스는 소유권담보인 소유권유보부매매와 비슷하고, 환가담보인 양도담보와 구별된다.

둘째, 평시 금융리스가 소유권담보이고 환가담보가 아닌 이상, 리스이용자 도산시 리스회사가 담보권자가 된다고 볼 수 없다. 담보권설은 리스계약 당사자의 의사에 반하고 물권법정주의에 위배된다. 리스계약 해지 후 리스회사가 보유하는 완전한 소유권이 리스이용자 도산으로 인해 담보권으로 변경되는 것은 법률의 규정이 없는 한 허용될 수 없다. 이용권 담보권설을 취하면 물권법정주의 위반 문제는 피할 수 있지만, 계약당사자의 의사에 반하는 문제점은 여전히 남는다.

셋째, 평시 금융리스를 담보권으로 보는 별도의 입법이 없는 한, 금융리스는 쌍방미이행 쌍무계약으로 보아야 한다. 금융리스가 실질적으로 금융의 기능을 한다고 해서 금융리스를 쌍방미이행 쌍무계약으로 보는데 어떠한 지장도 없다.

넷째, 쌍방미이행 쌍무계약설에 따른다고 해서 회생채무자인 리스이용자

에게 불리한 것은 아니다. 리스회사의 해지권 행사를 신의칙 또는 권리남
용금지 원칙을 이유로 제한할 수 있기 때문이다. 리스물 조기반환보다 리
스계약 존속이 리스회사에게도 이익이라면 도산해지조항을 근거로 한 리
스회사의 약정해지권 행사나 리스료 미지급을 이유로 한 리스회사의 법정
해지권 행사는 모두 불허해야 한다. 리스회사 입장에서 리스물 조기반환이
이익이더라도 리스이용자 회생을 위해 리스물이 필요하고 리스계약 존속
으로 인해 리스회사가 입는 손실이 작다면, 도산해지조항을 근거로 한 리
스회사의 약정해지권 행사는 불허함이 타당하다. 리스이용자는 리스료 연
체를 이유로 한 기한의 이익상실은 감수해야 한다. 그러나 도산신청 등을
이유로 한 기한의 이익상실 조항의 효력은 ― 리스회사의 약정해지권 행사
를 제한하는 취지를 고려하여 ― 부정할 수 있다.

제4장
나가며

　이 글에서 필자는 계약법 법리와 도산법 법리의 충돌 내지 상호작용이라는 관점에서 도산절차 상 계약관계를 분석해 보았다. 그리고 계약법 상 개념이나 원리가 도산법에서 어떠한 의미를 갖는지 살펴보았다. 이 글에서 다룬 세부 쟁점은 다양하지만, 각 쟁점들을 관통하는 핵심 직관(intuition)만 정리하면 다음과 같다.

　첫째, 채무자에 대하여 도산절차가 개시되면 계약상대방의 채권은 강제이행청구를 할 수 없는 도산절차에 복종하는 채권이 된다. 계약상대방의 채권이 도산절차에 복종하는 도산채권이 아니라, 도산절차 내에서 수시변제 받을 수 있는 재단(공익)채권이 되려면 그와 같이 볼 법적 근거가 필요하다. 계약상대방이 담보권자이거나 도산절차에서도 효력이 유지되는 임대차계약상 임차인이라고 해서, 해당 계약 상 모든 채권을 재단(공익)채권으로 주장할 수 있는 것이 아니다. 계약상대방이 누리는 물권 또는 물권 유사적 지위와 '핵심적으로 관련된' 계약상 채권만이 재단(공익)채권이 된다.

　둘째, '쌍무계약 고유의 견련성'과 '공평의 관념에 따른 견련성'은 도산절차에서 달리 취급하는 것이 원칙적으로 타당하다. 원칙적으로 전자의 견련성이 인정되는 경우에만, 계약상대방의 채권은 재단(공익)채권이 될 수 있다.

　셋째, 도산법 법리를 강조하여 계약법 법리를 변형하더라도 계약상대방에게 '원치 않는 계약을 강요'하는 것은, '법률규정'이 없는 한 허용될 수 없다. 법적 근거 없이 사적자치를 제한하는 것은 법치주의 원칙에 반한다. 계약의 분할이 인정될 수 있는지, 도산해지조항의 효력을 인정할 것인지 등의 쟁점을 검토할 때에는, 계약상대방이 원치 않는 계약을 강요당하는 것이 아닌지 항상 유념해야 한다. 다만 계약상대방이 원치 않는 계약을 강요당하는 것인지 불분명한 회색 지대가 광범위하게 존재하므로, 이러한 영역에서는 법원이 '도산법친화적 해석론'을 전개할 수 있다. 궁극적으로는 입법을 통해 법률관계를 명확히 정리함이 바람직하다.

넷째, 전체집행 절차의 일종인 도산절차의 진행을 위해 계약법 법리를 변형할 필요가 있더라도 그 변형은 필요최소한에 그쳐야 한다. 쌍방미이행 쌍무계약을 단일한 금전채권으로 만들어 계약상 법률관계를 도산절차 내에서 청산·정리하기 위해서는, 관리인에게 이행거절권을 부여하면 충분하다. 원상회복의 법률관계를 발생시키는 해제권을 관리인에게 부여할 합리적 이유가 없다.

다섯째, 도산법 법리를 강조하여 계약법 법리를 변형하는 경우 확일적 변형보다는 유연한 변형이 바람직하다. 회생절차 진행에 따른 상황변화를 유연하게 반영할 수 있기 때문이다. 따라서 변제금지보전처분 발령 후 계약상대방의 법정해제권 행사, 도산해지조항에 따른 계약상대방의 약정해제권 행사는 확정적으로 금지하기보다, '일단 중지'하고 나중에 '중지결정을 취소'할 수 있는 여지를 열어 둠이 타당하다. 도산절차개시 후 계약상대방이 새롭게 법정해제권을 취득할 수 없다는 '계약의 채권화' 법리도 마찬가지이다. 법원이 계약상대방의 이익을 고려해 예외적으로 법정해제(해지)권 행사를 허용할 수 있도록 입법을 하는 방안도 생각해 볼 수 있다.

여섯째, 파산절차에서는 계약상대방의 급부청구권 중 '1차적 채권'과 '2차적 채권'을 구분하여 생각할 필요가 있다. 전자는 파산채권이고, 후자는 후순위 파산채권이기 때문이다.

사 항 색 인

판 례 색 인

유민총서 11

계약법과 도산법

초판 1쇄 발행 2021년 06월 25일
초판 2쇄 발행 2022년 10월 11일

지 은 이 최준규
편   찬 홍진기법률연구재단
주   소 서울특별시 종로구 동숭3길 26-12 2층
전   화 02-747-8112 팩   스 02-747-8110
홈페이지 http://yuminlaw.or.kr

발 행 인 한정희
발 행 처 경인문화사
편 집 부 유지혜 김지선 한주연 이다빈 김윤진
마 케 팅 전병관 하재일 유인순
출판번호 제406-1973-000003호
주   소 경기도 파주시 회동길 445-1 경인빌딩 B동 4층
전   화 031-955-9300 팩   스 031-955-9310
홈페이지 www.kyunginp.co.kr
이 메 일 kyungin@kyunginp.co.kr

ISBN 978-89-499-4972-7 93360
값 29,000원

* 저자와 출판사의 동의 없는 인용 또는 발췌를 금합니다.
* 파본 및 훼손된 책은 구입하신 서점에서 교환해 드립니다.